JN259545

古代地名の国語学的研究

蜂矢真郷 著

和泉書院

目次

はしがき……1

第一篇　和名抄地名の構成と表記……5

第一章　和名抄地名の構成……5
一　複合名詞としての地名　二　前項・後項の末音節
三　形容詞の語幹・語基　四　名詞の被覆形・露出形
五　動詞の終止形・連用形など　六　前項・後項に特徴的な要素
付　前項・後項一覧

第二章　和名抄地名の二合仮名……40
一　前項の二合仮名　二　後項の二合仮名
三　前項と後項との差違

第三章　和名抄地名の読添え……55
一　ツ・ナ・ガ〔連体〕・ツ〔助数詞〕の読添え
二　ノ〔連体〕の読添え（一）
三　ノ〔連体〕の読添え（二）
四　ノ〔連体〕の読添え（三）
五　ノ〔連体〕の読添え（四）
六　読添えの前項と後項
第四章　和名抄地名の音訓混用……68
一　音読みか訓読みかが問題になるもの
二　三字地名の二字化によるもの
三　重箱読みの例
四　湯桶読みの例
五　ノ〔連体〕の読添えとの関連
余談・一　琵琶湖の東西の山……85
一　伊吹
二　比叡
第二篇　和名抄地名の訓注……91
第一章　和名抄地名の訓注の仮名……91
一　訓注の仮名
二　「その他」とした例

三　特徴的な仮名
四　大東急本・高山寺本の比較
五　ア行エとヤ行エの問題

第二章　和名抄地名の訓注の促音・撥音等……118
一　促音を表す例
二　撥音を表す例
三　促音・撥音表記についての先行研究
四　その他の例

第三篇　地名の二字化……125

第一章　三字地名の二字化……129
一　「前」「中」「後」字を下に伴うもの
二　「上」「下」字を上または下に伴うもの
三　「部」字を下に伴うもの
四　「大」「小」字を上に伴うもの
五　「田」「野」字を下に伴うもの
六　その他のもの

第二章　一字地名の二字化……140
一　一音節のもの
二　訓注が一字の訓字のもの
三　出雲国風土記の例
四　播磨国風土記の例
五　常陸国風土記の例
六　肥前国風土記の例

七　豊後国風土記の例
八　二字ともに音仮名表記のもの
九　「部」字を下に伴うもの
十　訓まない字を上または下に伴うもの

第三章　和名抄地名における「部」……162

一　「部」字をべと訓むもの
二　「部」字を訓まないもの
三　「部」字を持たないのにべと訓むもの
四　「部」字を持つが訓注のないもの
五　訓の音節数による傾向

余談・二　変化する地名……180

一　富雄川
二　遠里小野

第四篇　地名とその周辺……185

第一章　和名抄・名博本の地名の傍訓……185

一　名博本と高山寺本
二　郡名の傍訓
三　郷名の訓が特殊な例
四　高山寺本の訓注と名博本の傍訓（一）
五　高山寺本の訓注と名博本の傍訓（二）
六　高山寺本の訓注と名博本の傍訓（三）

第二章　風土記地名と和名抄地名……231
一　風土記によって知られる和名抄の誤り
二　地名の二字化に関するもの
三　和名抄の訓注等によって知られる風土記の訓
四　風土記の訓に問題があるもの
五　和名抄の訓注に問題があるもの
六　種々の問題があるもの
七　音読みか訓読みか
付　和名抄・風土記　郡郷（里）名等対照表
第三章　地名と上代特殊仮名遣……279
一　地名にかかる枕詞と上代特殊仮名遣
二　地名起源説話と上代特殊仮名遣
第四章　チ〔路〕とミチ〔道〕……294
一　接頭語ミとチ〔路〕
二　〜＋チ〔路〕と〜＋ミチ〔道〕
三　接頭語ミ＋〔地形等を表す名詞〕
四　地名＋チ〔路〕
五　淡路・常陸
あとがき……327
索　引（地名索引・語彙索引・事項索引）……335
キーワード：古代地名　国語学　和名抄　訓注　二字化

はしがき

平安中期初めの古辞書である和名類聚抄（以下、和名抄と示す）の廿巻本に掲載されている（十巻本にはない）地名を中心に、場合によっては風土記などに見える上代の地名などをも加えて、古代の地名を国語学的に考察する。古代の地名について考えるのに和名抄・廿巻本のものを中心とするのは、国名・郡名・郷名等が一覧の形で示されていて利用しやすいこと、また、それらには訓注が付されているものがかなりあって地名の訓みが比較的確定しやすいことに因っている。

右に、「国語学的に考察する」と述べたが、全体として文字・表記の面から検討することが多い。その他、第一篇第一章は、複合名詞と見ることのできる地名を対象として、語構成の面から検討する。そして、第一篇第二章の〝二合仮名〟や、第二篇第二章の〝促音・撥音等〟、また、第四篇第三章の〝上代特殊仮名遣〟などは、音韻の面との関わりも大きい。

地名の二字化については第三篇に詳しく述べるが、「好字」「二字」の原則によって三字地名・一字地名が二字化され、そして、二字化された結果として、読みにくい地名が増えたのも事実である。これは、地名を研究の対象とするに当たり、相当に大きな問題であると考えられる。

さて、本書は、今少し具体的に述べれば、次のようである。

第一篇には、「和名抄地名の構成と表記」に関するものをまとめた。とりわけ、第一章で、複合名詞と見ることのできる地名を前項と後項とに分け、前項と後項との差違がどのようであるかという点で、語構成の面から見るところがおもしろいと思っている。その他、文字・表記の面などから、〝二合仮名〟〝読添え〟〝音訓混用〟についても考察を重ねた。また、前項と後項との差違は、〝二合仮名〟の場合にも見える。

第二篇には、「和名抄地名の訓注」に関するものを挙げた。いや、むしろ、和名抄地名に関するもので、地名そのものについてではなく、地名の訓みを示す訓注について検討するという点で、第一篇に入らなかったものを挙げたと言う方がよいかも知れない。

第三篇には、「好字」「二字」の原則による「地名の二字化」がどのようであるかを中心にとり挙げ、「三字地名の二字化」と、「一字地名の二字化」とに分けて検討した。「部」字を下に伴う地名のことは、二字化そのものの話ではないが、二字化と関わりの深いところがあるので、ここに入れることにした。

第四篇は、古代地名と、必ずしも地名そのものについての話ではないが地名に関わりの深いものとを、ここに入れることにした。「地名とその周辺」である。その第一章「和名抄・名博本の地名の傍訓」は、同・高山寺本との関係について、地名の部分から見たものである。第二章「風土記地名と和名抄地名」では、風土記と和名抄とが対照できる全ての地名を検討した。その他、地名と関わりの深いものをここに入れた。

大凡のところ、第一篇・第二篇は、基本的に和名抄の地名を対象とし、第三篇・第四篇は、和名抄の地名に限らないことが多い（第四篇第三章では、和名抄の地名に僅かしかふれない）、ということになろう。

古代地名は、これまで私の研究では、用例の一つとして挙げることはあっても、どちらかと言えば、それらをまとめて検討するような対象ではなかった。つまり、元々、古代地名は、私の専門とするところではなかった。それが、後に「あとがき」に述べるようないくつかの事情で、古代地名について書いたものが少しずつ増え、そして、ある程度の数量になってきたので、ここに一冊の形にまとめることを考えたという次第である。

和名抄の地名を挙げるに当たっては、基本的に次のようである。

和名抄の地名は、廿巻本の「國郡部」「郷里部」（諸本によって異なるが、本来は国名欄・郡名欄が「國郡部」、郷名欄が「郷里部」であるかと推定されるので、このように示しておく）等に掲載されている。和名抄・廿巻本は、大東急記念文庫本（以下、大東急本と示す）を見る（必要に応じて元和古活字本（以下、元和本と示す）をも見るが、その際に基本的に字体の差はとり挙げない）ことにし、合わせて高山寺本をも見ることにする。いずれも、原則として訓注のある例をとり挙げるが、必要に応じて訓注のないものをとり挙げることもある。また、第四篇第一章においては、名古屋市博物館本（以下、名博本と示す）を高山寺本と対照する形でとり挙げる。他の章でも名博本をとり挙げるのがよいかと見られることもないではないが、名博本としてまとめることを意図したこともあり、基本的に他の章では名博本をとり挙げることはしないことにする。

大東急本は、馬淵和夫氏編『古写本和名類聚抄集成』［2008・8 勉誠社］に、元和本は、勉誠社文庫23『倭名類聚抄 元和三年古活字版二十巻本』［1978・3 同］に、高山寺本は、天理図書館善本叢書2『和名類聚抄 三宝類字集』［1971・11 八木書店］に、名博本は、名古屋市博物館資料叢書2『和名類聚抄』［1992・6 名古屋市博物館］によった。また、『諸本集成倭名類聚抄』（本文篇・索引篇）［1968・7-9 臨川書店］の索引を利用した。

大東急本（および元和本）には、国名・郡名・郷名の欄があり、高山寺本には、郷名および駅名の欄がある（駅名は「居處部」）。よって、和名抄の地名の例を挙げる際に、原則として、国名・郡名は「大東急本」と示すことを省略し、駅名は「高山寺本」と示すことを省略する。また、郷名は、国と郡とを示し（その際に郡名に付した振仮名は、基本的に郡名欄の訓注による）、「郷名」と示すことを省略する。なお、名博本には、郷名欄のみがあるが、このことを高山寺本との共通性と見るのがよいとは限らない（第四篇第一章参照）。

国名と郡名、郡名と郷名とが同名であるものは、別々に挙げる（数を示す場合には別々に数える）。

挙例の際などに、大東急本を[急]と（元和本を[元]と）、高山寺本を[高]と（高山寺本駅名を[駅]と）、また、名博本を[名]と示すことがある。大東急本に見え高山寺本にも見えるものを＊印で、大東急本に見えず高山寺本に見えるものを☆印で示すことがある。そして、国名・郡名に限って、大東急本に見え元和本にも見えるものを※印で示すことがある。三字地名の二字化について、省略される文字を枠に囲って示すことにする（省略される文字がどの字か明確でない場合は、枠のみで示す）。

そして、和名抄地名に対する注釈的なものとして、邨岡良弼氏『日本地理志料』（［1966・9 臨川書店、もと 1902・12–1903・9 東陽堂］、のち『諸本集成倭名類聚抄外篇 日本地理志料』［1981・5 臨川書店］）〔以下、『地理志料』と示す〕、池邊彌氏『和名類聚抄郡郷里駅名考證』（［1981・2 吉川弘文館］、同氏『和名類聚抄郷名考證』［1966・11 同］の改訂版）〔以下、『考證』と示す〕があるので、これらを参照することがある（とりわけ、延喜式・神名帳の例については、『考證』を参照したところが多い）。吉田東伍氏『大日本地名辞書』［1900・3–1907・8 冨山房、1992・9 増補版 同］〔以下、『地名辞書』と示す〕を参照したところもある。

なお、前書㈠『国語重複語の語構成論的研究』［1998・4 塙書房］・㈡『国語派生語の語構成論的研究』［2010・3 同］に直接続く語構成論的研究については、改めて別に一書としてまとめたいと願っている。前書㈢『古代語形容詞の研究』［2014・5 清文堂出版］とともに、以下に、前書㈠・前書㈡および前書㈢として引くことがある。

第一篇　和名抄地名の構成と表記

第一章　和名抄地名の構成

一　複合名詞としての地名

最初に、語構成研究の観点から、和名抄の地名を一つの複合名詞として見て、その構成について考えることにしたい。そして、その分析の方法として、地名の標記を手がかりとすることにしたいと考える。地名を複合名詞ととらえると、後に第三篇に詳しく述べるように地名は「好字」「二字」が原則であるので、基本的に、漢字二字である標記の第一字は複合名詞の前項と、同じく第二字は複合名詞の後項と見ることになる。以下には、三字地名の二字化における中項と見られる例を別にして、前項・後項と示すことにする。

例えば、「山城夜万之呂」（※国名）とある場合に、これをその標記「山城」と訓注「夜万之呂」とによって前項「山（ヤマ）」と後項「城（シロ）」との複合ととらえる。これとは別に、大宝令～平安京遷都の時期のように「山背」と標記し、ヤマシロの訓が与えられていれば、前項「山（ヤマ）」と後項「背（ウシロ）」との複合で、複合する際に母音の連接を避けて後行母音であるウシロのウが脱落したものととらえる。このそれぞれの標記は恣意的なものであるとも言えようが、「山城」と標記することにおいて「山」の「城」という一つの分析意識が、「山背」と標記することにおいて「山」の「背」という一つの分析意識が働いていた(1)と十分考えられることによって、右のように分析するものである。そして、その際に、第二節に述べるように、前項末・後項末に注意して検討することにしたい。

従って、この章ではその標記が正訓表記されているものが専ら考察の対象となる。とは言っても、古代の地名において、正訓と借訓との別を明確にすることはなかなか困難であるので、これを特に区別することはせず、結果として借訓のものを含むことがあり得る（以下、訓字表記と示す）。かつ、訓注のあるものが専ら考察の対象となる。また、読添えの連体助詞ノ・ツ・ナ・ガおよび助数詞ツについては、第三章にとり挙げ、この章ではとり挙げない。

母音の連接を避けて先行母音が脱落するものは、例えば「河内加不知」（※国名）の場合に、カハ＋ウチのハの母音が脱落するが、訓カフチはカフ＋チと見てもカ＋フチと見ても標記と訓とが一致しないので、とりわけ、「依羅与佐美、高与左美」（河内・丹北〔比〕）のように、ヨス＋アミの先行母音脱落かヨセ＋アミの先行母音脱落か確定できないものもあるので、前項も後項も採らないことにする。同じく後行母音が脱落するものは、例えば「古市不留知」（※河内・郡名）の場合に、フル＋イチのイが脱落するが、フル＋チと見ると標記と訓とが一致すると見ることができなくはないので、前項「古」、後項「市」として採ることにする（先行母音と後行母音とが同音でどちらの脱落とも見られるものは、後行母音の脱落として扱う）。同じく、母音が相互同化するものは、例えば「高市多介知」（※大和・郡名）の場合に、タカ＋イチのカ＋イが同化してケになるが、タケ＋チと見てもタ＋ケチと見ても標記と訓とが一致しないので、前項も後項も採らないことにする（前項「高」、後項「市」として採ることも考えられないではないが、前項末・後項末に注意して検討したいと考えるので、「高」として採ることはよろしくなく、それは避けたいところである）。

また、同音の連接、清濁の異なる類音の連接によって音節が脱落するものは、例えば「長柄奈加良」（※上総・郡名）

の場合に、前項「長（ナガ）」、後項「柄（ラ）」として採ることにし、その他の音節が脱落するものは、例えば「出雲以豆毛」（※国名）の場合に、問題があるかとも見られるが、前項「出（イツ）」、後項「雲（モ）」として採ることにし、そして、他も、ほぼこれらに準じて扱うことにしたい。

「春日加須加」（大和・添上（ソフノカミ）、［高］賀須賀）のような熟字訓のものは、前項と後項とに分析できないので、当然採らない。

そして、一字地名の二字化したものは、二字ともに訓字表記のものが極めて少なく、後に第三篇第二章に述べるが、二字ともに訓字表記の「勝浦桂」（※阿波・郡名）・「三根岑」（※肥前・郡名）は、訓注「桂」「岑」が本来の一字地名ではないかと考えられるので、これも採らない。

他方、三字地名の二字化したものは、一部を採ることもできないではなく、例えば、「磯城上之支乃加美」（大和・郡名、［元］之岐乃加美）の場合に中項「城（キ）」、後項「上（カミ）」を採ることも、「下毛野之毛豆介乃」（※国名）の場合に前項「下（シモ）」、後項「野（ノ）」を採ることも、「小栗栖乎久留須」（山城・宇治（ウヂ）、［高］乎久流須）の場合に前項「小（ヲ）」、中項「栗（クル）」を採ることもできようが、採る項と採らない項とがあることに問題があることも考えられないではなく、また、中項「城（キ）」「栗（クル）」を前項・後項のいずれとともにとらえるかなどの問題もあり、二字＋一字の構成と一字＋二字の構成との区別を考える必要があるなどして、とりあえずこの章では採らないことにしておく。

次の三つの表に掲げたのは、和名抄地名のうち訓字表記のものを標記によって分析した前項および後項を、それぞれ訓注による訓の末音節によって分類した異なり数である。大東急本と高山寺本とを別にしてそれぞれ第一表・第二表として挙げ、また、同じ要素を統一して大東急本・高山寺本合わせた第三表を挙げるが、以下、基本的に第三表による。なお、後に例を挙げる場合には、基本的に大東急本・高山寺本合わせての異なり例を示す（大東急本・高山寺本に共通する例を優先する）。また、参考までに、後に付節で、前項・後項の一覧を示しておく。

ところで、このように末音節によって分類するものとして、阪倉篤義氏の「萬葉集の名詞の語末拍による分類表」(2)

があるので、第三表の次に挙げておく。以下、これを〝阪倉氏の「分類表」〟と呼ぶことにする。

そして、阪倉氏の「分類表」と、基本的に第三表の前項末・後項末とを比較するところから始めたい。

第一表（大東急本）

前項末

列＼行	ア	カ	サ	タ	ナ	ハ	マ	ヤ	ラ	ワ	計
ア	4	25	13	15	12	15	21	7	19	1	132 32%
イ	13	19	23	15	5	11	10		9	1	106 26%
ウ	4	5	12	13	3	10	21	2	10		80 19%
エ	4	5	1	5	2	1	3		2	2	25 6%
オ	1	6	4	11	6	10	12	2	7	12	71 17%
計	26	60	53	59	28	47	67	11	47	16	合計 414

後項末

列＼行	ア	カ	サ	タ	ナ	ハ	マ	ヤ	ラ	ワ	計
ア	0	16	5	14	13	11	17	9	10	3	98 31%
イ	0	21	18	13	4	13	20		23	3	115 37%
ウ	0	3	5	3	2	5	1	1	4		24 8%
エ	1	7	3	2	4	14	4		0	1	36 12%
オ	0	5	2	8	5	4	6	0	7	1	38 12%
計	1	52	33	40	28	47	48	10	44	8	合計 311

第二表（高山寺本）

前項末

計	ワ	ラ	ヤ	マ	ハ	ナ	タ	サ	カ	ア	行／列
108 35%	0	14	7	17	13	9	12	11	23	2	ア
75 25%	1	7		7	7	3	11	18	13	8	イ
50 16%		8	2	8	5	2	11	7	6	1	ウ
22 7%	3	2		3	1	2	1	0	6	4	エ
51 17%	7	5	2	10	6	7	4	4	5	1	オ
合計 306	11	36	11	45	32	23	39	40	53	16	計

後項末

計	ワ	ラ	ヤ	マ	ハ	ナ	タ	サ	カ	ア	行／列
70 31%	3	9	8	13	8	9	9	2	9	0	ア
77 34%	2	16		15	7	2	8	13	14	0	イ
17 8%		4	1	1	4	2	3	2	0	0	ウ
31 14%	0	0		4	10	3	3	4	6	1	エ
30 13%	1	3	1	6	2	4	9	2	2	0	オ
合計 225	6	32	10	39	31	20	32	23	31	1	計

第三表（大東急本・高山寺本）

前項末

計	ワ	ラ	ヤ	マ	ハ	ナ	タ	サ	カ	ア	行＼列
145 33%	1	21	9	23	17	13	15	15	27	4	ア
109 24%	1	9		10	11	5	15	24	19	15	イ
84 19%		10	2	21	11	3	14	12	6	5	ウ
30 7%	3	2		4	1	3	5	1	7	4	エ
74 17%	12	7	2	13	10	7	11	4	7	1	オ
合計 442	17	49	13	71	50	31	60	56	66	29	計

後項末

計	ワ	ラ	ヤ	マ	ハ	ナ	タ	サ	カ	ア	行＼列
104 32%	3	11	11	19	12	13	14	5	16	0	ア
119 36%	3	23		20	14	4	14	19	22	0	イ
25 8%		5	1	1	5	2	3	5	3	0	ウ
38 11%	1	0		4	14	4	3	4	7	1	エ
43 13%	1	7	1	7	4	5	11	2	5	0	オ
合計 329	8	46	13	51	49	28	45	35	53	1	計

阪倉氏の「分類表」

萬葉集の名詞の語末拍による分類表

	計		ワ	ラ	ヤ	マ	ハ	ナ	タ	サ	カ	ア
	ア列音		ワ	ラ	ヤ	マ	ハ	ナ	タ	サ	カ	ア
224 22%	224		3	49	4	31	18	22	40	31	26	0
	イ列音	i列音	ヰ	リ	イ	ミ	ヒ	ニ	チ	シ	キ	イ
425 43%	205	180 ―⑱ ï列音 22	7	89	2	41 ―③ み 5	67 ―④ ひ 5	4	45	57	72 ―⑪ き 12	1
	ウ列音			ル	ユ	ム	フ	ヌ	ツ	ス	ク	ウ
76 8%	76			13	3	0	6	2	24	20	8	0
	エ列音	e列音	ヱ	レ	エ	メ	ヘ	ネ	テ	セ	ケ	エ
157 16%	69	16 ―⑥ ë列音 66	6	24	6	4 ―③ め 20	11 ―② へ 21	16	12	5	1 ―① け 25	0
	オ列音	o列音	ヲ	ロ	ヨ	モ	ホ	ノ	ト	ソ	コ	オ
110 11%	30	34 ―② ö列音 44	2	6 ろ 13	1 よ 2	20	8	3 ―② の 4	11 と 11	4 そ 8	9 こ 6	0
合計 992												

（ひら仮名は、乙類の拍を意味する。）

二　前項・後項の末音節

この節では、阪倉氏の「分類表」の持つ意味を改めて見た上で、有坂秀世氏・川端善明氏の研究を改めて簡略に見て、そして、末音節に注意しつつ、阪倉氏の「分類表」と第三表の前項・後項との差違について考えることにしたい。

阪倉氏『語構成の研究』[3]（第二篇第三章第一節）は、氏の「分類表」から末音節がア列・イ列・ウ列のものに注目し、末音節がア列のものを「a接尾形」と、同じくイ列のものを「i接尾形」と、同じくウ列のものを「u接尾形」として、考察を進められる。

「i接尾形」については、

アフギ・カザシ・オビ・タノミ・タタリ等々の、いはゆる居体言が、多数にふくまれる。

このiといふ、語構成要素は、（略）本来動詞的な意義をあらはしたと考へられる語基に接尾して、これを、さうした動作・作用をスルコト（モノ・トキ等）の意の名詞に定着するはたらきを、もつものであつたのである。（略）みぎの類のものが、居体言とよばれ、また、「動詞の名詞に転成したもの」と称せられたりするゆゑんである。

などと述べられる。

「u接尾形」については、

ふるく、この母音/u/が、語構成要素として、はばのひろい造語力を発揮した時代があつたことが、想像される（略）。さきの表に見るごとく、『萬葉集』の名詞語彙において、語末拍に母音/u/をふくむ語の数は、きはめて少数（七六語）であつた。しかしながら、それらは、ハル・ナツ・フユのごとき季節の名、キノフ・ケフ・アス・ヒル・ヨル・ユフのごとき日時の名、ミヅ・ウス・ヒツ・キヌ・ユフ（木綿）・シツ（倭文）・クツ（沓）

のごとき生活必需品、イヌ・キツ（狐）・サル・カハヅ・カヘル・カラス・ツル・タヅ・ウグヒス　アユ・アキヅ・ホタル・マツ・ハチス・クズ・ミル等々のなじみふかい動植物の名（略）などが大部分をしめてゐるのである。いはば、かうした基本語彙といふべき名詞がこのウ列拍を語末にもつものに集中する事実からして、われわれは、かつてこの母音 /u/ が名詞構成におほきくあづかつてゐた時代のあつたことを、想像してよいのではあるまいか。しかもまた、このｕは、（略）動詞構成におけるもつとも普通な接尾的形式でもあつた。すなはち、かつてこのｕによつて構成された語は、前述のやうな動詞的概念をになふ語根的要素を、もつとも自然に単語（自立形式）化したものとして、まづ動詞としての性格を有するものであつたが、それと同時に、これはまた、いはば一つのInfinitiveとして、動詞的概念そのものを、それとしてしめす形式であり（略）、名詞としてももちゐられることがあつたのである。

と述べられる。「Infinitive」は、原形とか不定詞とか呼ばれるものである。

「ａ接尾形」については、

『萬葉集』の名詞語彙において、語末にイ列拍を有するものについで多数をしめるのは、ア列拍を有するものであつた。母音 /i/ にならんで、/a/ もまた、同様、名詞構成にあづかる有力な接尾的形態素であつたことが予想されるのである。ただ両者が構成する名詞の、意義上の性格、したがつてまた、その機能的性格には、なにらかの差異があつたであらうことも、当然、予想されよう。

すなはち、前述のｉによつて構成された名詞が、一つの動作・作用そのもの、あるいは、その動作をおこなふ人・時・所などを、直接具体的に表現するものであつたに対して、このａによる名詞は、やや抽象的に、さうした動作・作用の本質を抽出し、その実現されてある情態を意味するものであつた。

このａ接尾形なるものも、動詞的意義をおびた情態性の意義をもつて、（略）結合形式用法にたつものが、本来であつたのだらう。それが、次第に動詞的意義との直接的関連をうすめ、自立形式化して、つひに完全に名詞化したのが、（略）クマ・ハラ・ツカ・ムラ……の類であつて、（略）かくのごとくであるとすれば、複合語の語基となつてゐるもの（有坂秀世氏のいはゆる被覆形）に、この /a/ をもつものが、おびただしくあらはれてくる

理由は、もはやあきらかであらう。

などと述べられる。そして、「a接尾形」を「情態言」と呼ばれて検討される。

さて、阪倉氏の「分類表」の場合、「複合語であることのあきらかな名詞においては、これをその構成要素の名詞に還元して考へる」とされ、特に複合名詞の前項と後項とを別々に分類されている訳ではないが、ここに地名である複合名詞を前項と後項とに別々に分類した場合には、これと異なった点が見られる。また、阪倉氏は、一音節の構成要素を「しばらく除外」するとされるが、ここではそれを除外していないので、その点における差違もある（一音節の問題については、この節で後にふれる）。

阪倉氏の「分類表」では、末音節がイ列のもの計425（43％）が圧倒的に多く、末音節がア列のもの計224（22％）がそれに次いでいる。それに対して、第三表の後項末では、イ列のもの計119（36％）が最も多く、ア列のもの計104（32％）がそれに次いでいる（第一表・第二表も同様）点で、阪倉氏の「分類表」とほぼ同様であるが、それに対して、第三表の前項末では、イ列のもの計109（24％）よりア列のもの計145（33％）の方が多い（第一表・第二表も同様）点などで、阪倉氏の「分類表」と異なっている。これが、後に第三節～第五節で前項について検討しようとする理由である。

また、地名の前項と後項との差違として、第三表において、後項末が合計329であるのに対して、前項末が合計442であり、前項末の方がかなり多い（第一表・第二表も同様）ことにも注意しておかなければならないであろう。一般に、複合名詞の前項と後項との関係については、前項が修飾語、後項が被修飾語という構成が最も普通のものと考えられ

る（阪倉氏前掲書〔第二篇第四章〕参照）が、この前項末と後項末との異なり数の差からは、被修飾語に対して修飾語の方が異なり数が多いという方向が見通されてくることになる。

そしてまた、修飾語としての位置を占めるであろう前項は、被覆形的性格が窺われるものでもある。前書(一)『国語重複語の語構成論的研究』〔第一篇〕に見たように、名詞・動詞の被覆形の末音節はア列・ウ列・オ列（甲類・乙類）であり、同じく露出形の末音節はイ列（甲類・乙類）・エ列（乙類）であるので、上代特殊仮名遣を捨象すると、末音節がエ列甲類のものに問題はあるが、被覆形の末音節はア列・ウ列・オ列、露出形の末音節はイ列・エ列ということになるので、逆に、大凡のところ末音節がア列・ウ列・オ列のものには被覆形的性格が見られ、同じくイ列・エ列のものには露出形的性格が見られると言える。

また、同じく前書(一)〔第一篇〕に見たように、露出形が独立的であるのに対して、被覆形は準独立的であるととらえられるものであった。そもそも、被覆形は本来下に名詞ないし接尾辞を伴うものであり、露出形は単独で用いることのできるものであるので、助数詞を別にして前項に被覆形は現れやすく、また、前項に露出形が現れることもある程度あるが、後項に露出形は現れやすいものである。

ここで、改めて簡略に見ておくが、有坂氏(一)「国語にあらはれる一種の母音交替について(4)」の述べられるところは、

「サカヅキ（酒杯）ツクヨ（月夜）コダチ（木立）」のサカ・ツク・コ……名詞被覆形
「サケ（酒）ツキ（月）キ（木）」……名詞露出形
「アカス（明）ツクス（尽）オコス（起）」のアカ・ツク・オコ……動詞被覆形
「アケ（明）ツキ（尽）オキ（起）」……動詞露出形（連用形）

のように整理される。右のうち、コ［木］はオ列乙類、サケ［酒］のケはエ列乙類、ツキ［月］・キ［木］のキはイ列乙類、オコ［起］のコはオ列乙類、アケ［明］のケはエ列乙類、ツキ［尽］・オキ［起］のキはイ列乙類であるの

で、被覆形末音節—露出形末音節の対応は、ア列—エ列乙類、ウ列—イ列乙類、オ列乙類—イ列乙類のようであり、さらに、有坂氏(二)「母音交替の法則について」(5)は、クロ［黒］—クリ［涅］のようなオ列甲類—イ列《乙類》の対応を示される。

また、川端氏『活用の研究』(6)の、[A][B][C]の分類は、

	名詞被覆形—同露出形	動詞被覆形—同露出形（連用形）	
[A]	《ヨモ［黄泉］—ヨミ［黄泉］》	サカ（ス）［咲］—サキ［咲］	（四段）
[B]	サカ［酒］—サケ［酒］	アカ（ス）［明］—アケ［明］	（下二段）
	ツク［月］—ツキ［月］	ツク（ス）［尽］—ツキ［尽］	（上二段）
	コ［木］—キ［木］	オコ（ス）［起］—オキ［起］	（上二段）
[C]	ア［足］—アシ［足］	アカ（ス）［明］—アカシ［明］	（派生動詞）
	ユ［弓］—ユミ［弓］	イタ（ム）［痛］—イタミ［痛］	（派生動詞）
	ト［鳥］—トリ［鳥］	サカ（ル）［盛］—サカリ［盛］	（派生動詞）

のように整理される。ここに、有坂氏の挙げられるものは、基本的に[B]に当たる。

[A]は、被覆形—露出形の末音節の対応が、ア列・ウ列・オ列（甲類・乙類）—イ列甲類のものであるが、名詞被覆形—同露出形の[A]は例が少なく、ここにはヨモ［黄泉］—ヨミ［黄泉］を挙げるが、後に第四節のニフ［新］—ニヒ［新］のところで見る。[B]の一行目は、被覆形—露出形の末音節の対応がア列—エ列乙類のもの、同じく二・三行目は、被覆形—露出形の末音節の対応がウ列・オ列（甲類・乙類）—イ列乙類のものである。[C]は、被覆形の末音節がア列・ウ列・オ列（甲類・乙類）、露出形が被覆形＋シ・ミ・リ（・チ）のものである。なお、有坂氏が挙げられるソ［背］—セ［背］は[B]の一行目の一種（オ列乙類—エ列乙類）として、同じくイサ・イス・イソ［石・礒］—イシ

[石]は[A]ととらえられる。

今、第三表の前項末・後項末において、末音節がア列・ウ列・オ列のものは、それぞれ計145∨計104、計84∨計25、計74∨計43のように、いずれも前項の方が多く、同じくイ列・エ列のものは、それぞれ計109∧計119、計30∧計38のように後項の方が多く（第一表・第二表も同様）、すなわち、ア列＋ウ列＋オ列の前項計303はその後項計172より多く、イ列＋エ列の前項計139はその後項計157より少ない（第一表・第二表も同様）ことも、前項が被覆形的性格を持つこと、および、後項が露出形的性格を持つことを、ある程度表すものと見られる。前項のア列＋ウ列＋オ列の計303が、同じくイ列＋エ列の計139の二倍以上であることは、注意されてよい。

そして、被覆形が本来下に名詞ないし接尾辞を伴うものであったこと、および、露出形が単独で用いることのできるものであることから考えて、前項が被覆形的性格を持つこと、および、後項が露出形的性格を持つことはある程度当然のことと考えられる。

右のようなことが、第三表（第一表・第二表も）の前項末・後項末から概観できる訳であるが、なお、補足的にふれておく必要のあることとして、音便の問題がある。

末音節がア行のものは、阪倉氏の「分類表」では末音節イの1語〔カイ［櫂］「…沖つかい〈奥津加伊〉いたくなはねそ 辺つかい〈邊津加伊〉いたくなはねそ…」（萬一五三）〕のみであるが、第三表の前項末ではかなりの数に上っている（第一表・第二表も同様）。これは、阪倉氏が一音節のものは「しばらく除外」するとされているのに対して、第三表では特にそうしたことをしていない（第一表・第二表も同様）ことによるものである。第二表の前項末のア行の部分について、一音節のものを除外すると、末音節ア・ウ・エ・オのものはなく、末音節イの13要素のみとなる。その13要素は、

アイ　秋田阿伊太（略）（※出羽・郡名）、カイ　桂萱[挂]加以加也（＊上野・勢多）、カイ　粥田加以多（☆筑前・鞍手、[急]加都、

多）、サイ　埼玉佐伊太末（※武蔵・郡名）、ササイ　雀部佐〻伊倍（上野・佐位、[高]無訓）、ヤナイ　楊津也奈以豆（摂津・河邊《カハノベ》、[高]夜奈以都）、ハイ　蓁原波伊波良（※遠江・郡名）、ハイ　林田波以多（＊讃岐・阿野《アヤ》）、ツイ　築城豆伊支（豊前・郡名、[元]豆伊岐）、クヌイ　柞田久沼以多（☆讃岐・刈田《カッタ》、[急]無訓）、オイ　老馬於以万（＊遠江・長下《(長ノシモ)》）、オイ　置賜於伊太三（※出羽・郡名）、コイ　漕代古以之呂（伊勢・飯野《イヒノ》、[高]謂代無訓）

のようで、このうち「粥《カイ》」「林《ハイ》」「老《オイ》」はあるいはヤ行イと見るものかとも思われる（阪倉氏の「分類表」で、ヤ行イとされるのはクイ[悔]・オイ[老]である）が、他はいずれもイ音便の例と考えられる。なお、ウ音便と見られる例は見えない。促音便・撥音便と見られる例については、第五節に少しふれ、第二篇第二章で見る。

なお、第三表の後項末でア行のものはエ1要素である（第一表・第二表も同様）が、それは一音節のエ[江]「柴江之波江」（＊遠江・敷智《フチ》）で本来はヤ行エのものである。

三　形容詞の語幹・語基

前項に用いられるものの中で、まず気づかれるのはク活用形容詞語幹である。

アカ　赤坂阿加佐加（遠江・敷智《フチ》、[高]安加左賀）　明見安加美（略）（近江・野洲、[高]安加三）、タカ　高蘆多加之（参河・渥美《アツミ》、[高]太加之）、ナガ　長屋奈加也（大和・山邊《ヤマノベ》、[高]奈賀夜）　永倉奈加久良（駿河・駿河《(スルガ)》、[高]無訓）、ワカ　若田和加多（上野・片岡《カタヲカ》、[高]和加太）、チカ　近似知加乃里（備中・下道《シモツミチ》、[高]知賀乃利）、フカ　深見布加美（相模・高座《タカクラ》、[高]不加美）、サ　狭山佐也万（河内・丹北《タヂヒ》[比]、[高]左夜万）、チヒサ　小子知比佐古（越中・婦負《ネヒ》、[高]知比左古）、アハ　淡路阿波知（※国名）、マ（・ムマ）　味酒万左介（伊豫・温泉《ユ》、[高]无万左介）、アマ　甘木安万木（上総・畔蒜《アビル》、[高]安万支）、ハヤ　速水波也美（近江・浅井《アサキ》、[高]波世[也]美）、アラ　荒墓安良波加（武蔵・豊嶋《トシマ》、[高]阿良波加）　麁玉阿良多末（略）（※遠江・郡名）、カラ　辛犬加良以奴（＊信濃・筑摩《ツカマ》）　鹹瀬加良世（＊武蔵・比企《ヒキ》）〔以上、末音節がア列〕

ヤス　安那夜須奈（※備後・郡名）、アツ　厚見阿都美（※美濃・郡名）、シブ　澁川之不加波（※河内・郡名）、サム

寒川佐无加波（相模・高座、[高]左无加八）、カル　輕海加留美（加賀・能美、[高]加流美）、フル　古市不留知（＊近江・滋賀）

〔以上、末音節がウ列〕

ホソ　細江保曽江（＊近江・坂田）、ト　利苅止加利（＊越前・大野、[高]足羽郡）、ナホ　直入奈保里（※豊後・郡名）、

トホ　遠田止保太（※陸奥・郡名）、ヨ　吉川与加波（播磨・美嚢、[高]与加八）、クロ　黒川久呂加波（※陸奥・郡名）、シ

ロ　白鳥之呂止利（讃岐・大内、[高]之良止利）、ヒロ　廣伴比呂止毛（＊駿河・安倍）　弘田比呂多（讃岐・多度、[高]項なし）、

アヲ　碧田安乎多（＊遠江・麁玉）　青沼安乎奴万（甲斐・巨麻、[高]安乎奴末）〔以上、末音節がオ列〕

タケ　健田多介太（安房・朝夷、[高]多津多[計]）〔末音節がエ列〕

末音節がア列・ウ列・オ列のものが多く、そうでないのはエ列のタケ「健田」のみであり、末音節がイ列のものは見えない。なお、タケシ［武］「…猛き軍卒と〈多家吉軍卒等〉…」（萬四三三一（7）四三三五）のように、本来タケシのケは甲類であり、本来エ列乙類のものは見えない。また、北原保雄氏『日本語の形容詞』が述べられるように、ク活用形容詞語幹の末尾はイ列でありにくく、シク活用形容詞語幹の末尾がイ列のシであるのと対照的である（前書㈢『古代語形容詞の研究』〔総論篇第一章第一節〕参照）。

シク活用形容詞語基のものもある。

タダ　直見多〻美（伊豆・田方、[高]多久美[〻]）、ニヒ　新野尓比夜（摂津・嶋下、[高]迩比夜）

これらに対するシク活用形容詞の例には、タダシ「譡（略）貞實辞也　太〻志支巳止[己]　又万佐之支巳止[己]　又万巳止[己]」（新撰字鏡・享和本）、ニヒシ「更造㈡新　館於難波　高麗　館之上。㈠」（推古紀十六年四月・岩崎本平安中期点）がある。

ヨシ　吉野与之乃（※大和・郡名）　良田与之多（＊長門・厚狭）

は、ク活用形容詞終止形のものであるが、前書㈢〔各論篇第四章第一節〕に見たように、これは一音節の語幹が安定

性を欠くために終止形語尾シを伴った例と見られる。先に挙げたヨ「吉川」の例もあるが、むしろその例は稀である（「吉敷与之支」（周防・郡名、[元]與之岐）は、ヨ＋シキともヨシ＋シキの同音脱落とも見られるが、後者であろうか）。

なお、カタシマ「堅磐加多之万」（筑前・穂浪、[高]加太之末）は、カタシハ「堅磐 此云柯陁之波」（雄略紀七年是歳）とハ行―マ行の子音交替かと見られ（あるいは、[急]「万」を「方」の誤写と見てカタシハと見るか）、そのシハは、イネ[稲]「稲搗けば〈伊祢都氣波〉…」（萬三四五九 三四七八）―シネ[稲]「…御稲搗く〈見志祢津久〉…」（神楽歌四九・細波）と同様のサ行子音の有無の対応である、イハ[岩]「…岩立ゝす〈伊波多ゝ須〉…」（記仲哀・三九）に対するシハかと見られるので、ク活用形容詞終止形「堅」の例とは見ず、同語幹「堅」の例と見ておいた。(8)

シク活用形容詞語幹のものは例がない。前書(三)〔総論篇第一章第二節〕に見たように、形容詞語幹の用法の一つとして、ク活用形容詞語幹は、下に名詞を伴い複合名詞を構成する用法を持ち、シク活用形容詞語幹も、サカシメ―・クハシメ―「…賢し女を〈佐加志賣遠〉有りと聞かして 妙し女を〈久波志賣遠〉有りと聞こして…」（記神代・二）のように下に名詞を伴い複合名詞を構成することがあるが、ク活用形容詞語幹に比べて例は多くない。

四　名詞の被覆形・露出形

名詞の被覆形が前項となるものの例には、次のようなものがある。

アカ　赤坂（前掲）　明見（前掲）、サカ　酒井佐加井（安房・長狭、[高]左加井）、タカ　高蘆（前掲）、タカ　竹淵多加不知（山城・久世、[高]太賀布智）、スガ　菅浪須加奈美（加賀・江沼、[高]須加奈三）、カザ　風速加佐波也（＊安藝・高田）、カナ　金生加奈布（＊筑前・鞍手）、アカナ　茜部阿加奈倍（尾張・中嶋、[高]阿加祢倍）、イナ　稲直伊奈保（＊武蔵・足立）、フナ　舩城布奈木（丹波・氷上、[高]布奈支）、ムナ　宗像牟奈加多（※筑前・郡名）、ウハ　表門宇波止（甲斐・山梨、[高][宇]寄波止）、アマ　甘木（前掲）、アマ　天羽阿末波（※上総・郡名）、ヒラ　枚田比良多（＊伊勢・鈴鹿、[高][枚]牧岡無訓）、

ムラ　村山牟良夜末（※出羽・郡名）　諸縣牟良加多（※日向・郡名）〔以上、末音節がア列〕

ウツ　内屋宇都乃也（駿河・有度(ウド)、[高]宇都乃夜）、カム　神餘加无乃安万里（安房・安房(アハ)、[高]加无乃安末利）、クル　栗栖久留須（播磨・揖保(イヒボ)、[高]久流須）〔以上、末音節がウ列〕

コ　木津古都（近江・高嶋(タカシマ)、[高]古豆）、クロ　黒川（前掲）、アヲ　碧田（前掲）　青沼（前掲）〔以上、末音節がオ列〕

イソ　礒部以曽倍（信濃・埴科(ハニシナ)、[高]以曽へ）　石生伊曽布（丹波・氷上(ヒカミ)、[高]原負[石]以曽不）〔川端氏の[A]〕

ア　足立阿太知（※武蔵・郡名）、ヨコ　模[横]太与古太（＊駿河・安倍、[高]横太）、ウ　海上宇奈加美（※上総・郡名、※下総・郡名）、ユ　弓削由介（河内・若江(ワカエ)、[高]由計）、ト　鳥羽度波（山城・紀伊(キ)、[高]止波）、カタ　形原加多乃波良（＊参河・寶飯[飫](ホ)）〔以上、川端氏の[C]〕

また、名詞の露出形が前項となるものの例には、次のようなものがある。

タケ　高生多介布（武蔵・横見(ヨコミ)、[高]無訓）、タケ　竹田太介多（遠江・敷智(フチ)、[高]無訓）、タテ　楯縫多天奴比（※出雲・郡名）〔以上、末音節がエ列〕

ツキ　月波都木波（常陸・新治(ニヒバリ)、[高]丹[月]波豆支波）、ツキ　槻本都木乃毛止（攝津・西生(ニシナリ)、[高]無訓）、ウチ　内田宇知多（＊伊勢・安濃(アノ)）、クビ　頸城久比支（越後・郡名、[元]久比岐）、クリ　栗隈久里久末（山城・久世(クセ)、[高]久利久万）〔以上、末音節がイ列（被覆形の末音節がウ列）〕

キ　本[木]田木多（武蔵・荏原(エバラ)、[高]木田支太）〔末音節がイ列（被覆形の末音節がオ列）〕

イシ　石作以之都久利（＊山城・乙訓(オトク)[二]）〔川端氏の[A]〕

アシ　足柄阿之加良（相模・足下(足辛ノシモ)、[高]安之加良）、トリ　鳥戸止利倍（山城・愛宕(オタギ)、[高]度利戸）〔以上、川端氏の[C]〕

名詞の被覆形の異なり要素の方が、同露出形の異なり要素より多い。

アス　足羽安須波（越前・足羽(アスハ)、[高]阿須波）

そして、アス［足］は、「足羽(アスハ)」の他に見えないものであるが、アシ［足］を露出形とする被覆形ととらえることができよう。ア―アシが本来の被覆形―露出形（川端氏の[C]）であるが、名詞被覆形―同露出形の末音節がウ列―イ列のものとの類推によって、別の被覆形アスが形成されたものかと推測される。

ニフ　新田尓布多（武蔵・多磨(タバ)、[高]迩布多）　新川迩布加波（※越中・郡名）

ニヒ　新野尓比夜（前掲）　新井尓比井（遠江・城飼、[高]迩比為）など

は、ニヒナへ「…新嘗屋(にひなへや)に〈尓比那閇夜尓〉…」（記雄略・九九(一〇〇)）のようにヒが甲類である点に問題があるが、別稿「上代特殊仮名遣に関わる語彙」(9)に述べたように、川端氏前掲書〈第二部第一章第三節(一)〉が、名詞の「露出形母音構造」において、「[o=ï]」「[ö=ï]」「[i=ï]」が「事実としては」「存しない」（傍点、川端氏）と、つまり、二音節の名詞露出形において、オ列甲類＋イ列乙類、オ列乙類＋イ列乙類、イ列甲類＋イ列乙類のものがないと述べられ、そして、「ヨモ→ヨミ（黄泉）、オク→オキ（奥・沖）、イス・イソ→イシ（石）のように、音節結合性格上、イ乙に現象することが反撥せられてイ甲にあらわれると解釈される」と述べられる（名詞被覆形―同露出形の[A]と位置づけられる）。すなわち、限られた条件の下ではあるが、名詞の被覆形末音節がウ列・オ列（甲類・乙類）のものに対する露出形末音節が、イ列乙類ではなくイ列甲類のものがあるとされる。これに従って、ニフ［新］―ニヒ［新］も被覆形―露出形の対応と認められよう。

被覆形アカナ［茜］は、この例の他に見当たらない（しかも、[高]「阿加祢倍」とある）。アカネ［茜］は、「山野に自生するあかね科の蔓性多年生草本で、根は太いひげ状、多く群がり黄赤色。これを赤色染料に用い、薬用にもした。」（『時代別国語大辞典上代編』）とあるように、アカ［赤］＋ネ［根］の構成ととらえられるので、本来は被覆形アカナを持たないものと見られる。カナ［金］―カネ［金］など名詞被覆形―同露出形の末音節がア列―エ列のものの勢

力の強さによって、アカネ［茜］に対する被覆形アカナが形成されたものかと考えられる。(10) なお、三音節の名詞被覆形―露出形は、他に、有坂氏(一)の挙げられるイホツ［五百箇］―イホチ［五百箇］があるが、これは助数詞被覆形ツ［箇］―同露出形チ［箇］ともとらえられる。

右のように、同じ名詞が、前項で被覆形にも露出形にも用いられるものには、

タカ［高］―タケ［高］、タカ［竹］―タケ［竹］

ウツ［内］―ウチ［内］、クル［栗］―クリ［栗］

コ［木］―キ［木］

イソ［石・磯］―イシ［石］、ニフ［新］―ニヒ［新］

ア・アス［足］―アシ［足］、ト［鳥］―トリ［鳥］

がある。タカ［高］―タケ［高］、タカ［竹］―タケ［竹］は被覆形の方がよく用いられ、(11) クル［栗］―クリ［栗］、コ［木］―キ［木］、イソ［石・磯］―イシ［石］、ニフ［新］―ニヒ［新］は露出形の方がよく用いられていて、(12) 全体として、ア列―エ列の対応のものと他とで差があると言えよう（付節参照）。

五　動詞の終止形・連用形など

動詞終止形が前項となるものの例には、次のようなものがある。

アク　飽波阿久奈美（＊大和・平群（ヘグリ））、イク　生田以之多［久］（攝津・八部（ヤタベ）、［高］伊久多）、マス　益田末須太（近江・浅井（アサキ）、［高］末須多）、カツ　勝間加都万（周防・佐波（バ）、［高］加豆万）、アフ　相可阿布加（＊伊勢・多氣（タケ））　會星安布保之（†駿河・有度（ウド））、ハフ　蔓田波布太　國用這田（☆播磨・多可、［急］蔓く無訓）、ユフ　結城由不支（下総・郡名、［元］由不岐）、ソソ　添上曽不乃加美（※大和・郡名）、スム　住道須无知（＊攝津・住吉（スミヨシ））、トム　冨野止无乃（＊山城・久世（クゼ））、イム　忌部伊无倍（阿波・

麻殖、[高]淫罔）、タル　垂水多留美（讃岐・那珂、[高]多流美）、ナル　成海奈留美（＊尾張・愛智）、イル　入間伊留末（※武蔵・郡名）〔以上、四段動詞（四段・下二段動詞を含む）〕

ウ　得橋宇波之（加賀・能美、[高]兎橋宇波之）、アグ　擧田宗久多（☆丹波・氷上、[急]項なし）、ナヅ　樵河奈都加波（備中・都宇、[高]撫河奈豆加波）、イヅ　出名伊豆之（備前・御野、[高]出石以豆之）〔以上、下二段動詞〕

フル　古市（前掲）〔上二段動詞〕

動詞連用形（露出形）が前項となるものの例には、次のようなものがある。

アキ　飽馬安木末（上野・碓氷、[高]安支末）、ウキ　浮穴宇城安奈（※伊豫・郡名）、ツギ　継橋都木波之（伊勢・度會、[高]津岐波之）、ヌキ　貫名奴木奈（遠江・長下、[高]沼岐奈）、オキ　置津乎木津（安房・長狭、[高]日置於支豆）、イキ　生佐伊支佐（肥前・松浦、[高]無訓）、ナシ　成羽奈之波（＊備中・下道）、マシ　益田万之田（飛驒・益田、[高]末之多）、フシ　伏見布之美（攝津・西生、[高]無訓）、コシ　越部古之倍（＊播磨・揖保）、タチ　立野多千乃（伊勢・飯高、[高]無訓）、マチ　待野万知乃（能登・鳳至、[高]無訓）、アヒ　會津阿比豆（※陸奥・郡名）、ウルヒ　濕津宇留比豆（上総・市原、[高]宇流比豆）、スミ　住吉須三与之（※攝津・郡名）、ヌリ　漆部奴利倍（＊大和・宇陁）、オリ　織裳於利毛（＊上野・多胡）、ホリ　堀江保里江（越前・坂井、[高]項なし）、トホリ　通[隈]止保利久万（＊遠江・長下、[高]通隈）〔以上、四段動詞〕

ヒケ　列田比介多（讃岐・大内、[高]引田比計太）、タテ　立石多天之（筑前・下座、[高]項なし）、イデ　出羽以天波（※国名）、ナメ　行方奈女加多（※常陸・郡名）、ナメ　甞見奈女美（駿河・有度、[高]奈女三）、ナガレ　流田奈加礼多（＊伊勢・多氣）、ヱ・ウヱ　殖栗恵久利（阿波・名東、[高]無訓）　殖田宇恵太（＊武蔵・足立）〔以上、下二段動詞〕

オイ　老馬於以万（＊遠江・長下）〔上二段動詞〕

イ　射添伊曽布（但馬・七美、[高]以曽布）〔上一段動詞〕

アリ　有馬阿利万（攝津・郡名、[元]阿利萬）　在田阿利太（※紀伊・郡名）〔ラ変動詞〕

この他に、先に挙げた末音節がイのもののうちに、

カイ　桂萱〔挂〕加以加也（＊上野・勢多）、ツイ　築城豆伊支（豊前・郡名、[元]豆伊岐）、オイ　置賜於伊太三（※出羽・郡名）、

コイ　漕代古以之呂（伊勢・飯野（イヒノ）、[高]謂代無訓）

の動詞連用形イ音便の例（いずれも再掲）があり、また、「苅田加无多」（安藝・高宮（タカミヤ）、[高]葛太）をカリタの、「度津和多无都」（参河・寶飯（ホ）〔飫〕、[高]無訓）をワタリツの撥音便ないし促音便と見ると、これらも加えられる。

動詞の他の活用形のものに、

ムカ　向國武加津久尓（長門・大津（オホツ）、[高]无加豆久迩）、イカ　生野伊加乃（讃岐・多度、[高]項なし）〔以上、四段動詞〕

クル　來馬久留万（淡路・津名（ツナ）、[高]久流万）〔カ変動詞〕

がある。ムカ［向］・イカ［生］は動詞〔四段〕未然形のものであるが、動詞終止形のものと括って動詞被覆形のものととらえてよい。クル［来］は動詞連体形のものであるが、カ変動詞の例でもあり、やや特殊なものと見られる。

また、六活用形と一致しないところの

アカ　明見（前掲）、タカ　高蘆（前掲）、フカ　深見（前掲）、アラ　荒墓（前掲）

は、下二段動詞アク［明］・タク［卓］・フク［更］・アル［荒］の被覆形ととらえられ、

ナガ　長屋（前掲）　永倉（前掲）

も、「《(略)ナガレ（流）・ナゲ（投）と同根》」（『岩波古語辞典』〔補訂版〕ナガシ［長・永］の項）によって、下二段動詞ナグ［投］の被覆形ととらえることができよう。

ムラ　村山（前掲）　諸縣（前掲）

は、先に見た阪倉氏の「a接尾形」によって、下二段動詞ムル［群］の被覆形ととらえられる。そして、

ヨコ　横太（前掲）

も、上二段動詞ヨク［避］の被覆形ととらえられる（別稿「タテ［楯・縦］・ヨコ［横］とその周辺」[13]参照）。動詞の終止形・未然形を含む被覆形の異なり要素より、同連用形（露出形）の異なり要素の方がやや多い。

同じ動詞が、前項で終止形にも連用形にも用いられるものに、

アク［飽］―アキ［飽］、マス［益］―マシ［益］、アフ［会］―アヒ［会］、スム［住］―スミ［住］

イヅ［出］―イデ［出］

があり、合わせて、前項でそれらにも他の活用形のものにも用いられるものに、

イク・イカ［生］―イキ［生］

がある。スム［住］―スミ［住］の他は、連用形でない方がよく用いられると言える[14]（付節参照）。

第三節〜第五節を通して、前項について見ると、大凡次のようである。ク活用形容詞語幹においては、末尾がア列・ウ列・オ列のものがほとんどで、他のものは末尾がエ列の「健（タケ）」のみであり、末尾がイ列のものは例がない。

名詞の被覆形・露出形については、被覆形の異なり要素の方が多いものの、露出形の異なり要素も少なくない。動詞の終止形・未然形を含む被覆形の異なり要素に対して、同連用形（露出形）の異なり要素の方がやや多い。これについては、動詞連用形が名詞化することとの関連があるかとも考えられる。但し、終止形・未然形―連用形の両形が用いられるものでは、連用形でない方がよく用いられる傾向がある。

六　前項・後項に特徴的な要素

次に、前項に特徴的な要素、後項に特徴的な要素について見る。

前項にのみ見られ、大東急本・高山寺本合わせて述べ要素10以上が見える（付節参照）要素は、次のようである。
赤《アカ》（〔急〕6・〔高〕5）、額《ヌカ》（〔急〕10・〔高〕2）、深《フカ》（〔急〕13・〔高〕9）、朝《アサ》（〔急〕10・〔高〕3）、稲《イナ》（〔急〕6・〔高〕5）、舩《フナ》（〔急〕10・〔高〕3）、石《イハ》（〔急〕12・〔高〕9）、桒《クハ》（〔急〕11・桑《クハ》〔高〕1）、真《マ》（〔急〕11・〔高〕6）、玉《タマ》（〔急〕7・〔高〕4）、八《ヤ》（〔急〕19・〔高〕9）、荒《アラ》（〔急〕7・〔高〕4）、出《イヅ》（〔急〕8・〔高〕5）、新《ニフ》（〔急〕6・〔高〕5）、神《カム》（〔急〕12・〔高〕4）、塩《シホ》（〔急〕7・〔高〕5）、大《オホ》（〔急〕90・〔高〕37）、廣《ヒロ》（〔急〕8・〔高〕3）、小《ヲ》（〔急〕33・〔高〕19）、石《イシ》（〔急〕14・〔高〕13）、日《ヒ》（〔急〕16・〔高〕4）、新《ニヒ》（〔急〕22・〔高〕11）、三《ミ》（〔急〕44・〔高〕17）、御《ミ》（〔急〕14・〔高〕6）

後項にのみ見られ、大東急本・高山寺本合わせて述べ要素10以上が見える（付節参照）要素は、次のようである。
科《シナ》（〔急〕6・〔高〕4）、馬《マ》（〔急〕6・〔高〕4）、原《ハラ》（〔急〕54・〔高〕26）、門《ト》（〔急〕7・〔高〕4）、代《シロ》（〔急〕11・〔高〕9）、埼《サキ》（〔急〕14・〔高〕2）、橋《ハシ》（〔急〕10・〔高〕3）、口《クチ》（〔急〕9・〔高〕3）、見《ミ》（〔急〕21・〔高〕16）、海《ミ》（〔急〕10・〔高〕4）、上《カミ》（〔急〕29・〔高〕10）、守《モリ》（〔急〕6・〔高〕4）、宅《ヤケ》（〔急〕6・〔高〕5）、根《ネ》（〔急〕10・〔高〕3）、邊《ヘ》（〔急〕12・〔高〕6）、部《ベ》（〔急〕40・〔高〕26）、壁《カベ》（〔急〕8・〔高〕4）

これらは、それぞれ前項に特徴的な要素、後項に特徴的な要素と言える。

前項では、述べ要素数の多いものは「大《オホ》」「三《ミ》」「小《ヲ》」のようであり、第三節に見た「赤《アカ》」「深《フカ》」「荒《アラ》」「廣《ヒロ》」のようなク活用形容詞語幹、第四節に見た「赤《アカ》」「稲《イナ》」「舩《フナ》」「新《ニフ》」「神《カム》」のような名詞被覆形、第五節に見た「出《イヅ》」のような動詞終止形（「深《フカ》」「荒《アラ》」も動詞被覆形と見られる）があることが注意される（他方、「石《イシ》」「新《ニヒ》」のような名詞露出形もあるが、「新《ニヒ》」はシク活用形容詞語基でもある）。その他、接頭語「真《マ》」「大《オホ》」「小《ヲ》」「御《ミ》」（「玉《タマ》」も接頭語に用いられることがある）[15]、数詞「三《ミ》」「八《ヤ》」も前項に用いられるのが通常である。接頭語オホ〔大〕は、ク活用形容詞語幹オホ〔多〕とともにとらえられる（前書㈢〔各論篇第一章第一節〕参照）。なお、「接頭語」と「接頭辞」とを区別して扱っている。[16] 全体として、末尾がア列・ウ列・オ列のものが多いと言える。

後項では、述べ要素数の多いものは「原《ハラ》」「部《ベ》」「上《カミ》」のようであり、「原《ハラ》」「門《ト》」「埼《サキ》」「海《ミ》」のような地形を表すもの（「科《シナ》」も階段状の地形を指すので、また、「代《シロ》」も田地を表すので、ここに入れられる）、「上《カミ》」「根《ネ》」「邊《ヘ》」のような位置関係を表すもの（「口《クチ》」もここに含められるか）、「橋《ハシ》」「宅《ヤケ》」のような建造物を表すもの、「見《ミ》」「守《モリ》」のような動詞連用形のものが注意される。さらに、「部《ベ》」は、部民制に由来する地名の要素である（後項に「部《ベ》」を持つ地名については、第三篇第三章に見る）。「壁《カベ》」も、「草壁久佐加倍」（備中・小田《ヲダ》、〔高久佐加へ〕）が本来「日下部」であったと見られるように、「部《ベ》」とともにとらえられる。全体として、末尾がイ列・エ列のものが多いと言える。

　前項にも後項にも見えるもので、前項に大東急本・高山寺本合わせて述べ要素数10以上が見える（付節参照）要素は、

坂《サカ》〔急11・高3〕、髙《タカ》〔急46・高18〕、中《ナカ》〔急6・高4〕、長《ナガ》〔急28・高11〕、岡《ヲカ》〔急7・高5〕、笠《カサ》〔急6・高6〕、
田《タ》〔急24・高15〕、川《カハ》〔急19・高13〕、河《カハ》〔急16・高4〕、山《ヤマ》〔急54・高10〕、嶋《シマ》〔急7・高5〕、津《ツ》〔急11・高6〕、
上《カム》〔急11・高7〕、野《ノ》〔急11・高5〕、栗《クリ》〔急6・高5〕、井《キ》〔急12・高11〕

のようであり、左に波線を引いたものを別にして、第三節に見た「髙《タカ》」「長《ナガ》」のようなク活用形容詞語幹、「中《ナカ》」「上《カム》」のような位置関係を表すものがやや目立つ。

　前項にも後項にも見えるもので、後項に大東急本・高山寺本合わせて述べ要素数10以上が見える（付節参照）要素は、

坂《サカ》〔急14・高10〕、岡《ヲカ》〔急14・高6〕、田《タ》〔急168・高96〕、方《カタ》〔急11・高3〕、名《ナ》〔急17・高7〕、羽《ハ》〔急10・高7〕、
川《カハ》〔急25・高12〕、河《カハ》〔急7・高4〕、山《ヤマ》〔急12・高8〕、嶋《シマ》〔急37・高11〕、屋《ヤ》〔急19・高10〕、倉《クラ》〔急8・高4〕、
村《ムラ》〔急19・高9〕、津《ツ》〔急29・高26〕、生《フ》〔急19・高12〕、本《モト》〔急16・高4〕、野《ノ》〔急84・高30〕、木《キ》〔急15・高3〕、
井《キ》〔急42・高19〕、江《エ》〔急14・高8〕

のようであり、左に波線を引いたものを別にして、「生《フ》」「江《エ》」のような地形を表すもの、「方《カタ》」「本《モト》」のような位置関

係を表すもの、「屋(ヤ)」「倉(クラ)」のような建造物を表すものがやや目立つ（「倉(クラ)」は、高い場所を表すとも見られる）。

また、右のうち、左に波線を引いたものは、前項でも後項でも大東急本・高山寺本合わせて述べ要素10以上が見える要素であるが、「坂(サカ)」「岡(ヲカ)」「田(タ)」「川(カハ)」「河(カハ)」「山(ヤマ)」「嶋(シマ)」「津(ツ)」「野(ノ)」「井(キ)」のように、いずれも地形を表すものである。中でも、「田(タ)」、次いで「野(ノ)」は、後項に圧倒的に多い。

付　前項・後項一覧

参考までに、この章に見てきた和名抄地名の前項・後項を一覧しておく。数字は述べ要素数である。大東急本にも高山寺本にも見えるものに左傍線を付す。また、前項にも後項にも見える（大東急本か高山寺本かを問わない）ものを太字で示す。

前項

ア［急］畔(ア)3　足(ア)2　吾(ア)2　會(ア)1／8
［高］畔(ア)2　吾(ア)1／3

イ［急］射(イ)3　膽(イ)1　秋(アイ)2　桂［挂］(カイ)1　埼(サイ)2　雀(ササイ)1　楊(ヤナイ)1
蓁(ハイ)2　林(ハイ)1　築(ツイ)1　老(オイ)（老(オホ)［イ］1を含む）2　置(オイ)1　漕(コイ)
1／19
［高］射(イ)2　桂［挂］(カイ)1　粥(カイ)1　楊(ヤナイ)1　林(ハイ)2　蓁(ハイ)1　柞(クヌイ)1
老(オイ)（老(オホ)［イ］1を含む）2／11

ウ［急］海(ウ)2　菟(ウ)1　鵜(ウ)1　得(ウ)1／5

後項

［高］兎(ウ)1／1

エ［急］江(エ)5　荏(エ)3　榎(エ)（榎(イ［エ］)1を含む）3　兄(エ)1／12
［高］江(エ)3　榎(エ)2　荏(エ)（荏(ヤ［エ］)1を含む）2　兄(エ)1／8

オ［急］忍(オ)1／1
［高］忍(オ)1／1

カ［急］香(カ)4　鹿(カ)4　上(カ)1　赤(アカ)6　明(アカ)4　鏡(カガ)1　坂(サカ)11　酒(サカ)2
刑(オサカ)4　刑(オムサカ)1　高(タカ)（高(タカ)9を含む）46　竹(タカ)7　中(ナカ)6
仲(ナカ)2　長(ナガ)28　永(ナガ)1　若(ワカ)2　生(イカ)1　近(チカ)2　甕(ミカ)1　菅(スガ)5
額(ヌカ)10　深(フカ)13　向(ムカ)1　岡(ヲカ)7／170
［高］香(カ)2　鹿(カ)2　上(カ)1　河(カ)1　赤(アカ)5　明(アカ)1　登(アガ)1　酒(サカ)3
坂(サカ)3　刑(オサカ)1　高(タカ)18　竹(タカ)2　中(ナカ)4　仲(ナカ)1　長(ナガ)（長(ナイ［ガ］)1
を含む）11　若(ワカ)1　近(チカ)1　甕(ミカ)1　菅(スガ)4　額(ヌカ)2　深(フカ)9
向(ムカ)1　岡(ヲカ)5／80

キ［急］城(キ)5　木(キ)（本［木］(キ)1を含む）4　杵(キ)3　飽(アキ)2　秋(アキ)
（秋(アサ［キ］)1を含む）2　前(サキ)1　楊(ヤギ)2　池(イキ)1　生(イキ)1　甑(コシキ)
1　和(ニキ)1　蟾(ヒキ)1　浮(ウキ)1　槻(ツキ)1　月(ツキ)1　継(ツキ)1　貫(ヌキ)2　息(オキ)
1　置(オキ)1／32
［高］木(キ)5　杵(キ)2　城(キ)1　秋(アキ)2　飽(アキ)（飽(ソ［ア］キ)1を含む）2　前(サキ)
1　楊(ヤギ)1　和(ニキ)1　蟾(ヒキ)1　丹［月］(ツキ)1　継(ツキ)1　貫(ヌキ)2　息(オキ)1

エ［急］江(エ)14／14
［高］江(エ)8／8

カ［急］鹿(カ)7　香(カ)1　家(ガ)1　利(カガ)1　坂(サカ)（板［坂］(サカ)3を含む）14
高(タカ)3　中(ナカ)3　中(ミチノナカ)1　長(ナガ)1　墓(ハカ)1　床(イカ)1　鹿(シカ)1　光(ヒカ)
1　向(ムカ)1　束(ツカ)4　岡(ヲカ)14／55
［高］鹿(カ)2　家(ガ)1　坂(サカ)10　長(ナガ)1　墓(ハカ)1　床(イカ)1　光(ヒカ)1　束(ツカ)4
岡(ヲカ)6／27

キ［急］木(キ)15　城(キ)14　杵(キ)3　敷(キ)1　来(キ)1　埼(サキ)14　前(サキ)4　楊(ヤナギ)2
楊(ヤギ)2　別(ワキ)1　敷(シキ)1　曳(ヒキ)1　次(スキ)（次(スハ［キ］)1を含む）3　鋤(スキ)
1　月(ツキ)2　調(ツキ)2　属(ツキ)1　秡［抜］(ヌキ)1　向(ムキ)1　塞(セキ)1　置(オキ)6
／77
［高］城(キ)5　木(キ)3　置(キ)1　杵(キ)1　前(サキ)3　埼(サキ)2　楊(ヤギ)3　別(ワキ)1
次(スキ)2　月(ツキ)2　調(ツキ)1　抜(ヌキ)1　向(ムキ)1　塞(セキ)1／27

／21

ク
[急]｜杭《ク》1｜柞《ク》1｜飽《アク》5｜生《イク》(生《イム[ク]》1を含む)3｜鮎《フク》1／11
[高]｜杭《ク》1｜柞《ク》1｜飽《アク》3 擧《ソ[ア]グ》1｜生《イク》3｜鮎《フク》1／10

ケ
[急]竹《タケ》1｜高《タケ》1｜健《タケ》1｜池《イケ》5 列[引]《ヒケ》1／9
[高]蔭《カゲ》1 建《タケ》1｜健《タツ[ケ]》1｜高《タケ》1｜池《イケ》2｜引《ヒケ》1／7

コ
[急]｜兒《コ》5 小《コ》2｜子《コ》2 木《コ》1｜京《ミヤコ》1｜横《ヨコ》(模[横]《ヨコ》1を含む)2／13
[高]｜子《コ》3｜兒《コ》1 籠《コ》1｜京《ミヤコ》1｜横《ヨコ》2／8

サ
[急]｜狭《サ》4 猨《サ》1｜朝《アサ》10 浅《アサ》3｜麻《アサ》1 上《アサ》1｜笠《カサ》6｜風《カザ》2 雀《ササ》1｜樂《ササ》1｜小《チヒサ》2｜草《クサ》4｜他《ヲサ》1／37
[高]｜狭《サ》4 坂《サ》1｜朝《アサ》3｜麻《アロ[サ]》1 些[呰]《アザ》1｜笠《カサ》6｜風《カザ》1｜樂《サト[サ]》1｜小《チヒサ》1｜草《クサ》2｜他《ヲサ》1／22

シ
[急]標《シ》1｜礒《シ》1｜清《シ》1｜足《アシ》3 葦《アシ》1 東《ヒムガシ》1｜梨《ナシ》2｜成《ナシ》1｜益《マシ》3｜林《ハヤシ》2｜鷲《ワシ》1｜石《イシ》14 宍《シシ》(完[宍]《シシ》1を含む)2 西《ニシ》1 菱《ヒシ》1｜櫛《クシ》3 伏《フシ》1｜凡《オフシ》1｜忍《オシ》2｜越《コシ》4｜星《ホシ》3｜吉《ヨシ》4｜良《ヨシ》4／57
[高]｜礒《シ》1｜清《シ》1｜足《アシ》3｜梨《ナシ》1｜成《ナシ》1 間《ハシ》1｜益《マシ》1｜林《ハヤシ》2｜鷲《ワシ》1｜石《イシ》(石《イク[シ]》1を含む)13｜櫛《クシ》2｜凡《オフシ》1｜忍《オシ》1｜越《コシ》1｜星《ホシ》1｜吉《ヨシ》(布《吉》1を含む)4｜良《ヨシ》2／37

ク
[急]来《ク》2 析[折]《サク》1 奥《オク》1／4

ケ
[急]｜毛《ケ》4 明《ケ》1｜削《ケ》1｜明《アケ》1｜酒《サケ》1｜宅《ヤケ》6 家《ヤケ》2／16
[高]｜削《ケ》1｜毛《ケ》1｜明《アケ》1｜酒《サケ》1｜宅《ヤケ》5｜家《ヤケ》1／10

コ
[急]来《コ》2｜子《コ》1 孫《ヒコ》1 向《ムコ》1｜戈《ホコ》1／6
[高]｜子《コ》1｜戈《ホコ》1／2

サ
[急]｜狭《サ》5 笠《カサ》1 草《クサ》3 総《フサ》3｜草《ヲサ》1／13
[高]｜狭《サ》2｜草《ヲサ》1／3

シ
[急]｜石《シ》(名[石]《シ》1を含む)9 蘆《シ》1｜无《シ》1｜足《シ》1 足《アシ》1 樫《カシ》1 刺《サシ》1｜梨《ナシ》2｜无《ナシ》1｜橋《ハシ》10 椅《ハシ》1｜林《ハヤシ》2 祐[社]《ケシ》1｜越《コシ》1｜星《ホシ》1｜吉《ヨシ》5 次《ヨシ》1 好《ヨシ》1／41
[高]｜石《シ》2｜无《シ》1｜足《シ》1｜樫《カシ》1｜梨《ナシ》1｜无《ナシ》1｜橋《ハシ》3 精《ハシ》1｜林《ハヤシ》1｜社《ケシ》1｜越《コシ》2｜星《ホシ》1｜吉《ヨシ》1／17

ス
[急] |洲(ス)1 渚(ス)1 足(アス)3 糟(カス)1 |滓(カス)1 |益(マス)3 沙(マス)1 安(ヤス)2 |碓(ウス)2 臼(ウス)1 |葛(クズ)1 |鈴(スズ)2／19
[高] |洲(ス)1 |足(アス)2 |滓(カス)1 |益(マス)4 |碓(ウス)1 |葛(クズ)1 |鈴(スズ)1／11

セ
[急] 汗(アセ)1／1

ソ
[急] |彼(ソ)1 礒(イソ)4 |石(イソ)3 |細(ホソ)2／10
[高] |彼(ソ)1 |石(イソ)2 |礒(イソ)1 |細(ホソ)1／5

タ
[急] |田(タ)24 高(タ)1 |片(カタ)3 交(カタ)1 方(カタ)1 |形(カタ)1 |肩(カタ)1 |堅(カタ)1 |縣(アガタ)1 |直(タダ)1 |幡(ハタ)1 |秦(ハタ)1 |板(イタ)4 |歌(ウタ)1 |二(フタ)6 雨[両](フタ)1／49
[高] |田(タ)15 片(カタ)1 |形(カタ)1 |肩(カタ)1 |堅(カタ)1 |縣(アガタ)1 |直(タク[ダ])1 |幡(ハタ)1 |秦(ハタ)1 |板(イタ)3 |歌(ウタ)1 |二(フタ)3 雨[両](フタ)1／31

チ
[急] |千(チ)2 |乳(チ)1 |茅(カ[チ])1 |味(アヂ)2 |立(タチ)4 |蜂(ハチ)1 待(マチ)1 市(イチ)3 |土(ヒヂ)1 陸(ミチ)1 |内(ウチ)2 |氏(ウヂ)1 |渕(フチ)1 藤(フヂ)3 |葛(フヂ)1／25
[高] |千(チ)2 |乳(チ)1 |茅(チ)1 |味(アヂ)1 |立(タチ)1 |蜂(ハチ)1 |土(ヒヂ)2 |内(ウチ)2 |氏(ウヂ)1 |渕(フチ)1 |葛(フヂ)1／14

ツ
[急] |津(ツ)（杵[津](ツ)1を含む）11 角(ツ)1 |厚(アツ)3 |勝(カツ)3 粥(カツ)1 |夏(ナツ)1 |撫(ナツ)1 |松(マツ)6 |出(イツ)8 |水(ミツ)1 |内(ウツ)2 綴(ツツ)1 |管(ツツ)1／

ス
[急] |栖(ス)2 巣(ス)1 梨(ナス)1 |生(ナス)1 安(ヤス)1／6
[高] |栖(ス)1 |生(ナス)1／2

セ
[急] |瀬(セ)6 |背(セ)1 妹[妖](セ)1／8
[高] |瀬(セ)2 城[柵](セ)1 |背(セ)1 |妖(セ)1／5

ソ
[急] |渠(ムソ)2 |溝(ムソ)1／3
[高] |渠(ムソ)1 |溝(ムソ)1／2

タ
[急] |田(タ)168 高(タ)1 |方(カタ)11 像(カタ)1 |形(カタ)1 |縣(ガタ)7 縣(アガタ)1 |幡(ハタ)3 |全(マタ)1 |分(イタ)1 |北(イタ)1 北(キタ)1 分(キタ)1 |下(シタ)2／200
[高] |田(タ)96 |方(カタ)3 |形(カタ)1 懸[縣](ガタ)1 |幡(ハタ)2 |全(マタ)1 太[北](イタ)1 |分(キ[イ]タ)1 |下(シタ)1／107

チ
[急] |市(チ)4 内(チ)3 |道(チ)（道[チ]*1を含む）3 路(チ)1 勝(カチ)1 |立(タチ)4 |市(イチ)6 道(ミチ)3 |内(ウチ)4 |口(クチ)（田[口](クチ)1を含む）9 前(ミチノクチ)2 |渕(フチ)（淵(フチ)1を含む）5／45
[高] |道(チ)4 |市(チ)4 |立(タチ)2 |市(イチ)1 |内(ウチ)1 |口(クチ)3 土(ツチ)1 |渕(フチ)4／20

ツ
[急] |津(ツ)29 |松(マツ)4 |水(ミツ)2／35

40
[高]｜津《ツ》6 拓《ツ》1 ｜厚《アツ》1 ｜勝《カツ》2 ｜夏《ナツ》1 ｜撫《ナツ》1 ｜松《マツ》3 ｜出《イツ》5 ｜水《ミツ》1 ｜内《ウツ》2 ｜管《ツツ》1／24
テ[急]豊《テ》1 楯《タテ》1 立《タテ》1 ｜蓼《タデ》1 出《イデ》1／5
[高]｜蓼《タデ》1／1
ト[急]｜鳥《ト》3 ｜利《ト》3 豊《ト》2 礪《ト》1 砥《ト》1 ｜跡《アト》2 ｜葛《カド》2 伯[泊《ハト》]1 糸《イト》1 緑《ミド》1 本《モト》(太[本《モト》]1を含む)3／20
[高]｜鳥《ト》2 ｜利《ト》1 ｜跡《アト》1 ｜葛《カド》2／6
ナ[急]｜名《ナ》6 ｜長《ナ》1 ｜穴《アナ》2 ｜金《カナ》1 茜《アカナ》1 橘《タチバナ》1 梁《ヤナ》1 ｜稲《イナ》6 ｜夷《ヒナ》1 ｜綱《ツナ》1 ｜舩《フナ》10 宗《ムナ》1／32
[高]｜名《ナ》(多[名《ナ》]1を含む)3 ｜長《ナ》1 ｜穴《アナ》2 ｜金《カナ》1 ｜稲《イナ》5 ｜夷《ヒナ》1 ｜綱《ツナ》1 ｜舩《フナ》3 米《ヨナ》1／18
ニ[急]｜丹《ニ》4 掃《カニ》1 谿《タニ》1 ｜埴《ハニ》2 ｜土《ハニ》2／10
[高]｜丹《ニ》3 ｜埴《ハニ》2 ｜土《ハニ》1／6
ヌ[急]｜沼《ヌ》(治[沼《ヌ》]2を含む)6 ｜渭《ヌ》1 犬《イヌ》1／8
[高]｜沼《ヌ》2 ｜渭《ヌ》1／3
ネ[急]婦《ネ》1 ｜采《ウネ》1／2

[高]｜津《ツ》20 ｜松《マツ》2 ｜水《ミツ》2／24
テ[急]｜手《テ》2 ｜秀《ヒデ》1／3
[高]｜手《テ》1 出《デ》1 ｜秀《ヒデ》1／3
ト[急]｜門《ト》7 跡《アト》1 里《サト》2 ｜忍《サト》1 ｜和《ヤマト》2 ｜人《ヒト》1 ｜人《ムト》2 ｜本《モト》16／32
[高]｜門《ト》4 跡《ト》1 津《ト》1 ｜忍《サト》1 泊《ハト》1 ｜和《ヤマト》1 ｜人《ヒト》1 ｜人《ムト》1 ｜本《モト》4／15
ナ[急]｜名《ナ》(名《タ[ナ]》1を含む)17 野《ナ》1 穴《ナ》1 宗[字《ナ》]1 ｜穴《アナ》2 飠也[鉇《カナ》]1 ｜科《シナ》6 級《シナ》2 ｜階《シナ》1 ｜夷《ヒナ》3 ｜谷《ウナ》1 内《ウナ》1 緒[渚《スナ》]1／38
[高]｜名《ナ》7 ｜字《ナ》1 ｜穴《アナ》1 ｜鉇《カナ》1 ｜科《シナ》4 ｜階《シナ》1 ｜夷《ヒナ》1 ｜谷《ウナ》1 ｜渚《スナ》1／18
ニ[急]蟹《カニ》1 谿《タニ》1 ｜谷《タニ》1 ｜國《クニ》(国《クニ》1を含む)6／9
[高]｜谷《タニ》1 ｜國《クニ》3／4
ヌ[急]｜沼《ヌ》3 ｜犬《イヌ》1／4
[高]｜沼《ヌ》3 ｜犬《イヌ》1／4
ネ[急]｜根《ネ》10 ｜金《カネ》1 ｜畝《ウネ》1 舩《フネ》1／13

[高]茜(アカネ)1 采(ウネ)1／2

ノ
[急]野(ノ)11 笑(ノ)1 篠(シノ)4 蓑(ミノ)1 布(ヌノ)(布(フ[ヌ]ノ) 1を含む)2 物(モノ)4／23
[高]野(ノ)5 笑(ノ)1 篠(シノ)3 蓑(ミノ)1 布(ヌノ)2 園(ソノ)1 物(モノ)1／14

ハ
[急]羽(ハ)3 葉(ハ)2 土(ハ)2 粟(アハ)4 淡(アハ)1 川(カハ)19 河(カハ)16 澤(サハ)1 石(イハ)12 磐(イハ)5 柴(シバ)3 柏(カシハ)1 表(ウハ)1 桒(クハ)11 ⿱秋食(クハ)1／82
[高]羽(ハ)1 埴(ハ)1 粟(アハ)3 川(カハ)13 河(カハ)4 澤(サハ)1 石(イハ)9 柴(シバ)2 柏(カシハ)1 庭(ニハ)1 表(キ[ウ]ハ)1 桑(クハ)1 ⿱秋食(クハ)1／39

ヒ
[急]日(ヒ)16 氷(ヒ)5 檜(ヒ)1 陽(ヒ)1 姫(ヒ)1 會(アヒ)1 飯(イヒ)3 新(ニヒ)22 庭(ニヒ)1 頸(クビ)1 濕(ウルヒ)1／53
[高]日(ヒ)4 氷(ヒ)2 檜(ヒ)1 姫(ヒ)1 餘[飯](イヒ)1 新(ニヒ)11 濕(ウルヒ)1／21

フ
[急]生(フ)2 穗(フ)1 會(アフ)2 相(アフ)1 祝(ハフ)1 澁(シブ)1 新(ニフ)6 結(ユフ)1 大(オフ)2 添(ソフ)2／19
[高]相(アフ)1 會(アフ)1 蔓(ハフ)1 新(ニフ)5 大(オフ)1／9

ヘ
[急]速(ヘ)1／1
[高]速(ヘ)1／1

[高]根(ネ)3 金(カネ)1 畝(ウネ)1／5

ノ
[急]野(ノ)84 沼(ノ)2 衣(キノ)1 篠(シノ)1 園(ソノ)1／89
[高]野(ノ)30 沼(ノ)1 衣(キノ)1 篠(シノ)1／33

ハ
[急]羽(ハ)10 葉(ハ)4 禾(ハ)1 川(ハ)1 粟(アハ)1 川(カハ)25 河(カハ)7 澤(サハ)4 縄(ナハ)1 桒(クハ)2 庭(ムバ)4／60
[高]羽(ハ)7 葉(ハ)1 川(カハ)12 河(カハ)4 縄(ナハ)1 庭(ニハ)1 桑(クハ)2 庭(ムバ)1／29

ヒ
[急]合(ヒ)2 日(ヒ)2 氷(ヒ)1 員(ヒ)1 會(ヒ)1 飯(ヒ)1 會(アヒ)1 合(アヒ)1 貝(カヒ)1 咋(クヒ)2 推[椎](スヒ)1 縫(ヌヒ)1 結(ユヒ)1／16
[高]日(ヒ)2 飯(ヒ)2 會(ヒ)1 相(キ[ヒ])1 貝(カヒ)1 椎(スヒ)1 結(ユヒ)1／9

フ
[急]生(フ)19 飼(カフ)1 荊(ヤフ)1 結(ユフ)1 添(ソフ)1／23
[高]生(フ)(生(ウ[フ]) 1を含む)12 荊(ヤフ)1 結(ユフ)1 添(ソフ)1／15

ヘ
[急]邊(ヘ)12 上(ヘ)5 家(ヘ)4 重(ヘ)1 戸(ヘ)1 於(ヘ)1 饗(ヘ)1 部(ベ)40 女(ベ)1 壁(カベ)8 直(タヘ)1 家(イヘ)6 宅(イヘ)1 家(ムベ)1／83
[高]邊(ヘ)6 家(ヘ)(家(エ[ヘ]) 1を含む)3 戸(ヘ)2 上(ヘ)2 重(ヘ)1 饗(ヘ)1 部(ベ)26 壁(カベ)4 直(タヘ)1 家(イヘ)1／47

ホ
[急]｜穂《ホ》（禯[穂《ホ》]1を含む）4　直《ナホ》1　廬《イホ》2　｜塩《シホ》7　｜窪《クボ》2　｜坪《ツボ》1　｜大《オホ》90　太《オホ》1　遠《トホ》2　｜丁《ヨホ》1／111
[高]｜穂《ホ》4　｜塩《シホ》5　｜窪《クボ》1　｜坪《ツボ》1　｜大《オホ》37　｜丁《ヨホ》1／49

マ
[急]｜真《マ》11　間《マ》1　味《マ》1　｜海《アマ》4　｜天《アマ》3　｜甘《アマ》1　｜蒲《カマ》3　鎌《カマ》2　｜玉《タマ》7　濱《ハマ》2　｜山《ヤマ》54　今《イマ》1　｜嶋《シマ》（嶌《シマ》1を含む）7　｜熊《クマ》6　｜神《クマ》2　隈《クマ》1　｜衾《フスマ》1　｜沼《ヌマ》1　｜渭《ヌマ》1　｜馬《ムマ》3　｜狛《コマ》1／113
[高]｜真《マ》6　｜海《アマ》2　｜甘《アマ》1　｜天《アマ》1　｜蒲《カマ》1　｜玉《タマ》4　｜山《ヤマ》10　｜嶋《シマ》（嶋《ク[シ]マ》1を含む）5　｜熊《クマ》3　｜神《クマ》1　｜衾《フスマ》1　｜沼《ヌマ》1　｜渭《ヌマ》1　｜馬《ムマ》2　味《ムマ》1　｜狛《コマ》1　苫《トマ》1／42

ミ
[急]｜三《ミ》44　｜御《ミ》14　｜水《ミ》3　参《ミ》1　｜箕《ミ》1　｜實《ミ》1　｜杵《ミ》1　上《カミ》2　｜鏡《カガミ》1　住《スミ》4／72
[高]｜三《ミ》17　｜御《ミ》6　｜箕《ミ》1　｜水《ミ》1　｜實《ミ》1　｜杵《ミ》1　｜鏡《カガミ》1／28

ム
[急]｜神《カム》12　｜上《カム》11　｜蒲《カム》3　蟹《カム》1　苅《カム》1　｜寒《サム》3　度《ワタム》1　｜浪《ナム》1　榛《ハム》1　埴《ハム》1　茨《マム》1　｜海《アマム》2　忌《イム》1　下《シム》1　日《ヒム》1　｜住《スム》1　古《フム》1　建《タケム》1　芹《セム》1　｜富《トム》3　桃《モム》2／50
[高]｜上《カム》7　｜神《カム》4　｜蒲《カム》1　｜寒《サム》1　｜浪《ナム》1　｜海《アマム》1　｜住《スム》1　｜富《トム》3／19

ホ
[急]｜穂《ホ》2　｜直《ホ》1　直《ナホ》1　窪《クボ》1／5
[高]｜直《ホ》1　｜穂《ホ》1／2

マ
[急]｜間《マ》（門[間《マ》]1を含む）14　｜馬《マ》6　｜真《マ》1　｜海《アマ》1　玉《タマ》4　濱《ハマ》3　｜山《ヤマ》12　｜嶋《シマ》37　｜隈《クマ》4　｜熊《クマ》2　｜前《クマ》2　衾《フスマ》1　妻《ツマ》3　｜沼《ヌマ》4　｜瀦《ヌマ》1　瀦《ムマ》1　狛《コマ》1／97
[高]｜間《マ》（門[間《マ》]1を含む）8　｜馬《マ》4　｜真《マ》1　｜海《アマ》1　｜山《ヤマ》8　｜嶋《シマ》（嶋《ク[シ]マ》1を含む）11　島《シマ》5　磐《シマ》1　｜隈《クマ》4　｜前《クマ》3　｜熊《クマ》1　｜沼《ヌマ》2　｜瀦《ヌマ》1／50

ミ
[急]｜見《ミ》21　｜海《ミ》10　｜水《ミ》3　｜續《ミ》2　｜身《ミ》2　羅《ミ》1　｜納《ミ》1　｜上《カミ》（上《マ[カ]ミ》1を含む）29　賜《タミ》1　｜波《ナミ》4　｜浪《ナミ》1　列《ナミ》1　｜公《キミ》1　｜續《ウミ》1　｜海《ウミ》1　｜隅《スミ》3　｜住《スミ》2　積《ツミ》1　｜泉《イツミ》2　江《アフミ》2／89
[高]｜見《ミ》16　｜海《ミ》4　｜水《ミ》3　｜身《ミ》2　｜續《ミ》2　納[網《ミ》]1　｜上《カミ》10　｜波《ナミ》2　｜浪《ナミ》2　｜公《キミ》1　｜續《ウミ》1　｜海《ウミ》1　｜住《スミ》1　｜隅《スミ》1　｜泉《イツミ》1／48

ム
[急]｜上《カム》1／1
[高]｜上《カム》1／1

メ
[急] 行(ナメ)3　甞(ナメ)1　姫(ヒメ)2　／6
[高] 甞(ナメ)1　豆(マメ)1　姫(ヒメ)2　／4

モ
[急] 最(モ)1　物(モ)1　芋(イソ[モ])1　肝(キモ)1　下(シモ)4　霜(シモ)1　雲(クモ)1　薦(コモ)1　鞆(トモ)2　伴(トモ)2　苫(トモ)1　百(モモ)1　／17
[高] 物(モ)1　鴨(カモ)1　芋(イモ)1　霜(シホ[モ])1　下(シモ)1　雲(クモ)1　薦(コモ)1　鞆(トモ)2　伴(トモ)2　百(モモ)1　／12

ヤ
[急] 八(ヤ)19　矢(ヤ)2　屋(ヤ)1　草(カヤ)1　鞘(サヤ)1　速(ハヤ)2　宮(ミヤ)6　／32
[高] 八(ヤ)9　矢(ヤ)1　綾(アヤ)1　萱(カヤ)1　鞘(サヤ)1　速(ハセ[ヤ])1　宮(ミヤ)1　／15

ユ
[急] 湯(ユ)4　弓(ユ)1　／5
[高] 湯(ユ)3　弓(ユ)1　／4

ヨ
[急] 吉(ヨ)1　豊(トヨ)7　／8
[高] 吉(ヨ)1　豊(トヨ)1　／2

ラ
[急] 荒(アラ)（原[荒(アラ)]1を含む）7　麁(アラ)1　辛(カラ)3　鹹(カラ)1　更(サラ)2　楢(ナラ)1　茨(ムバラ)1　白(シラ)5　韮(ニラ)1　平(ヒラ)3　枚(ヒラ)3　占(ウラ)2　浦(ウラ)1　倉(クラ)2　蔵(クラ)1　櫻(サクラ)6　葛(カヅラ)3　村(ムラ)3　諸(ムラ)1　／47
[高] 荒(アラ)4　辛(カラ)3　鹹(カラ)1　韓(カラ)1　楢(ナラ)1　成(ナラ)1　白(シラ)2　枚(ヒラ)（牧[枚(ヒラ)]1を含む）3　占(ウラ)2　浦(ウラ)1　倉(クラ)2　蔵(クラ)1　櫻(サクラ)3

メ
[急] 女(メ)1　目(メ)1　妻(メ)1　集(ツメ)2　／5
[高] 女(メ)2　目(メ)1　妻(メ)1　集(ツメ)2　／6

モ
[急] 雲(モ)2　裳(モ)1　面(モ)1　下(シモ)1　伴(トモ)1　支[友(トモ)]1　／7
[高] 雲(モ)1　裳(モ)1　面(モ)1　鴨(カモ)1　伴(トモ)2　友(トモ)1　／7

ヤ
[急] 屋(ヤ)19　家(ヤ)1　室(ヤ)1　萱(カヤ)1　草(カヤ)1　早(ハヤ)1　速(ハヤ)1　宮(ミヤ)3　祖(オヤ)2　／30
[高] 屋(ヤ)10　居(ヤ)1　祖(ヤ)1　萱(カヤ)1　草(カヤ)1　速(ハヤ)1　宮(ミヤ)1　祖(オヲ[ヤ])1　／17

ユ
[急] 陽[湯(ユ)]1　／1
[高] 湯(ユ)1　／1

ヨ
[高] 豊(トヨ)1　／1

ラ
[急] 浦(ラ)3　柄(ラ)1　柄(カラ)1　原(ハラ)54　枚(ヒラ)1　浦(ウラ)3　倉(クラ)8　座(クラ)3　村(ムラ)19　邑(ムラ)3　／96
[高] 浦(ラ)1　倉(ラ)1　柄(カラ)1　原(ハラ)26　枚(ヒラ)1　浦(ウラ)1　倉(クラ)4　村(ムラ)9　邑(ムラ)2　／46

|葛(カヅラ)1／26

リ
[急]
|有(アリ)2　在(アリ)1　|栗(クリ)6　|漆(ヌリ)1　|芹(セリ)2　|織(オリ)1　|鳥(トリ)1　堀(ホリ)1　|通(トホリ)1／16

[高]
|有(アリ)2　|栗(クリ)5　|漆(ヌリ)1　|芹(セリ)2　|織(オリ)1　|鳥(トリ)2　|通(トホリ)1／14

ル
[急]
|輕(カル)3　|垂(タル)2　|成(ナル)1　|春(ハル)1　入(イル)1　|蛭(ヒル)1　|栗(クル)2　黒(クル)1　|來(クル)1　|古(フル)7／20

[高]
|輕(カル)3　|垂(タル)1　|成(ナル)1　|春(ハル)1　|蛭(ヒル)1　|栗(クル)1　|來(クル)1　|古(フル)2／11

レ
[急]
|流(ナガレ)1　|呉(クレ)2／3

[高]
|流(ナガレ)1　|呉(クレ)2／3

ロ
[急]
|白(シロ)1　|席(ムシロ)3　|廣(ヒロ)8　弘(ヒロ)1　|黒(クロ)3　|室(ムロ)3　|諸(モロ)1／20

[高]
|席(ムシロ)1　|廣(ヒロ)3　|黒(クロ)1　|室(ムロ)2　|諸(モロ)1／8

ワ
[急]
吾(ワ)1／1

ヰ
[急]
|井(ヰ)12／12

リ
[急]
入(リ)3　服(リ)1　|苅(カリ)2　刈(カリ)1　|垂(タリ)2　足(タリ)1　|生(ナリ)2　|成(ナリ)2　|張(ハリ)5　治(ハリ)1　|餘(アマリ)1　|切(キリ)1　|後(シリ)3　|走(ハシリ)1　後(ミチノシリ)2　|栗(クリ)2　|作(ツクリ)4　造(ツクリ)3　|鳥(トリ)5　|取(トリ)4　|似(ノリ)1　|守(モリ)6　|居(ヲリ)1／54

[高]
|苅(カリ)1　|垂(タリ)1　|生(ナリ)1　|成(ナリ)1　|張(ハリ)3　|餘(アマリ)1　|切(キリ)1　|後(シリ)4　|走(ハシリ)1　|栗(クリ)2　|作(ツクリ)4　|鳥(トリ)2　|取(トリ)2　|似(ノリ)1　|守(モリ)4　|居(ヲリ)1／30

ル
[急]
|治(ハル)1　|蒜(ヒル)1　|蛭(ヒル)1　蒜(ヘル)1／4

[高]
|治(ハル)1　|蛭(ヒル)1　|蒜(ヒル)1　鶴(ツル)1／4

ロ
[急]
|代(シロ)11　稲(シロ)2　城(シロ)1　背(シロ)1　|室(ムロ)1　|所(トコロ)1　衆(モロ)1／18

[高]
|代(シロ)9　|室(ムロ)1　|所(トコロ)1／11

ワ
[急]
|曲(ワ)3　|神(ミワ)1　|神(ムワ)2／6

[高]
|曲(ワ)(田[曲](ワ)1を含む)2　|神(ミワ)1　|神(ムワ)2／5

ヰ
[急]
|井(ヰ)42　|居(ヰ)7　處(ヰ)1／50

[高]井(ヰ)11／11
ヱ [急]殖(ヱ)1　殖(ウヱ)3／4
[高]殖(ヱ)1　殖(ウヱ)(殖(ウヘ[ヱ])　1を含む)3　埴[植](ウヱ)1／5
ヲ [急]小(ヲ)33　麻(ヲ)5　尾(ヲ)(尾(オ[ヲ])　1を含む)4　雄(ヲ)4　少(ヲ)1　男(ヲ)1
牡(ヲ)1　碧(アヲ)4　青(アヲ)3　魚(イホ[ヲ])　1　魚(ウヲ)1　十(トホ[ヲ])　1／59
[高]小(ヲ)(山[小](ヲ)　1を含む)19　麻(ヲ)4　雄(ヲ)3　尾(ヲ)3　青(アヲ)3
碧(アヲ)2　魚(イヲ)1／35

[高]井(ヰ)19　居(ヰ)2／21
ヱ [急]殖(ヱ)1／1
ヲ [急]尾(ヲ)5／5
[高]尾(ヲ)4／4

なお、「ツ」の欄に挙げたものは促音のものを含むことがあり、「ム」の欄に挙げたものは撥音（ないし促音）のものを含むことがあるが、とりあえずツ・ムとして扱った。

注

(1) 当時の中心であった大和国から見ると、「山(ヤマ)」の「背(ウシロ)」と見て「山背」と標記したことは十分にあり得る。
(2) 『語構成の研究』[1966·5 角川書店]〔第二篇第三章第一節〕、もと「古代日本語における名詞の構成」（「国語国文」30-11 [1961·11]）
(3) 注(2)参照。
(4) 『国語音韻史の研究』[1944·7 明世堂書店、1957·10 増補新版 三省堂]、もと「音声の研究」4 [1931·12]
(5) 『同』、もと「音声学協会会報」34 [1934·9]
(6) Ⅰ [1978·3 大修館書店、1997·4 増補新版 清文堂出版]〔序説〕、Ⅱ [1979·2 同、同]〔第二部第一章～第四章〕
(7) [2010·6 大修館書店]〔第六章〕（もと「国語国文」36-8 [1967·8]）、〔第七章〕（もと「同」37-5 [1968·5]）、〔第五章〕

（もと『中田博士功績記念国語学論集』［1979・2 勉誠社］）

(8) 『岩波古語辞典』は「《カタシイハの約》」とするが、これでは終止形カタシの形をとる理由が明らかでない。

(9) 「萬葉」198［2007・6］

(10) なお、第三篇第三章・第四篇第一章参照。

(11) 付節に示すように、述べ要素数では、前項「高(タカ)」は[急]46・[高]18、同「高(タケ)」は[急]1・[高]1であり、前項「竹(タカ)」は[急]7・[高]2、同「竹(タケ)」は[急]1である。

(12) 付節に示すように、述べ要素数では、前項「栗(クル)」は[急]2・[高]1、同「栗(クリ)」は[急]6・[高]5であり、前項「木(コ)」は[急]1、同「木(キ)」は[急]4・[高]5であり、前項「礒(イソ)」は[急]4・[高]1、「石(イソ)」は[急]3・[高]2、同「石(イシ)」は[急]14・[高]13であり、前項「新(ニフ)」は[急]6・[高]5、同「新(ニヒ)」は[急]22・[高]11である。なお、前項「内(ウツ)」は[急]2・[高]2、同「内(ウチ)」は[急]2・[高]2であり、前項「足(ア)」は[急]2、「足(アス)」は[急]3・[高]2、同「足(アシ)」は[急]3・[高]3であり、前項「鳥(ト)」は[急]3・[高]2、同「鳥(トリ)」は[急]1・[高]2である。

(13) 「語文」（大阪大学）86［2006・6］

(14) 付節に示すように、述べ要素数では、前項「飽(アク)」は[急]5・[高]3、同「飽(アキ)」は[急]2・[高]2であり、前項「益(マス)」は[急]3・[高]4、同「益(マシ)」は[急]3・[高]1であり、前項「會(アフ)」は[急]2・[高]1、同「會(アヒ)」は[急]1であり、前項「出(イツ)」は[急]8・[高]5、同「出(イデ)」は[急]1であり、前項「生(イカ)」は[急]1、「生(イク)」は[急]3・[高]3、同「生(イキ)」は[急]1である。他方、前項「住(スム)」は[急]1・[高]1、同「住(スミ)」は[急]4であるが、「住(スミ)」は4例ともに「住吉(スミヨシ)」（攝津・郡名、播磨・明石(アカシ)、同・賀古、長門・阿武）であることが注意される。

(15) タマデ［玉手］「…ま玉手(たまで)〈麻多麻傳〉玉手(たまで)さし巻(ま)き〈多麻傳佐斯麻岐〉…」（記神代・三）など。

(16) 別稿「複合語と派生語と」（『国語語彙史の研究』34［2015・3 和泉書院］）

第二章　和名抄地名の二合仮名

和名抄・廿巻本に見える地名における、入声（p・t・k）・鼻音（m・n・ng）の韻尾に母音を加えて二音節の音仮名として用いるところの二合仮名について検討することにしたい。いずれも、訓注がありそれによって二合仮名であることが確かめられる例をとり挙げる。駅名には、当該の例がなかった。

後に第三篇に詳しく述べるように地名は「好字」「二字」の原則により基本的に漢字二字の標記であるが、二合仮名が、その第一字に当たる前項に見えるか、第二字に当たる後項に見えるかを区別して見ることにする。

萬葉集における二合仮名については、近年、尾山慎氏の研究[1]があるので、それをも参考にすることにしたい。

なお、「相馬佐宇万」（※下総・郡名）の前項は、ng韻尾＋母音uのウ音便と見る可能性もあろうが、ng韻尾がウに現れたものと見て、とり挙げない。その他、二合仮名であるかどうか不明のものとして、「伯耆波ゝ伎」（国名、[元]波々岐）、「渥美阿豆美」（※参河・郡名）、「早良佐波良」（※筑前・郡名）、「渥美安久美[ツ]」（参河・渥美(アツミ)、[高]無訓、郡名は「阿豆美」）、「訓養[2]也万久尓」（安藝・賀茂、[高]夜奈久迩）、「早良左波良」（筑前・早良(サハラ)、[高]無訓）〔以上の前項〕、「志筑之都奈」（淡路・津名(ツナ)、[高]無訓）、「賀集加之乎」（淡路・三原(ミハラ)、[高]項なし）〔以上の後項〕も、とり挙げないことにする。

一　前項の二合仮名

まず、前項の例であるが、第一に、p韻尾の例を挙げる。韻尾に加える母音別に挙げることにする（以下同様）。

＋a　邑樂於波良支（上野・郡名、[元]於波良岐）、雑太佐波太（略）（※佐渡・郡名）、令[合]志加波志（肥後・郡名、[元]合志加波志）、

雑田佐波多（佐渡・雑太サハダ、[高]佐波太）

＋i　揖保伊比保（※播磨・郡名）、紿羅阿比良（※大隅・郡名）、給黎支比礼（薩摩・郡名、[元]岐比禮）、邑代伊比之呂（遠江・佐野、[高]以比之呂）、揖保伊比奉（播磨・揖保イヒホ、[高]無訓）、入農[仁]伊比乃（安藝・賀茂、[高]迩比乃）

＋u　法美波不美（略）（※因幡・郡名）、邑美於不美（※因幡・郡名）、甲奴加不乃（※備後・郡名）、揖宿以力須支（薩摩・郡名、[元]以夫須岐）、邑美於布美（石見・邑知オホチ、[高]於保美[＋o]）、邑美於[布]美（播磨・明石アカシ、[元]於布美、[高]於保見[＋o]）、甲努加布乃（＊備中・小田ヲダ）、入野尓布乃也（讃岐・大内オフチ、[高]迩野乃夜）、甲知加久知[不]（讃岐・阿野アヤ、[高]甲智無訓）

＋o　邑知於保知（※石見・郡名）、邑久於保久（※備前・郡名）、邑知於保知（能登・羽咋ハクヒ、[高]無訓）、邑久於保久（備前・邑久オホク、[高]無訓）

「邑」字は、オホ4例、オフ3例（「邑美オフミ/オホミ」（石見・邑知オホチ）・（播磨・明石アカシ））を高山寺本によるならば、オホ6例、オフ1例）、オハ・イヒ各1例に、「揖」字は、イヒ2例、イフ1例に、「入」字は、ニヒ・ニフ各1例に用いられる。

第二に、t韻尾の例を挙げる。

＋a　設樂志太良（※参河・郡名）、曰理和多里（※陸奥・郡名、[元]亘理）、設楽之多良（参河・設樂シタラ、[高]之太良）、達良太ゝ良（安房・平群ヘグリ、[高]多ゝ良）、日[曰]理利[和]多利（陸奥・曰理ワタリ、[高]無訓）、曰理和多利（☆越前・足羽アスハ）、達良太ゝ良（☆周防・佐波、[急]多良無訓）

＋i　壹志伊知之（※伊勢・郡名）、秩父知ゝ夫（※武蔵・郡名）、壹志以知之（＊遠江・長上長ノカミ）、八下波知介（河内・丹北タヂヒ[比]、[高]波知下）、謁叡安知江（☆丹後・与佐ヨサ、[急]無訓）、八万波知万（＊阿波・名東）

＋u　薩摩散豆万（※国名）、七美志豆美（※但馬・郡名）、七美之都美（但馬・七美シツミ、[高]無訓）

＋o　乙訓於止久[三]（※山城・郡名）、葛飾加止志加（※下総・郡名、[元]葛餝）、物理毛止以へ（☆備前・磐梨イハナシ、[急]毛止呂井）

「乙訓オトクニ」については、後に第二節で述べるところがある。また、「物理モトイベ/モトロキ」については、第二篇第三章に見るが、問題は残るものの、高山寺本によって、「藤野郡人母土理部奈波」（続紀・神護景雲三年六月）とあるモトリベのイ音便と見るのがよいかと見られる。なお、「葛野加止乃」（※山城・郡名）（☆丹波・氷上、[急]項なし）・「葛野加度乃」（山城・葛野、[高]賀止乃）は、第四章に見るように、二合仮名とは見ない。

第三に、k韻尾の例を挙げる。

＋a　各務加ゝ美（※美濃・郡名）、筑摩豆加万（略）（※信濃・郡名）、色麻志加万（※陸奥・郡名）、覺志加ゝ之（＊武蔵・荏原）、色麻之加万（陸奥・色麻、[高]無訓）、託羅多加良（＊阿波・勝浦）

＋u　筑波豆久波（※常陸・郡名）、菊多木久多（※陸奥・郡名）、菊地久ゝ知（※肥後・郡名）、託麻多久万（※肥後・郡名）、託美多久美（駿河・有度、[高]太久美）、福地布久知（☆甲斐・都留、[急]無訓）、菓[菊]麻久ゝ万（＊上総・市原、[高]菊麻）、福良布久良（＊上総・海上）、福智布久知（＊信濃・伊那）、福留布久呂（＊越前・坂井）、託農多久乃（＊石見・迩摩）、筑磨都久末（☆播磨・赤穂、[急]無訓）、宅美多久三（☆備前・赤坂、[急]無訓）、育波以久波（＊淡路・津名）、宅万多久万（☆伊豫・濃満、[急]無訓）

＋e　益必也介比止（周防・吉敷、[高]夜介比止）

「筑」字は、ツカ1例、ツク2例に用いられ、「菊」字は、キク1例、クク2例に用いられ、「託」字は、タク3例、タカ1例に用いられる。

第四に、m韻尾の例を挙げる。

＋a　男信奈万之奈（上野・利根、[高]奈末之奈）

＋u　奄藝阿武義（※伊勢・郡名）、甘樂加牟良（※上野・郡名）、品治保牟知（※備後・郡名）、品治保无智（大和・葛下、[高]無訓）、奄藝安无木（伊勢・奄藝、[高]無訓）、奄可安无加（隠岐・周吉、[高]阿无加）

第五に、n韻尾の例を挙げる。nをrに用いるもの、nをdに用いるものも続けて挙げる。

＋a　信濃之奈乃（※国名）、曰(因)幡以奈八（※国名）、員辨爲奈倍（※伊勢・郡名）、引佐伊奈佐（※遠江・郡名）、雲梯宇奈天（大和・高市（タケチ）、[高]宇奈弖）、讃甘佐奈保（☆美作・英多（アイタ）、[急]無訓）

＋i　丹波太迩波（※国名）、丹後太迩波乃三知乃之利（国名、[元]太迩波乃美知乃之利）、遠敷乎尓不（※若狭・郡名）、遠敷乎尓布（若狭・遠敷（ヲニフ）、[高]乎迩布）

＋u　讃岐佐奴伎（国名、[元]佐奴岐）

＋o　信夫志乃不（※陸奥・郡名）、民太三乃多（伊勢・壹志（イチシ）、[高]美乃多）

r＋a　讃良佐良[ゝ]（河内・郡名、[元]佐良々）

r＋i　幡磨波里万（国名、[元]播磨波里萬）

r＋u　駿河須流加（※国名）、群馬久留末（※上野・郡名）、敦賀都留我（※越前・郡名）、訓覇久留倍（伊勢・朝明（アサケ）、[高]久流倍）、訓覓久留倍木（安藝・高宮（タカミヤ）、[高]久流閇岐）

d＋i　但馬太知万（※国名）、丹北太知比[比]（※河内・郡名、[元]丹比）、丹部多知倍（備中・英賀（アガ）、[高]多知閇）、丹比多知比（☆安藝・高宮（タカミヤ）、[急]多无比）

「讃甘（サナホ）」の訓「佐奈保」の「保」については、不明である。nをdに用いるものは、母音iを加えるものに限られている。「丹比（タヂヒ）」（2例）は、第三篇第一章に見るように「丹□(ヂ)比」の「□(ヂ)」を省略したものであり、nをdに用いることがあるので「丹比（タヂヒ）」の表記が可能であったと見られる。「丹」字は、タニ2例、タヂ3例に、「讃」字は、サナ・サヌ・サラ各1例に、「信」字はシナ・シノ各1例に用いられる。

第六に、ng韻尾の例を挙げる。

＋a　相模佐加三（※国名）、相樂佐加良加（※山城・郡名）、香美加ゝ美（※土佐・郡名）、相樂佐加良加（山城・相樂（サガラカ）、[高]佐賀良賀）、英多安加多（伊勢・鈴鹿（スズカ）、[高]阿賀多）、英太阿加多（伊勢・安濃（アノ）、[高]阿賀太）、英太阿加多（伊勢・飯高（イヒタカ）、[高]阿加太）、望理末加里（☆播磨・賀古、[急]無訓）、香美加々美（☆美作・勝田(カツマタ)、[急]無訓）、香止加之止[々]（備前・和氣、[元]加々止、[高]項なし）、香美加々美（阿波・阿波、[高]加久三[々]）、英多阿加多（☆伊豫・野間(ノマ)、[急]無訓）、賞多散賀多（☆伊豫・野間(ノマ)、[急]無訓）

+i　英多安伊多（※美作・郡名）、當麻多以末（大和・葛下(カヅラキノシモ)、[高]多以万）、宕野多木乃（伊勢・壹志(イチシ)、[高]太岐乃）

+u　望多末宇太（上総・郡名、[元]望陁末宇太）、望多万宇多（陸奥・曰理(ワタリ)、[高]末宇多）、勇礼以久礼（越後・蒲原(カムバラ)、[高]以久例）

+e　鳳至不希志（能登・郡名、[元]不布志[希]）

+o　香山加古也万（播磨・揖保(イヒホ)、[高]加宇也末[+u]）

「英多(アイタ)」はアギタのイ音便、「當麻(タイマ)」はタギマのイ音便と見られ、「望多(マウタ)」（2例）はマグタのウ音便と見られるので[3]、右に挙げた。「香」字は、カガ4例、カゴ1例（「香山(カゴヤマ)(カウヤマ)」を高山寺本によるならば、カウヤマをカグヤマのウ音便と見て、カガ4例、カウ(グ)1例、カゴ0例）に、「英」字は、アガ4例、アイ(ギ)1例に用いられる。

今一つ、k韻尾+母音aに、次の例がある。

安宿安須加倍（※河内・郡名）

これは、後項の例のようにも見えるが、第三篇第一章に見るように、「安宿部」の「部」字が省略されたものであるので、中項の例である。後に第三節で整理する際には、前項にも後項にも入れない。

二　後項の二合仮名

次に、後項の例であるが、第一に、p韻尾の例を挙げる。

+a　愛甲阿由加波（※相模・郡名）、蘓甲曽加波（＊讃岐・山田(ヤマダ)）

＋i　周迊[匝]須佐比（☆備前・赤坂《アカサカ》、[急]無訓）

第二に、t韻尾の例を挙げる。

＋i　安達安多知（※陸奥・郡名）、迎[印]達伊多知（播磨・餝磨、[高]印達以多知）

＋o　住[佳]質加之止（＊備後・御調《ミツキ》、[高]佳質）、益必也介比止（周防・吉敷《ヨシキ》、[高]夜介比止）

第三に、k韻尾の例を挙げる。

＋a　美作三万佐加（国名、[元]美萬佐加）、相樂佐加良加（※山城・郡名）、葛飾加止志加（※下総・郡名、[元]葛餝）、安積阿佐加（※陸奥・郡名）、相樂佐加良加（山城・相樂《サガラカ》、[高]佐賀良賀）、志託之多加（☆丹後・加佐、[急]無訓）、女直安知加（安藝・沼田《ヌタ》、[高]阿知賀）

＋i　都筑豆ゝ支（武蔵・郡名、[元]豆々岐）、邑樂於波良支（上野・郡名、[元]於波良岐）、佐伯佐倍木（※安藝　郡名）、揖宿以夫須支（薩摩・郡名、[元]以夫須岐）、等力止ゝ呂木（甲斐・巨麻、[高]止ゝ呂支）、訓覓久留倍木（安藝・高宮《タカミヽ》、[高]久流閇岐）、和食和之支（土佐・安藝、[高]知[和]之岐）

＋u　伊作伊佐久（※薩摩・郡名）、伊福伊布久（遠江・引佐《イナサ》、[高]以布久）、曽博曽波久（越前・今立《イマダチ》、[高]曽波之[久]）、志樂之良之[久]（☆丹後・加佐、[急]無訓）、伊福伊布久（備前・御野《ミノ》、[高]以布久）

「樂」字は、ラカ2例、ラキ・ラク各1例に用いられ、「作」字は、サカ・サク各1例に用いられる。(4)

第四に、m韻尾の例を挙げる。

＋a　伊参伊佐万（上野・吾妻《アガツマ》、[高]以左末）

＋i　夷灊伊志美（※上総・郡名）、安曇阿都之[三]（※信濃・郡名）、美含美具美（※但馬・郡名）、印南伊奈美（※播磨・郡名）、美含三久美（但馬・美含《ミクミ》、[高]無訓）、志深之ゝ美（＊播磨・美嚢《ミナギ》）

＋u　伊甘伊加无（石見・那賀、[高]以加三[＋i]）

＋o　美甘三賀毛（☆美作・真嶋、[急]無訓）

「甘」字は、カム・カモ各1例〔「伊甘」を高山寺本によるならば、カミ・カモ各1例、カム0例〕に用いられる。

第五に、n韻尾の例を挙げる。nをrに用いるものも続けて挙げる。

＋a　男信奈万之奈（上野・利根、[高]奈末之奈）

＋i　有漢宇賀迩（備中・賀夜、[急]宇万）、乙訓於止久[二]（※山城・郡名）、訓養也万久尓(5)（安藝・賀茂、[高]夜奈久迩）、

r＋i　平群倍久里（※大和・郡名）、平群倍久利（略）（※安房・郡名）、平群倍久利（＊大和・平群）、平群倍久利（筑前・早良、[高]無訓）

「乙訓」は、大東急本の訓が（元和本の訓も）オトクであるが、「又到(二)弟國(一)之時　遂堕(二)峻淵(一)而死　故号(二)其地(一)謂(二)堕國(一)　今云(二)弟國(一)也」（記垂仁）に「弟國」「堕國」とあることにより、オトクニと見てここに挙げる。

第六に、ng韻尾の例を挙げる。

＋a　伊香以加く（河内・茨田、[高]以加古[＋o]）

＋i　愛宕於多支（山城・郡名、[元]於多岐）、餘綾与呂木（相模・郡名、[元]與呂岐）、久良久良支（武蔵・郡名、[元]久良岐）、美嚢美奈木（※播磨・郡名）、愛宕於多木（山城・愛宕、[高]於太支）、餘綾与呂木（相模・餘綾、[高]与呂支）

＋o　伊香伊加古（近江・郡名）、伊香伊加古（近江・伊香、[高]無訓）

「香」字は、カゴ2例、カガ1例〔「伊香」（河内・茨田）を高山寺本によるならば、カゴ3例、カガ0例〕に用いられる。

ここで、前項にも後項にも用いられる文字について見ておきたいが、そうした文字はあまり多くない。

「甲」字は、前項ではカフ3例、後項ではカハ2例に、「達」字は、前項ではタタ2例、後項ではタチ2例に、「筑」

字は、前項ではツカ1例、ツク2例、後項ではツキ1例に、「訓」字は、前項ではクル2例、後項ではクニ2例に、「群」字は、前項ではクル1例、後項ではクリ4例に用いられていて、前項の訓と後項の訓とが異なるものがやや多い。このことについては、後に第三節で改めてふれる。

「福」字は、前項ではフク4例、後項でもフク2例に、「宕」字は、前項ではタギ1例、後項ではタギ2例に用いられて、前項の訓と後項の訓とが同じものもある。「託」字は、前項ではタカ1例、タク3例、後項ではタカ1例に、「信」字は、前項ではシナ1例、シノ1例、後項ではシナ1例に、「香」字は、前項ではカガ4例、カゴ1例〔「香山（カゴヤマ／カウヤマ）」を高山寺本によるならば、前掲〕、後項ではカガ1例、カゴ2例〔「伊香（イカゴ／イカゴ）」を高山寺本によるならば、前掲〕で同様であり、「甘」字は、前項ではカム1例、後項ではカム1例、カモ1例〔「伊甘（イカム／イカミ）」を高山寺本によるならば、前掲〕でほぼ同様である。

なお、「宿」字は、中項ではスカ1例、後項ではスキ1例に用いられている。

三　前項と後項との差違

よく知られているように、二合仮名は、非固有名詞では、母音i・uを加えるものがほとんどである。例えば、『国語学大辞典』の「万葉仮名」の項（橋本四郎氏執筆）には、

有韻尾の字に母音を添えた二音節の多音節仮名は、（略）第二音節は、君（クニ）・雑（サヒ）・式（シキ）・当（タギ）のようなイ段音、鍾（シグ）・塔（タフ）・点（テム）・落（ラク）のようなウ段音に限られ、因（イナ）・邑（オホ）・相（サガ）のようなア段音・オ段音は、固有名詞の場合だけに用いられている。

とある。無論、尾山氏も挙げられるように、非固有名詞において、母音aを加えるものは「百積（モモサカ）」（萬二四〇七〔二四一一〕）、母音oを加えるものは「極太（ココダ）」（萬二四九四〔二四九九〕）・「越賣（ヲトメ）」（萬三三〇九〔三三二三〕）などがあるので、必ずしも「固有名詞の場合だけ

に用いられている」のではないが、そうした例は少ない。それに対して、地名を含む固有名詞は、母音a・oを加えるものもかなり多く見える。

ここに、第一節・第二節に挙げた例の数を、韻尾と加える母音とによって分類し一覧してみると、次のようである。数字は例の数を示し、1例のものは必要があるものの他は1と示すのを省略した。数字の下に＋－で示したものは、大東急本と異なる高山寺本の訓による場合のものである。前項・後項それぞれの中で加える母音の異なるものには右実線を、前項と後項との両方に見えるものには左波線を付しておいた。中項「宿スカ」は、いずれにも入れていない。

		前項	後項
p	＋a	邑オハ　合カハ　雜サハ2	甲カハ2
	＋i	姶アヒ　揖イヒ2　邑イヒ　給キヒ　入ニヒ	迊［匝］サヒ
	＋u	揖イフ　邑オフ3 -2　甲カフ3　入ニフ　法ハフ	
	＋o	邑オホ4 +2	
t	＋a	設シタ2　達タタ2　曰ワタ3	
	＋i	謁アチ　壹イチ2　秩チチ　八ハチ2	達タチ2
	＋u	薩サツ　七シツ2	
	＋o	乙オト　葛カト　物モト	質シト　必ヒト
k	＋a	各カカ　覺カカ　色シカ2　託タカ　筑ツカ	作サカ　積サカ　飾シカ　託タカ　直チカ　樂ラカ2
	＋i		食ジキ　宿スキ　筑ツキ　伯ヘキ　覓ベキ　樂ラ

+u　育イク　菊キク1・クク2　託タク3　宅タク2　筑ツク2　福フク4
+e　益ヤケ

m
+a　男ナマ
+i
+u　奄アム3　甘カム　品ホム2
+o

n
+a　因イナ　引イナ　雲ウナ　讃サナ　信シナ　員ヰナ
+i　丹タニ2　遠ヲニ2
+u　讃サヌ
+o　信シノ　民ミノ
r+a　讃サラ
r+i　幡ハリ
r+u　群クル　訓クル2　駿スル　敦ツル
d+i　但タヂ　丹タヂ3

ng
+a　英アガ4　香カガ4　相サガ3　賞サガ　望マガ

キ　力ロキ
作サク　博ハク　福フク2　樂ラク
参サマ
甘カミ0 +1　含クミ2　濳シミ　深シミ　曇ヅミ
南ナミ
甘カム1 -1
甘カモ
信シナ
漢カニ　訓クニ2
群クリ4
香カガ1 -1

+i　英アイ（ギ）　當タイ（ギ）　宿タギ

+u　勇イグ　香カウ（グ）0 +1　望マウ（グ）2

+e　鳳フゲ

+o　香カゴ1 −1

宿タギ2　嚢ナギ　良ラギ　綾ロギ2

香カゴ2 +1

これを、表にしてみると、次のようである（中項「宿スカ」を含まない）。

計	ng	n (d)	n (r)	n (n)	m	k	t	p	前項
38	13		1	6	1	6	7	4	+a
24	3	4	1	4			6	6	+i
42 −1	3 +1		5	1	6	15	3	9 −2	+u
2	1					1			+e
10 +1	1 −1			2			3	4 +2	+o
116	21	24			7	22	19	23	計

計	ng	n (d)	n (r)	n (n)	m	k	t	p	後項
12 −1	1 −1			1	1	7		2	+a
29 +1	6		4	3	6 +1	7	2	1	+i
6 −1					1 −1	5			+u
									+e
5 +1	2 +1				1		2		+o
52	9	8			9	19	4	3	計

母音eを加えるものについては、前掲『国語学大辞典』に言及がないが、「益必（ヤケヒト）」「鳳至（フゲシ）」の2例があり、珍しいものである。萬葉集には「雲飛（ウネビ）」（萬一三三五〔一三三九〕）の例があるが、これも地名の例であり、本居宣長『地名字音転用例』の「ン丿韻ヲネニ用ヒタリ」の箇所に挙げられている。『地名字音転用例』には、他に「滑狭郷（略）有（二）磐石（一）其

上甚滑之 即詔 滑磐石哉詔 故云(二)南佐(一)神亀三年改字滑狭」(出雲国風土記・神門郡)とある「南佐(ナメサ)」を「ツノ韻ヲメ‖ニ用ヒタリ」の箇所に挙げ、陸奥国郡名「伊達」(6)を「神名帳ニ、出雲ナドニ、伊太氐(イダテ)ト云社号多シ」として「ツノ韻ヲテ‖ニ用ヒタリ」の箇所に挙げている(延喜式・神名帳・出雲国意宇郡に「同社坐韓國伊太弖(カラクニイタテ)神社」が二例見える)。母音a・oを加える例は、非固有名詞の例も少ないながらあるが、母音eを加える例は、固有名詞の例しかないと見られる。

さて、右の表から次のことが知られる。

前項の合計116は、後項の合計52の二倍以上である。韻尾毎に見ても、前項の数は後項の数より基本的に多く(但し、m韻尾は後項の方が僅かに多い)、とりわけ、p韻尾・t韻尾・n韻尾・ng韻尾において差が大きい。前項末はウ列、次いでア列が多く、後項末はイ列が多く、傾向が異なっている。前項の中で、各韻尾の中で最も多いのは基本的にウ列かア列であり、後項の中で、各韻尾の中で最も多いのは基本的にイ列である(但し、p韻尾はイ列よりア列が僅かに多く、t韻尾はイ列とオ列とが同数、k韻尾はイ列とア列とが同数である)。前項のア列・ウ列はどの韻尾の例もあり、後項のイ列はどの韻尾の例もある。

和名抄地名を前項と後項とに分けて検討することは、第一章においても行った。そこでは、大東急本・高山寺本合わせて、訓字表記で、訓注を持つ地名をとり挙げて、その前項・後項の異なり要素数について、第三表に、末尾が

前項：ア列145、イ列109、ウ列84、エ列30、オ列74、合計442

後項：ア列104、イ列119、ウ列25、エ列38、オ列43、合計329

という数を示した。確かに述べ例数と異なり要素数との差違があるが、二合仮名について先の一覧から異なり例数を見ると、前項の合計が74−1、後項の合計が40−1とかなり少なくなるので、今は述べ例数のままにしておくことにする。

そして、第一章の第三表の数と二合仮名の表とは、前項の合計が後項の合計より多い点で同様である。

第一章にも引いたが、阪倉氏の「分類表」では、萬葉集の一音節のものを除く名詞の末尾は、

ア列224、イ列425、ウ列76、エ列157、オ列110、合計992

であり、第一章の第三表の後項の数は、イ列が最も多く、ア列がそれに次ぐ点で、阪倉氏の「分類表」に近いものであった。この、イ列が最も多く、ア列がそれに次ぐ点では、二合仮名の表の後項のものも同様である。

第一章にもふれたが、名詞・動詞の被覆形の末尾はア列・ウ列・オ列、露出形の末尾はイ列・エ列であり、末尾がア列・ウ列・オ列のものには被覆形的性格が見られ、末尾がイ列・エ列のものには露出形的性格が見られると言える。そもそも、助数詞を別にして前項に被覆形は現れやすく、また、前項に露出形が現れることもある程度あるが、後項に露出形は現れやすい。

前項について、第一章の第三表の数は、ア列＋ウ列＋オ列が303、イ列＋エ列が139であり、二合仮名の表は、ア列＋ウ列＋オ列が90、イ列＋エ列が26であり、いずれもア列＋ウ列＋オ列がイ列＋エ列の二倍以上である。後項について、第一章の第三表の数は、ア列＋ウ列＋オ列が172、イ列＋エ列が157で、ア列＋ウ列＋オ列の方が多いけれどもそれほど大きくは変わらず、二合仮名の表は、ア列＋ウ列＋オ列が23−1、イ列＋エ列が29+1で、イ列＋エ列の方が若干多い。これらのことは、第一章の第三表と些か異なるところもあるが、前項に見られる被覆形的性格と後項に見られる露出形的性格の現れと見てほぼよいであろう。

二合仮名の表について、先に少し見たところの、最も少ないエ列のもの（前項に2例のみ）は措くとして、前項と後項との差を中心に今少し見てみる。

後項に5例以上見えて前項に見えないものに、k韻尾＋母音i、m韻尾＋母音iがあるが、前項に見られる被覆形的性格から見ると、末尾がイ列である露出形形態のものが見えないのは当然であるとも言える。

逆に、前項に5例以上見えて後項に見えないものに、t韻尾＋母音a、p韻尾＋母音u、n韻尾＋母音uがあり、

これも後項に見られる露出形的性格から見ると、末尾がア列・ウ列である被覆形形態のものが見えないのは当然であるとも言える。

他に、前項に見えて、後項に見えないものに、t韻尾＋母音u、ng韻尾＋母音u、p韻尾＋母音o、n韻尾＋母音oがあるが、いずれも末尾がウ列・オ列である被覆形形態のものであるので、これも後項に見られる露出形的性格から見ることができるかも知れない。

全体として、前項に見えて後項に見えないもの、後項に見えて前項に見えないものは、いずれも、前項に見られる被覆形的性格、後項に見られる露出形的性格と齟齬しないものであると言える。

そして、第二節に前項にも後項にも用いられている文字について見たが、そのうち「前項の訓と後項の訓とが異なるものがやや多い」として挙げたものの中の、「甲」（前項カフ3例、後項カハ2例）を除いて、「達」（前項タタ2例、後項タチ2例）、「筑」（前項ツカ1例、ツク2例、後項ツキ1例）、「宿」（中項スカ1例、後項スキ1例）、「訓」（前項クル2例、後項クニ2例）、「群」（前項クル1例、後項クリ4例）は、この傾向の中にあることがよく見えるものである。

以上のように、地名を複合名詞と見る場合に、前項は被覆形的性格を持ち、後項は露出形的性格を持つことが、二合仮名の用いられ方にも現れていると言えよう。

注

（1）㈠「萬葉集における二合仮名について」（『萬葉語文研究』2［2006・3］）・㈡「萬葉集における略音仮名と二合仮名――韻尾ごとの偏向をめぐって――」（『文学史研究』47［2007・3］）・㈢「萬葉集における非固有名詞二合仮名の機能について」（『萬葉』205［2009・8］）・㈣「萬葉集所載地名表記における二合仮名――非固有名詞との関係をめぐって――」（『古典語研究

の焦点』［2010・1　武蔵野書院］）・㈤「萬葉集における二合仮名と多音節訓仮名について」（「萬葉」207［2010・4］）・㈥「萬葉集における地名表記と子音韻尾字――非固有名詞表記例をもたない二合仮名――」（『国語文字史の研究』12［2011・3　和泉書院］）・㈦「二合仮名と略音仮名に両用される字母を巡って」（「萬葉語文研究」6［2011・3］）・㈧「二合仮名の定位」（「文学史研究」52［2012・3］）・㈨「萬葉集における用法としての文字選択とその表記――二合仮名と訓字・訓仮名の両用を巡って――」（『萬葉集研究』35［2014・10　塙書房］）

（2）本居宣長『地名字音転用例』に「養（ヤマ）□訓（クニ）」とあり、『考證』に「養訓か」とあるのによる。

（3）「望多末宇太」（※上総・郡名）はng韻尾がウに現れた例と見ることもできようが、「〈宇麻具多能〉」（萬三三八二（三四〇〇）・東歌、上総国）の例によってウ音便と見る。「望多万宇多」（陸奥・曰理（ワタリ）、［高末宇多］）も、これによりウ音便と見ることにする。

（4）「美作（ミマサカ）」「等力（トヾロキ）」は、第三篇第一章に見るように、三字地名の二字化の例である。

（5）注（2）に同じ。

（6）但し、和名抄に見えない。

第三章　和名抄地名の読添え

和名抄の地名における、読添えについて見ることにしたい。訓注があり標記と訓注とによって読添えであることが確かめられる例をとり挙げる。

後に第三篇に詳しく述べるように地名は「好字」「二字」の原則により基本的に漢字二字の標記であるが、そうすると、第一字は地名の前項に、第二字はその後項に当たることになる。そして、読添えは、基本的にその前項と後項との間におけるものである。

一　ツ・ナ・ガ〔連体〕・ツ〔助数詞〕の読添え

和名抄の地名における読添えは、連体助詞ノ・ツ・ナ・ガの読添えと、助数詞ツの読添えとがある。以下には、ノ〔連体〕・ツ〔連体〕・ナ〔連体〕・ガ〔連体〕およびツ〔助数詞〕と示すことにする。用例数の最も多いノ〔連体〕の読添えについては、第二節以降に見ることにしたい。

まず、ツ〔連体〕の読添えの例について見る。用例数の括弧内は、「准上」とあることによって読添えと見られるもので、後に数える際にはそれを合わせた数による（以下同様）。

カミ(ム)〔上〕＋ツ＋～　15（+1）例　上総加三豆不佐（※国名）　上野加三豆介〔乃〕（国名、〔元〕加三豆介乃）　上道加无豆美知（※備前・郡名）　上毛加牟豆美介（※豊前・郡名）　上縣加无津阿加多（※對馬・郡名）　上林加无都波也之（＊山城・葛野(カドノ)）　上神加无都美和（和泉・大鳥(オホトリ)、〔高〕加都美和）　上泉加美都以都美（和泉・和泉、〔高〕加无津以豆美）　上枚加无都比良（伊勢・飯高、

［高］加无津比良）上総加无豆布佐（武蔵・高麗（コマ）、［高］無訓）上丹加无津尓布（近江・板田（サカタ）［坂］、［高］加无津迩布）上郊加无豆左乃、（☆上野・群馬（クルマ）、［急］加无止左乃、、［元］加無左土）上岡加无都乎加（播磨・揖保（イヒホ）、［高］加无乃、乎加）上鴨加无都加毛（☆播磨・賀茂、［急］無訓）上家加豆以倍（越前・大野（オホノ）、［高］足羽（アスハ）郡無訓）／上座准上（下都安佐久良）（※筑前・郡名）

シモ［下］＋ツ＋～　6例　下総之毛豆不佐（※国名）下野之毛豆介乃（※国名）下道之毛豆美知（※備中・郡名）下座下都安佐久良（※筑前・郡名）下林之毛都波也之（山城・葛野（カドノ）、［高］無訓）下狛之毛都古末（山城・相樂（サガラカ）、［高］項なし）

ナカ［中］＋ツ＋～　3例　中山奈加豆也末（☆越前・今立（イマタチ）、［急］無訓）中井奈加都井（備中・英賀（アガ）、［高］奈加豆為）中間奈加都万（讃岐・香川（カガハ）、［高］奈加豆［マ］）

トホ［遠］＋ツ＋～　1例　遠江止保太阿不三（※国名）

チカ［近］＋ツ＋～　1例　近江知加津阿不三（※国名）

ムカ［向］＋ツ＋～　1例　向國武加津久尓（長門・大津（オホツ）、［高］无加豆久迩）

ツ〔連体〕の読添えは、カミ（ム）［上］＋ツ＋～、シモ［下］＋ツ＋～の例が多く、次いでナカ［中］＋ツ＋～の例であり、他の例はトホ［遠］＋ツ＋～、チカ［近］＋ツ＋～、ムカ［向］＋ツ＋～各1例である。「遠江（トホタアフミ）」のタは、ツ〔連体〕が後項のアにより遡行同化したものと見られる。

「上野（カミツケノ）」「上毛（カムツミケ）」「上丹（カムツニフ）」「上座（上ツアサクラ）」、「下野（シモツケノ）」「下座（下ツアサクラ）」は、「二字」の原則により、それぞれ、三字地名の「上毛野」「上□毛」「上丹生」「上朝座」、「下毛野」「下朝座」の□の部分を省略して二字化したものである（第三篇第一章参照、以下同様）。

「上郊（カムツサノ／カムトサノ）」の「郊」字は、サノの訓よりサトの訓の方が正しいと見られ、つまり、［高］カムツサノはカムツサトの誤りと見られて（［急］カムトサノはカムツサノの転か）、カムツサト・［元］カムサトのようにツ〔連体〕の有無の両訓があることになる。また、「上岡（カムツヲカ／カムノヲカ）」は、カミ（ム）［上］にはノ〔連体〕ではなくツ〔連体〕が下接するのが通常であるので、［急］

カムツヲカによっておく。「上家《カツイヘ》」は、カミツイへの撥音便が脱落したものと見られる。

ナ〔連体〕の読添えの例は、次のようである。

ウ［海］＋ナ＋～　2例　海上（宇奈加美）（※上総・郡名）　海上（宇奈加美）（※下総・郡名）

エ［榎］＋ナ＋～　2例　榎津（江奈都）（☆摂津・住吉《スミヨシ》、［急］［江］以奈豆）　榎津（衣奈都）（武蔵・男衾《ヲブスマ》、［高］江奈豆）

ナ〔連体〕の読添えは、例が少なく、「海上《ウナカミ》」「榎津《エナツ》」各2例に限られている。

ガ〔連体〕の読添えの例は、次のようである。

ア［吾］＋ガ＋～　1例　吾妻（阿加豆末）（※上野・郡名）

ガ〔連体〕の読添えは、さらに例が少なく、「吾妻《アガツマ》」1例のみである。

ツ〔助数詞〕の読添えの例は、次のようである。

ヤ［八］＋ツ＋～　3例　八代（夜豆之呂）（※甲斐・郡名）　八代（夜豆志呂）（※肥後・郡名）　八代（也都之呂）（☆甲斐・八代《ヤツシロ》、［急］也都乃之呂）

ミ［三］＋ツ＋～　1例　三城（美都木）（筑前・下座《下ツアサクラ》、［高］美奈岐）

ツ〔助数詞〕の読添えも、例が少なく、「八代《ヤツシロ》」3例・「三城《ミツキ》」1例に限られている。「八代《ヤツシロ・ヤツノシロ》」（甲斐・八代《ヤツシロ》）は、郡名「八代（夜豆之呂）」により［急］ヤツノシロの訓より［高］ヤツシロの訓の方が正しいと見られる。「三城《ミツキ・ミナキ》」は、［高］ミナキの訓もあるが、前項が数詞ミ［三］であるので、ツ〔助数詞〕の読添えである［急］ミツキの訓の方が正しいと見られる。

ナ〔連体〕・ガ〔連体〕・ツ〔助数詞〕の読添えは、ツ〔連体〕の読添えと異なり、例が少ないだけではなく、前項が、ウ［海］・エ［榎］／ア［吾］／ヤ［八］・ミ［三］のように、いずれも一音節であることが注意される。

二　ノ〔連体〕の読添え（一）

次に、ノ〔連体〕の読添えの例について見る。

まず挙げられるのは、国名に見える〜ノ＋ミチノクチ［前］・ミチノシリ［後］・ミチノナカ［中］・オク［奥］の例である。

〜＋ノ＋ミチノクチ［前］　5例　越前古之乃三知乃久知（※国名）　備前支比乃三知乃久知（国名、[元]岐比乃美知乃久知）　筑前筑紫乃三知乃久知（※国名）　肥前比乃三知乃久知（※国名）　豊前止与久迩乃三[美]知乃久知（国名、[元]止與久迩乃三知乃久知）

〜＋ノ＋ミチノシリ［後］　6例　越後古之乃三知乃之利（※国名）　丹後太迩波乃三知乃之利（※国名）　備後吉備乃三知乃之利（国名、[元]吉備乃美知乃之利）　筑後筑紫乃三知乃之里（※国名）　肥後比乃三知乃之利（国名、[元]比乃美知乃之利）　豊後止与久迩乃三知乃之利（国名、[元]止與久迩乃美知乃之利）

〜＋ノ＋ミチノナカ［中］　2例　越中古之乃三知乃奈加（※国名）　備中吉備乃美知乃奈加（※国名）

〜＋ノ＋オク［奥］　1例　陸奥三知乃於久（※国名）

「備前」「備中」「備後」、「筑前」「筑後」、「豊前」「豊後」、「丹後」は、「二字」の原則により、それぞれ、三字の「[吉]備前」「[吉]備中」「[吉]備後」、「筑[紫]前」「筑[紫]後」、「豊[国]前」「豊[国]後」、「丹[波]後」の□の部分を省略して二字化したものである。

次いで挙げられるのは、郡名に多い〜ノ＋カミ［上］・シモ［下］の例である。

〜＋ノ＋カミ［上］　11例　添上曽不乃加美（※大和・郡名）　葛上加豆良支乃加美（大和・郡名、[元]加豆良岐乃加美）　城上之支乃加美（大和・郡名、[元]之岐乃加美）　嶋上志末乃加美（※攝津・郡名、[元]島上）　長下[上]長乃加美（※遠江・郡名、[元]長上）　足上足辛乃加美（※相模・郡名）　石上伊曽乃加美（大和・山邊（ヤマノベ）、[高]以曽乃加美）　草上久佐乃加美（丹波・多紀、[高]久左乃加三）

草上久佐乃加三（播磨・餝磨、[高]無訓）　石上伊曽乃加美（備前・邑久オホク、[高]以曽乃加美）　田上多乃加美（☆阿波・板野イタノ、[急]無訓）

〜＋ノ＋シモ　[下]　3（+3）例　添下曽不乃之毛（※大和・郡名）　葛下加豆良木乃之毛（※大和・郡名）　城下之伎乃之毛（大和・郡名、[元]之岐乃之毛）／嶋下准上（志末乃加美）（※攝津・郡名、[元]島下）　長上准上［下］（長乃加美）（※遠江・郡名、[元]長下）　足下准上（足辛乃加美）（※相模・郡名）

右の「葛上」「葛下」、「城上」「城下」、「足上」「足下」は、「二字」の原則により、それぞれ、三字の「葛[城]上」「葛[城]下」、「[磯]城上」「[磯]城下」、「足[辛]上」「足[辛]下」(1)の□の部分を省略して二字化したものである。

右に挙げたものに近い例として、後項が「前」「後」「上」「下」字である次のものが挙げられよう。

〜＋ノ＋クマ　[前]　2例　檜前比乃久末（大和・高市タケチ、[高]比乃久万）　樂前佐々乃久万（但馬・氣多、[高]佐止［々］乃久末）

〜＋ノ＋サキ　[前]　1例　貫前奴木乃佐木（上野・甘樂カムラ、[高]奴支乃左岐、[元]奴木乃佐［キ］）

〜＋ノ＋シリ　[後]　1例　渭後沼乃之利（＊武蔵・比企ヒキ）

〜＋ノ＋（ウ）へ　[上]　6例　井上井乃倍（甲斐・山梨ヤマナシ、[高]為乃へ）　井上井乃倍（阿波・名東、[高]無訓）　井上井乃倍（讃岐・三木、[高]無訓）　井上井乃倍（讃岐・鵜足ウタリ、[高]無訓）　井上為乃倍（☆伊豫・新居ニヒヰ、[急]項なし）　井上井乃倍（伊豫・温泉ユ、[高]無訓）

〜＋ノ＋シタ　[下]　1例　山下也万乃之多（阿波・板野イタノ、[高]也末之多）

「渭後ヌノシリ」は、後に第五節に挙げる「沼隈ヌノクマ」（備後・郡名）・「沼川ヌノカハ」（越後・頸城クビキ）のようにヌノシリと訓むことも、同じく「沼尾ヌマノヲ」（甲斐・八代ヤツシロ）のようにヌマノシリと訓むこともあり得る。(2)

〜＋ノ＋（ウ）へ　[上]　の例は、「井上キノヘ」の例ばかりであるので、

井於井乃倍（河内・志紀シキ、[高]為乃倍）　井門［閇］井乃倍（讃岐・三木、[高]井閇為乃倍）

も、ここに括って挙げることができる。

三　ノ〔連体〕の読添え（二）

ノ〔連体〕の読添えの例で、第二節に挙げた例を別にして後項のうち例の多いものは、〜＋ノ＋ヘ［邊］、〜＋ノ＋ヤ［屋］、〜＋ノ＋ヰ［井］である。

〜＋ノ＋ヘ［邊］　15例　山邊夜万乃倍（※大和・郡名）　河邊加波乃倍（※攝津・郡名）　山邊也末乃倍（※上総・郡名）　川邊加波乃倍（※出羽・郡名）　河邊加波乃へ（薩摩・郡名、［元］加波乃倍）　川邊加波乃倍（山城・葛野、［高］賀波乃倍）　川邊加八乃倍（大和・十市、［高］無訓）　田邊多乃倍（☆伊勢・度會、［急］田部多乃倍）　河邊加波乃倍（遠江・長上、［高］加波へ）　川邊加波乃倍（駿河・安倍、［高］加八乃へ）　川邊加波乃倍　國用川述（☆播磨・神埼、［急］無訓）　河邊加波乃倍（備中・下道、［高］無訓）　池邊伊介乃倍（讃岐・三木、［高］以介乃倍）　河邊加波乃倍（讃岐・香川、［高］無訓）　城邊木乃倍（筑前・下座、［高］項なし）

〜＋ノ＋ヤ［屋］　6例　塩屋之保乃夜（※下野・郡名）　岡屋乎加乃也（山城・宇治、［高］乎賀能也）　内屋宇都乃也（駿河・有度、［高］宇都乃夜）　幡屋波多乃也（＊武蔵・都筑）　津屋都乃也（阿波・板野、［高］豆乃也）　葦屋阿之乃夜（攝津・駅名）

〜＋ノ＋ヰ［井］　5例　坂井佐加乃井（※越前・郡名）[3]　玉井多万乃井（略）（甲斐・山梨、［高］無訓）　桃井毛ゝ乃井（上野・那波、［高］項なし）　桃井毛无乃井（上野・群馬、［高］項なし）　津井都乃井（因幡・法美、［高］豆乃井）

これらの他は、3例以下のものばかりである。

〜＋ノ＋ヘ［邊］の例は、多くが「河邊」「川邊」（次いで「山邊」）の例である。「田邊」は、［急］「田部多乃倍」とあるが、第三篇第三章に見るように、伊勢国近長谷寺資材帳（天暦七年二月十一日）や皇太神宮儀式帳・元禄七年本に「田邊」とあることにより、［高］「田邊多乃倍」の方が本来の標記であったかと見られる。また、［高］「川邊加波乃倍」（播磨

・神埼（カムザキ））の例は、「國用川述」の「述」によるとカハノベと濁音べであるかと見られる。(4) このことは、全ての「川邊」「河邊」に及ぶかとも考えられ、さらには、それに限らず右の「～邊」全体に及ぶことも考えられよう。

四　ノ〔連体〕の読添え（三）

第三節に見た後項へ［邊］・ヤ［屋］・ヰ［井］は、いずれも一音節であることが注意される。それで　これまでに挙げていないもので後項が一音節のもの（後行母音の脱落により二音節が約まったものを含む）を挙げると、次のようである。

～＋ノ＋キ［杵］　2例　彼杵曽乃支（肥前・郡名、［元］曽乃岐）　彼杵曽乃木（肥前・彼杵（ソノキ）、［高］杵島郡（キシマ）曽乃岐）
～＋ノ＋（ウ）チ［内］　2例　水内美乃知（※信濃・郡名）　水内美乃知（備中・下道（シモツミチ）、［高］無訓）
～＋ノ＋ベ［部］　2例　物部毛乃ゝ倍（駿河・益頭（マシヅ）、［高］無訓）　物部毛乃ゝ倍（☆近江・栗太（クルモト）［本］、［急］毛乃倍）
～＋ノ＋エ［江］　1例　姫江比女乃江（讃岐・苅田（カッタ）、［高］比米乃江）
～＋ノ＋フ［生］　1例　桃生毛牟乃不（※陸奥・郡名）
～＋ノ＋（ウ）ミ［海］　1例　忍海於之乃美（※大和・郡名）
～＋ノ＋ミ［居］　1例　新居尓比乃美（讃岐・阿野（アヤ）、［高］迩比乃美）
～＋ノ＋ワ［曲］　1例　箕曲美乃和（＊伊勢・度會（ワタラヒ）、［高］箕田［曲］）
～＋ノ＋ヰ［居］　1例　新居尓比乃井（阿波・勝浦（カツラ）、［高］迩比乃為）
～＋ノ＋ヲ［尾］　1例　沼尾奴万乃乎（甲斐・八代（ヤツシロ）、［高］奴末乃乎）
～＋ノ＋ト［頭］　1例　日頭比乃度（武蔵・豊島（トシマ）、［高］比乃止）
～＋ノ＋ヤ［野］　1例　入野尓布乃也（讃岐・大内（オフチ）、［高］迩、野乃夜）

（ウ）チ［内］・（ウ）ミ［海］は、ミノウチ［水内］のウ、オシノウミ［忍海］のウが、母音連接を避けて脱落し、後項が一音節になったものである。

「物部」については、第三篇第三章にも見るが、

物部毛乃倍（淡路・津名(ツナ)、［高項なし］）　物部毛乃倍（土佐・香美(カヾミ)、［高無訓］）

の例もあり、「物部(モノベ)」（駿河・益頭(マシヅ)）はモノ、べの訓が、「物部(モノベ)」（淡路・津名(ツナ)）（土佐・香美(カヾミ)）はモノベの訓があり、「物部(モノベ)」（近江・栗太(クルモト)［本］）はモノ、べの訓もモノベの訓もあって、ノ〔連体〕の有無の両訓がある。ノ〔連体〕の有無の両訓があるものについては、この節で後述する。

ミ［居］は、このように訓む理由が明らかでないものである。

ト［頭］・ヤ［野］は音読みであるので、それぞれ、「頭」「野」の意ではないと見られるが、合わせて挙げておくことにした。とりわけ、「入野(ニフノヤ)」はニフ［入］もヤ［野］も音読みであり、ノ〔連体〕の読添えとしては珍しい例である。これらについては、第四章にも見る。

さらに、これまでに挙げていないもので前項が一音節のものを挙げると、次のようである。

ヰ［井］＋ノ＋〜　3例　井家井乃以倍（加賀・石川(イシカハ)、［高加賀郡為乃以倍］）　井隈井乃久万（阿波・板野(イタノ)、［高為乃久末］）　井原井乃波良（讃岐・香川(カガハ)、［高為乃波良］）

キ［城］＋ノ＋〜　2例　城埼支乃佐木（但馬・郡名、［元岐乃佐木］）　城埼木乃左木（但馬・城埼(キノサキ)、［高無訓］）(5)

キ［木］＋ノ＋〜　2例　木嶋木乃之末（和泉・和泉、［高岐乃之万］）　木川木乃加波（近江・栗太(クルモト)［本］、［高岐乃加波］）

ヌ［沼］＋ノ＋〜　2例(6)　沼隈奴乃久万（※備後・郡名）　沼川奴乃加波（＊越後・頸城(クビキ)）

カ［鹿］＋ノ＋〜　1例　鹿足加乃阿之（※石見・郡名）

タ［田］＋ノ＋〜　1例　田邑多乃无良（☆美作・苫西、［急項なし］）

ツ〔津〕＋ノ＋〜　1例　津宮津乃美也（☆伊豫・桒村、〔急〕無訓）

ヰ〔井〕＋ノ＋〜には先に挙げた「井上」「井於」「井門〔閇〕」の例も、キ〔城〕＋ノ＋〜には先に挙げた「城邊」の例も、タ〔田〕＋ノ＋〜には先に挙げた「田邊」の例も、ツ〔津〕＋ノ＋〜には先に挙げた「津屋」「津井」の例もある。

右の他に、〔元〕「宇納〔網〕宇奈美」（越中・射水、〔急〕古奈美、〔高〕無訓）は、ウナミをウノアミの約まったものと見て、ここに加えることができる。(7)

ところで、先に述べたノ〔連体〕の有無の両訓があるものであるが、「物部」の他にもいくらか見えて、次のようである。

河邊加波乃倍（遠江・長上、〔高〕加波へ、再掲）　塩穴之保乃阿奈（和泉・大鳥、〔高〕之保阿奈）(8)　八代也都之呂（☆甲斐・八代、〔急〕也都乃之呂、再掲）　山下也万乃之多（阿波・板野、〔高〕也末之多、再掲）

右のうち、「八代」については、第一節に述べた。

この他に、同一の土地でないものでは、第二節に見た「田上」（阿波・板野）、「山下」（阿波・板野）、第三節に見た「塩屋」（下野・郡名）、この節に見た「新居」（阿波・勝浦）、「井原」（讃岐・香川）、「城埼」（但馬・郡名）（但馬・城埼）、「田邑」（美作・苫西）に対して、それぞれ、

田上多加美（＊加賀・加賀）（備中・下道、〔高〕項なし）　山下也万之多（加賀・能美、〔高〕無訓）　塩屋之保也（伊勢・奄藝、〔高〕無訓）　新居仁比井（伊豫・郡名）・新居尓比井（駿河・益頭、〔高〕項なし）（＊駿河・有度）（近江・浅井、〔高〕無訓）（筑前・席田、〔高〕無訓）（肥前・高来、〔高〕無訓）　井原為波良（略）（☆丹波・氷上、〔高〕項なし）　城埼木佐支（肥前・佐嘉、〔高〕無訓、〔元〕木佐岐）　田邑多无良（＊山城・葛野）（河内・丹北〔比〕、〔高〕無訓）（上野・勢多、〔高〕邑田無訓）

がある。これらは、「山下」を別にすると、訓が三音節のものばかりである。

五　ノ〔連体〕の読添え（四）

残る例は、

玉祖多末乃於也（河内・高安（タカヤス）、[高]多万乃於乎）槻本都木乃毛止（攝津・西生（ニシナリ）、[高]無訓）形原加多乃波良（*参河・寶飯（ホ）[飫]）神餘加无乃安万里（安房・安房（アハ）、[高]加无乃安末利）周嶋[因][印]与乃之万（備後・御調（ミツキ）、[高]因嶋印乃之末）歌嶋宇多乃之万（備後・御調（ミツキ）、[高]宇多乃之末）玉祖多万乃於也（周防・佐波（バ）、[高]多末乃也）姫原比女乃波良（伊豫・和氣（ワケ）、[高]比女乃[ハラ]）

で、8例とかなり少ない。「〜原（ノハラ）」「〜嶋（ノシマ）」が各2例あることがやや注意される。右は、当然のことながら、訓が五音節のものが多く、六音節の「神餘（カムノアマリ）」もある。

このように見ると、第二節に見たもののうち、ナ〔連体〕・ガ〔連体〕・ツ〔助数詞〕の読添えも、前項が一音節のものばかりであったことと合わせて、ツ〔連体〕の読添えを別にして、全体に前項ないし後項が一音節のものが多いことが確認できる。ノ〔連体〕の読添えで、第三節に挙げた、後項がミチノクチ[前]・ミチノシリ[後]・ミチノナカ[中]・オク[奥]、カミ[上]・シモ[下]およびクマ[前]・サキ[前]・シリ[後]、(ウ)へ[上・於・閇]・シタ[下]のもの（これらは、第一章に見た「位置関係を表すもの」に入れられる）を別にすると、前項も後項もいずれも一音節でないものは、61例中8例である。(9)

因みに、ノ〔連体〕の読添えで、前項も後項もともに一音節のものを再度挙げると、次のように18例ある。

「井上（キノヘ）」（甲斐・山梨（ヤマナシ））（阿波・名東）（讃岐・三木）（讃岐・鵜足（ウタリ））（伊豫・新居（ニヒキ））（伊豫・温泉（ユ））・「井於（キノヘ）」（河内・志紀（シキ））・「井門（キノヘ）」（讃岐・三木）、「田邊（タノベ）」（伊勢・度會（ワタラヒ））、「城邊（キノベ）」（筑前・下座（下ツアサクラ））、「津屋（ツノヤ）」（阿波・板野（イタノ））、「津井（ツノキ）」（因幡・法美（ハフミ）[閇]）、「彼杵（ソノキ）」（肥前・郡名）（肥前・彼杵（ソノキ））、「水内（ミノチ）」（信濃・郡名）（備中・下道（シモツミチ））、「箕曲（ミノワ）」（伊勢・度會（ワタラヒ））、「日頭（ヒノト）」（武蔵・豊島（トシマ））

ナ〔連体〕・ツ〔助数詞〕の読添えにも、

榎津（エナツ）（摂津・住吉（スミヨシ））（武蔵・男衾（ヲブスマ））、三城（ミツキ）（筑前・下座（下ツアサクラ））

がある。この前項も後項も一音節のものと、第四節に挙げたノ〔連体〕の有無の両訓があるものとは、重ならないことが注意される。つまり、前項も後項も一音節のもののノ〔連体〕がない形態はありにくいということである。

これまでに見てきた例のうち、前項が代名詞であるところのア〔吾〕＋ガ、ソ〔彼〕＋ノ、および、前項が数詞である（つまり、ツ〔助数詞〕の読添えである）ところのミ〔三〕＋ツ、ヤ〔八〕＋ツは、一音節のアガ〔吾〕・ソノ〔彼〕およびミツ〔三〕・ヤツ〔八〕ととらえることもできないではなく、読添えと意識されにくいものである。ウ〔海〕＋ナも、有坂秀世氏「国語にあらはれたる一種の母音交替について」[10]が、ウナ〔海〕をウミ〔海〕の被覆形ととらえようとされたことがあるように、それらに近いと見ることもできよう。

六　読添えの前項と後項

参考までに、前項・後項に多く見えるものについて、簡単に見ておく。

前項に多く見えるものは、ツ〔連体〕の読添えのカミ（ム）〔上〕15例、シモ〔下〕6例を別にすると、ヰ〔井〕11例、カハ〔河〕6例・〔川〕4例、他はいずれも3例以下である。

後項に多く見えるものは、カミ〔上〕11例、ミチノシリ〔後〕6例、シモ〔下〕・（ウ）へ〔上〕各6例、ミチノクチ〔前〕5例がやや特殊であるが、その他に、ヘ〔邊〕15例、ヤ〔屋〕6例、ヰ〔井〕5例で、他はいずれも3例以下である。

カミ（ム）〔上〕・シモ〔下〕はともかくとして、ヰ〔井〕が前項にも後項にも多く見えることが注意されてよい。

合わせて、前項と後項との比較について見ておく。

ノ〔連体〕の読添えに限って見ると、前項は54種、後項は40種(11)で、前項がノ〔連体〕を介して後項を修飾する際の、修飾語が被修飾語より種類が多いことを表しているかと見られる。(12)

尤も、ツ〔連体〕の読添えは、前項が6種（カミ〔上〕・シモ〔下〕・ナカ〔中〕・トホ〔遠〕・チカ〔近〕・ムカ（ム）〔向〕）であるのに対して、後項が21種もあるので、これは事情がかなり異なることになる。

因みに、ナ〔連体〕の読添えは前項2種・後項2種、ガ〔連体〕の読添えは前項1種・後項1種、ツ〔助数詞〕の読添えは前項2種・後項2種である。いずれも例が少ないので、前項と後項の種類の差ははっきりしないようである。

以上、和名抄の地名における読添えは、ノ〔連体〕・ツ〔連体〕・ナ〔連体〕・ガ〔連体〕・ツ〔助数詞〕の読添えがあり、ツ〔連体〕の読添えを別にして、前項ないし後項が一音節のものが多いことなどについて述べた。

注

（1）「足柄阿之加良」（相模・足下（足辛ノシモ）、[高]安之加良）の例により、「足[柄]上」「足[柄]下」と示すこともできる。

（2）後掲注（9）参照。

（3）この例は、サカナヰ「三國坂中井中 此云那」（継体前紀）とある地と思しく、とすれば、ノ〔連体〕の読添えであるサカノヰは、本来ナ〔連体〕の読添えであったと見られる。

（4）『時代別国語大辞典上代編』の「上代語概説」〔第二章二、第二章は主に浅見徹・橋本四郎両氏執筆〕に、「二音節訓仮名の二音節目の清濁と、写される語の該当部分の清濁が必ず一致する」とあり、このことは、西宮一民氏「上代語の清濁――借訓文字を中心として――」（『萬葉』36〔1960·7〕）、および、鶴 久氏『萬葉集訓法の研究』〔1995·10 おうふう〕〔第二章第二節二、もと「萬葉集における借訓仮名の清濁表記――特に二音節訓仮名をめぐって――」（『萬葉』36〔前掲〕）〕を基にしている。萬葉集の二音節訓仮名と和名抄のそれとが同様にとらえられるか否かは必ずしも明らかでないが、参考にすることができよう。

（5）因みに、志賀直哉「城の崎にて」は、題に「城崎」ではなく「城の崎」とある。「城の崎にて」の本文には、「城の崎」の表記はなく、「城崎温泉」の例が1例あるだけである（「城」〔9画〕と「城」〔10画〕と、「温」と「溫」との差違は問わない）。

（6）第二節に見た「渭後」をヌノシリと訓むと例が増える。注(9)参照。

（7）第四章注(4)参照。なお、ウナミのウがウ〔海〕であるならば、ナ〔連体〕の読添えであるウナアミの約まったものと見ることもできるであろうか。

（8）注(2)に同じ。

（9）「渭後（沼ノシリ）」（武蔵・比企（ヒキ））はヌノシリと訓むことにし、「塩穴（シホノアナ／シホアナ）」（和泉・大鳥（オホトリ））は[高]シホアナの訓による。

（10）『国語音韻史の研究』［1944·7 明世堂書店、1957·10 増補新版 三省堂］、もと「音声の研究」4［1931·12］

（11）注(9)に同じ。また、カハ［河］・カハ［川］、ヌ［沼］・ヌ［渭］・ヌマ［沼］、（ウ）へ［上］・（ウ）へ［於］は、それぞれ別に数える。

（12）第一章・第二章参照。

第四章　和名抄地名の音訓混用

和名抄・廿巻本の地名における、音訓混用について見ることにしたい。基本的に訓注があり標記と訓注とによって音訓混用であることが確かめられる例をとり挙げる。

このことについては、先に工藤力男氏「言語資料としての和名抄郷名——音訓交用表記の検討——」(1)が述べられていて、和名抄の地名に音訓混用の例は少ないことが知られている。なお、工藤氏は訓注のないものもとり挙げて検討されるが、ここでは若干の例の他は訓注のあるものに限っておくことにしたい。この章は、工藤氏論文に多くのことを負っているものでもあるが、地名の二字化に関連するものを含めて、いくらかの例を補ったところもある。また、工藤氏は対象を郷名に限られているが、ここでは国名・郡名をも含んでいる。参考までに、工藤氏がとり挙げられた例には、▼印を付すことにする。本来の表記を追究されるなどの工藤氏の検討には、興味深いところが多い。

一　音読みか訓読みかが問題になるもの

音訓混用について見る前に、音読みか訓読みかが問題になるものを挙げて検討しておきたい。

まず、「馬」字である。

馬田无万多（筑前・下座《シモツアサクラ》、[高]無訓）　馬野无万乃（*上総・海上《ウナカミ》）　馬見无万美（筑前・嘉麻《カマ》、[元]牟萬美、[高]无末美）

は、ムマ〜の訓注があり、訓読みと見てよい。

群馬久留末（※上野・郡名）　相馬佐宇万（※下総・郡名）　但馬太知万（※国名）　對馬嶋都之万（※国名、[元]對馬島）　美

馬美万（※阿波・郡名）

飽馬安木末（上野・碓氷（ウスヒ）、[高]安支末） 有馬阿利万（※攝津・郡名） 有馬安利万（上野・群馬（クルマ）、[高]項なし） 老馬於以万（＊遠江・長下（長ノシモ））來馬久留万（淡路・津名（ツナ）、[高]久流万） 三馬美万（＊加賀・石川（イシカハ））

他方、～マの訓注があるものは、音読みか訓読みかが問題になる。音マのものも、訓ウマのウなどが脱落したマのものもあり得るからである。右に挙げたように、これらには、「馬」の他の字が、「群馬（クルマ）」（の「群」）以下の音読みのものと、「飽馬（アキマ）」（の「飽」）以下の訓読みのものとがあるが、前者のマを音と、後者のマを訓と見ることにしたいと考える。これは些か便宜的な見方のようでもあるが、和名抄の地名の音訓混用が少ないことを考え合わせると、そのように見てよいと考えられよう。なお、「對馬」は「對□馬」のツシマのシに当たる字を省略した二字化かと見られる（第三篇第一章参照、以下同様）。

次に、「香」字である。

香止加之[〻]止（備前・和氣、[元]加々止、[高]項なし） 香美加〻美（※土佐・郡名）（☆美作・勝田（カツマタ）、[急][元]無訓）（＊阿波・阿波、[高]加久[〻]三） 香山加古也万（播磨・揖保（イヒホ）、[高]加宇也末）／伊香以加〻（河内・茨田（マムタ）、[高]以加古） 伊香伊加古（※近江・郡名）（近江・伊香（イカゴ）、[高]無訓）

は、カガ～・カゴ～・カウ～およびカガ・～カゴの訓注があり、第二章に見たところの、ng韻尾に母音を加えた二合仮名であるので、音読みである。カウはカグのウ音便と見られる。

香推[椎]加須比（＊筑前・糟屋（カスヤ）、[高]香椎） 香住加須美（＊但馬・美含（ミクミ）） 香取加止里（※下総・郡名） 香川介加波（※讃岐・郡名）

山香也末加（※遠江・郡名）

他方、カ～・～カ（ガ）の訓注があるものは、音読みか訓読みかが問題になる。ng韻尾が脱落した略音仮名カのものも、訓カのものもあり得るからである。右に挙げた例は、カ～のものも～カ(ガ)のものも「香」の他の字が訓読みのものばかりであるので（「香川介加波」もカガハと訓んでおく）、いずれも訓カと見ることにしたいと考える。

次いで、「邊」字である。

n韻尾が脱落した略音仮名へのものも、訓へのものもあり得る。ただ、これは、第三章に見たノ〔連体〕の読添えの例がほとんどであり、「邊」の他の字が訓読みのものばかりである。

河邊加波乃倍（※攝津・郡名）（※出羽・郡名）（遠江・長上(長ノカミ)、[高加波へ]）（備中・下道(シモツミチ)、[高無訓]）（讃岐・香川(カガハ)、[高無訓]）

河邊加波乃へ（薩摩・郡名、[元加波乃倍]）／川邊加波乃倍（山城・葛野(カドノ)、[高賀波乃倍]）（駿河・安倍、[高加八乃へ]）川邊加八乃倍（大和・十市(トホチ〔ヲ〕)、[高無訓]）川邊加波乃倍 國用川述（☆播磨・神埼(カムザキ)、[急無訓]）

山邊夜万乃倍（※大和・郡名）　山邊也末乃倍（※上総・郡名）

池邊伊介乃倍（讃岐・三木、[高以介乃倍]）

城邊木乃倍（筑前・下　座(下ツアサクラ)、[高項なし]）

田邊多乃倍（☆伊勢・度會(ワタラヒ)、[急田部多乃倍]）

これらは、いずれも訓へと見てよいと考えられる。ノ〔連体〕の読添えでないものは[高]「河邊加波へ」（遠江）のみであり、これも大東急本によればノ〔連体〕の読添えである。なお、「田邊多乃倍」は、第三篇第三章に見る（この篇の第三章にもふれた）ように、[急]「田部」より[高]「田邊」の方が本来の表記であったかと見られる。また、「川邊」「河邊」は、この篇の第三章に見たように、カハノべと濁音べであるかと見られ、このことは、「～邊」全体に及ぶことも考えられよう。

また、「物」字も些か問題がある。

物集毛豆女（▼*山城・乙訓(オトク〔ニ〕)、[高毛都米]）

この例の訓注〜ツメは、後行母音アの脱落はありにくいもののアツメのアの脱落したものと見られる。「矢集也都女」（駿河・駿河、[高]夜豆米）の例もある。モ〜の訓注がある「物」は、t韻尾が脱落した略音仮名モと見るか、訓モノのノが脱落したものと見るかであるが、音節ノの脱落よりは、t韻尾の脱落の方がありやすいと考えられる。しかも、萬葉集には「…聞けば悲しも〈伎氣婆可奈思物〉」（萬三九五八（三九八〇））などモ「物」の例がかなりあり、「常世物〈等許余物能〉…」（萬四〇六三（四〇八三））のようなモノ「物」のモに当たる例をともにとらえるのには問題があろうかと思われないでもないが、基本的には音仮名と見られる。

そして、「築」字も注意したいものである。

築城豆伊支（豊前・郡名、[元]豆伊岐）

ツキを、k韻尾に母音を加えた二合仮名チクの変化したものと見るか、動詞ツク[築]「御諸に築くや玉垣〈都久夜多麻加岐〉…」（記雄略・九三（九四））の連用形と見るかが問題になる。この例のみではあるが、「築」の他の字が訓読みであるので、連用形ツキのイ音便と見ておく。ツイヒヂ[築泥]の変化したツイヂ[築地]「築地の上に千人」（竹取物語）の例が参照される。なお、「筑」字は、二合仮名ツカ・ツキ・ツクと見る（第二章参照）。

さらに、「葛」字がある。

葛飾加止志加（下総・郡名、[元]葛餝加止志加）

葛野加止乃（※山城・郡名）（☆丹波・氷上、[急]項なし）　葛野加度乃（山城・葛野、[高]賀止乃）

これは、「加止」「加度」「賀止」をカトと訓むかカドと訓むかが問題である。カトであればt韻尾に母音を加えた二合仮名と見ることになり、カドであれば訓と見ることになる。「勝鹿の[2]〈勝壮鹿乃〉真間の手児名が…」（萬四三一（四三二））・「葛飾の〈可都思加能〉真間の手児奈を…」（萬三三八四（三四〇二）・東歌）などの例から見ると、上代ではカツシカであったようであり、「千葉の葛野を見れば〈加豆怒袁美礼婆〉…」（記応神・四一）・「千葉の葛野を見れば〈伽豆怒塢彌例摩〉

…」（応神紀・三四）などの例から見ると、山城国の例は上代ではカヅノ|であったと見られるので、前者は音カトと、後者は丹波国の例も含めて訓カドと見ておくことにしたい。その際に、カドはカヅラ［葛］「葛加豆良」（新撰字鏡）のカヅの母音交替と見るものである。そのように見れば、いずれも音訓混用ではないことになる。

また、「綴」字もある。

綴喜豆ゝ支（山城・郡名、[元]豆々岐）　綴喜豆ゝ木（山城・綴喜(ツヽキ)）

これも、「豆ゝ」をツツと訓むかツヅと訓むかが問題で、ツツであればt韻尾に母音を加えた二合仮名テツの変化したものと見ることになり、ツヅであれば動詞ツヅル(3)［綴］「䋄（略）豆ゝ利」（新撰字鏡・享和本）の連用形（ないしその音便）の語尾の脱落と見ることになる。「山代之大箇［筒］木真若王」（記開化）・「筒城宮」（仁徳紀三十年十月）・「…山背の〈山代之〉管木の原〈管木之原〉…」（萬三二三六〈三二五〇〉）などの例から見ると、上代ではツツキ|であったと見られるので、音ツツと見ておくことにする。

右に見た中で、音訓混用と見られるものは「香山(カゴヤマ・カウヤマ)」と「物集(モヅメ)」のみであり、これらについては後に第四節で改めて見ることにする。

二　三字地名の二字化によるもの

第三篇に詳しく見るように、「好字」「二字」の原則によって三字地名や一字地名が二字化される例が多くある。その際に、一字地名に音訓混用はあり得ない。それで、元の三字地名において音訓混用であったものを、二字化された例では音訓混用でないものも含めて挙げることにする。

丹[波]後太迩波乃三知乃之利（国名、[元]太迩波乃美知乃之利）

[吉]備前支比乃三知乃久知（国名、[元]岐比乃美知乃久知）　[吉]備中吉備乃美知乃奈加（※国名）　[吉]備後吉備乃三知乃之利（国名、[元]吉備乃美

知乃之利）

筑紫前筑紫乃三知乃久知（※国名）　筑紫後筑紫乃三知乃之里（※国名）

「丹後」は「丹波」＋「後」の、「備前」「備中」「備後」は「吉備」＋「前」「中」「後」の、「筑前」「筑後」は「筑紫」＋「前」「後」の、三字化された地名の二字化であり、いずれも音＋音＋訓（第三章に見たが、音＋音と訓との間に読添えのノ〔連体〕を伴う）が、第二字もしくは第一字の省略によって音＋訓になったものである。

安宿部安須加倍（※河内・郡名）　宗我部曽加へ（☆土左・香美、〔急〕曽加）　物理部毛止以へ（☆備前・磐梨、〔急〕毛止呂井）／

宗我部曽加倍（▼土佐・長岡、〔高〕宇〔宗〕我部曽加へ）　丹比部多知倍（備中・英賀、〔高〕多知閇）

相模野左加无乃（☆甲斐・都留、〔急〕無訓）

羽束志波豆賀之（山城・乙訓、〔高〕波津加之　本用羽束志三字）

大曽祢於保曽祢（▼＊土佐・長岡）

何□鹿伊加留加（※丹波・郡名）

「安宿部」「宗我部」「物理部」は、訓注アスカベ・ソガベ・モトイベから見て、「部」字の省略と見られる。いずれも、音＋音＋訓が、第三字の省略によって音＋音になったものである。モトイベは、第三篇第三章に見るように、モトリベのイ音便と見られる。そして、「宗我部」は、〔急〕「宗我曽加」（土佐・香美、〔高〕曽加へ）の例から見て、また、訓注ソガベから見て、「我」字の省略と見られ、「丹比部」は、「丹比太知比」（※河内・郡名）（☆安藝・高宮、〔急〕多无比）の例から見て、「比」字が省略され、省略される「比」字に当たるところのタヂヒベのヒが脱落したものと見られる。いずれも、音＋音＋訓が、第二字の省略によって音＋訓になったものである。

「相模野」は、「相模佐加三」（※国名）の例から見て、また、訓注サガムノから見て、「野」字の省略と見られる。音＋音＋訓が、第三字の省略によって音＋音になったものである。また、「幡多野無訓」（＊相模・餘綾、〔高〕幡多野無訓）

も、訓注がないので右に挙げなかったが、高山寺本の三字地名から見て、「幡多波多」（淡路・三原（ミハラ）、[高]無訓）の例から見ても、「相模[野]」と同様に第三字「野」字の省略によって音＋音＋訓が音＋音になったと考えられる。

「羽束[志]」は、訓注ハヅカシから見て、また、[高]「本用羽束志三字」から見て、「志」字の省略と見られる。訓＋訓＋音が、第三字の省略によって訓＋訓になったものである。「羽束波都加之」（＊摂津・有馬（アリマ））も同様と見られる。

「大曽[祢]」は、「曽祢無訓」（☆攝津・武庫（ムコ）、[急]曽弥[祢]無訓）の例から見て、また、訓注オホソネから見て、「祢」字の省略と見られる。訓＋音＋音が、第三字の省略によって訓＋音になったものである。

「何[□]鹿」は、訓注イカルガから見て、ルに当たる字の省略と見られる。訓ルの字はないので、音ルに当たる字があったと見られ、訓＋音＋訓が、第二字の省略によって訓＋訓になったものである。

なお、「宗我[部]」「大曽[祢]」については、第四篇第一章第三節をも参照されたい。

また、先に「一字地名に音訓混用はあり得ない。」と述べたが、それが二字化したものには音訓混用の例がある。

津宇無訓（▼＊備後・沼隈（ヌノクマ））　野應無訓（▼＊紀伊・名草（ナグサ））

は、訓注がないが、「其韻（ノヒキ）ノ音ノ字ヲ添（ヘ）テ」（本居宣長『地名字音転用例』）二字化したものであり、訓＋音の音訓混用の例に入れられる。「野應」については、訓オの字がないことも考慮される。第三篇第二章に見るように、本来の一字地名がそれぞれ「津」「野」であったものと見られる。なお、一字地名の二字化である[急]「弟翳勢」（備中・下道（シモツミチ））は音訓混用であるが、第三篇第二章に見るように[高]「弟翳弖國用手字」によって音訓混用ではないと見るのがよい。

訓代久之呂　國釧字（▼☆備中・下道（シモツミチ）、[急]釧代久之呂）

の[高]「訓代」は、「訓」がn韻尾の脱落した略音仮名クであり、音＋訓の音訓混用であるが、[急]「釧代」であれば、「釧」の訓がクシロであるのでシロ「代」は（迎え仮名に対する）送り仮名に当たるものであり、音訓混用ではないことになる。第三篇第二章に見るが、[高]「國釧字」とあるように、本来は一字地名「釧」であったと見られる。

肥前比乃三知乃久知（※国名）　肥後比乃三知乃之利（国名、[元]比乃美知乃之利）

「肥前」「肥後」は、前掲「丹波後」などの三字化された地名の二字化とは異なるが、「肥」（本来は「火」か）＋「前」「後」の二字化と見ることもできる。これも、ノ〔連体〕の読添えの例であり、音＋訓と見られる。

三　重箱読みの例

次に、第二節に見たものの他に、重箱読み、すなわち、音＋訓の音訓混用である例を挙げる。

美田三多（▼☆武蔵・荏原(エバラ)、[急]御田無訓）　美箐〔簀〕國用三須（▼☆備中・窪屋(クボヤ)、[急]三須無訓　美箐〔簀〕無訓）

接頭語ミ［御］を伴う地名については、第四篇第四章に見るが、訓ミ「御」も音ミ「美」も美称として用いられるので、音訓混用の[高]「美田」と音訓混用ではない[急]「御田」とのように両者が用いられるようになったかと考えられる。なお、[高]「美箐〔簀〕」は、訓注のないものであるが、「國用三須」が訓注に代わる役割を果たしている。また、大東急本では、「三須」と「美箐〔簀〕」との二つの地名になってしまっている（他の例であるが、第四篇第二章参照）。さらに、「三須」も音訓混用であるので、後に第四節で改めて挙げることにする。

[元]宇納〔網〕宇奈美（越中・射水(イミヅ)、[急]古奈美、[高]無訓）
加嶋加之万（▼能登・能登、[元]加島加之萬、[高]無訓）
枳根木子（▼攝津・能勢(ノセ)、[高]岐祢）
佐突左都知　國用佐土（☆播磨・印南(イナミ)、[急]無訓）
勢門世止（＊筑前・糟屋(カスヤ)）
東河度加波（☆但馬・朝来(アサゴ)、[急]止加、[元]土加）

罵〔鷲〕城度木（因幡・巨濃（コノ）、[高]法美（ハフミ）郡度岐）
[元]兎束土都加（▼但馬・七美（シツミ）、[急]無訓、[高]兎来〔束〕無訓）
斗女止女（信濃・更級（サラシナ）、[元]土女、[高]止米）
物集毛豆女（▼山城・乙訓（オトク〔ニ〕）、[高]毛都米、再掲）
与木与支（▼能登・能登、[元]與岐、[高]無訓）

[元]「宇納宇奈美」は「宇綱（網）」の誤りと見て、ウナミはウノアミの約まったものと見ておく。(4)『地理志料』に「先哲以爲二網ノ字之譌一、未レ精、」とあることが参照され、また、第四篇第二章に見るように、豊後国風土記の「朽綱（網）郷」（直入郡）が和名抄で[高]「松納無訓」とある（朽→松、網＝綱→納）の変化と見られる）ことも参照される。

[急]「加嶋加之万」は、萬葉集に「香島より〈香嶋欲里〉熊来（くまき）をさして…」（萬四〇二七〔四〇五一〕、「能登郡従二香嶋津一發レ船射二熊来村一往時作歌二首」の第二首）のように「香嶋」とあり、「香嶋」ならば第一節に見たように音訓混用ではないと見られる。

[急]「枳根木子」は、延喜式・神名帳に「岐尼（キニ〔ネ〕）神社」（攝津國能勢郡）があり、この「岐尼」は音訓混用ではない。

[高]「佐突左都知」のツチを、t韻尾に母音を加えた二合仮名トツの変化したものと見ることができれば、音訓混用ではないことになる。そうであっても、「國用佐土」の「佐土」は音訓混用である。

[高]「東河度加波」は音訓混用であるが、[急]「止加」・[元]「土加」のようにトカないしトガと訓めば、音訓混用ではないことになる。

[急]「斗女止女」は、延喜式・神名帳に「氷鉋（ヒノ）斗賣神社」（信濃國更級郡）があり、この「斗賣」は音訓混用ではない。

「物集（モヅメ）」は先に第一節で見た。「物集」は、現代では「物集女」と三字で表記される。

残る「勢門」「罵〔鷲〕城」「兎束」「与木」も、重箱読みの音訓混用と見られる。

この他、「那絁奈岐」（☆備前・上道（カムツミチ）、[急]那紀無訓）は、キ「絁」をキヌ（「絁」はアシギヌ「絁（略）唐韻云―[絁]（略）阿之岐沼繒似布也」（和名抄・十巻本三）を表す）のヌの脱落と見れば音訓混用であるが、[急]「那紀」により、「絁」は「紀」の誤りと見て、音訓混用ではないと見るのがよいと考えられる。また、[元]「恖(恩)坂於佐加」（大和・城上（シキノカミ））も音訓混用のように見えるが、[急]「忍坂於佐加」（[高]於左賀）により、「恖」は「忍」の誤りと見て、音訓混用ではないと見るのがよい。

雑田佐波多（佐渡・雑太（サハダ）、[高]雑太佐波太、[駅]雑太無訓）

邑代伊比之呂（▼遠江・佐野、[高]以比之呂）

香山加古也万（播磨・揖保（イヒホ）、[高]加宇也末、再掲）

宕野多木乃（▼伊勢・壹志（イチシ）、[高]太岐乃）

これらは、第一字が第二章に見た二合仮名の例である。

「雑田佐波多」は、[高][駅]「雑太」や郡名「雑太佐波多（略）」によれば、音訓混用ではないことになる。

また、「香山（カゴヤマ／カウヤマ）」は先に第一節でも見た。これは、播磨国風土記でも「香山里」（揖保郡）である。萬葉集でカグヤマ「〈香具山〉」（萬二）を「〈香山〉」（萬二五九）と記すこともあるように、二字化したものと見られる。

曰(因)嶋印乃之末（▼☆備後・御調（ミツキ）、[急]周嶋[因]与[印]乃之万、[元]周島[因]與[印]乃之萬）

覇田反多（▼☆遠江・麁玉（アラタマ）、[急]覇多反多）

右は、撥音を含むイン「曰(因)」、ハン「覇」の例であり、第二篇第二章に挙げるものに入る。「因嶋（インノシマ）」は、ノ〔連体〕の読添えの例である（第三章参照）。[高]「覇田」は、[急]「覇多」によれば音訓混用ではないことになる。

滿田上音下訓（▼＊武蔵・荏原（エバラ））

今一つ、訓注はないが、音訓混用が確認できる例がある。「上音下訓」とあり、マンダと訓むものと見られる。

四　湯桶読みの例

そして、第二節に見たものの他に、湯桶読み、すなわち、訓＋音の音訓混用である例を挙げる。目立つのは、「〜師」の例である。

土師波尒之（▼和泉・大鳥(オホトリ)、[高]波迩之）（上野・緑野(ミドノ)、[高]無訓）　土師反之（備前・邑久(オホク)、[高]無訓）　土師波之（阿波・名西、[高]麻殖(ヲヱ)郡無訓）（筑前・穂浪、[高]無訓）

布師奴乃之（▼＊越中・射水(イミヅ)）　布師沼乃之（▼☆土佐・安藝、[急]布乃之）

櫛師無訓（▼☆能登・鳳至(フゲシ)、[急]櫛久之々）

「〜師」の音訓混用については工藤氏論文に詳しく、氏は、合わせて、訓注のない例であるが「福」「徳」を含む音訓混用についても述べられている。(5) ハニシ「波尒之」「波迩之」・ハンジ「反之」・ハジ「波之」については、第二篇第二章・第三篇第一章にふれる。[高]「櫛師」には訓注がないが、「師」のない[急]「櫛」に訓注があるので、挙げておいた。

益頭末志豆（※駿河・郡名）　益頭万之都（▼駿河・益頭(マシヅ)、[高]無訓）

「益頭末志豆」「益頭万之都」は音訓混用で、二例とも濁音ヅのマシヅかと見られ、訓ヅの字がないことが考慮される例かとも考えられる。

廣西比呂世（▼＊因幡・法美(ハツミ)、[高]廣城）　廣世比呂世（▼＊備前・御野(ミノ)、[高]廣西）

「廣西比呂世」「廣世比呂世」は、音訓混用である。[高]「廣城」（因幡）の「城」は、「赤駒の越ゆる馬柵(うませ)の〈越(ル)馬柵乃〉…」（萬五三〇 五三三）・「馬柵越し(うませご)〈宇麻勢胡之〉麦食(むぎは)む駒(こま)の…」（萬三五三七・東歌、或本歌曰 三五五九）を参照すると、「柵」の誤りと見るのがよいかとも考えられ、その場合は音訓混用ではないと見ることになり、あるいは、「栖」の誤りかとも見られ、その場合は音訓混用と見ることになる。

登利安賀里（☆土佐・長岡（ナガヲカ）、［急］、鳥加利）
粟賀阿波賀（☆但馬・朝来（アサゴ）、［急］粟鹿安波加）
相可阿布加（▼＊伊勢・多氣（タケ））
荒自阿良之（▼筑前・宗像（ムナカタ）、［高］安良之）
生佐伊支佐（▼肥前・松浦（マツラ）、［元］伊岐佐、［高］無訓）
石加以之加（▼伊勢・員辨（ヰナベ）、［高］以之賀）
石勢伊波世（▼＊越中・新川（ニフカハ）、［駅］盤瀬無訓）
大農於保乃（▼＊石見・美濃）
雲須久毛春（▼☆筑前・怡土（イト）、［急］久毛波留）
月波都木波（▼常陸・新治（ニヒハリ）、［高］丹［月］波豆支波）
長世奈加世（▼伊勢・鈴鹿（スヾカ）、［高］奈賀勢）
新野尓比夜（▼攝津・嶋下（シマノシモ）、［高］迩比夜）
土万比知末（▼☆播磨・宍粟（シサハ）、［急］土方［万］無訓）
日頭比乃度（武蔵・豊嶋（トシマ）、［高］比乃止）
美箐［簣］國用三須（▼☆備中・窪屋（クボヤ）、［急］三須無訓　美箐［簣］無訓）
三太美［タ］（▼☆越前・丹生（ニフ）、［急］無訓）
安那夜須奈（※備後・郡名）
模［横］太与古太（▼＊駿河・安倍、［高］横太）
井閇為乃倍（▼☆讃岐・三木、［急］井門［閇］井乃倍）

少名乎多（越前・足羽（アスハ）、[高]無訓）

「登利」は、第三篇第一章にも見るが、[急]「鳥加利」によってトガリと訓めば三字地名「登□利」の第二字の省略と見ることになり、[高]「安賀里」によってアガリと訓めば音訓混用になる。(6) 後者の場合は、訓リの字がないことが考慮されよう。

[高]「粟賀阿波賀」は音訓混用であるが、[急]「粟鹿安波加」によれば音訓混用ではないことになる。播磨国風土記には、「但馬阿相郡粟鹿山」（神前郡）とあり、延喜式・神名帳に「粟鹿（アハカノ）神社」（但馬國朝來郡）がある。

「相可阿布加」は、延喜式・神名帳に「相鹿牟山（アフカムヤマ）神社二座」「相鹿上（アフカノ）神社」「相鹿木大（アフカコタノ）御魂神社」（伊勢國多氣郡）があり、この「相鹿」は音訓混用ではない。

「石勢伊波世」は、[駅]「盤瀬」によれば音訓混用ではないことになる。萬葉集の越中での歌に「…石瀬野に〈石瀬野尓〉馬だき行（ゆ）きて…」（萬四一五四［四一七八］）、「石瀬（いはせ）野に〈伊波世野尓〉秋萩しのぎ…」（萬四二四九［四二七三］）とあるように、音訓混用ではない「石瀬」もある。

[高]「雲須久毛春」は、クモスと訓むと見られるが、[急]「久毛波留」の訓もある。工藤氏は、「原形の雲治を雲須に誤った」とされる（『地名辞書』によられるか）が、他方で、和名抄地名の訓注の仮名としては珍しい「春」（第二篇第一章参照）を後に「波留」としたととらえることもできそうである。

[急]「長世奈加世」は、延喜式・神名帳に「長瀬（ナガセ）神社」（伊勢國鈴鹿郡）があり、この「長瀬」は音訓混用ではない。

[急]「新野尓比夜」は、延喜式・神名帳に「新屋（ニヒヤノ）［二］坐天照御魂神社三座」（攝津國嶋下郡）があり、この「新屋」は音訓混用ではない。

[高]「土万比知末」は音訓混用であるが、播磨国風土記に「土間村」とあり、この「土間」は音訓混用ではない。

「美箐［簀］」については第三節に見たが、ここには「三須」として挙げる。

［高］「三太美〔夕〕」は、ミの訓しか示されていないが、ミタと訓んで音訓混用に入れてよいと見られる。延喜式・神名帳に、「「大」山御板神社」（越前國丹生郡）があり、この「御板」は音訓混用ではない。

［急］「安那夜須奈」は音訓混用であるが、日本書紀に「備後國（略）婀娜國膽殖屯倉（略）」（安閑紀二年五月）とあり、音訓混用ではないアナと訓む方がよいかとも見られる。

「少名」は、［急］「乎多」によれば、「名」は「多」の誤りかと見られ、音訓混用に入れられる。あるいは、標記「少名」によれば、「多」は「名」の誤りかと見られ、音訓混用ではないことになる。「名」が訓注の仮名に用いられることは和名抄地名では珍しい（第二篇第一章参照）ので、前者のように見る方がよいであろうか。

「日頭」「井閇」については、ノ（連体）の読添えであり（第三章参照）、第五節に少し見る。

残る「荒自」「生佐」「石加」「大農」「月波」「横太」も、湯桶読みの音訓混用と見られる。

他に、「蔵部久良布」（＊近江・甲賀、［高久良へ］）は、［急］「久良布」によれば音訓混用であるが、［高］「久良へ」によれば音訓混用ではないことになる。「部」をフと訓む例は他に「海部加伊布」（＊阿波・那賀）があるがこれは音訓混用ではない。「あふみのくらぶのさとといふ所にて」（輔親集二六詞書）の例もあるので[7]、クラブと訓む方がよいとも考えられる。

また、［元］「亘理和多里」（陸奥・郡名）は音訓混用であるが、［急］「曰(日)理和多里」によって音訓混用ではないと見るのがよい。「日［曰］理［和］利多利」（陸奥・曰(ワタリ)理、［高］曰理無訓）の例もある。

なお、工藤氏論文が挙げられる「韓良加良漢知」（▼☆筑前・志麻、［急］無訓）は、カネ［金］＋ウチ［打］の約まったカヌチ［鍛冶］「鈲（略）加奴知」（新撰字鏡）の撥音便化したものを、名医の意もある「良」字で表したものと見て、音訓混用ではないと見ておくことにしたい。尤も、『地理志料』は「韓良加良」としていて（『地名辞書』も同様）、その場合にラ「良」は（迎え仮名に対する）送り仮名に当たるものとなり、音訓混用になる（工藤氏もそれによられるか）。そうであれば、「漢知」は、カヌチ［鍛冶］の意である別の郷名が誤って小字で書かれたものと見ることになろうかと考えられるが、そうしたことについて『地理志料』は何も述べない（工藤氏は「この訓注の後半の意味は正確にはわからない。」とされる）。

また、同じく「山家也末加」（▼*信濃・小県）は、音カ「家」と見ず、場所を表すカ［処］「海が行けば〈宇美賀由氣婆〉…」（記景行・三六）ととらえて、音訓混用ではないと見ておく。

五　ノ〔連体〕の読添えとの関連

右に見てきた音訓混用のもので、第三章に見たノ〔連体〕の読添えの例がいくらかあった。

丹［波］後（国名）／［吉］備前（国名）［吉］備中（国名）［吉］備後（国名）／筑［紫］前（国名）筑［紫］後（国名）／肥前（国名）肥後（国名）／宇納［網］（越中）／［曰］嶋［因］（備後）〔以上、第三節〕

は、音＋ノ＋訓の例である。これらは、国名で第三節に見た二字化に関するものが多い。

日頭（武蔵）／井閇（讃岐）〔以上、第四節〕

は、訓＋ノ＋音の例である。

この他に、第三章に見たように、「陸奥三知乃於久」（※国名）、「添上曽不乃加美」（※大和・郡名）、「檜前比乃久末」（大和・高市、［高］比乃久万）など、音訓混用ではない訓＋ノ＋訓の例が多くある。また、音＋ノ＋音の例として、

入野尓布乃也（讃岐・大内、［高］近野乃夜）

がある。

全体として、ノ〔連体〕の読添えの例は、訓＋ノ＋訓のものが多く、次いで、音＋ノ＋訓のものがある。訓＋ノ＋音のもの（2例）や、音＋ノ＋音のもの（1例）は極めて少なく、これらは異例と言えよう。音＋ノ＋訓のものも、二字化に関するものを別にすれば、「宇納［網］」・「曰嶋［因］」の2例のみであるので、これもとらえ方によっては異例に入れ

ることができる。

以上、第二節に見た二字化に関するものの20例を別にすると、第三節に見た重箱読みのものが20例、第四節に見た湯桶読みのものが32例であり、湯桶読みのものの方がやや多いが、それには「〜師」のもの8例が含まれているので、これを別にすると両者の数はあまり変わらないと言える。重箱読みのうち「香山（カゴヤマ／カウヤマ）」は二字化のものに入れられる。工藤氏は、「音訓交用表記と疑わしい郷名約百。本稿に採りあげた七十余のうち、もっぱらの交用表記は、本節での検討の結果は十個くらいと言ってよかろうか。」とされるが、氏は、訓注のないものもとり挙げられ、国名・郡名は挙げられず、また、本来の表記を求めて音訓混用の例を削られていることもあるので、単純に比較することができない。第三節・第四節に挙げた例で、郡名（2例）、および、「〜師」のもの（8例）を別にして、工藤氏が挙げられたもの（▼印）が29例（第三節11例、第四節18例）、挙げられていないものが13例（第三節9例、第四節4例）あった。そのうち、「もっぱらの交用表記」と言えそうな例は、工藤氏が挙げられたものが18例（第三節7例、第四節11例）、挙げられていないものが8例（第三節5例、第四節3例）ほどである。

なお、風土記の地名における音訓混用は和名抄のそれより少ないと見られるが、そのことを含む風土記の地名と和名抄の地名との比較については第四篇第二章で見ることにしたい。

注

（1）『日本語史の諸相　工藤力男論考選』［1999・8　汲古書院］、もと「岐阜大学教育学部研究報告　人文科学」27［1979・3］

（2）第三章注（4）箇所参照。

（3）類聚名義抄には「繕ツヽル（平平上）」（観法中一一八［60ウ］）の例も「拼抨ツヾル（平平〇）」（観仏下本四九［20オ］）の例もあ

るが、文治元[1185]年顕昭奥書を持つ古今集注・片仮名本に「ツヅリ(平平|平)」(一〇二〇)とある。

(4) 第三章注(7)箇所をも参照。

(5) 蜂矢「〔書評〕工藤力男著『日本語史の諸相　工藤力男論考選』」(『国語学』203〔51-3〕〔2000・12〕)に、「「師」や「福」・「徳」が音で受容されることなどはその通りだと思われる。因みに、現在の二字の都道府県名で音訓混用の例は、徳島と福井・福岡・福島だけである。」と述べたことがある。

(6) 第四篇第一章に見るように、名博本に「登利(アカリ)」とあることからすると、後者の方がよいかとも考えられる。

(7) 『考證』に指摘される。

余談・一　琵琶湖の東西の山

琵琶湖の東西にある山の名を、それぞれ一つとり挙げる。東海道新幹線の開通より前のことであるが、東海道本線の名古屋〜大阪・神戸間を走る準急列車に「伊吹」「比叡」があり、何度か乗ったことがある。それでという訳でもないが、伊吹山と比叡山とをとり挙げることにしたい。

一　伊吹

伊吹山は、古事記の倭建命の条に、

以（二）其刀草那藝釼（一）置（二）其美夜受比賣之許（一）而　取（二）伊服岐能山之神（一）幸行　（記景行）

とあり、イフキノ山「伊服岐能山」のように、清音フであった。日本書紀には、「五十葺山」「膽吹山」とある。伊吹山は、神のいるところである。

山名ではないが、日本書紀に、

吹棄氣噴之狭霧吹棄氣噴之狭霧　此云浮枳于都屢伊浮岐能佐擬理所（レ）生神　号曰（二）田心姫（一）　次湍津姫　次市杵嶋姫（神代紀上・第六段本書）

とあり、「吹棄氣噴之狭霧」の訓注にフキウツルイフキノサギリとあって、清音フであるイフキ［気噴］の例がある（古事記にも、「吹棄氣吹之狭霧」とある）。このイフキは、「氣噴」（「氣吹」）に対する訓であるので、イ－フキの複合ととらえられて、そのイは息・呼吸の意と見られ、そのフキは動詞フク［吹］の連用形である。

また、この日本書紀の例に対して、時代が下ると、

氣噴伊布岐（平平平）（日本書紀私記・御巫本10オ）

のように、濁音ブであるイブキの訓がある。日本書紀私記・御巫本は、応永三十五[1428]年の書写であるが、その声点について、金田一春彦氏『国語アクセントの史的研究　原理と方法』［1974・3　塙書房］〔本論第二章第二節［五十七］〕は「鎌倉時代のアクセント資料に類する」と言われ、上野和昭氏「『御巫本日本書紀私記』所載の体言のアクセント」（「国文学研究」85［1985・3］）は、詳しい検討の上、一部の異なりはあるが、「多くは鎌倉時代のアクセントを反映していると思われ」るとされて、同じ声点で示されるところの清濁もその頃のものであろうと見られ、イブキに濁音化するのはおよそ鎌倉時代と見てよい。そして、山名も、

―吹山［伊］ブキヤマ（文明本節用集・イ）

のように、ブに濁音化したイブキヤマの例が室町時代に確認できる。

　イフ～がイブ～に濁音化する例には、萬葉集のイフカシ［不審］「眉根掻き下いふかしみ〈下言借見〉…或本歌曰（略）一書歌曰　眉根掻き下いふかしみ〈下伊布可之美〉…」（萬二六一四　二六一九―二六二二）・イフカル［訝］「…いふかりし〈言借石〉国のまほらを…」（萬一七五三　一七五七）が、類聚名義抄に下るとイブカシ［不審］・イブカル［訝］「訝イブカルシ（平平平上〇）」（名義抄・観法上六四［33ウ］）になる例がある。また、鹿児島県の「指宿」は、和名抄に［急］「揖保以夫須支」（薩摩・郡名、［元］以夫須岐）とあり、第一篇第二章に見たように「揖」はp韻尾が母音uを伴った二合仮名であるので清音フのイフスキが本来であるが、「指宥(イブスシ)又作宿(スキ)」（文明本節用集）のように、室町時代に下るとイブスキと濁音ブの例がある。濁音化してイブになったので、訓ユビであり字形の類似した「指」字を用いるようになったと考えられる。

　そして、伊吹山は、滋賀県（近江国）と岐阜県（美濃国）との境にあり、その辺りは、伊勢湾と敦賀湾との間の、本州の太平洋側と日本海側との間が最も狭い陸地であり、風の吹くところと言われる。

　雲かかるいふきのたけになくしかはかぜのつてにぞこゑはきこゆる（為忠家初度百首三五五）

　おぼつかないぶきおろしのかざさきにあさづまふねはあひやしぬらん（山家集一〇〇五）

などのように、伊吹山がカゼ［風］とともに詠まれる和歌もある。なお、「あさづま」は、現滋賀県米原市朝妻筑摩に当たる「朝妻安佐都末」（近江・坂田(サカタ)、［高］無訓）と見られる。

　山家集にイブキオロシとあるが、今も、愛知県では、冬の北西の風を伊吹おろしと言う。名古屋大学の前身である第八高校の寮歌に、「伊吹おろしの雪消えて　木曽の流にささやけば」で始まる「伊吹おろし」（中山久・作詞、三橋要二郎・作曲、一九一六［大正五］年）があり、名古屋市昭和区の鶴舞公園に「八高寮歌伊吹颪碑」がある。

　とすると、イフキ・イブキは風が吹くことを表すと見られ、つまり、息は風の一種であるので、イは息の意にも風の意にも用いられるととらえるのがよいと考えられる。

　……渡會の斎宮ゆ　神風にい吹き惑はし〈伊吹或之〉

　……（萬一九九）

　呼(イ)-吸(フク)氣(イ)-息(キ)、似(タリ)(二)於朝霧(ニ)(一)（雄略前紀・図書寮本）

のように、動詞イフク［息吹］の例もある。『岩波古語辞典』は、萬葉集の例について「《イは接頭語》吹く。」とし、日本書紀古訓の例について「《イは息。上代はイフキと清音》息を吹く。呼吸する。」として、両者を別語と扱っているが、『日本国語大辞典』〈第二版〉は、別語としながらも、萬葉集の例について「「いふく」の「い」を、接頭語ではなく「息」と見なし「いぶく〈息吹〉」と同義とする説もある。」〈「補注」欄〉とし、『古語大辞典』は、「万葉集の用例の「い」は接頭語とみる説があるが、これも単に風が吹く意ではなく、「いふく」ものは神で、風の神秘を説きあかす表現であったと考えられる。」〈「語誌」欄〉としていて、両例とも、清音フのイフクで、「息吹」の意と見るのがよい。

　神風(かむかぜ)の〈加牟加是能〉伊勢の海(うみ)の〈伊勢能宇美能〉
　大石(おひし)に這(は)ひ廻(もとほ)ろふ……〈記神武・一三〉

などのように、枕詞カムカゼノ［神風］が地名「伊勢」にかかるのも、伊勢神宮のある伊勢は風の強い土地であるが、他方で、イ［息］は息の意であり風の意でもあるので、つまり、イ［息］は風でもあるので、いや、風は神の息ととらえられて、枕詞カムカゼノ［神風］はイ［息］の音を持つ「伊勢(イセ)」にかかる、という関係であると考えられる。

そして、このカムカゼノ伊勢の例から見ると、萬葉集のイフクの例は、伊勢の「渡會(わたらひ)の斎宮(いつきのみや)」や「神風(かむかぜ)」とあるので、単に「吹く」意ではなく、「息吹」の意と見るのがよいと言える。

以上のように、伊吹山は、神の息であるところの風が吹く山の意であると考えられる。

二　比叡

比叡山は、京都府〈山城国〉と滋賀県〈近江国〉との境にある。比叡は、伊勢物語に、

　その山は、こゝにたとへば、比叡(ひえ)の山を二十(はたち)ばかり重(かさ)ねあげたらんほどして
　む月にお［を］がみたてまつらむとて、小野にまうでたるに、比叡(ひえ)の山の麓(ふもと)なれば、雪いと高(たか)し

とあり、宇津保物語に、

　ときに、ひえの山に、惣持院(そうぢ)の十禅師(ぜんじ)なる大徳(とく)のいふやう、「かたきをえんずるやうは、ひえの中堂(だう)に常燈(じやうとう)をたてまつり給〈略〉」ときこゆ〈藤原の君〉
　そのわたりはひえ、さかもと、をのゝわたり、おとはがはちかくて〈忠こそ〉

などとあり、源氏物語に、

　比叡の法花堂にて、ことそがず、装束より初めて（夕顔）

　比叡坂本に、小野といふ所にぞ、住み給ひける（手習）

とある。伊勢物語の「小野」について、新編日本古典文学全集12『竹取物語 伊勢物語 大和物語 平中物語』の頭注には「京都市左京区八瀬。大原の辺りで、比叡山の西麓に当り、冬は雪が深い。」とあり、宇津保物語・忠こその「さかもと」について、同14『うつほ物語①』の頭注には「比叡山の西坂本のことで、比叡山の西、雲母坂登山口付近をいう。滋賀県大津市坂本は、東坂本になる。」と、同「をの」について、同頭注には「京都市左京区修学院周辺。」とあり、源氏物語・手習の「坂本」について、同25『源氏物語⑥』の頭注には「比叡山の京都側の登り口。中世までは西坂本とよんだ。」と、同「小野」について、同頭注には「現在の一乗寺北辺から八瀬大原一帯をいう。」とある。少し古い注には、「小野」を北区などとするものもあるが、右の頭注はほぼ一致している（「小野」の範囲にやや揺れがある）。「坂本」は、京都府側（京都市左京区）にも滋賀県側（大津市）にもあるが、比叡山に登るサカ［坂］のモト［下］の意であろう。

　また、懐風藻（751年成立）に、「和(下)藤江守「詠(二)裨叡山先考之舊禪處柳樹(一)」作(上)」（一〇五題詞）とあり（「藤江守」は藤原近江守の意で、仲麻呂を指す）、そして、家伝（いわゆる藤氏家伝）下（760年成立）（植垣節也氏「校訂・家伝下（武智麻呂伝）」（「続日本紀研究」136［1967・9］）による）に、「遂登(二)比叡山(一)淹留弥日」とあって、「裨叡山」「比叡山」とあることが確認できる。

　右のように、「ひえ」「裨叡」「比叡」とあるが、これらは、要するに冷えの意ではないかと思われる。上代の「裨叡」「比叡」の「叡」はヤ行エの萬葉仮名であり、「冷え」はヤ行下二段動詞「冷ゆ」の連用形で、この「え」もヤ行エである（平安初期までア行エとヤ行エとの区別がある）から、そう考えてよいであろう。

　ところで、比叡山の滋賀県側（大津市坂本）に、今、「日吉大社」がある。この「日吉」は、戦後ヒヨシと公称するようになったが、元はヒエであった。「吉」をエと訓む場合に、これもヤ行エである。古事記に、

　次大山上咋神（略）此神者坐(二)近淡海國之日枝山(一)（記神代）

とあり、「近淡海國」すなわち近江国（滋賀県）にある「日枝山」は、新編日本古典文学全集1『古事記』の頭注に「比叡山。滋賀県大津市坂本本町の日吉大社を指す。」とある。そして、「枝」もまたヤ行エである。

　工藤力男氏「古代形容詞の形成に関する一つの問題――スミノエとスミヨシをめぐって――」（『日本語史の諸相　工藤力男論考選』［1999・8 汲古書院］、もと「萬葉」90［1975・12］）は、ヤ行エのエシ［吉］と、それと母音交替であるヨシ［吉］との関係から、スミノエ［住吉］からスミヨシ［住吉］への変化について述べられる。スミノエは、「…住吉の〈須美乃延能〉我が皇神に幣奉り祈り申して…」（萬四四〇八〔四四三二〕）・「住吉の〈須美乃江能〉浜松が根の下延へて我が見る小野の草な刈りそね」（萬四四五七〔四四八一〕）などの例（「延」も「江」もヤ行エである）が、スミヨシは、「昔、おとこ、和泉の国へ、いきけり。住吉の郡、住吉の里、住吉の浜をゆくに」（伊勢物語）・「このすみよしの明神は、れいのかみぞかし」（土左日記）などの例がある。

　よって、スミノエ［住吉］・スミヨシ［住吉］と同様に、ヒエ［日吉］からヒヨシ［日吉］への変化があったとも考えられる。ただ、その点について、工藤氏は、「念のために言えば、「住吉」における地名の変遷と同じ現象は、近江国の「日吉」がヒエのほかにヒヨシとも称されたことにも見られる。ただ、この方は平安後期までしか確かな文証を遡れないので、吉の文字に引かれて生まれたものかもしれない。」（傍点、工藤氏）と述べられる。

　御三条院御時　はじめて日吉の社に行幸侍けるに　あづまあそびにうたふべきうた　おほせごとにてよみはべりけるに　　大弐実政

あきらけき日よしのみかみきみがため山のかひあるよろづよやへん（後拾遺一一七一〔一一六九〕）

の例が、工藤氏の言われる「平安後期」のものかと見られる。院政期の梁塵秘抄に「願ぎ掛くる日吉の社の木綿襷、草の片葉はとよ珍しき」（五四八）・「明らけき日吉の神も君がため、山のかゐある万代や経ん」（五四九）と、ヒエ・ヒヨシ両例がある。延喜式・神名帳には「日吉神社」（吉田家本）とあり、文明十三［1481］年「加修補畢」の奥書を持ち、鎌倉初期写かとされる本に、ヒエ・ヒヨシ両訓が確認できる。

第二篇　和名抄地名の訓注

第一章　和名抄地名の訓注の仮名

一　訓注の仮名

和名抄・廿巻本に見える地名における、訓注の仮名（基本的に萬葉仮名、若干の片仮名）について見ることにしたい。いずれも、訓注がある地名をとり挙げる。

後に表に挙げる際に、大東急本の郷名欄にある郡名の訓注「蒲原郡加牟波良」（越後）、「津名郡豆奈」「三原郡美波良」（淡路）は、便宜上、郷名に入れておくことにする。

この章では、音注と見られるものはとり挙げない。また、異なる標記を示したと見られるものもとり挙げない。

訓注で、促音・撥音等を表す仮名の例については、第二章に見るので、この章にはとり挙げない。

元の標記を繰り返したと見られる「備中吉備乃美知乃奈加」（※国名）、「備後吉備乃三知乃之利」（国名、[元]吉備乃美知乃之利）、「筑前筑紫乃三知乃久知」（※国名）、「筑後筑紫乃三知乃之里」（※国名）、「足上足辛乃加美」（※相模・郡名）、「久世久世」（※山城・郡名）、

「不破不破（略）」（※美濃・郡名）、「都知都知」（能登・羽咋、[高]無訓）、「阿万阿万」（淡路・三原、[高]無訓）の左実線部はとり挙げず、また、それに準じると見られる「殖[列]栗名栗」（☆山城・久世、[急]無訓）、「豊嶋手嶋」（摂津・郡名、[元]豊島手島）、「下座下都安佐久良」（※筑前・郡名、[急]「下都」と振仮名）、「長下[上]長乃加美」（※遠江・郡名、[元]長上）、「立花多知花」（☆伊豫・越智、[急]無訓）の左実線部もとり挙げない。

第三篇第二章に述べるように、訓注が一字の訓字表記であるもので、「阿野綾」（※讃岐・郡名）、「勝浦桂」（※阿波・郡名）、「賀美上」（※武蔵・郡名）、「周淮季」（※上総・郡名）、「多氣竹」（※伊勢・郡名）、「那珂中」（※日向・郡名）、「播羅原」（※武蔵・郡名、[元]幡羅）、「敷智渕」（※遠江・郡名）、「美祢岑」（※長門・郡名）・「三根岑」（※肥前・郡名）、「耶麻山」（※陸奥・郡名）は、一字の訓字が本来の地名で、標記はそれを二字化したものと考えられ、「都宇津」（※備中・郡名）・「寶飫穂（略）」（※参河・郡名、[元]寶飯[飫]）および「温泉湯」（※伊豫・郡名）は、それに加えて、一音節の地名を二字化したものと考えられるので、とり挙げないことにし、さらに、「碁[基]肄木伊」（肥前・基肄、[高]基肄無訓）・「渭伊井以」（遠江・引佐、[高]為以）も、後者に準じると見られるので訓字表記の部分はとり挙げないことにする。

他方、「沙田万須多 今沙作豊 止与太」（※安藝・郡名）は、「万須多」も「止与太」もとり挙げる。「榛澤伴[波牟]佐波」（武蔵・郡名、[元]波牟佐波）は、「伴」が撥音を表すと見られるので「波牟佐波」としてとり挙げる。なお、撥音かと見られる「牟」「无」などは、表に示す際にムとして扱うことにする。

[急]「哲多安加」（備中・郡名）は、[元]「哲多 英賀阿加」により、「安加」は次の郡名「英賀」の訓と見られ、(1)「安加」としてとり挙げる。[高]「日置於支豆」（安房・長狭）は、[急]「日置（略）置津乎木津」により、「於支豆」は高山寺本に項のない「置津」の訓と見られ、「於支豆」としてとり挙げる。[高]「喜徳智多」（讃岐・那珂、[急]無訓）は、[急]「喜徳（略）智多」により郷名の標記と見られるのでとり挙げない。

その他、「日向比宇加知乃知」（国名、[元]比宇加）、「室原也本也」（大和・城下、[高]無訓）、「諸鋤久之波」（☆長門・美祢、[急]須ゝ

木）、「讃甘佐奈保」（☆美作・英多（アイタ）、［急］無訓）、「欸［穎］娃江乃」（※薩摩・郡名、［元］穎娃）・「養隈也乃」（安藝・安藝、［高］夜乃）、「養耆夜叡美須」（☆但馬・養父（ヤブ）、［急］也木）、および、「蓁原波都波良」（阿波・美馬（ミマ）、［高］波以波良）、「宇納［網］古奈美」（越中・射水（イミツ）、［高］無訓、［元］宇奈美）、「賀地禾知」（越後・沼垂（ヌタリ）、［高］無訓）、「健田太津多」（☆安房・朝夷（アサ［ヒ］コナ）、［急］多介太）、「麻羽阿路波」（☆武蔵・入間（イルマ）、［急］安佐波）、「上郊加无止佐乃」（上野・群馬（クルマ）、［元］加無左土、［高］加无豆左乃）、「入野迩野乃夜」（☆讃岐・大内（オフチ）、［急］尓布乃也）、「穂波布奈美」（筑前・穂浪、［高］穂浪保奈美）、「芋井伊曽井」（信濃・水内（ミノチ）、［高］伊毛為）の左実線部は、問題があるのでとり挙げないことにする。

この節で後に挙げる表においては、大東急本・高山寺本それぞれに、音仮名・訓仮名・片仮名・「(他)」の順に挙げた。「(他)」は、その他の意であり、第二節に示す。また、訓仮名は［　］内に示した。ゴシック体で示した仮名は、大東急本の表では高山寺本に見えないもの、高山寺本の表では大東急本に見えないものである。(　)内の数は、地名の標記と訓注とが同じ文字であるもので、内数である。

なお、異体字であるセ「世」・「𠀋」、ニ「尓」・「尒」はそれぞれ区別しなかったが、ム「无」・「無」は字体が大きく異なるので区別した。また、マ「末」が「未」の形であるものは区別せずマとして扱った。ツ「都」のうち「下座下都安佐久良」（※筑前・郡名、前掲）は、［急］「下都（シモト）」と振仮名がありトの例のようにも見えるが、第一篇第三章にふれたようにシモツと訓むところであるので、ツの欄に挙げた。キ「癸」と示したものは、「関」から「門」を除いた形の字であるが、便宜上「癸」と示した（以下同様）。

高山寺本では、表に挙げたものの他に、駅名「草部須々木」「葦屋阿之乃夜」（以上、摂津）、「榎撫江奈」（伊勢）、「初倉波豆久良」（遠江）、「篠原之乃波良」「鳥籠止古」「鞆結止毛由比」（以上、近江）があるので、訓注の仮名は、ア「阿」1、エ「［江］」1、キ「［木］」1、ク「久」1、コ「古」1、シ「之」2、ス「須」1・「〻［須］」1、ツ「豆」1、ト「止」2、ナ「奈」1、ノ「乃」2、ハ「波」2、ヒ「比」1、モ「毛」1、ヤ「夜」1、ユ「由」1、ラ「良」2が加えられる（表の計の欄に+1・+2と示す）。

まず、大東急本の訓注の仮名を表にして挙げる。

大東急本	安	阿	案	伊	以	（他）	宇	衣	［江］	（他）	於	（他）
国		4		1 (1)	7		2				4	
郡	23 (2)	33 (1)		41 (1)	7		16 (3)	2	3 (1)		27	
畿内		6		1	14		1		1 (1)	1	15	
東海道	19	12		10 (1)	17		11	2	8 (5)		25	1
東山道	11 (1)	6 (1)		9 (1)	5	1	3	1	1 (1)		11	
北陸道	7 (2)	6 (1)	1	2	5		2	1	5 (4)		11	
山陰道	7	1		8 (1)	2			1			8	
山陽道	14 (2)			17 (1)	1		7	1	1		18	
南海道	3	1		12	3		5	1	2 (1)		10	
西海道	6	1		7			3				6	
計	90 (7)	70 (3)	1	108 (6)	61	1	50 (3)	9	21 (13)	1	135	1

支	希	計	介	(他)	具	久	(他)	[城]	[木]	義	岐	伎	支	(他)	介	可	我	賀	加
			2			8						4	1	1					14
	1	3	7	2	1	43(3)		1	15	1		5	31	3	1	1	3	2(1)	135
			6	1		17			7(2)		1			2				2	42
			12	1		36(3)			27(6)					4					98(1)
1			2			9			13(1)					1					51
			1			15			4(1)			1	3						41(1)
						10(1)			9				1					1	28
	1		4			16	1		8(4)					1					52
	2		4			18			5				3	1		1		1	51
		1		1		9			8(3)				9						21
1	4	4	38	5	1	181(7)	1	1	96(17)	1	1	10	48	13	1	2	3	6(1)	533(2)

（他）	〔田〕	太	多	曽	勢	世	（他）	主	須	（他）	志	之	（他）	散	左	佐	五	呉	古
		6				1			3			15		1		7			3
		58	50 (5)	5		6	2	1	19	1	33	41	1			43 (2)	1	1	11
			26	2	2				6			23				13			4
2		15 (1)	80 (3)	3		9	1		5	1		50	1	1	1	25			11
1	1 (1)	13	12	10		1			3	1		29	1		2	20			5
		2	25	2 (1)		3			5	1		16			2	11 (1)			5
		4	16	3		2		1	4			8	1		3	10			1
		1	37	2	1	3 (1)	1		11	1		29			1	10 (1)			5
			44 (1)	4		1			2		1	32			3	10			2
2			20 (1)	2	1	1			3		1	12			3	4 (1)			1
5	1 (1)	99 (1)	310 (10)	33 (1)	4	27 (1)	4	2	61	5	35	255	4	2	15	153 (5)	1	1	48

(他)	[名]	奈	(他)	[鳥]	度	止	[手]	天	(他)	[津]	豆	都	(他)	[千]	治	智	知
		5			1	4		1		1	6	2					24
		38				27	1	1	2	3 (2)	32	5	2	2			26
	1	12	1		3	13		3	1		6	15				2	6
		38	1		2	22			1	2 (2)	6	25 (1)		1			15
		31				13		1		1 (1)	1	7					6
1		10	1			5		1			3	4					8 (2)
		4			1	6						6	1				4
		17				11				1	2	14					14
		14		1		10					3	18			1		9 (1)
		5			2	6		1		1		5					5
1	1	174	3	1	9	117	1	8	4	9 (5)	59	101 (1)	3	3	1	2	117 (3)

(他)	比	(他)	婆	槃	鉢	八	波	(他)	乃	(他)	[子]	祢	(他)	[布]	[沼]	奴	仁	迩	尓
	7	1				2	10 (1)		29							1		4	
	31 (1)		1				70 (1)		47			5				8 (1)	2	4	9
	5					3	21		18		1		1			2			5
2	26	1		1	1	3	64 (1)	1	29			3	3		1	6			13
1	8	1				3	20		19	1						5			8
	8						23		12			1				5			2
	4					1	13		15										3
	16	1				4	30		19							4			10
	13	1					36		35			3		1					9
	7						7		9			1				2			5
3	125 (1)	5	1	1	1	16	294 (3)	1	232	1	1	13	4	1	1	33 (1)	2	8	64

(他)	［見］	［三］	美	(他)	末	万	奉	母	保	(他)	へ	陪	倍	(他)	浮	夫	不	布
1		21	2			8			3								5	
1		13 (1)	50 (8)		32	46			26		1		14		1	3	18	10
		1	13		16	3			16				13				6	3
	1 (1)	2	35 (1)	1	6	47			30				25					24
			14		17	11			14				11					15
			19		1	17			14				6					8
		4 (2)	11		8	2			4				4	1			1	10
		2	23			20	1	1	13			2	15					16
			16 (1)			32 (1)			10	1			13	1			1	5
			12			11			7				5					9
2	1 (1)	43 (3)	195 (10)	1	80	197 (1)	1	1	137	1	1	2	106	2	1	3	31	100

礼	流	留	里	利	良	与	(他)	由	夜	也	(他)	毛	[女]	(他)	武	無	牟	无
	1		3	5		3		1	2			3					1	
1		8	11	10	40 (3)	13 (1)	1	2	25	13		12	3	2	1		17 (1)	12
		6	1	13	10	3		1	3	19		9	1			2		13
2		8	4	12	36 (2)	8		2	1	36		11	3	2				10
		2	4	13	19	2	1	1	1	15	1	9	2 (1)	1				22
1 (1)		3	4	4	9	1 (1)			1	16		4	1				1	5
		1		3	1		1	2		8		1						7
		4	2	6	18 (2)	6		2		17		4	1		1		1	9
2		2	1	7	24	4			1	20	1	11	2				4	7
		1		3	8 (1)					6		3	1				2	6
6 (1)	1	35	30	76	165 (8)	40 (2)	3	11	34	150	2	67	14 (1)	5	2	2	26 (1)	91

(他)	乎	恵	(他)	［井］	爲	(他)	和	**路**	呂
	1						1		1
1	14	1	1	5 (4)	2		5 (1)		8
	13			5 (4)			3		1
1	22	1		17 (13)			4		13
	14			7 (6)		1	1		1
	10	1		5 (5)					2
	4			5 (5)					4
1	7			6 (3)					6
	10	3		12 (11)			2	3	5
1	3			3 (1)			1	1	3
4	98	6	1	65 (52)	2	1	17 (1)	4	44

次いで、高山寺本の訓注の仮名を表にして挙げる。

(他)	ア	安	阿	**高山寺本**
			5	畿内
1		12	13	東海道
	1	7	7	東山道
		2	4	北陸道
1		3	3	山陰道
		11	5 (1)	山陽道
	2	3	2	南海道
1		2	1	西海道
3	3	40	40 (1) +1	計

キ	[木]	癸	幾	伎	岐	支	(他)	カ	可	賀	加	於	(他)	[江]	叡	衣	(他)	宇	(他)	伊	以
	1 (1)	1			3	2	2		1	19	13	12		1				1		1	10
					5	13	1			11	63	14		5 (3)		1	1	10		2	14
					6	8	1	3	1	4	30	5		1 (1)	1			2		2	9
					4	2					18	8		2 (1)		1		3			8
					4	3			1	1	17	4		1							6
			1		3	1	2			12	43	8	1			3		10 (1)			18
1					3	3	1	1	1	2	26	4		1 (1)		1		3		4	12
	1			1	5	1				1	10							3	1		5
1	2 (1) +1	1	1	1	33	33	7	4	4	50	220	55	1	11 (6) +1	1	6	1	32 (1)	1	9	82

勢	世	他	春	須	他	志	之	他	作	散	佐	左	古	下	介	計	他	ク	久
	2 (1)			5			14			1	4	5	3	1 (1)	1	3			15
2	7	1		5		1	30				2	16	9			8	2		21
	1			3	1		24				1	12	6			2			8
	3			5			9				2	5	3				1		10
	1			4			6	1			1	7					2	2	4 (1)
	4			9	2		28		1	1	9 (1)	2	4		4	5			19
	1			1	2		24			1	3	4	4		2	2			12
	1		1	2			10					1	1		2	1			6
2	20 (1)	1 +1	1	34 +1	5	1	145 +2	1	1	3	22 (1)	52	30 +1	1 (1)	9	21	5	2	95 (1) +1

(他)	度	止	弖	(他)	ツ	[津]	都	豆	(他)	[千]	治	智	知	(他)	タ	[田]	太	多	ソ	曽
1	1	10	2			2	12	2		1		2	2				7	13		1
1	4	13		1	1	3	4	15		1			11	2			22 (3)	49 (2)		1
	2	6	2		1	1		7					4	1	3		6	14 (2)	1	6
	1	5	1			1 (1)	1	5	1				4 (1)	1			4 (1)	11 (1)		2 (1)
	2	4			1		2	4					4				1	9		2
	2	8	2			1	6	14					16	1			12	31 (1)		2 (1)
	1	3				1 (1)		11					6			1 (1)	3	26 (2)		4 (1)
	1	1			1		1	1			1		3	1	1		1	9		3 (1)
2	14	50 +2	7	1	4	9 (2)	26	59 +1	1	2	1	2	50 (1)	6	4	1 (1)	56 (4)	162 (8)	1	21 (4)

(他)	ハ	〔羽〕	八	波	(他)	ノ	〔野〕	能	乃	祢	〔沼〕	奴	仁	尔	迩	ナ	〔名〕	那	奈
				18				1	10	1	1	2			4		1		12
			4	43 (1)				1	18	3	3	4		4	4				20 (1)
	2		1	14	1	1		2	10		1	2			6	1			25
				15				1	6	1		3			3				5
1				9					11						3				2
			3	33					16			2	1	3	7				16
		1	1	22			1 (1)	1	21	3	2				6				7
			1	2					4			1			1			1	4
1	2	1	10	156 (1) +2	1	1	1 (1)	6	96 +2	8	7	14	1	7	34	1	1	1	91 (1) +1

[見]	[三]	美	マ	万	末	(他)	母	保	(他)	へ	[戸]	閇	倍	(他)	フ	不	布	(他)	比
		11		12	1			9			1 (1)		8			2	3		3
	7	20 (2)		20	15			17		8			9			3	14	1	19
	2	10	1	4	14	1		6		5			1		2	1	8		7
	2	11		1	7			11		2			3	1		2	5		4
	2	5			4			3					2			1	5		4
2	3	17		4	17		1	11	1	4		5	8			3	9		13 (1)
	3	9	1	7 (2)	17			5		3		1	6				3	1	7
		8	1	1	5			1		1		1					6		6
2	19	91 (2)	3	49 (2)	80	1	1	63	1	23	1 (1)	7	37	1	2	12	53	2	63 (1) +1

リ	里	利	ラ	羅	良	〔夜〕	与	由	(他)	ヤ	夜	也	(他)	毛	〔女〕	米	牟	无
		13			8		2	1	1		7	8		3		1		10
	1	11			26 (3)	1	5	1	1		12	6		8	1	2		8
2		9	1		12		3	2	1		1	8		9		1		10
		7			2				1		4	5		2	1			3
2	1	1			3			3			1	3		1				2
	1	9		2	16 (1)		3	3			6	13		5	2		2	11
1	1	4	1		14		4				3	7	1	3	1	1		5
		2			3		1		1	1	1 (1)	1		2	1			4
5	4	56	2	2	84 (4) +2	1	18	10 +1	5	1	35 (1) +1	51	1	33 +1	6	5	2	53

乎	(他)	恵	[井]	為	(他)	禾	和	呂	例	礼	留	流
11			1	2			3				1	2
17		1	3 (2)	5			4	9		2	4	3
8				3			1				3	
3		1		2			1	1	1		1	2
3			1 (1)	1				2				1
9	1		1	3		1		6				3
5		2	2 (2)	10	1			3		2		2
3				1			1	3				
59	1	4	8 (5)	27	1	1	10	24	1	4	9	13

二　「その他」とした例

右の表において、大東急本で「(他)」としたものは、次の通りである。

イ1は「保[伊]」、エ1は「以[江]」、オ1は「乎[於]」、カは「こ[加]」10（郡3・畿内2・東海道3・東山道・南海道）・「之[こ]」〔加〕1（山陽道）・「加[賀]」1（国）・「万[可]」1（東海道）、キ1は「波[伎]」、クは「こ[久]」2（郡・東海道）・「之[久]」1（畿内）・

「多〔久〕」1（郡）・「无〔久〕」1（西海道）、サは「〻〔佐〕」2（東山道・山陰道）・「古〔左〕」1（郡）・「〻〔散〕」1（東海道）、シは「〻〔之〕」4（東海道・東山道・北陸道・山陽道）・「三〔之〕」1（郡）、ス4はいずれも「〻〔須〕」、タは「〻〔多〕」2（東海道・西海道）・「加〔多〕」1（東山道）・「〻〔太〕」1（東海道）・「木〔太〕」1（西海道）、チは「〻〔知〕」1（郡）・「加〔知〕」1（郡）・「如〔知〕」1（山陰道）、ツ4はいずれも「〻〔豆〕」4、トは「、〔止〕」1（畿内）・「〻〔止〕」1（東海道）・「也〔止〕」1（北陸道）、ナ1は「多〔名〕」、ヌは「治〔沼〕」2（畿内・東海道）・「治〔沼〕」2（東海道2）、ネ1は「保〔祢〕」、ノ1は「〻〔乃〕」、ハ5はいずれも「〻〔波〕」、ヒは「〻〔比〕」1（東海道）・「北〔比〕」1（東山道）・「井〔比〕」1（東海道）、フは「久〔不〕」1（南海道）・「古〔フ〕」1（山陰道）、ヘ1は「恵〔へ〕」、マ1は「乃〔万〕」、ミは「三(美)」1（国）・「之〔三〕」1（郡）、ム5はいずれも「元〔无〕」、モ2はいずれも「〻〔毛〕」、ユ3はいずれも「田〔由〕」、ワ1は「利〔和〕」、ヰ1は「内〔井〕」、ヲは「保〔乎〕」2（郡・山陽道）・「於〔乎〕」1（東海道）・「布〔乎〕」1（西海道）である。

右のうち、「井〔比〕」・「恵〔へ〕」・「保〔乎〕」は、それぞれ、「川合〈加波井〉」（甲斐・八代(ヤツシロ)、[高]〈無訓〉）、「平安〈阿恵加〉」（淡路・津名(ツナ)、[高]安平〈無訓〉）、「十市〈止保知〉」（※大和・郡名）・「魚緒〔渚〕〈伊保須奈〉」（備中・小田(ヲダ)、[高]魚渚〈以乎須奈〉）のようで、ハ行転呼音によるものと見られる。また、「乎〔於〕」は、「置津〈乎木津〉」（安房・長狭(ナガサ)、前掲[高]「日置〈於支豆〉」参照）、「於〔乎〕」は、「尾間〈於万〉」（遠江・敷智(フチ)、[高]海間〈阿万〉）のようで、ア行オ・ワ行ヲの混同によるものと見られる。なお、「古〔フ〕」とした例は「古海〈古留美〉」（因幡・高草(タカクサ)、[高]〈無訓〉）でフルミと訓むと見られるが、標記の「古」を繰り返したかと見られる。

同じく、高山寺本で「（他）」としたものは、次の通りである。

アは「須(阿)」1（東海道）・「宗〔安〕」2（山陰道・西海道）、イ1は「位〔伊〕」、ウ1は「寄〔宇〕」、エ1は「夜〔衣〕」、カは「〻〔加〕」5（畿内・東海道・東山道・山陽道2）・「久〔〻〕」〔加〕1（南海道）・「以〔加〕」1（畿内）、クは「〻〔久〕」1（東海道）・「之(久)」1（山陰道）・「之〔久〕」3（東海道・北陸道・山陰道）、サ1は「止〔〻〕」〔左〕、シは「〻〔之〕」2（東山道・山陽道）・「久〔之〕」3（山陽道・南海道2）、ス1+1[2]はいずれも「〻〔須〕」、タは「〻〔多〕」2（東海道・西海道）・「久〔〻〕」〔多〕1（東海道）・「加〔多〕」1（東山道）・「〻〔太〕」1（山陽道）・「奈〔太〕」1（北陸道）、チ1は「乎〔千〕」、ツ1は「〻〔豆〕」、ト2はいずれも「〻〔止〕」、ノ1は「〻〔乃〕」、ハ1は「和」〔波〕、ヒは「ゝ」〔比〕1（東海道）・「井」〔比〕1（南海道）、フ1は「宇」〔布〕、ヘ1は「恵」〔倍〕、ホ1は「於」〔保〕、モ1は「ゝ」〔毛〕、ヤは「世」〔也〕2（東山道・北陸道）・「乎」〔也〕3（畿内・東海道・西海道）、ワ1は「知」〔和〕、ヱ1は「倍」〔恵〕である。

右のうち、「和」〔波〕・「井」〔比〕・「宇」〔布〕・「恵」〔倍〕・「倍」〔恵〕は、それぞれ、「石禾〈以左和〉」（☆但馬・養父（ヤブ）、[急]「伊佐波」）・「成相〈奈良井〉」（☆讃岐・香河（カガハ）、[急]「奈良比」）・「菅生〈須加宇〉」（☆佐渡・羽茂、[急]〈須加布〉）・「高家〈多以恵〉」（☆播磨・宍粟（シサハ）、[急]〈無訓〉）・「殖月〈宇倍津岐〉」（☆美作・勝田（カツマタ）、[急]埴〔殖〕月〈無訓〉）のようで、ハ行転呼音によるものと見られる。また、「於」〔保〕は「丁野〈与於乃〉」（☆近江・浅井（アサヰ）、[急]〈与保乃〉）のようで、ハ行転呼音とア行オ・ワ行ヲの混同とによるものと見られる。

「ゝ」〔之〕（[急]4・[高]2）・「ゝ」〔久〕（[急]2・[高]1）・「之」〔ゝ〕〔加〕（[急]1）・「之」久（[高]1）・「之」〔久〕（[急]1・[高]3）・「久」〔ゝ〕〔加〕（[高]1）・「久」〔之〕（[高]3）のように「ゝ」「之」「久」の間の誤写がやや多く見られ、(3)「三」〔之〕（[急]1）・「之」〔三〕（[急]1）のように「之」「三」の間の誤写もある。第三画を突き出さない「元」〔无〕（[急]5）・「田」〔由〕（[急]3）や、旁が「口」の「加」〔知〕（[急]1）・「如」〔知〕（[急]1）・「知」〔和〕（[高]1）もやや目立つ。踊り字「ゝ」を別にすると、「元」〔无〕（[急]5）・「之」〔久〕（[急]1・[高]3）が多い方に入る。

三　特徴的な仮名

表にゴシック体で示したところの、大東急本にあって高山寺本に見えない仮名は、ア「案」1、カ「我」3・「介」1、キ「義」1、ク「具」1、ケ「希」4・「支」1、コ「呉」1・「五」1、ス「主」2、テ「天」8・「［手］」1、ト「［鳥］」1、ヌ「［布］」1、ネ「［子］」1、ハ「鉢」1・「槃」1・「婆」1、フ「夫」3・「浮」1、ヘ「陪」2、ホ「奉」1、ム「無」2・「武」2、ロ「路」4である。

同じく、高山寺本にあって大東急本に見えない仮名は、「へ」の他の片仮名（ア3・カ4・キ1・ク2・ソ1・タ4・ツ4・ナ1・ノ1・ハ2・フ2・マ3・ヤ1・ラ2・リ5）、および、エ「叡」1、キ「幾」1・「癸」1、ケ

「下」1(1)、サ「作」1、ス「春」1、テ「弖」7、ナ「那」1、ノ「能」6・「[野]」1(1)、ハ「[羽]」1、へ「閇」7・「[戸]」1(1)、メ「米」5、ヨ「[夜]」1、ラ「羅」2、レ「例」1、ワ「禾」1である。片仮名が高山寺本に偏ることが注意される。なお、へは、「河邊加波乃へ」（薩摩・郡名、[元]加波乃倍）が大東急本で唯一の片仮名の例である。(4)

右のうち、大東急本の「我」3・「義」・「呉」・「婆」は、それぞれ、「東生比牟我志奈里」（※攝津・郡名）・「春部加須我倍」（※尾張・郡名）・「敦賀都留我」（※越前・郡名）、「奄藝阿武義（略）」（※伊勢・郡名）、「英虞阿呉」（※志摩・郡名）、「多磨太婆（略）」（※武蔵・郡名）のようで、濁音ガ・ギ・ゴ・バを表していると見られる。(5) いずれも、郡名であることが注意される。(6) 大東急本の郡名は、比較的であるが清濁を書き分けようとしていると見られる。高山寺本の「下」1(1)は「八下波知下」（＊河内・丹北（タヂヒ）[比]）のようで、濁音ゲを表しているかと見られる（後にもこの節で述べる）。なお、ここに挙げる例ではないが、「英保安母」（＊播磨・餝磨）は、「母」が通常モに用いられることを考えると、マ行―バ行の子音交替である濁音ボを表すと見られる。

大東急本のハ「鉢」1・「槃」1は、それぞれ促音・撥音を表すことのできる仮名でもある（この篇の第二章参照）が、「杖部鉢世都加倍」（伊勢・朝明（アサケ）、[高]波世津加へ）・「河後加槃之利」（伊勢・三重（ミヘ）、[高]加波之利）のようにいずれもハを表している。

また、大東急本のカ「介」1は、通常ケに用いられる仮名であるが、「香川介加波」（※讃岐・郡名）のようにカに用いられている。同じくケ「支」1は、通常キに用いられる仮名であるが、「池田伊支太」（上野・邑樂（オハラキ）、[高]無訓）のようにケに用いられる。同じくヌ（訓仮名）「[布]」1は、通常フ（音仮名）に用いられる仮名であるが、「布師布乃之」（土佐・安藝、[高]沼乃之）のようであり、ヌに用いられると見ておいたが、標記の「布」を繰り返しんと見る方がよいとも見られる。高山寺本のヨ（訓仮名）「[夜]」1は、通常ヤ（音仮名）に用いられる仮名であるが、「豊川止夜加波」（☆参河・寶飫（ホ）、[急]止与加波）のようにヨに用いられている。

右のうち、訓仮名のもので、例を示さなかったものは、大東急本では、「豊嶋〈手嶋〉」（攝津・郡名、[元]豊島〈手島〉）・「登利〈鳥加利〉」（土佐・長岡、[高]〈安賀里〉）・「枳根〈木子〉」（攝津・能勢、[高]〈岐祢〉）、高山寺本では、「石野〈以波野〉」（伊豫・宇和、[急]〈伊波乃〉）・「埴埼〈羽佐キ〉」（紀伊・那賀、[急]〈無訓〉）・「鳥戸〈度利戸〉」（山城・愛宕、[急]〈止利倍〉）である。この中で、「[野]」・「[戸]」は、この例の他に大東急本・高山寺本に用いられていないので、標記を繰り返したと見る方がよいかと見られる。なお、「[野]」「[戸]」の他に、ゴシック体で示したものではないが、大東急本の「[田]」1(1)「益田〈万之田〉」（飛騨・益田、[高]〈末之多〉）、「[見]」1(1)「速見〈倍見〉」（甲斐・巨麻、[高]〈倍美〉）、高山寺本の「[下]」1(1)（前掲）、「[田]」1(1)「石田〈以之田〉」（伊豫・伊与、[急]〈伊之多〉）も、標記を繰り返したと見る方がよいかも知れない。

表にゴシック体で示した仮名のうち、とりわけ、テは、大東急本では「天」8・「[手]」1であるのに対して、高山寺本では「弖」7であり、両本の間で全く異なる仮名を用いている。右のうち、他に、大東急本で比較的多いのはケ「希」4・ロ「路」4、高山寺本で比較的多いのはへ「閇」7・ノ「能」6・メ「米」5である。テ（特に[急]「天」8／[高]「弖」7）を含めてこれらは、それぞれ大東急本・高山寺本に特徴的な仮名であると言えよう。

四　大東急本・高山寺本の比較

さて、大東急本の仮名と高山寺本の仮名とを比較して、特徴的なことについて挙げる。その際に、表にゴシック体で示したもの、片仮名、「(他)」の例については、基本的に改めてふれない。音仮名と訓仮名とでは、基本的に音仮名の方が多く用いられるが、そうでないものについてはここに見る。

アは、大東急本では「安」90(7)・「阿」70(3)で「安」が多いが、高山寺本では「阿」40(1)+1・「安」40でほぼ同数である。イは、大東急本では「伊」108(6)・「以」61で「伊」が多いが、高山寺本では「以」82・「伊」9で逆である。エは、大東急本では「[江]」21(13)・「衣」9で「[江]」が多く、高山寺本でも「[江]」11(6)+1・「衣」6で同様であるが、いずれも音仮名より訓仮名の方が多いことが注意される（エについては、第五節にも見る）。

キは、大東急本では「〔木〕」96(17)・「支」48・「伎」10・「岐」1（「〔城〕」1）の順であるが、高山寺本では「支」33・「岐」33・「〔木〕」2(1)+1・「伎」1とかなり異なっていて、大東急本で訓仮名「〔木〕」が最も多いことが注意される。

サは、大東急本では「佐」153(5)・「左」15（「散」2）で「佐」が多いが、高山寺本では「左」52・「佐」22(1)（「散」3）で逆である。

ツは、大東急本では「都」101(1)・「豆」59（「〔津〕」9(5)）で「都」が多いが、高山寺本では「豆」59+1・「都」26（「〔津〕」9(2)）で逆である。

ニは、大東急本では「尓」64・「迩」8（「仁」2）で「尓」が多いが、高山寺本では「迩」34・「尓」7（「仁」1）で逆である。

マは、大東急本では「万」197(1)・「末」80で「万」が多いが、高山寺本では「末」80・「万」49(2)で逆である。メは、大東急本では「〔女〕」14(1)で訓仮名のみであることが注意されるが、高山寺本では「〔女〕」6・「米」5で音仮名・訓仮名ともに用いられる（訓仮名「〔女〕」の方が僅かに多い）。

ルは、大東急本では「留」35・「流」1で「留」が多いが、高山寺本では「流」13・「留」9で逆である。

ヰは、大東急本では「〔井〕」65(52)・「爲」2で、訓仮名「〔井〕」が多いことが注意されるが、高山寺本では「為」27・「〔井〕」8(5)で逆である。

大東急本・高山寺本ともに訓仮名の方が多いものはエ「〔江〕」・メ「〔女〕」、大東急本で訓仮名の方が多いものはキ「〔木〕」・ヰ「〔井〕」である。

次に、（ ）内に示したところの、地名の標記と訓注とが同じ文字であるものであるが、大東急本ではヰ「〔井〕」(52)・

キ「[木]」(17)・エ「[江]」(13)が多く、タ「多」(10)・ミ「美」(10)・ラ「良」(8)・ア「安」(7)・ク「久」(7)・イ「伊」(6)・サ「佐」(5)・ツ「[津]」(5)・ア「阿」(3)・ウ「宇」(3)・チ「知」(3)・ハ「波」(3)・ミ「[三]」(3)・カ「加」(2)・ヨ「与」(2)が続く（(1)は省略）。同じく、高山寺本ではタ「多」(8)・エ「[江]」(6)・ヰ「[井]」(5)、次いでソ「曽」(4)・タ「太」(4)・ラ「良」(4)・ツ「[津]」(2)・マ「万」(2)・ミ「美」(2)（(1)は省略）である。これらのうち例の多いものは、仮名として用いられる文字であると同時に、地名の標記にも用いられやすい文字であると言える。大東急本の例の方が相当多く、高山寺本は訓注に標記と同じ文字を用いることをある程度避けていると言えようか。また、訓仮名が多い（特に大東急本）ことが注意され、訓仮名の方が音仮名より標記と同じ文字になりやすいと言えよう。

中でも、「[井]」「[江]」「[津]」は、大東急本で、同じ文字であるものの方が多い（「[井]」13〈(52)〉、「[江]」8〈(13)〉、「[津]」4〈(5)〉）。これらは、訓仮名に用いられるとともに、地形を表す文字でもあり、そのことが同じ文字になりやすい理由であろう。しかも、「[井]」の、[急](52)は、標記の「井」が第一字のもの12例、第二字のもの40例、[高](5)は、標記の「井」が第二字のものばかりであり、「[江]」の、[急](13)も[高](6)も、標記の「江」が第二字のものばかりであり、「[津]」の、[急](5)は、標記の「津」が第二字のものばかり、[高](2)は、標記の「津」が第一字のもの1例、第二字のもの1例であって、「井」「江」「津」が標記の第二字のものの方が圧倒的に多いことが注意される。(7)

五　ア行エとヤ行エの問題

エについて、「衣」は本来ア行エの仮名であり、「[江]」は本来ヤ行エの仮名であって、ア行エとヤ行エとの区別は平安初期に崩れるので、この二つの仮名がア行エとヤ行エとの区別を反映しているかどうかを検討してみる必要があると考えられる。(8)

大東急本では「衣」9・「[江]」21(13)、高山寺本では「衣」6・「[江]」11(6)+1である。このうち、「[江]」の大東急本(13)・高山寺本(6)は、標記「江」に訓注「[江]」を用いていて、本来のヤ行エを反映していると見ることもできる。

残る大東急本「衣」9・「[江]」8、高山寺本「衣」6・「[江]」5+1は、どうであろうか。

大東急本の「衣」9のうち、「江刺衣佐志」（※陸奥・郡名）・「江田衣多」（*上総・市原（イチハラ））・「江上衣加美」（越前・足羽（アスハ）、[高]無訓）・「三江美衣」（但馬・城埼（キノサキ）、[高]無訓）・「葛江布知衣」（*播磨・明石（アカシ））・「江村衣牟良」（土佐・長岡（ナガヲカ）、[高]無訓）の6例は、標記「江」に訓注「衣」を用いていて、本来のヤ行エを反映していないと見てよい。残るもので、「愛智衣知」（※近江・郡名）・「榎津衣奈都」（武蔵・男衾（ヲブスマ）、[高]江奈豆）は、標記「愛」・「榎」が本来ア行エと見られ、「英多衣太」（信濃・埴科（ハニシナ）、[高]叡太）は、標記「英」が本来ヤ行エと見られる。大東急本の「[江]」8のうち、「荏原江波良」（※武蔵・郡名）（武蔵・荏原（エバラ）、[高]無訓）（備中・後月（シツツキ）、[高]夜波良[衣]）・「依智江知」（遠江・周智、[高]無訓）・「榎列江奈美」（淡路・三原（ミハラ）、[高]無訓）は、標記「荏」3・「依」・「榎」が本来ア行エと見られ、「欸[穎]娃江乃」（※薩摩・郡名、[元]穎娃）・「兄國江久尓」（*伊勢・飯野（イヒノ））・「英太江多」（加賀・加賀）は、標記「欸[穎]」・「兄」・「英」が本来ヤ行エと見られる。

高山寺本の「衣」6のうち、「江田衣多」（*上総・市原（イチハラ））・「古江布流衣」（越中・射水（イミヅ）、[急]布留江）・「葛江布知衣」（*播磨・明石（アカシ））・「江川衣賀八」（播磨・佐用（サヨ）、[急]無訓）・「江見衣美」（美作・英多（アイタ）、[急]項なし）の5例は、標記「江」に訓注「衣」を用いていて、本来のヤ行エを反映していないと見てよい。残る「荏原衣波良」（伊与・浮穴（ウキアナ）、[急]無訓）は、標記「荏」が本来ア行エと見られる。高山寺本の「[江]」5+1のうち、「榎津江奈都」（攝津・住吉（スミヨシ）、[急]以奈豆[江]）・「榎津江奈豆」（武蔵・男衾（ヲブスマ）、[急]衣奈都）および「榎撫江奈」（伊勢・駅名、再掲）は、標記「榎」3が本来ア行エと見られ、「兄國江久尓」（*伊勢・飯野（イヒノ））・「謁叡安知江」（丹後・与謝（ヨサ）、[急]無訓）・「英多江多」（加賀・加賀）は、標記「兄」・「叡」・「英」が本来ヤ行エと見られる。

結局のところ、「[江]」の大東急本(13)・高山寺本(6)は本来のヤ行エを反映していると見ることもできるが、標記「江」に訓注「[衣]」を用いていて本来のヤ行エを反映していないと認められる大東急本6例・高山寺本5例もあり、残る例は、本来ア行エと見られる訓注「衣」も、本来ヤ行エと見られる訓注「江」もあるが、本来ア行エと見られる訓注「[江]」も、本来ヤ行エと見られる訓注「衣」もあって、エ「衣」が地名の標記に用いられにくいことを考慮するとしても、総体として本来のア行エ・ヤ行エを反映しているとは言えない状況である。

以上、和名抄地名の訓注の仮名を一通り見て、大東急本と高山寺本とを比較するなどし、大東急本・高山寺本に特徴的な仮名、大東急本の郡名では比較的清濁を区別しようとしていること、訓仮名が多く用いられるもの、標記と訓注とが同じ字であるもの、ハ行転呼音やア行オ・ワ行ヲの混同によるもの、ア行エとヤ行エとの区別を反映しているとは言えないことなど、注意される点について述べた。

注

（1）大東急本には「哲多安加　英賀阿加」とある。

（2）+1は、第一節に見た高山寺本駅名である（以下、+2を含めて同様）。

（3）北川和秀氏「『和名類聚抄』にみる東海の古代地名」（犬飼隆・和田明美両氏編『語り継ぐ古代の文字文化』［2014・1　青簡舎］）参照。

（4）高山寺本には、片仮名「ヘ」が23例あり、他の片仮名に比べて非常に多いことが参照される。

（5）「駅謨五牟」（※大隅・郡名）の「五」も濁音ゴを表しているかと疑われるが、語頭の濁音に問題があるので、とりあえず、そのように見ないでおく。

（6）他に、カ「介」・ク「具」・コ「五」・テ「[手]」・フ「浮」も郡名のみに用いられる。大東急本のみに用いられる仮名は郡名にやや偏りやすいと言えようか。

（7）それに対して、他の訓仮名の「[木]」の、[急](17)は、標記の「木」が第一字のもの3例、第二字のもの14例、[高](1)は、標記

「木」が第二字のものであり、「[三]」の、[急](3)は、標記の「三」が第一字のものばかりである。「木」は、物形を表す文字ではないけれども、「舩木」(4)・「荒木」(3)などを見ると、それに近い文字と見るのがよいであろうか。

（8） 高山寺本には、今一つ「英多叡太」（信濃・埴科(ハニシナ)）がある。「叡」は本来ヤ行エの仮名である。

第二章　和名抄地名の訓注の促音・撥音等

第一章において、和名抄地名の訓注の仮名について見てきたが、その際にとり挙げなかったものとして促音・撥音等を表す仮名があるので、この章では、それらについて見ることにする。

一　促音を表す例

和名抄地名の訓注が促音を表すと見られる例を、次に挙げる。

カッ　刈田|葛太（※陸奥・郡名）　刈田|葛多（※讃岐・郡名）　鹿田|渴多（☆美作・真嶋(マシマ)、[急]無訓）　苅田|葛太（☆安藝・高(タカ)宮(ミヤ)、[急]刈田加无多）

ハッ　幡多|發多（略）（＊攝津・有馬(アリマ)）　八太|鉢多（＊伊勢・壹志(イチシ)）　針坼[斫]|罸佐久（武蔵・都筑(ツヾキ)、[高]針斫|罸左久）　治田|發多（＊近江・栗太(クルモト)[本]）　播多|發多（☆備前・上道(カムツミチ)、[急]幡多無訓）

シッ　後月|七豆木（※備中・郡名）

ホッ　堀津|發度（☆武蔵・足立(アダチ)、[急]無訓）

これらは、t韻尾を持つ漢字で促音を表すものである。右のうち、カッ「刈田」「苅田」・ハッ「治田」・ホッ「堀津」は、動詞〔四段〕連用形の促音便と見ることができる。

この他に、

氣仙氣く如結（☆陸奥・氣仙(ケセ)）

も、「如|結」によって促音ケッと見られる。

二　撥音を表す例

そして、和名抄地名の訓注が撥音を表すと見られる例を、次に挙げる。

カン　韓良|加良漢知（☆筑前・志麻、[急]無訓）

ハン　榛澤|伴佐波《波牟》（武蔵・郡名、[元]波牟佐波）　覇多|反多（＊遠江・麁玉《アラタマ》、[高]覇田）　幡多|判多（＊遠江・長下《(長ノシモ)》）　埴生|反布（＊駿河・安倍、[高]㠃生《[埴]》）　土師|反之（備前・邑久《オホク》、[高]無訓）

クン　訓世|郡勢（山城・乙訓《オトク[二]》、[高]|群世）　國埼|君佐木（※豊後・郡名）

イン　因嶋|印乃之末（☆備後・御調《ミツキ》、[急]周嶋《[因]》|与乃之万《[印]》）　忌部|淫閇（☆阿波・麻殖《ヲヱ》、[急]伊无倍）

シン　信太|臣多（＊和泉・和泉）　真良|新良（安藝・沼田《ヌタ》、[高]|信羅）

ヒン　日野|賓能（☆信濃・髙井《タカヰ》、[急]比无乃）

これらは、n韻尾・m韻尾を持つ漢字で撥音を表すものである（「忌部|淫閇」のみがm韻尾、他はn韻尾）。右のうち、イン「忌部」は、動詞〔四段〕連用形の撥音便と見ることができる。なお、[急]「忌部伊无倍」の「无」は、撥音とも見られるがムとも見られる。(1)

この他に、

満田上音 下訓（＊武蔵・荏原《エハラ》）

も、「上音」によって撥音マンと見られる。

なお、「土師」は、「波尓之」（和泉・大鳥《オホトリ》、[高]波迩之）、「反之」（備前・邑久《オホク》、前掲）、「波之」（阿波・名西、[高]麻殖《ヲヱ》郡無訓）のように、ハニシ・ハンジ・ハジの訓がある。

「幡多」は、促音と見られる例も、撥音と見られる例もある。

三　促音・撥音表記についての先行研究

右に挙げた促音・撥音表記の例については、岡田希雄氏㈠「和名類聚抄中の撥音的地名」[2]・㈡「和名抄の信太と摂津風土記の久牟知山」[3]、および、濱田敦氏「促音沿革考」[4]の研究がある。佐佐木隆氏「《短信》『和名類聚抄』地名訓の促音・撥音表記」[5]は、岡田氏・濱田氏の研究を参照せずに述べられたものと思しい。[6]工藤力男氏「《短信》和名抄地名の有韻尾字訓注について」[7]は、佐佐木氏の「《短信》」に対して、岡田氏・濱田氏の研究があることを述べたものである。[8]次に示す表において、岡田氏㈠をaと、同氏㈡をbと、濱田氏論文をcと、佐佐木氏《短信》をdとする。

大東急本	高山寺本	所在	a	b	c	d
刈田|葛太		陸奥・郡名	○			
刈田|葛多		讃岐・郡名	○	○		
（鹿田無訓）	鹿田|渇多	美作・真嶋（マシマ）			○	
[刈田加无多]	苅田|葛太	安藝・高宮（タカミヤ）		（○）	○	1
幡多|發多	幡多|發多	攝津・有馬（アリマ）		○	○	○
八太|鉢多	八太|鉢多	伊勢・壹志（イチシ）			○	
針坼[斫]|罰佐久	針斫|罰左久	武蔵・都筑（ツヾキ）			○	3
治田|發多	治田|發多	近江・栗太（クルモト）[本]			○	2
（幡多無訓）	播多|發多	備前・上道（カムツミチ）			○	○
後月|七豆木		備中・郡名				4
（堀津無訓）	堀津|發度	武蔵・足立（アダチ）				

(韓良〈無訓〉)	韓良〈加良|漢知〉	筑前・志麻				
榛澤〈伴佐波（波牟）〉		武蔵・郡名				
覇多〈反多〉	覇田〈反多〉	遠江・麁玉（アラタマ）		○		
幡多〈判多〉	幡多〈判多〉	遠江・長下（長ノシモ）		○		
埴生〈反布〉	[埴]帽生〈反布〉	駿河・安倍	○	○		5
土師〈反之〉	(土師〈無訓〉)	備前・邑久（オホク）	○	○		
訓世〈郡勢〉	訓世〈群世〉	山城・乙訓（オトク[二]）	○	○		
國埼〈君佐木〉	國埼〈君佐木〉	豊後・郡名	○	○		7
[因][印]周嶋〈与乃之万〉	因嶋〈印乃之末〉	備後・御調（ミツキ）				
[忌部〈伊无倍〉]	忌部〈淫閇〉	阿波・麻殖（ヲヱ）				8
信太〈臣多〉	信太〈臣多〉	和泉・和泉		○		
真良〈新良〉	真良〈信羅〉	安藝・沼田（ヌタ）	○	○		
[日野〈比无乃〉]	日野〈賓能〉	信濃・髙井（タカヰ）	○			

右の表によると、佐佐木氏が最初に指摘されたのは、促音「後月〈七豆木〉」と撥音「忌部〈淫閇〉」との2例ということになる。この2例がそれまでに指摘されなかったのは、「〈七豆木〉」は、佐佐木氏の言われるように、「七」か「士」の誤写とする説のあったことに、「〈淫閇〉」は、これのみがm韻尾を持つ漢字によるものであることに、それぞれよるかと見られる。

岡田氏・濱田氏および佐佐木氏が挙げられなかった例もある。そのうち、撥音「榛澤〈伴佐波（波牟）〉」とは、大東急本の例で、元和本にも（高山寺本にも）見えない例であるので、気づかれにくいものであったことによろう。促音「堀津〈發度〉」と撥音「因嶋〈印乃之末〉」は、挙げられなかった事情がよくわかならい。撥音「韓良〈加良\|漢知〉」は、「韓良」をカラと訓む説

があることによると見られるが、第一篇第四章に見たように、「漢知」はカネ［金］＋ウチ［打］の縮約したカヌチ［鍛冶］の撥音便と見られるので、ここに挙げてよいと考えられる。

なお、岡田氏㈡は、和名抄「蝮」の項に「本草疏云　―〔蝮〕蚫（略）（略）兼名苑〔苑〕云　一名反鼻―〔蝮〕和名波美　俗或呼蚫爲反鼻　其音片尾」（廿巻本十九）とある「反鼻」「片尾」などの例を挙げて、地名の他にも同様の表記が見られるとされ、また、濱田氏論文は、紀長谷雄の名を「發昭」と表記したものがあることを指摘されている。

四　その他の例

これらと合わせてとらえるのがよいかとも見られるものに、次の例がある。

河内甲加〔知〕（常陸・郡名、［元甲知］）

「甲」は、p韻尾を持つ漢字で、カフを表し、「河内」はカフチと訓むものと見られる。

造田爽敉（讃岐・寒川（サムカハ）、［高「造太無訓」］）

「爽」は、ng韻尾を持つ漢字で、サウを表すが、［高］「造太無訓」とあるのを参照すると、「敉」はそのままではあるまい（比較的近いものとして「敦」の誤りか）。

當信唐□奈（☆信濃・更級（サラシナ）、［急無訓］）

「唐」は、ng韻尾を持つ漢字で、タウを表し、訓注はシが脱落したものと見て、タウシナと訓むと見られる。

それらに対して、

飯田育多（讃岐・香川（カガハ）、［高育太］）

は、「育」を略音仮名と見て、イダと訓むことにしておく。

注

（1）第一篇第一章では、ム（動詞終止形イム［忌］）と見た。

（2）「立命館学叢」3-5［1932・1］

（3）「同」4-1［1932・9］

（4）『国語史の諸問題』［1986・5 和泉書院］、もと「国語・国文」14-10［1946・1］

（5）「国語学」138［1984・9］

（6）「これまで指摘されていないとおもわれる」とある。

（7）「国語学」139［1984・12］

（8）「あとがき」に述べるように、蜂矢も述べた。
なお、この章では、前稿「複合名詞の前項——倭名類聚抄の地名を中心に——」・「《短信》和名類聚抄地名の促音・撥音表記——佐佐木氏の《短信》に対して——」（いずれも、「あとがき」参照）に挙げた例に加えて、それらに挙げなかった例をも挙げた。

第三篇　地名の二字化

地名に「好字」（「嘉名」とも）・「二字」を用いよということは、

畿内七道諸國郡郷名著(㆓)好字(㆒)（続日本紀・和銅六[713]年五月二日詔）

凡諸國部内郡里等名並用(㆓)二字(㆒)必取(㆓)嘉名(㆒)（延喜式㆓十㆓民部上）

とあるのによって知られること、夙に、本居宣長『地名字音転用例』の冒頭に、

凡ソ諸國ノ名、又郡郷ナドノ名ドモ、古ヘハ文字ニカヽハラズ、正字ニマレ借リ字ニマレ、アルベキマヽニ、身刺(ムサシ)三野(ミノ)科野(シナノ)道奥(ミチノク)稲羽(イナバ)針間(ハリマ)津嶋(ツシマ)、ナドヤウニ書キ、或ハ上毛野(カミツケノ)下毛野(シモツケノ)多遅麻(タヂマ)ナド、字ノ数ニモカヽハラズ、三字ナドニモ書キタリシヲ、ヤヽ後ニナリテ、字ヲ擇ブコト始マリ、又必ス二字ニ定メテ書クコトヽハナレルナリ。續紀和銅六年五月ノ詔ニ、畿内七道諸國郡郷ノ名、著(ツケ)㆓好(ヨキ)字ヲ㆒ト見エ、延喜ノ民部式ニ、凡ソ諸國部内ノ郡里等ノ名、並(ミナ)用ヒ㆓二字ヲ㆒、必ス取レ㆓嘉名ヲ㆒、ナド見エタルガ如シ。嘉名ト云モ字ノコト也 但シ和銅六年ヨリ前(サキ)ヨリモ、既(ハヤ)ク字ヲ擇バレシコトモ有リシトハ見エタルヲ、彼ノ時ニ至リテ、ナホタシカニ定メラレタルナルベシ。出雲風土記ニ、郷名ドモ、神亀三年改ム㆑字ヲトシルセル多ケレバ、和銅ノ後ニモ、ナホツギ〳〵改メラレシモ有リシナルベシ。又必ス二字ニ定メラレタルモ、延喜式ヨリ始マレルコトニハ非ズ、既(ハヤ)ク奈良ノ朝ノホドヨリ、多クハ二字ニ書ケリト見エタリ。

と述べられており、また、仙覚『萬葉集註釈』（四番歌）にも、

於テ(㆓)國郡郷村等ニ(㆒)用ヰ(㆓)二字ヲ㆒用ルコトハ(㆓)好字ヲ㆒元明天皇御宇和銅六年ニ被(㆑)召(㆓)諸國ノ風土記ヲ㆒時事也　其以前ハ國郡郷

村ノ名或ハ一字二字又郷村等真名假名ニテ或ハ三字四字モアリケル也　而今注㆓進風土記㆒時任㆓太政官宣下之旨㆒各定㆓二字㆒用㆓好字㆒也（冷泉家本）

と述べられている。(1)

『地名字音転用例』に述べられるところの出雲国風土記には、

其郷名字者　被㆓神亀三年民部省口宣㆒改之（総記）

とあるので、神亀三[726]年に民部省から口頭での命令があったと見られる。そして、その際に、「好字」に改めるだ(2)けでなく、三字地名や一字地名を「二字」に改めたものがいくらかある（逆に「二字」地名を三字や一字に改めた例はない）。和銅六年の詔には「二字」と記されていないが、これらの例によって、延喜式より早くから、遅くとも神亀三年には二字に改められたことが知られる。

そして、北川和秀氏「郡郷里名二字表記化の時期について」(3)は、木簡を主な資料として、「郡名二字化の指示は平城遷都の和銅三年（七一〇）よりも前に出された可能性が考えられる。」「郡里名二字化の指示は遅くともこの時点（蜂矢注、和銅四年四月）以前には出されたものと考えられる。」「郡郷名二字化が実際に行われ初めた時期として、和銅三年（七一〇）から霊亀三年（七一七）までの期間が浮かび上がってくる。」などと述べられる。(4)

出雲国風土記において、二字に改められた例を、次に挙げる。

(1)三字地名を二字に改めたもの

沫(漆)治郷（略）神魂命御子　天津枳□[比][佐]値可美高日子命御名　又云㆓薦枕志都治値㆒之　此神郷中坐　故云㆓志丑治㆒神亀三年改字沫(漆)治（出雲郡）　志丑治→漆治

美談郷（略）所㆑造㆓天下㆒大神之御子　和加布都努志命　天地初判之後天御領田之長　供奉坐之　即彼神坐㆓郷中㆒故云㆓三太三㆒神亀三年改字美談（出雲郡）　三太三→美談

三屋郷（略）所㆑造㆓天下㆒大神之御門　即在㆓此処㆒　故云㆓三刀矢㆒神亀三年改字三屋（飯石郡）　三刀矢→三屋

飯石郷（略）伊毗志都幣命　天降坐処　故云㆓伊鼻志㆒神亀三年改字飯石（飯石郡）　伊鼻志→飯石

来嶋郷（略）伎自麻都美命生[坐]　故云㆓支自真㆒神亀三年改字来嶋（飯石郡）　支自真→来嶋

(2) 一字地名を二字に改めたもの

屋代郷（略）天乃夫比命御伴　天降来社[坐]　伊支等之遠神　天津子命詔「吾静将㆑坐志社」詔　故云㆑社神亀三年改字屋代（意宇郡）　社→屋代

拝志郷（略）所㆑造㆓天下㆒大神命（略）此處樹林茂盛　尓時詔「吾御心之波夜志」詔　故云㆑林神亀三年改字拝志（意宇郡）　林→拝志

賀茂神戸（略）所㆑造㆓天下㆒大神命之御子　阿遅須枳高日子命　坐㆓葛城賀茂社㆒　此神之神子戸[衍]　故云㆑鴨神亀三年改字賀茂（意宇郡）　鴨→賀茂

多祢郷（略）所㆑造㆓天下㆒大神　大穴持命与㆓須久奈比古命㆒　巡㆓行天下㆒時　稲種随[堕]㆓此処㆒　故云㆑種神亀三年改字多祢（飯石郡）　種→多祢

斐伊郷（略）通[樋]速日子命　坐㆓此處㆒　故云㆑樋神亀三年改字斐伊（大原郡）　樋→斐伊

右のうち、「屋代郷」の例は、他のものと異なり、これより前の箇所には「屋代郷　今依㆑前用」とあるので、「神亀三年改字屋代」は「後人の挿入か」（荻原千鶴氏『出雲国風土記』[5]）とされたりもする。問題はあるけれども、第二章に検討する際には、この例をも含めて考えることにしたい。

さて、このような地名の二字化については、これまでにも述べられているが、改めて、和名抄・廿巻本の地名を中心に、例を挙げて見て行くことにしたい。その際に、原則として訓注のある例をとり挙げるが、必要に応じて訓注のないものを挙げることもある。

注

（1）廣岡義隆氏の御教示による。なお、「〻時」「各定」の箇所は、國學院本に「之時」「名定」とある。
（2）「好字」をどうとらえるかについては、橋本雅之氏「『風土記』研究の可能性」（『国文学　解釈と鑑賞』76-5［2011・5］）参照。
（3）『論集上代文学』33［2011・5　笠間書院］）
（4）北川氏「郡郷里名二字表記化の方法について」（『古事記年報』54［2012・1］）・「上代木簡に見る地名表記法の変遷」（『群馬県立女子大学国文学研究』32［2012・3］）をも参照。
（5）［1999・6　講談社学術文庫］

第一章　三字地名の二字化

地名の二字化には、三字地名の二字化と一字地名の二字化とがあるが、まず、三字地名の二字化から見て行きたい。

『地名字音転用例』は、三字地名の二字化について、「字ヲ省ケル例」として、

凡テ國名郡名郷名、皆必二字ニ書クベキ、御サダメナルニ、長クシテ、二字ニハ約メ難キヲバ、字ヲ省キテ書タリ。其例ハ、國名上野下野ハ、カミツケヌシモツケヌニテ、古事記ナドニハ、上毛野下毛野トアルヲ、毛ノ字ヲ省キ、大和ノ郡名磯城上下ヲ、磯ノ字ヲ省キテ、城上之岐乃加美 城下之岐乃之毛ト書キ、葛城上下ヲバ、城ノ字ヲ省キテ、葛上加豆良岐乃加美 葛下加豆良岐乃之毛ト書クタグヒ諸國ニ多キヲ、其ノ例ニテ、字音ヲ以テ書ルニモ、字ヲ省ケリト見ユル、彼此有ルヲ、此ニ擧ク。

と述べ、「武藏□國」「但□馬國」「美□作國」「安宿□河郡」「丹□比河郡」「安八□濃郡」「登□米奥郡」「知夫□隠郡」「英□太勢郷」「擧□母三郷」「都賀□石郷」「養□訓藝郷」「信□樂近」の例が挙げられる。

右のうち、「信□樂」は和名抄に項がないので、また、「安八□」「知夫□」は和名抄に訓注がないので、以下にはとり挙げない。

さらに、第一篇第二章に見たように、「但□馬」「丹□比」は、それぞれn韻尾を同じ舌内のdに用いた二合仮名ととらえられるので[1]、「字ヲ省ケル例」ではないと見ることもできる。つまり、二字化に当たって、n韻尾をdに用いることによって、一字を省略した形態もあり得たと見られて、他の「字ヲ省ケル例」よりやや無理の少ないものと言える。また、「英□太」について、「英太阿加多」(伊勢・安濃、[高]阿賀太)(伊勢・飯高、[高]阿加太)、「英多安加多」(伊勢・

鈴鹿(スヾカ)、[高]英太阿賀多）・「英多阿加多」（☆伊豫・野間(ノマ)、[急]無訓）は、「英賀阿加」（※備中・郡名）・「英賀安加」（＊播磨・餝磨）の例があるところから、「英賀太」「英賀多」の「賀」字を省略したと見られないではないが、第一篇第二章で「英(アガ)」をng韻尾にaを加えた二合仮名の例ととらえたのによって、「賀」字の省略とは見ないこととする。

なお、『地名字音転用例』の、右の箇所では「上毛野(ツケヌ)」「下毛野(ツケヌ)」と「野」字をヌと訓んでいて、この篇の初めで見た「上毛野(カミツケノ)」「下毛野(シモツケノ)」でノと訓むのと異なるが、今では上代特殊仮名遣の研究に基づいてノ（甲類）と訓むのが通常である。

一　「前」「中」「後」字を下に伴うもの

三字地名の二字化の中で、まず挙げられるものは、「前」「中」「後」字を下に伴うものである。

(1)「前」「中」「後」の対であるもの

[吉]備前支比乃美知乃久知（国名、[元]岐比乃美知乃久知）／[吉]備中吉備乃美知乃奈加（※国名）／[吉]備後吉備乃美知乃之利（※国名）

(2)「前」「後」の対であるもの

筑[紫]前筑紫乃三知乃久知（※国名）／筑[紫]後筑紫乃三知乃之里（※国名）

豊[國]前止与久迩乃三(美)知乃久知（国名、[元]止與久迩乃美知乃久知）／豊[國]後止与久迩乃三知乃之利（国名、[元]止與久迩乃美知乃之利）

(3)「後」のみのもの

丹[波]後太迩波乃三知乃之利（国名、[元]太迩波乃美知乃之利）

これらは、「吉備」が「前」「中」「後」三つに分けられ（さらに、「備前」から「美作」が分けられ）、「筑紫」「豊國」がそれぞれ「前」「後」二つに分けられ、「丹波」から「丹後」が分けられる際に、「前」「中」「後」字を下に伴うことによって三字になり、それを二字化するために、「吉備」の「吉」字、「筑紫」の「紫」字、「豊國」の「國」

字、「丹波」の「波」字を省略したものである。第一字である「吉備」の「吉」字を省略する例があることは注意される。いずれも国名の例である。

二　「上」「下」字を上または下に伴うもの

(1)「上」「下」字を上に伴うもの

上毛野加三豆介[乃]（国名、[元]加三豆介乃）／下毛野之毛豆介乃（※国名）

下朝座下都安佐久良（※筑前・郡名）／上朝座准上（※筑前・郡名）

上□毛加牟豆美介（※豊前・郡名）／下□毛無訓（※豊前・郡名）

上丹生加无都尓布（近江・坂田（サカタ）、[高]加无津迩布）

(2)「上」「下」字を下に伴うもの

葛城上加豆良支乃加美（大和・郡名、[元]加豆良岐乃加美）／葛城下加豆良木乃之毛（※大和・郡名）

磯城上之支乃加美（大和・郡名、[元]之岐乃加美）／磯城下之伎乃之毛（大和・郡名、[元]之岐乃之毛）

足辛上足辛乃加美（※相模・郡名）／足辛下准上（足辛乃加美）（※相模・郡名）

「下□毛」は、訓注等がないけれども、訓注のある「上□毛」との対であるので挙げておく。「上丹生」に対する「下」の項はない。「足辛上」「足辛下」は、「足柄阿之加良」（相模・足下（足辛ノシモ）、[高]安之加良）の例があるので、「足柄上」「足柄下」と示すこともできる。

これらは、(1)の「毛野」「朝座」など、(2)の「葛城」「磯城」などがそれぞれ二つに分けられる際に、「上」「下」字を上または下に伴うことによって三字になり、それを二字化するために、元の二字のうち一字を省略したものである。(2)

第一字である「磯城」の「磯」字を省略する例があることは注意される。

三　「部」字を下に伴うもの

「部」字を下に伴うものについては第三章に述べるが、ここには三字地名の二字化と見られる例のみを挙げる。

(1)「部」字を下に伴いべと訓むもの

春日部加須我倍（※尾張・郡名）春日部加須加倍（丹波・氷上（ヒカミ）、[高]加須可倍）

宗我部曽加倍（土佐・長岡（ナガヲカ）、[高]宇[宗]我部曽加へ）

額田部奴加多陪（備中・哲多、[元]奴加多倍、[高]乃倍）

長谷部波世倍（＊上総・長柄（ナガラ））

八田部夜多倍（※摂津・郡名）八田部也多倍（摂津・八部（ヤタベ）、[高]無訓）（備中・賀夜、[高]夜多倍）

また、(1)に準じるものに、次のような例がある（(i)としておく）。

日下部久佐倍（和泉・大鳥（オホトリ）、[高]日下部久散倍）

丹比部多知倍（備中・英賀（アガ）、[高]多知閇）

額田部奴加倍（上野・甘樂（カムラ）、[高]額田部無訓）（長門・豊浦（トヨラ）、[高]加久无）

(i)は、「日下部」の「下」字が省略されそして「下」字に当たるとも見られる訓カが脱落したもの、「丹比部」の「比」字が省略されそして「比」字に当たる訓ヒが脱落したもの、「額田部」の「田」字が省略されそして「田」字に当たる訓タが脱落したものと見られる（第三章参照）ので、(1)そのものではなく、(1)に準じると見ておいた。

(2)下に伴った「部」字が省略されるのにべと訓むもの

安宿部安須加倍（※河内・郡名）

[元]日下部苦左加部（伯耆・河村（カハムラ）、[急][高]無訓）

宗我部曾加へ（☆土左・香美（カヾミ）、[急]曾加）／曽我部曾加へ（☆筑前・早良（サハラ）、[急]項なし）
物理部毛止以へ（☆備前・磐梨（イハナス）、[急]毛土呂井）
尾張部乎波利倍（信濃・水内（ミノチ）、[高]乎波利）

(3)「部」字を下に伴うのにべと訓まないもの

椋橋部久良波之（☆加賀・石川（イシカハ）、[急]無訓）
錦織部尓之古里（※河内・郡名）錦織部尓之古利（山城・愛宕（オタギ）、[高]迩之古利）（近江・滋賀（シガ）、[高]迩之古利）（近江・浅井（アサキ）、[高]迩之古利）
服織部波止利（＊大和・山邊（ヤマノベ）、[高]無訓）（☆越前・今立（イマタチ）、[急][服]勝部無訓）（因幡・法美（ハフミ）、[高]無訓）（＊備中・賀夜、[元]波土里）服織部八止利（伊勢・奄藝（アムギ）、[高]波止利）（近江・野洲（ヤナ）、[元]八土利、[高]波止利）服織部波止里（備前・邑久（オホク）、[元]波土里、[高]波止利）、服織卩（部）波止利（攝津・嶋上（シマノカミ）、[元][高]服織部波止利）

これら(1)(i)(2)(3)は、「部」字を下に伴うことによって三字になり、それを二字化するために、元の二字のうち一字を省略したり、時には、(2)のように、下に伴った「部」字そのものを省略したりしたものである。第一字である「長谷」の「長」字を省略する例があることは注意される。なお、(2)の[急]「宗我部曾加」・[高]「尾張部乎波利」は、「宗我部」「尾張部」の「部」字が省略されそして「部」字に当たる訓べが脱落したかと見られる。

なお、「日下部」→「草壁」、「真髪部」→「真壁」については、後に第六節の(2)で述べる（第四篇第二章をも参照）。「宗我部」「長谷部」「宗我部」については、第四篇第一章第三節をも参照されたい。

四　「大」「小」字を上に伴うもの

大飯田於保伊太（※若狭・郡名）

大[依]羅於保与佐美（＊攝津・住吉）

大曽[祢]於保曽祢（＊土佐・長岡）

小栗[栖]乎久留須（山城・宇治、[高]乎久流須）

これらは、「大」「小」字を上に伴うことによって三字になり、それを二字化するために、元の二字のうち一字を省略したものである。「飯田無訓」（＊相模・足下(足辛ノシモ)）、「依羅与佐美」（河内・丹北[比]、[高]与左美）、「曽祢無訓」（＊常陸・行方）／「栗栖久留須」（播磨・揖保、[高]久流須）などの例があることが参考になる。「大飯[田]於保伊太」に対して、同郡の郷名には「大飯於保比」（☆若狭・大飯、[急]無訓）とあるので、それは、「大飯田」の「田」字が省略されそして「田」字に当たる訓タが脱落したかと見られる。(3)

なお、「小丹生」→「遠敷」については、後に第六節の(2)で述べる。「大曽[祢]」については、第四篇第一章第三節をも参照されたい。

五　「田」「野」字を下に伴うもの

葦□田安之美多（伊勢・三重、[高]無訓）

勝[間]田加豆万多（※美作・郡名）　勝[間]田加都万多（遠江・蓁原、[高]加知末多）　勝[間]田加豆末太（☆美作・勝田、[急]勝田加都多）

服[織]田波止太（武蔵・久良、[高]波度多）

[瓜]苽生[野]宇利布乃　国加用野字（日向・諸縣、[元]瓜生[野]宇利布乃　國加用野字、[高]瓜生[野]國内加野字　云宇利布乃）

栗[栖]野久留須乃（山城・愛宕、[高]久流須乃）

相模[野]左加无乃（☆甲斐・都留、[急]無訓）

幡多[野]無訓（＊相模・餘綾、[高]幡多野）

これらは、「田」「野」字を下に伴うことによって三字になり、それを二字化するために、元の二字のうち一字を省略したり、時には、「瓜生野」「相模野」「幡多野」のように、下に伴った「野」字そのものを省略したりしたものである。とりわけ、「瓜生野」は、日向の国では「野」字を加えて用いるとあり、また、訓注はないが、「幡多野」も、高山寺本に「幡多野」とあり、そのことが明らかなものである。「勝間加都万」（周防・佐波（バ）、［高］加豆万）、「服織無訓」（＊美濃・安八）／「栗栖」（播磨・揖保（イヒホ）、前掲）、「相模佐加三」（※国名）、「幡多波太」（※土佐・郡名）などの例があることが参考になる。

以上、第一節から第五節までは、三字地名の二字化の方式を示したものであるが、元の三字地名について三字化の方式を示したとも言えるものである。

六　その他のもの

(1)字の省略によるもの

朝□津阿佐布豆（越前・丹生（ニフ）、［高］安左不豆）
安平□無訓（☆淡路・津名（ツナ）、［急］平安阿恵［へ］加）
何□鹿伊加留加（※丹波・郡名）
五十公以木美（越後・頸城（クビキ）、［高］五十公以支美）
舉□母古呂毛（参河・賀茂、［高］無訓）
多□良太波良（☆甲斐・都留（ツル）、［急］無訓）
玉□名多万伊奈（※肥後・郡名）

都賀□都加波（石見・邑知（オホチ）、［高］無訓）
等々力止く呂木（甲斐・巨麻、［高］止く呂支）
登□米止与未［米］（陸奥・郡名、［元］止與米）(5)
仲津川國用仲津川三字（☆大隅・桑原（クハヽラ）、［急］国用中津川三字）
□呉桃奈久留美（*上野・利根（トネ））
羽束志波豆賀之（山城・乙訓（オトク）［二］、［高］波津加之　本用羽束志三字）　羽束志波都加之（*攝津・有馬（アリマ））
美□作三万佐加（国名、［元］美萬佐加）
武蔵□牟佐之（※国名）
養□訓［急］［元］［高］訓養］也万久尓（安藝・賀茂、［高］夜奈久迩）

これらは、第一章の初めに見た『地名字音転用例』に「字ヲ省ケル例」として挙げられたものも多く、その他の事情で三字であったものを二字化するために、一字を省略したものである。(6)

とりわけ、「仲津川」は、大隅の国では「仲(中)津川」の「三字」を用いると、「羽束志」（山城・乙訓（オトク）［二］）は、高山寺本に本来「羽束志」の「三字」を用いると、「五十公」は、高山寺本に「五十公」とあって、そのことが明らかなものである。「玉□名」は、「玉杵名邑」（景行紀十八年六月）とあるので、タマキナのイ音便のタマイナであると見られる。「訓養」を「養□訓」と見るのは、『地名字音転用例』などに従う。(7)「□呉桃」のように、第一字を省略する例があることは注意される。

「五十公」については、第四篇第一章第三節をも参照されたい。

なお、「登利鳥加利」（土佐・長岡（ナガヲカ）、［高］安賀里）は、トガリのガに当たる字が省略されたとも見られるが、高山寺本に従いアガリと訓むと、二字化するための省略ではないことになる（第四篇第一章第四節参照）。

また、右の他に、「坂井佐加乃井」（※越前・郡名）は、日本書紀に「三國坂中井中此云那」（継体前紀）とめる地名と思しく、とすれば、三字地名の二字化に入れられる。

(2)二字を一字で表記するもの

早部久散倍（☆和泉・大鳥（オホトリ）、[急]日[下]部久佐倍）　早部無訓（常陸・那珂、[元]日下部、[高]早部〔日下〕）

これらは、（「麻呂」→「麿」、「久米」→「粂」などのように）「日下」の合字「早」を作って、二字を一字で表記したものである。「早部」（常陸・那珂）は、元和本に「日下部」とある。

真衣国用真木野字万木乃（甲斐・巨麻、[高]真衣國用真木野二字末支乃）

これは、甲斐の国では「真木野」の三字を用いるとあり、二字化するために、「木野」二字を「衣（キノ）」一字で表した（ヌーノは母音交替）ものである。

第三節の(3)の後に少しふれたが、

草壁久佐加倍（備中・小田（ヲダ）、[高]久佐加へ）　草壁久左加倍（筑前・嘉麻（カマ）、[高]無訓）

は、「日下部」の「下部」に当たるとも見られる部分を「壁（カベ）」一字で表し、

真壁万加倍（駿河・有度（ウド）、[高]末加倍）（備中・窪屋（クボヤ）、[高]無訓）

は、「真髪部」の「髪部」二字を「壁（カベ）」一字で表して、(8)それぞれ二字化したものと見られ（第三章参照）て、ここに挙げられる。

また、第四節の後に少しふれたが、

遠敷乎尓布（若狭・遠敷（ヲニフ）、[高]乎迩布）

は、「丹生尓布」（若狭・遠敷（ヲニフ）、[高]迩布）の直前にあり、「丹生」が「小」字を伴った「小丹生」の「小丹」二字を「遠（ヲニ）」一字で表し（合わせて「生」を「敷」に改め）て二字化したものと見られ（合わせて改めたのは、音訓混用を避ける

ためと見られる）て、ここに挙げられる。

この章の初めに見た「但□馬」「丹□比」は、二字化するために、「但□」「丹□」二字を「但」「丹」一字のみで表したものととらえて、ここに挙げることもできよう。

また、この篇の初めの(1)に挙げた出雲国風土記の例が、ここに挙げられる。

飯石伊比之（※出雲・郡名）、漆治無訓（☆出雲・出雲、[急]漆沼[治]無訓）、美談無訓（＊出雲・出雲）、三屋無訓（＊出雲・飯石）、来嶋無訓（＊出雲・飯石、[元]來島）

これらは、二字化するために、「伊鼻志」の「伊鼻」二字を「飯」一字で表し（合わせて「志」を「石」に改め）、「志丑治」の「志丑」二字を「漆」一字で表し、「三太三」の「太三」二字を「談」一字で表し（合わせて「三」を「美」に改め）、「三刀矢」の「三刀」二字を「三」一字で表し（合わせて「矢」を「屋」に改め）、「支自真」の「自真」二字を「嶋」一字で表し（合わせて「支」を「来」に改め）表したものであった（合わせて改めたのは、「矢」→「屋」を別にして、音訓混用を避けるためと見られる）。

出雲国風土記・播磨国風土記と対照されるものには、さらに次の例がある（第四篇第二章参照）。

来待無訓（＊出雲・意宇）、恵曇無訓（＊出雲・秋鹿）、玖⿰王睪[潭]無訓（出雲・楯縫、[元][高]玖澤[潭]）、許[杵]筑無訓（出雲・出雲、[高]杵筑）、塩沼[治]無訓（出雲・神門、[高]塩治[治]）、南佐無訓／渦[滑]狭無訓（出雲・神門、[高]南佐／堝[滑]狭）、来次無訓（＊出雲・大原）

佐用佐与（※播磨・郡名）

これらは、出雲国風土記に「支麻知社」（「来待」も）・「恵梯[杼]毛社」（「恵曇」「恵伴」も）・「久多美社」（「玖潭」「忽美」も）・「企豆伎社／支豆支社」（「杵築」「寸付」も）・「夜牟夜社」（「塩冶」「止屋」「塩夜」も）・「奈賣佐社／那賣佐社」（「南佐／滑狭」も）・「支須支社」（「来以[次]」も）があり、播磨国風土記に郡名「五月夜郡」（「讃容郡」も）があり、それらを「来待」・「恵曇」・「玖潭」・「杵筑」・「塩冶」・「南佐／滑狭」・「来次」および「佐用」に二字化したものと見られる。

注

（1）『地名字音転用例』は、n韻尾を同じ舌内のrに用いたものについては「ン□ノ韻ヲラノ行□（リ）ノ音ニ轉ジ用ヒタル例」として挙げているが、n韻尾を同じ舌内のdに用いたものについてはとり挙げていない。第一篇第二章をも参照。

（2）『上毛（じょうもう）新聞』やJR「上毛（じょうもう）高原駅」などのように、「上毛野」の「野」字を省略する例もある。JR両毛線は、上下二つの「毛野」を結ぶ鉄道の意である。

（3）現在は「大飯（おおい）郡」「おおい町」であることもあってこのように見たが、郡名が「於保伊太」、郷名が「於保比」であるのは不自然であるので、郷名は「於保比［タ］」と見るのがよいとも考えられる。

（4）「田」「野」は、第一篇第一章に見たように、後項に多いことが参照される。

（5）第四篇第一章注(19)をも参照。

（6）この他に、訓注のない「和□射〻讀如左」（☆阿波・那賀、［急］無訓）があり、第四篇第一章に見る。

（7）『地名字音転用例』に「養□訓（ヤマクニ）」とあり、『考證』に「養訓か」とある。

（8）第四篇第二章に述べるように、「白髪部」が「白壁」（常陸國風土記・郡名）ともされ、延暦四［785］年に姓としての「白髪部」を「真髪部」に改めたので、「白髪部」→「白壁」の二字化も加えられる。

第二章　一字地名の二字化

次に、一字地名の二字化の例について見て行く。

『地名字音転用例』は、一字地名の二字化の一つである、「韻ノ音ノ字ヲ添ヘタル例」について、

タゞ一音ノ名ハ、二字ニ書クニ足ラザルガ故ニ、其韻ノ音ノ字ヲ添ヘテ、二字トセリ。今其例ヲ此ニ擧ク。

と述べ、「紀伊國」「基肄肥前郡」「渭伊遠郷」「斐伊雲郷」「毘伊肥後郷」「都宇備中郡　近越後備後藝等郷」「由宇周郷」「穎娃薩郷」「弟翳備中郷」「寶飫三郡」「噌唹隅郡」「呼唹泉郷」「斗意備後郷」「覩唹日郷」「都於石郷」の例が挙げられる。

一　一音節のもの

『地名字音転用例』も述べるように、一音節の地名はそのままでは二字にならないので、第一字の母音を表す「韻ノ音ノ字」を添えて長音にして二字化する例がかなりある。標記のみによってもこの例であることが知られるので、ここには、訓注のないものも挙げることにする。

(1)「韻ノ音ノ字」を添える例

紀伊支（山城・郡名、[元]岐）　紀伊無訓（※国名）（*山城・紀伊）（*讃岐・刈田）／碁[基]肄木伊（肥前・基肄、[元][高]基肄無訓）　基肄無訓（※肥前・郡名）

毗伊比（*筑前・早良）／斐甲[伊]無訓（*出雲・大原）／肥伊無訓（*肥後・八代）

渭伊井以（遠江・引佐、[高]為以）

都宇津（※備中・郡名）　都宇無訓（＊近江・浅井）（越後・頸城、[高]都有豆宇）（＊安藝・沼田）（安藝・駅名）／都有豆宇（☆越後・頸城、[急]都宇無訓）／津宇無訓（＊備後・沼隈）

由宇無訓（＊周防・玖珂）　[由]田宇無訓（長門・駅名）(1)

[穎]欸娃江乃（ママ）（薩摩・郡名、[元]穎娃）　[穎]欸娃無訓（＊薩摩・[穎]欸娃、[高]穎娃[娃]）

弟翳弖国用手字（☆備中・下道、[急]勢）

噌唹曽於（※大隅・郡名、[元]噌唹）

都於無訓（＊石見・那[賀]智）／斗意無訓（＊備後・奴可）／覩唹無訓（＊日向・兒湯）

濃唹無訓（安藝・駅名）／野應無訓（＊紀伊・名草）

寶飫穂（略）（※参河・郡名、[元]寶[飫]飯）

呼唹乎（＊和泉・日根、[高]呼於）

遠藤邦基氏「古代東国語の音節構造――中央語との比較から――」(2)が指摘されるように、これらは西日本に偏在していて、東海道の遠江国の「渭伊井以」、北陸道の越後国の「都有豆宇」が最も東である。訓注は「韻ノ音ノ字」を添えているものもいないものもあるが、訓注のないものも含めて、いずれも現代の関西などの方言のように長音として訓むのがよいと考えられる。(3)

「基肄無訓」（※肥前・郡名）は、肥前国風土記にも「基肄郡」とある。「[伊]斐甲」は、この篇の初めの(2)に挙げた出雲国風土記の〝樋→斐伊〟の例である（第四篇第二章にも挙げる）。また、出雲国風土記には、「斐伊郷」「斐伊川」の他に、

久宇嶋（嶋根郡）・久宇嶋（同）　都宇川（楯縫郡）　布宇社（意宇郡）　由宇社（同）　許意嶋（嶋根郡）　都於島（秋鹿郡）(4)

の例がある（二つの「久宇嶋」は別の島かと見られる）。これらも、西日本の例であり、長音として訓むのがよいと考えられる。

なお、「弟翳」の訓は、大東急本では（元和本も）「勢」になっているが、高山寺本によって「弖」と見る方がよいと見られる（第二節参照）。『地名字音転用例』は「せ」と訓むとしているので、宣長は高山寺本を見ていないと見られる。「津宇」「野應」の他は、いずれも二字ともに音仮名表記である（その点から見ても、「弟翳」は「勢」によるより「弖」による方がよいと見られる）。

また、右に挙げたものと同様に一音節であるが、これとは別の方法で二字化したものがある。

(2)ユ［湯］を「温泉」「湯泉」と表すもの

温泉湯（※伊豫・郡名）　温泉由（＊但馬・二方（フタカタ））／湯泉由（＊石見・迩摩）

これらは、ユ［湯］を「温泉」「湯泉」二字で表したものと見られる。「温泉湯」（※伊豫・郡名）は、伊豫国風土記逸文（釈日本紀十四、萬葉集註釈三）に「湯郡」とあって、〝湯→温泉〟の二字化と考えられる。これらも、西日本の例であり、長音として訓むのがよいと考えられる。

二　訓注が一字の訓字のもの

阿野綾（※讃岐・郡名）

勝浦桂（※阿波・郡名）

賀美上（※武蔵・郡名）　賀美國用上字（☆播磨・多可、［急］無訓）

訓代久之呂 國釧字（☆備中・下道（シモツミチ）、［急］釧代久之呂）

志摩国用嶋字（＊大隅・噌唹（ソオ）、［元］國用島字）

資母國用下（☆播磨・多可、[急]無訓）
周淮季（※上総・郡名）
多氣竹（※伊勢・郡名）
那珂中（※日向・郡名）那珂國用中字（☆播磨・多可、[急]無訓）
播羅原（※武蔵・郡名、[元]幡羅）
敷智渕（※遠江・郡名）敷智国用渕字（＊近江・野洲）
美祢岑（※長門・郡名）／三根岑（※肥前・郡名）
耶麻山（※陸奥・郡名）

これらは、いずれも、訓注に用いられている一字の訓字が本来の地名で、和名抄の標記はそれを二字化したものではないかと考えられる。とりわけ、「[高]賀美國用上字」「[高]那珂國用中字」「[高]資母國用下」「[高]訓代久之呂國釧字」「志摩国用嶋字（[元]國用島字）」「敷智国用渕字」は、播磨の国では「上」「中」「下」字を、備中の国では「釧」字を、大隅の国では「嶋」（ないし「島」）字を、近江の国では「渕」字を用いるとあって、そのことが明らかなものである。「[國]用…字」などとないものも、同様に考えられよう。また、「原無訓」（＊下総・迊磋［匝］）という一字地名の例があることも参照される。「勝浦」「三根」および「訓代」の「代」（[急]「釧代」も）の他は、いずれも音仮名表記（多くは二字ともに）である。郡名の例が比較的多い。

さらに、第一節に挙げたもののうち、(1)「都宇津」（※備中・郡名）、「寶飫穂（略）」（※参河・郡名、[元]寶飯［飫］）／(2)「温泉湯」（※伊豫・郡名）は、訓注が一字の訓字であるので、当然ここに改めて挙げられ、「都宇」は「津」が、「寶飫」は「穂」が、また、「温泉」は「湯」が本来の地名と見られる。「欸娃［穎］江乃（ママ）」（薩摩・郡名、[元]穎娃）も、「乃」に問題があるが、ここに改めて挙げられ、「江」が本来の地名と見られる。また、「弟翳弖国用手字」（☆備中・下道（シモツミチ）、[急]勢）も、同様にここに改めて挙げられ、備中の国では「手」字を用いるとあって、「手」が本来の地名であることが明らかなものである。加えて、訓注の第一字が訓字である「碁[基]肆木伊」（肥前・基肄、[元][高]基肄無訓）／「渭伊井以」（遠江・引佐、[高為以]）、および、標記の第一字が訓字である「津宇無訓」（＊備後・沼隈）／「野應無訓」（＊紀伊・名草）も、ここに改めて挙げてよいと見られて、「碁[基]肆」は「木」が、「渭伊」は「井」が本来の地名であると、また、「津宇」は「津」が、「野應」は「野」が本来の地名であるとも考えられる。

そして、これらによると、

賀美加美（＊伊勢・河曲）　賀美無訓（※陸奥・郡名）（＊山城・宇治）（＊大和・宇智）（＊大和・吉野）（＊大和・城下）（＊大和・高市）（＊河内・安宿）（＊河内・大縣）（＊河内・澁川）（＊和泉・日根）（＊攝津・武庫）（＊攝津・兎原）（甲斐・都留、[高項なし]）（＊常陸・多珂）（陸奥・小田、[高]茂賀無訓）（＊陸奥・牡鹿）（＊丹波・河[何]鹿）（美作・久米、[高]賀茂無訓）（備前・兒嶋、[高]賀茂無訓）（紀伊・伊都、[高]賀茂無訓）（筑前・夜須、[高]加美無訓）／加美無訓（＊遠江・城伺[飼]）（＊甲斐・山梨）（越前・大野、[高項なし]）

志摩之万（※国名）　志摩無訓（＊尾張・海部）（若狭・遠敷、[高]志麻）／志麻之万（越中・新川、[高]無訓）　志麻無訓（※筑前・郡名、[元]志摩）（＊美濃・大野）（＊美濃・賀茂）（＊丹波・舩井）（＊丹波・河[何]鹿）（＊筑前・志麻）／志磨無訓（＊山城・綴喜）／志万無訓（＊常陸・信太）（＊常陸・那珂）（＊常陸・久慈）

資母之毛（＊伊勢・河曲）　資母無訓（＊大和・宇智）（＊大和・吉野）（＊河内・安宿）（＊越前・大野）（＊但馬・出石）

主恵無訓（＊尾張・山田）

多氣多介（伊勢・多氣、[高]多計）　多氣多計（☆備中・賀夜、[急]無訓）　多氣無訓（＊大和・宇陀）

那珂奈加（※讃岐・郡名）　那珂無訓（※武蔵・郡名）（※常陸・郡名）（※筑前・郡名）（＊大和・平群）（＊大和・宇

智）（＊大和・吉野）（＊武蔵・幡羅）（＊武蔵・那珂）（＊常陸・那珂）（＊美濃・安八）（＊美濃・席田）（＊美濃・各務）（＊越後・魚沼）（＊筑前・那珂）／那賀奈加（※伊豆・郡名）　那賀無訓（＊伊豆・那賀）（＊伊豫・風早）（＊壹岐・壹岐）　那智［賀］無訓（※石見・郡名、［元］那賀）

幡羅波良（＊阿波・那賀）（＊讃岐・三木）　幡羅無訓（＊遠江・佐野）（＊武蔵・幡羅）／幡良波良（安藝・安藝、［高］波羅）／波良無訓（肥後・阿蘓、［高］浪良）（＊肥後・託麻）／波羅無訓（☆周防・熊毛、［急］波濃無訓）

美祢無訓（＊長門・美祢）／三根美祢（肥前・神埼、［高］無訓）　三根無訓（＊對馬・下［上］縣）

野摩也末（伊勢・員辨、［高］耶摩夜万）／夜麻無訓（＊大和・平群）（＊越後・古志）／野麻無訓（＊豊前・宇佐）／野磨無訓（＊播磨・赤穂）

も、訓注のあるものもないものも、「上」「嶋（島）」「下」「季」「竹」「中」「原」「岑」「山」を二字化したものと推定される。これらは、「三根」の他は、いずれも二字ともに音仮名表記である。「志麻無訓」（※筑前・郡名、［元］志摩）は、筑前国嶋郡川邊里戸籍（大宝二［702］年）に「嶋郡」とあるので、〝嶋→志麻（志摩）〟と見られる。

ただ、「賀美無訓」（＊大和・葛下）は、『地理志料』『考證』が、「志都美神社」（延喜式・神名帳）の例を挙げて「質美」の誤りかとされるのを参照して、ここに挙げないことにする。「那賀〻音如鵝」（※紀伊・郡名）は、ナカではなくナガと訓むと見られ（「那賀無訓」（＊紀伊・那賀）も同様）、また、「那賀無訓」（※阿波・郡名）も、「阿波國長邑」（允恭紀十四年九月）とあるのによって、ナカではなくナガと訓むと見られるので、ここに挙げないが、「長」が本来の地名で、[5]それを二字化したものが「那賀」であると考えられる。他の「那賀」などの中に、同様のものがあることもあり得る。

なお、「賀美國用上字　那珂國用中字　資母國用下」（☆播磨・多可）、「賀美無訓　那珂無訓　資母無訓」（＊大和・宇智）（＊大和・吉野）、および、「賀美加美　資母之毛」（＊伊勢・河曲）・「賀美無訓（略）資母無訓」（＊河内・安宿）・「加美無訓　資母無訓」

〈越前・大野(オホノ)、[高]加美項なし〉のように、「賀美」「那珂」「資母」ないし「賀美〈加美〉」「資母」が対になる例が見える。このような対にならないところの「賀美」「加美」は、「神」の二字化であることも考えられよう。[急]「賀美」—[高]「賀茂」の異同のある例〈美作・久米、備前・兒嶋(コジマ)、紀伊・伊都の三例、[急]「賀美」—[高]「茂賀」〈陸奥・小田(ヲダ)〉も加えられるか〉があることが注意される。

今一つ、国名「越前古之乃三知乃久知」「越中古之乃三知乃奈加」「越後古之乃三知乃之利」などに分けられる前は一字地名「越(コシ)」〔「越の国辺に〈越國敝尒〉」〈萬四一七三〉四一九七〕であったと見られ、和名抄の例ではないが、「高志國」〈記神代〉は二字化の例に加えられる。

三　出雲国風土記の例

この篇の初めの(2)に挙げた出雲国風土記の例に、〃林→拝志〃〃社→屋代〃〃鴨→賀茂〃〃種→多祢〃〈「屋代」の他は、いずれも二字ともに音仮名表記である〉があった。これらに当たる例は、「拝志無訓」〈*出雲・意宇(オウ)〉、「屋代無訓」〈*出雲・能義(ノギ)〉、「賀茂無訓」〈*出雲・能義(ノギ)〉(6)、「多祢無訓」〈*出雲・飯石(イヒシ)〉の他に、それぞれ

拝師波也之〈加賀・石川(イシカハ)、[高]波世之[也]〉〈越中・礪波(トナミ)、[高]無訓〉〈☆丹後・与謝(ヨサ)、[急]無訓〉〈☆備中・浅口(アサクチ)、[急]林八也之〉〈*阿波・阿波〉〈讃岐・山田(ヤマダ)、[高]無訓〉　拝師無訓〈*尾張・中嶋(ナカジマ)〉〈*常陸・茨城(ムバラキ)〉〈*丹波・天田(アマダ)〉〈*丹波・河[何]鹿(イカルガ)〉／拝志波也之〈*伊豫・越智(ヲチ)〉　拝志波夜之〈☆山城・紀伊(キ)、[急]波以之〉　拝志無訓〈*山城・久世(クゼ)〉〈*河内・志紀(シキ)〉〈*伊豫・浮穴(ウキアナ)〉／拝慈波也之〈*備中・小田(ヲダ)〉

屋代也之呂〈信濃・埴科(ハニシナ)、[高]無訓〉　屋代無訓〈*陸奥・白河(シラカハ)〉〈*陸奥・會津(アヒヅ)〉〈*出羽・置賜(オイタミ)〉〈*出羽・飽海(アクミ)〉〈☆出雲・大原(オホハラ)、[急]項なし〉〈*周防・大嶋(オホシマ)〉

賀茂加毛〈淡路・津名(ツナ)、[高]無訓〉〈阿波・名東、[高]無訓〉　賀茂無訓〈※参河・郡名〉〈※伊豆・郡名〉〈※美濃・郡名〉〈※

佐渡・郡名）（※播磨・郡名）（※安藝・郡名）（＊山城・愛宕）（＊山城・相樂（サガラカ））（＊参河・賀茂）（＊参河・寶（ホ）飯［飫］）（＊参河・設樂（シタラ））（＊伊豆・賀茂）（＊安房・長狭）（＊越前・丹生（ニフ））（＊佐渡・賀茂）（＊丹波・氷上（ヒカミ））（＊出雲・能義）（＊隠岐・周吉）（＊美作・勝田（カツマタ））（＊美作・苫東）（☆美作・久米、［急］賀美無訓）（＊備前・津高（ツタカ））（☆備前・兒（コ）嶋（ジマ）、［急］賀美無訓）（＊安藝・賀茂）（＊安藝・山縣（ヤマガタ））（☆紀伊・伊都、［急］賀美無訓）（＊伊豫・新居（ニヒヰ））／賀母無訓（＊但馬・養父（ヤブ）、［急］項なし）／加毛無訓（＊上総・武射）

があり、「林」「社」「鴨」を二字化したものと推定される。とりわけ、「拝師波也之」（☆備中・浅口（アサクチ）、［急］林八也之）は、大東急本では一字地名「林」であり、そのことが明らかなものである。

四　播磨国風土記の例

播磨国風土記に、次のような例がある。

(1) 一字地名を二字化したと見られるもの

廣山里舊名握持［村］（略）所（三）以名（二）都可（一）者　石比賣命（略）箭盡入（レ）地　唯出（二）握許（一）　故号（二）都可村（一）（揖保郡）

握→都可

揖保里（略）所（三）以稱（レ）粒者　此里　依（二）於粒山（一）　故因（レ）山爲（レ）名（揖保郡）　粒→揖保

出水里（略）此村出（二）寒泉（一）　故因（レ）泉爲（レ）名（揖保郡）　泉→出水

賀毛郡（略）所（三）以号（二）賀毛（一）者　品太天皇之世　於（二）鴨村（一）　雙鴨作（レ）栖生（レ）卵　故日［曰］（二）賀毛郡（一）（賀毛郡）　鴨→賀毛

上鴨里（略）下鴨里（略）右二里号（二）鴨里（一）者　已詳（二）於上（一）　但後分爲（二）二里（一）　故日［曰］（二）上鴨下鴨（一）（略）即負（レ）矢　従（二）山岑（一）飛越之處　号（二）鴨坂（一）　落斃之處　号（二）鴨谷（一）（賀毛郡）　鴨→上鴨・下鴨

右のうち、〝粒→揖保〟に当たる例は、「揖保伊比保」（※播磨・郡名）・「揖保伊比奉」（播磨・揖保（イヒホ）、［高］無訓）しか見えないが、〝握（ないし「塚」、あるいは「栂」か）→都可〟に当たる例として、「都賀無訓」（※下野・郡名）があるとも言える（第一章第六節の(1)に見た「都賀□都加波」（石見・邑知（オホチ）、［高］無訓）の例もあるので、これは一字地名の二字化ではないこともあり得る）。また、〝泉→出水〟に当たる例として（「出水」は、イヅ［出］＋ミ［水］の構成を表している）、

出水伊豆美（※薩摩・郡名）　出水伊豆三（☆阿波・那賀、［急］和泉伊豆美）　出水無訓（＊越前・大野（オホノ））

があり、「泉」を二字化したものと推定される。鴨→賀毛〟に当たる例は、「賀茂無訓」（播磨・郡名）しか見えず、〝鴨→上鴨・下鴨〟に当たる例は、「上鴨加无都加毛」（☆播磨・賀茂、［急］無訓）しか見えない（「下鴨」は和名抄に見えない）。

その他、第二節に挙げた「賀美國用上字」（☆播磨・多可、［急］無訓）があり、播磨国風土記に「賀眉里」（多可郡）とある。

(2)一字地名を二字化したと見られ、かつ、一字地名が「村」字を下に伴うこともあるもの(7)

益氣里（略）所(二)以号(レ)宅者　大帯日子命　造(二)御宅於此村(一)　故曰(二)宅村(一)（賀古郡）　宅→益氣、宅→宅村

邑寶里（略）弥麻都比古命　治(レ)井飡(レ)粮　即云「吾占(二)多国(一)」故曰(二)大村(一)（讃容郡）　多・大→邑寶、多・大→大村

右の例は、「宅」を二字化して「益氣」と示すとともに、「宅村」とも示し、また、「多・大」を二字化して「邑寶」と示すとともに、「大村」とも示すものである。

〝宅→益氣〟に当たる例は、「益氣無訓」（播磨・印南（イナミ）、［高］益田末須太）の他に、「夜開夜介」（☆筑後・三潴（ミムマ）、［急］夜闢無訓）、「夜開無訓」（＊豊後・海部（アマ）、［元］夜闢無訓）（＊肥後・山鹿（ヤマガ）、［元］夜闢無訓）（＊肥後・菊池（クヽチ）、［元］夜闢無訓）（＊日向・那珂（ナカ））があ

るかとも言える。〝多・大→邑寶〟に当たる例は、見当たらない。

他方、〝宅→宅村〟〝多・大→大村〟のように、一字地名が「村」字を下に伴う例があることが注意される。とすると、

大村於保无良（＊和泉・大鳥）（☆陸奥・宮城、[急]無訓）（＊阿波・美馬）（筑前・嘉麻、[高]無訓）（肥前・彼杵、[高]杵島郡無訓）大村於保牟良（筑前・糟屋、[高]無訓）大村無訓（＊常陸・真壁）（＊常陸・河内）（＊信濃・佐久）（＊陸奥・白河）

石村伊波牟良（土佐・香美、[高]以波无良）

河村加波无良（※伯耆・郡名）河村無訓（＊伯耆・河村）／川村加波无良（＊備中・浅口）

田村多无良（土佐・香美、[高]無訓）田村無訓（＊丹後・熊野）／田邑多无良（＊山城・葛野）（河内・丹北[比]、[高]無訓）（上野・勢多、[高]邑田無訓）田邑多乃无良（☆美作・苫西、[元]無訓、[急]項なし）

中村奈加无良（加賀・石川、[高]無訓）中村無訓（＊山城・綴喜）（＊大和・忍海）（＊尾張・愛智）（＊相模・餘綾）（＊武蔵・男衾）（＊武蔵・賀美）（＊武蔵・秩父）（＊下総・迊[匝]磋）（＊常陸・鹿嶋）（＊出羽・雄勝）／仲村奈加无良（☆陸奥・宇多、[急]無訓）（陸奥・磐井、[高]無訓）（讃岐・多度、[高]項なし）仲村無訓（＊陸奥・栗原）（＊陸奥・新田）（＊土佐・吾川）

山村也末无良（大和・添上、[高]無訓）山村無訓（＊尾張・春部）

江村衣牟良（土佐・長岡、[高]無訓）

雄村乎无良（＊攝津・能勢）／小村乎无良（＊信濃・伊那）

も、「村」「邑」字をムラと訓む例であるが、「大」「石」「河・川」「田」「中・仲」「山」「江」「雄、小」を二字化するために「村」「邑」字を下に伴うものと推定される。(8) ただ、「両村布多无良」（＊尾張・山田、[高]雨[両]村）、「二村布多无良」（讃

岐・鵜足（ウタリ）、［高］無訓）は、二つの村の意と見てこれらとは異なるかとも考えられる。

五　常陸国風土記の例

常陸国風土記に、次のような例がある。

郡南二十里　香澄里（略）大足日子天皇（略）勅二侍臣一曰「（略）陸是丹霞空朦（略）」時人由レ是　謂二之霞郷

（一）（行方郡）　霞→香澄

右の〝霞→香澄〟に当たる例は、「香澄無訓」（＊常陸・行方（ナメカタ）、［高］香證［澄］）しか見えない。

その他に、

道田無訓（＊常陸・行方（ナメカタ））

幡麻無訓（＊常陸・鹿嶋（カシマ））

阿波無訓（＊常陸・那珂）

は、常陸国風土記に「田里」（行方郡）があり、〝田→道田〟の二字化と、同じく「濱里」（香島郡）があり、〝濱→幡麻〟の二字化と、同じく川名「粟河」（那珂郡）があり、〝粟→阿波〟の二字化と見られる。

六　肥前国風土記の例

肥前国風土記に、次のような例がある。

佐嘉郡（略）日本武尊　巡幸之時　御二覧樟茂榮一　勅「此国可レ謂二榮國一」曰（因）曰二榮郡一　後改号二佐嘉郡一

（佐嘉郡）　榮→佐嘉

小城郡（略）昔者　此村有二土蜘蛛一　造レ堡隠之　不レ従二皇命一　日本武尊　巡幸之日　皆悉誅之　曰（因）号二小城郡

(二)（小城郡）堡→小城

登望驛（略）昔者 氣長足姖[姫]尊 到㆓於此處㆒ 留為㆓雄装㆒ 御負之鞆落㆓於此村㆒ 曰[因]號㆓鞆驛㆒（松浦郡） 鞆→登望

値嘉郷（略）天皇（略）更勅云「此嶋雖㆑遠 猶見㆑如㆑近 可㆑謂㆓近嶋㆒」曰[因]曰㆓値嘉嶋㆒（松浦郡） 近→値嘉

右のうち、〝栄→佐嘉〟に当たる例は、「佐嘉無訓」（※肥前・郡名、[駅]佐喜[嘉]）の他に、

佐香無訓（＊出雲・楯縫（タテヌヒ））／佐加無訓（＊豊後・海部（アマ））

があり、「栄」（ないし「坂」、あるいは「酒」）を二字化したものと推定される。〝堡→小城〟に当たる例は、「小城乎支」（肥前・郡名、[元]乎岐（略））しか見えない。〝鞆→登望〟に当たる例は、[駅]「登部無訓」（肥前）の他に、「度毛無訓」（＊下総・葛餝（カトシカ））があり、「鞆」を二字化したものと推定されるが、別に、一字地名「伴無訓」（＊越中・射水（イミツ））（＊肥後・葦北（アシキタ））があるので、「伴」を二字化したものとも考えられる。〝近→値嘉〟に当たる例は、「値嘉知加」（肥前・松浦（マツラ）、[高]知賀）しか見えない。(9)

また、第二節に挙げた「三根岑」（※肥前・郡名）があり、肥前国風土記に「三根郡」がある。

その他に、

久利無訓（＊肥前・松浦（マツラ））

があって、肥前国風土記に川名「栗川」があり、〝栗→久利〟の二字化と見られる。

七　豊後国風土記の例

豊後国風土記に、次のような例がある。

球珠郡（略）昔者 此村有⑴洪樟樹⑴ 因名⑴球珠郡⑴（球珠郡）

これを、〝樟→球珠〟の二字化と見ようと考える。第十節に見るように「橘樹太知波奈」（※武蔵・郡名など）の〝橘→橘樹〟の二字化の例が見えるので〝樟→樟樹〟の二字化があり得て、「球珠久須」（※豊後・郡名）と合わせて〝樟→球珠〟の二字化もあると考えるものである。豊後国風土記には、「球珠川」（日田郡）の例もある。

第三節～第七節の風土記の例は、第四篇第二章にも挙げる。

八　二字ともに音仮名表記のもの

第一節から第七節までに挙げたもので、第一節の⑵の「温泉」「湯泉」、および、第四節の⑵の後に挙げた「～村」「～邑」を別にすると、ほとんどは二字ともに音仮名表記である。そうでないのは、第一節の⑴の「津宇」「野應」、第二節の「勝浦」「三根」「訓代」、第三節の「屋代」、第四節の⑴の「出水」「上鴨」、第五節の「香澄」「道田」、第六節の「小城」のみである。さらに、二字ともに音仮名表記のもののほとんどは、二音節、ないし、「韻ヒヽキノ音ノ字」を含めて二音節のものである（三音節のものは「拜師」「拜志」「拜慈」、「揖保」のみであり、四音節のものはない）。

これは、「一字地名の二字化」の一つの特徴と言ってよい。

とすると、逆に、これまでに挙げていないもので、二字ともに音仮名表記で、かつ、二音節のものは、一字地名を二字化したものであるかも知れないと考えてみてよいということになる。ただ、これは例が多いので、国名・郡名に限って挙げることにしたい（ここでは、郡名は、国のみを示し、「郡名」と示すのを省略する）。

英賀阿加（※備中、再掲） 英虞阿呉（※志摩） 阿蘊阿曽（※肥後） 安濃安乃（※伊勢） 安房阿八（※国名） 阿拜安倍（略）（※伊賀） 伊賀以加（※国名） 伊具以久（※陸奥） 伊勢以世（※国名） 怡土以止（※筑前） 伊豫伊与（※国名） 宇陁宇太（※大和）・宇多宇太（※陸奥）　宇治宇知（※山城）　有度宇止（※駿河）　愛智衣知（※近江）　意宇於宇（※出雲）　隠岐於伎（国名、[元]於岐）　甲斐加[賀]比（国名、[元]賀比）　嘉麻加万（※筑前）　企救支多[久]（※豊前）　喜多支多（伊豫、[元]岐多）　球珠久須（※豊後）　久世久世（※山城）　球磨久万（※肥後、[元]球麻）　氣仙介世（※陸奥）　巨濃古乃（※因幡）　馭謨五牟（※大隅）　佐用佐与（※播磨）　滋賀志賀（※近江）　支紀之伎（河内、[元]之岐）　信太志多（※常陸）　諏方須波（※信濃）　周敷主布（※伊豫）　多藝多支（美濃、[元]多岐）　多磨太婆（略）（※武蔵）　智頭知豆（※因幡）　都留豆留（※甲斐）　奴可奴加（※備後）　能義乃木（※出雲）　能勢乃世（※攝津）　芳賀波加（※下野）　幡多波太（※土佐）　比企比支（武蔵、[元]比岐）　飛驒比太（※国名）　冨士浮志（※駿河）　不破不破（略）（※美濃）　美馬美万（※阿波）　武義牟介（※美濃）　武庫无古（※攝津）　牟妻无呂（※紀伊）　養父夜不（※但馬）（※肥前）　壹岐嶋由伎（国名、[元]由岐）　与謝与佐（※丹後）　和氣和計（※伊豫）　越智乎知（※伊豫）

これらの全てが一字地名の二字化であるとは言えないであろうが、そう考えられるものもある程度はあるかと見られる（例えば、〝樟→球珠〞〝沖→隠岐〞〝峡→甲斐〞〝鎌→嘉麻〞〝隈・熊→球磨（球麻）〞〝別→和氣〞）。郷名を加えれば、一字地名の二字化かと考えられる例もさらに増えると見られる。

九　「部」字を下に伴うもの

これについても第三章に述べるが、ここには一字地名の二字化と見られる例のみを挙げる。「部」字を下に伴うのにべと訓まないものばかりである。

的部以久波（☆播磨・神埼（カムサキ）、[急]無訓）
鴨部加毛（＊讃岐・阿野（アヤ））
草部須々木（攝津・駅名）

伴部止毛（肥前・小城、[高]無訓）
杖部鉢世都加倍（伊勢・朝明（アサケ）、[高]波世津加へ）・丈部波世豆加倍（安房・長狭、[高]波世豆加比）
林部波夜之（☆甲斐・山梨（ヤマナシ）、[急]林戸波也之）

これらは、下に伴った「部」字をべと訓まないので、二字化するために、訓まない「部」字を下に伴ったととらえられる。「鉢世都加倍」「波世津加へ」・「波世豆加倍」の「倍」「へ」をべではなくへと訓むのがよいことについては第三章に述べる。但し、第一章第三節の(3)のような例もあるので、「部」字を伴うのは二字化のためだけではないと考えられる。

右の「的部以久波」に対して、「生葉以久波」（※筑後・郡名）・「育波以久波」（＊淡路・津名（ツナ））があり、「草部須々木」に対して、「渚鋤須々木」（長門・美祢（ミネ）、[高]諸鋤久之波）があるが、標記が大きく異なるので、ともに扱ってよいかどうか不明である（第三章第二節）。「鴨部」に対して〝鴨↓賀茂〟などと推定されること、および、「林部」に対して〝林↓拝師〟などと推定されることについては第三節で、「伴部」に対して〝伴↓度毛〟とも考えられることについては第六節で述べた。

十　訓まない字を上または下に伴うもの

第九節の「部」字を下に伴うものの他に、訓まない字を上または下に伴うものがある。(10)

(1)訓まない字を上に伴うもの

和泉以都三（※国名）　和泉伊豆美（阿波・那賀、[高]出水伊豆三）、水泉以豆美（＊山城・相樂（サガラカ））
水湊美奈也〔止〕（佐渡・羽茂、[高]美奈止）
童女乎无奈（＊信濃・小縣（チヒサガタ））

「和泉」「水泉」について、イヅミは「泉」字の訓であるので、二字化するために、訓まない「和」「水」字を上に伴ったと見られる。一字地名「泉無訓」（越前・丹生(ニフ)、[高]項なし）の例があること[11]も参照される。「水湊」について、ミナトは「湊」字の訓であるので、二字化するために、訓まない「水」字を伴ったと見られる（ミは、「水」字の訓であるので、迎え仮名と見ることもできる）。

「童女」について、ヲミナの撥音便と見られるヲム(ン)ナは「女」字の訓であるので、二字化するために、訓まない「童」字を上に伴ったと見られる。ただ、ヲミナは、ヲグナ〔童男〕「亦名 日本童男童男 此云烏具奈」（景行紀二年三月）と対になるのが本来と考えられるので[12]、「童女」二字に対する熟字訓がヲム(ン)ナであると見ることもできて、その場合は「童」字を訓まないものととらえないことになる。

和名抄に訓注はないが、「攝津」（※国名）も、元は「津國」（応神紀四十一年二月）であり、摂津職が置かれたことにより、後に摂津国とされたものである。「攝津職(ツノツカサ)」（天武紀下六年十月・北野本）の例があり、「攝津」はツと訓まれたと見られて、訓まない「攝」字を上に伴うものに入れられる。

なお、地名イヅミは、「和泉」「水泉」の他に、第四節の(1)に見た「出水伊豆美」「[高]出水伊豆三」などがあり、それぞれの方法で二字化されているととらえられる。

(2)訓まない字を下に伴うもの

橘樹太知波奈（※武蔵・郡名）　橘樹多知波奈（武蔵・橘樹(タチバナ)、[高]樹橘レ多知波奈）
椿木都波木（長門・阿武、[高]豆波支）
角野都乃（近江・高嶋(タカシマ)、[高]無訓）
池郷以介（信濃・更級(サラシナ)、[高]以計）
驛里无末也（☆備中・小田(ヲダ)、[急]驛家無訓）
林戸波也之（甲斐・山梨(ヤマナシ)、[高]林部波夜之）

祝人波布利（上野・新田（ニフタ）、[高]ハフリ）
縣主安加多（備中・後月（シッツキ）、[高]阿加太）

「橘樹」「椿木」について、タチバナは「橘」字の訓、ツバキは「椿」字の訓であるので、二字化するために、訓まない「樹」「木」字を下に伴ったと見られる（「椿木」について、キは、「木」字の訓であるので、（迎え仮名に対する）送り仮名と見ることもできる[13]）。なお、「橘樹」について、地名タチバナは、「立花多知花」（伊豫・越智（ヲチ）、[高]無訓）・「立花無訓」（＊常陸・茨城（ムバラキ））（☆伊豫・新居（ニヒキ）、[急]花無訓）（伊豫・温泉（ユ）、[高]項なし）とも表され、これも二字化という点では同様である。

「角野」について、ツノは「角」字の訓であるので、二字化するために、訓まない「野」字を下に伴ったと見られる（ノは、「野」字の訓であるので、（迎え仮名に対する）送り仮名と見ることになる）。

「池郷」「驛里（驛家）」「林戸（林部）」について、イケは「池」字の訓、ムマヤは「驛」字の訓、ハヤシは「林」字の訓であるので、二字化するために、訓まない「郷」「里（家）」「戸（部）」字を下に伴ったと見られる。また、「林郷無訓」（備中・英賀（アガ）、[高]項なし）も、第三節に見たように「林」が本来の地名であると推定され、二字化するために、訓まない「郷」字を下に伴う例であると見ると、「池郷」と同様にとらえられる。「奈郷無訓」（＊紀伊・在田（アリタ））も、同様にとらえられるかと見られるが、「奈」が本来の地名であるとは考えにくいので、参考として挙げるにとどめる。

なお、地名ハヤシは、「拝師」「拝志」「拝慈」や「林戸（林部）」「林郷」のように、それぞれの方法で二字化されているととらえられる。

「祝人」「縣主」について、ハフリは「祝」字の訓、アガタは「縣」字の訓であるので、二字化するために、訓まない「人」「主」字を下に伴ったと見られる（なお、第一章の初めに見た「英太」「英多」も、「縣」を二字化したものであると考えられよう）。

第二節に挙げた「[高]訓代」について、大東急本によって「釧代久之呂」と見ると、クシロは「釧」字の訓であるので、訓まない「代」字を下に伴ったことになるが、この場合、シロは、「代」字の訓でもあるので、（迎え仮名に対する）送り仮名と見ることもできる（「[高]訓代」を「釧代」の誤りと見る場合も同様である）。

第一節の(2)に挙げた「湯泉由」は、二字化するために、訓まない「泉」字を下に伴ったものとして、ここにも挙げられるかと見られる。

(3)右の(1)(2)のどちらとも考えられるもの

埴土波尓（阿波・名西、[高]麻殖(ヲヱ)郡波迩）

京都美夜古（※豊前・郡名）

ハニは「埴」字の訓と見る方が通常かと見られるが、第二篇第二章に見たように、「土師」が「波尓之」（和泉・大鳥(オホトリ)、[高]波迩之）・「反之」（備前・邑久(オホク)、[高]無訓）・「波之」（阿波・名西、[高]麻殖(ヲヱ)郡無訓）などのようにハニシ・ハンジ・ハジと訓まれるところからは、ハニは「土」字の訓でもあり、訓まない字を上に伴うものとも下に伴うものとも考えられる。

ミヤコは「京」「都」字いずれの訓とも見られるので、訓まない字を上に伴うものとも下に伴うものとも考えられ、また、ミヤコは「京都」二字に対する熟字訓とも見られる。

さて、右の(1)(2)(3)について、(1)「水泉」「水湊」「童女」、(2)「橘樹」「椿木」／「湯泉」、(3)「埴十」「京都」は、(イ)上または下に伴われる字が他方の字に近い意のものであり、(2)「池郷」「驛里（驛家）」「林戸（林部）」は、(ロ)下に伴われる字が地名であることを明確化するものであり、(2)「祝人」「縣主」は、(ろ)下に伴われる字が人であることを表すが、さらにその人が住んだところを表すとすると(ロ)に準じると見られ、(2)「角野」／「釧代」の「野」／「代」は、(ハ)（迎え仮名に対する）送り仮名と見ることができる（(1)「水湊」の「水」は迎え仮名と、(2)「椿木」の「木」は（迎え仮名に対する）送り仮名と見ることもできる）ものである。残る「和泉」「攝津」のうち、「攝津」については先に見た。すると、「和泉」はどうであるかが問題になる。

ところで、「大和於保夜万止」（※国名）は、通常ヤマトと訓まれ、ヤマトは「和」（ないし「倭」）字の訓であるので、「大和」二字をヤマトと訓む場合は、二字化するために、訓まない「大」字を上に伴うものと見ることになるが、和名抄の訓オホヤマトは、「大」字を訓むのでそれに当たらない。また、「近江知加津阿不三」（※国名）は、通常アフミと訓まれ、〝淡海〟の意であるアフミは「江」字の訓であるので、「近江」二字をアフミと訓む場合は、二字化するために、（「遠江止保太阿不三」[14]（※国名）に対して）訓まない「近」字を上に伴うものと見ることになるが、和名抄の訓チカツアフミは、「近」字を訓むのでそれに当たらない。

このように見ると、右の(イ)(ロ)(ろ)(ハ)に当たらない「和泉」の例は、「和」字を訓んで、ニキイヅミと訓むこともあったとの見方を検討するべきかとも考えられよう。『日本国語大辞典』〔初版・第二版とも〕に、「〈大和朝廷の御料地の頃、現在の和泉市の地に泉が湧き「和泉（にきいずみ）」または「いずみ」と呼ばれた〉畿内五か国の一つ。」とあることが参照される。但し、日本書紀古訓にニキイヅミの訓を確認することはできなかった。

以上、第一章・第二章において、地名の二字化について見てきた。一字地名の二字化は、本来の地名表記から離れるものが多く、訓まない字を伴うもののように読みにくいものもある。三字地名の二字化は、一字地名の二字化に比べて些か無理があり、いずれかの字を省略するもののように読みにくいものになる結果となる。「吉備前」などのように第一字を省略するいくつかの例や、「〜部」「〜野」のように下に伴った字そのものを省略するものまである。

ここでは、基本的に、和名抄の地名を中心に、風土記のそれについても参照しつつ述べてきた。さらに他の文献・資料を参照すると、これに加えられる例が増えるかと見られるが、とりあえずほぼこの範囲で比較的確実に考えられることについて述べたものである。

注

(1) 『考證』、および、工藤力男氏「古代地名の西東」(『日本語学の方法 工藤力男著述選』〔2005・11 汲古書院〕、もと「日本歴史地名大系歴史地名通信」50〔2005・1〕)の指摘による。

(2) 「叙説」〔奈良女子大学〕2〔1968・4〕

(3) 金田一春彦氏『日本語』〔1957・1 岩波新書、旧版〔青版265〕〕〔Ⅲ1〕に、

三重県の津市へ行く用事があって、東京駅の切符売場で「ツ一枚、ツ一枚」と言ってみたがさっぱり通じなかった。「参宮線の津一枚」と言ってはじめて切符がもらえた。参宮線で、ツという一拍の駅名が通用しているのは、関西方面では、こういう一拍の単語をツーと二拍の言葉のように長く言う習慣があるからである。関東のような一拍の単語を短く一拍で言う地方には、こんな一拍の地名は発生しまい。

とある(新版(上)〔1988・1〔新赤版2〕〕にはない)こと、参照。

なお、右に「参宮線の津」とあるのは、この本の初版が発行された一九五七年頃の話で、一九五九年に紀勢東線と紀勢西線とがつながって紀勢本線になる時に、参宮線の亀山—相可口(現、多気)間は紀勢本線に繰り入れられ、参宮線は相可口(多気)—鳥羽間のみになったので、それ以降は〝紀勢本線の津〟と言うべきことになる。因みに、二〇一一年七月一一日は、参宮線全線開通一〇〇周年である。

(4) 沖森卓也氏『日本古代の文字と表記』〔2009・7 吉川弘文館〕〔第五章第一節〕(もと「出雲国風土記の音韻と表記」〔『築島裕博士傘寿記念国語学論集』〔2005・10 汲古書院〕〕)は、「仮に漢音のトの用法であれば「都於」はその長音表記ともなろうが、「都」は上代では『日本書紀』でもツであって、そのような表記は想定しにくい。」として、ノを「補読」して「「都於島」はツノオ(シマ)と読むのが妥当であるように思われる。」とされる。しかし、沖森氏も「ノの補読は『出雲国風土記』では例外であって」と言われるように、この訓にも疑問が持たれ、むしろ、「覩於」の誤りと見るのがよいかと考えられる。

このことは、先に挙げた「都於無訓」(*石見・那智〔賀〕)についても同様か。

(5) ク活用形容詞語幹が地名として用いられる例に「高」「若」「辛」「安」「軽」が(氏の名・人名「長」、人名「軽」も)あ

ること、工藤氏「上代形容詞語幹の用法について」（『日本語史の諸相　工藤力男論考選』〔1999・8 汲古書院〕、もと「国語国文」42-7〔1973・7〕）に指摘がある。前書㈢〔総論篇第一章第二節〕参照。なお、蜂矢「〔書評〕工藤力男著『日本語学の諸相　工藤力男論考選』」（「国語学」203〔51-3〕〔2000・12〕）をも参照。

(6)「屋代」「賀茂」について、能義郡は意宇郡から分かれるので、これらが出雲国風土記の例に当たると考えられる。

(7)沖森氏他『播磨国風土記』〔2005・10 山川出版社〕のように「印南郡」とされることもあるが、「風土記編述当時に印南郡が存在しなかったと考へる」との植垣節也氏「播磨国風土記注釈稿（一一）」（「風土記研究」2〔1986・5〕）の説による。

(8)国土地理院の地形図に、岐阜県本巣郡根尾村（現、本巣市）に「中」（現、根尾中）が、奈良県天理市に「田」が、福井県三方上中郡若狭町気山に「苧」があるが、それぞれ、地元では「中村（なかむら）」「田村（たむら）」「苧村（おむら）」と呼ばれていることが参照される。

この他に、佐藤貴裕氏の御教示によると、岐阜県揖斐郡大野町に「野」があって、地元では「野村（のむら）」と呼ばれ、また、岐阜県安八郡神戸町、同県養老郡養老町、および、和歌山県海草郡紀美野町、同県有田郡湯浅町、長崎県下県郡豊玉町に「田」があり、岐阜市、岐阜県羽島市上中町、同県安八郡安八町、同県可児郡御嵩町に「中」がある。そして、『角川日本地名大辞典』によると、以上の「中」「田」「苧」「野」はいずれも「中村」「田村」「苧村」「野村」と標記されたことがあることが確認できる（佐藤氏の御教示によるところが多い）。

他にも、こうした地名は多くあると推測される（http://uub.jp/nam/ichion.html 参照）。

(9)「近」については、注(5)参照。

(10)「良埼与之」（☆武蔵・久良（クラギ）、[急]良椅与之波之）、「山直也末」（☆近江・甲賀、[急]也末奈保）、「三田美」（☆安藝・高田（タカダ）、[急]美多）は大東急本の訓から見て、「園田曽乃」（上野・山田（ヤマダ）、[高]ソノタ）、「岡本乎加」（越前・丹生（ニフ）、[高]乎加毛止）は高山寺本の訓から見て、「吉原与之」（讃岐・多度、[元]與之波良）は元和本の訓から見て、いずれも訓の一部の表記が脱落したものと見られるので、訓まない「埼」「直」「田」・「田」「本」・「原」字を下に伴ったものとは見られない。

(11)「和泉國泉郡」（霊異記・中二・真福寺本および来迎院本）（同・中十三・真福寺本〔来迎院本は欠字〕）のように、国名は二字化しているのに対して、郡名は二字化していない例がある（他に、「和泉國和泉郡」（同・中十・真福寺本〔来迎院本は欠字〕）、「泉國泉郡」（同・中卅七・真福寺本〔来迎院本は欠縁〕）もある）こと、参照。なお、中巻二縁の例は、国会図書館本に「泉水郡」とあって、「泉水」は、訓まない「水」字を下に伴ったものであり、ミは、「水」字の訓であるので、（迎え仮名に対する）送り仮名と見ることもできる。

(12) 別稿「上代特殊仮名遣に関する語彙」（第一篇第一章注(9)）参照。

なお、ヲグナ―ヲミナの対と見るとらえ方は、西宮一民氏（『新明解古語辞典補注版』ヲトコの項）より先に、折口信夫「翁の発生」（「民俗藝術」1-1・3［1928・1-3］、『折口信夫全集』2［1965・12 中央公論社］）にある。木村紀子氏「ヤマトコトバと古代語」（「奈良大学紀要」36［2008・3］）参照。

(13) 上代特殊仮名遣を考慮に入れると、注(12)別稿に見たように、ツバキ［椿］「斎つ真椿〈由都麻都婆吉〉」（記仁徳・五七）のキは甲類で、キ［木］「榛の木の枝〈波理能紀能延陀〉」（記雄略・九七）は乙類であるので、上代においてそうは言えない。

(14) トホタアフミのタは、トホツのツがアによって遡行同化したものと見られる。

第三章　和名抄地名における「部」

和名抄の地名を見ると、基本的に二字である標記の第二字（稀に三字である標記の第三字）に「部」字を持つものがやや多く見え、それらは、(a)「部」字をべと訓むものが多いが、(b)「部」字を訓まないものもある程度あり、中には、(c)「部」字を持たないのにべと訓むものもある。これら(a)(b)(c)がどのようであるかについて、(d)「部」字を持つが訓注のないものをも参考までに挙げ、若干のその他のものと合わせて、検討することにしたいと考える。なお、(a)(b)(c)(d)のいずれも国名には見えない。

以下、とりあえず、(a)(b)(c)の順に見る。そして、べを別にした訓の音節数により分類し、二種の訓の音節数に差があるものについてはその差の範囲によることにして、1一音節のもの、1′一・二音節のもの、2二音節のもの、2′二・三音節のもの、3三音節のもの、3′三・四音節のもの、4四音節のもの、4′四・五音節のもの、5五音節のもの、のように挙げる。但し、1・4′の例は見えない。

一　「部」字をべと訓むもの

まず、(a)「部」字をべと訓むものを挙げるが、これが基本であり、1′・2・2′・3・3′の例がある。

1′一・二音節のもの

田部多倍（＊長門・豊浦（トヨラ）、[高]多閇）（筑前・早良（サハラ）、[高]無訓）／田部多乃倍（＊伊勢・度會（ワタラヒ）、[高]田邊）

「田部多乃倍」（[高]田邊）は、伊勢国近長谷寺資材帳[1]（天暦七年二月十一日）に「度會郡田邊飲里條金尾原地壹處」と

あり、皇太神宮儀式帳・元禄七年本にも(2)「坂手神社壹處在田邊郷田邊村」とある(3)ところからすると、「田部」より「田邊」の方が本来であったかと見られる。とすると、「田部多乃倍」の例は削って、「1一音節のもの」とする方がよいかと考えられる。

2二音節のもの

跡部阿止倍（河内・澁川、[高]無訓）（*伊勢・安濃、[高]阿度倍）
綾部安也倍（☆美作・苫東、[急]無訓）
礒部以曽倍（参河・渥美、[高]無訓）（但馬・朝来、[高]無訓）礒部伊曽倍（*信濃・埴科、[高]以曽へ）（上野・碓氷、[高]無訓）
出部伊都倍（備中・小田、[高]項なし）出部以豆倍（*備中・後月、[高]以豆へ）出部伊豆へ（☆伊豫・浮穴、[急]無訓）
忌部伊无倍（*阿波・麻殖、[高]淫閇）
内部宇知倍（*安藝・髙宮、[高]宇知閇）
氏部宇治倍（*讃岐・阿野、[高]宇知倍）
鴨部加毛倍（☆伊豫・越智、[急]無訓）
輕部加留倍（和泉・和泉、[高]無訓）（*備中・窪屋、[高]加流倍）輕部加流倍（☆但馬・養父、[急]無訓）
蔵部久良へ（☆近江・甲賀、[急]久良布、）
呉部久礼倍（*伊勢・壹志、[高]久礼へ）
越部古之倍（*播磨・揖保）
宗[我]部曽加倍（*土佐・長岡、[高]宇[宗][我]部曽加へ）
伴部止毛倍（*安房・長狭、[高]止毛へ）
漆部奴利倍（*大和・宇陀）

八[田]部夜多倍（※攝津・郡名）八[田]部也多倍（攝津・八部ヤタベ、[高]無訓）八[田]部也多陪（＊備中・賀夜、[元]也多倍、[高]夜多倍）

「宗[我]部」は、訓ソガベから見て「宗我部」〔「宗我部」（＊丹波・桒田クハタ）の例がある〕の「我」字を省略したものと見られる（第四篇第一章第三節参照）。「八[田]部」は、訓ヤタベから見て「八田部」〔「八田部」（攝津、郷名欄の郡名）の例がある〕の「田」字を省略したものと見られる。

「忌部」に対する[高]「淫閇」の「淫」は、第二篇第二章に見たように、m韻尾によるインの表記と見られ、一方で、[急]「伊無倍」の「無」は、ムの表記ともンの表記とも見られる（第一篇第一章ではムと見た）。

「蔵部」に対する[急]「久良布」について、「部」字をフないしブと読むものは「海部加伊布」（＊阿波・那賀）のように「部」字に上接する文字も音読みのものが通常と見られる（後掲[高]「額部加久元[无]」をも参照）ので、[高]「久良へ」によるのがよいかと考えられるが、第一篇第四章に見たように「あふみのくらぶのさとといふ所にて」（輔親集二六詞書）の例があるので、(4) [急]「久良布」によるのがよいとも考えられる。

「綾部」に対して「阿野綾」（※讃岐・郡名）が、「礒部」に対して「伊蘊以曽」（＊伊勢・度會ワタラヒ、[高]伊蘇）が、「鴨部」に対して「賀茂加毛」（淡路・津名（ツナ）、[高]無訓）（阿波・名東、[高]無訓）が、「宗[我]部曽加倍」に対して「宇賀[宗]曽加」（＊信濃・筑ツカ摩マ、[高]崇[宗]賀）、後掲「宗我曽加」（土佐・香美カヾミ、[高]宗我[部]曽加へ）があり、「部」字も訓べもない地名もある。「内部」に対して「宇智無訓」（※大和・郡名）が、「氏部」に対して「宇治宇知」（※山城・郡名）があることも、これに加えることができようか。「輕部」に対しても、「大倭日子鉏[友]支命　坐(二)輕之境岡宮(一)」（記懿徳）などの地名「輕」の例がある。「越部」に対しても、後の越前・加賀・能登・越中・越後に当たる「高志國」（記神代）・「…越の国辺へに〈越國敝尓〉…」（萬四一七三[四一九七]）がある。

また、「鴨部加毛倍」・「伴部止毛倍」に対して後に挙げる(b)「鴨部加毛」・「伴部止毛」があり、「部」字をべと読まない地名がある。

2′二・三音節のもの

海部安末无倍（＊信濃・小縣（チヒサガタ）、[高]阿末へ）　海部案万无倍（＊越前・坂井（サカノキ）、[元]安萬無倍、[高]安末无倍）

日[下]部久佐倍（＊和泉・大鳥（オホトリ）、[高]日下部久散倍）

雀部散く倍（参河・寶（ホ）飯[飫]、[高]無訓）／雀部佐く伊倍（上野・佐位、[高]無訓）

建部太介无倍（＊伊勢・安濃（アノ）、[高]多計倍）

丹[比]部多知倍（＊備中・英賀（アガ）、[高]多知閇）

額[田]部奴加倍（上野・甘樂（カムラ）、[高]額田部無訓）　額[田]部奴加倍（長門・豊浦（トヨラ）、[高]加久元[无]）／額[田]部奴加多陪（備中・哲多、[元]奴加多倍、[高]乃倍）

[長]谷部波世倍（＊上総・長柄（ナガラ））

物部毛乃く倍（駿河・益頭（マシヅ）、[高]無訓）／物部毛乃倍（＊近江・栗太（クルモト）[本]、[高]毛乃、倍）（淡路・津名（ツナ）、[高]項なし）（土佐・香美（カヾミ）、[高]無訓）

「海部」について、「安末无倍」・「案万无倍」などの「无」は撥音ンと見られ、アマンベはアマベに撥音ンが添加されたものととらえられる。

「日[下]部」は、[高]「⿱日下部」（「⿱日下」は「日下」の合字）から見て「日下部」の「下」字を省略したものと見られ、訓クサベはクサカベのカが脱落したものととらえられる（よって、2′に入れた）。「丹[比]部多知倍」は、「丹比太知比（略）」（※河内・郡名）から見て「丹比部」の「比」字を省略したものと見られ、訓タヂベはタヂヒベのヒが脱落したものととらえられる（よって、2′に入れた）。なお、「丹比」をタヂヒと読むのは、「丹□（ヂ）比」の「□（ヂ）」を省略した二字化と見られるが、タヂは、「丹波太迩波」（※国名）のように「丹」字をタニと読むものとナ行―ダ行の子音交替と見ることもできることによって、タヂヒ「丹比」の表記もあり得たものととらえられる（第一章参照）。

「額田部」は、ヌカタベの訓もあることから見て[高]「額田部」の「田」字を省略したものと見られ、訓ヌカベはヌカタベのタが脱落したものととらえられる。なお、[高]「加久元[无]」は、「田」のない「額部」を音読みしたガクブのバ行—マ行の子音交替かと見られる。また、[高]「乃倍」は、「高山寺本地名索引(5)」に「〈沼〉乃[加]倍」とあるのに従うと、ヌカベのヌが表記されていないと見ることになる。

「長谷部波世倍」は、「長谷波都勢」（＊大和・城上（シキノカミ））、[高]波都世）から見て「長谷部」の「長」字を省略したものと見られ、訓ハセベは、ハッセベのツが脱落したもの、ないし、『日本国語大辞典』〈第二版〉のハセ［初瀬・泊瀬・長谷］の項の「語誌」欄(1)に「ハツセからハセに変化する途中にはハッセという形も考えられる。(6)」とあるように、ハッセベの促音便ハッセベの促音ッが脱落したものととらえられる（よって、2′に入れた）。音節ツの脱落の理由が特に考えられないところからすると、促音便の脱落と見る方がよいかと見られる。

「雀部」の訓「散〻倍」・「佐〻伊倍」は、サザキ—［鷦鷯・雀］「雲雀（ひばり）は天（あめ）に翔（かけ）る高行（たかゆ）くや速総別（はやぶさわけ）鷦鷯（さざき）取らさね〈佐耶岐登良佐泥〉」（記仁徳・六八）がべを伴ったサザキベのイ音便がサザイベで、そのイが脱落したものがサザベであるととらえられる。ただ、サザキ［鷦鷯・雀］は下るとササギ「鷦鷯サヽギ（上平平）[ママ]—」（名義抄・観僧中一一一［57オ］）に清濁が変化するので(7)、ササベ・ササイベかとも見られる。

「建部」の訓「太介无倍」「多計倍」は、タケル—［梟帥・魁帥・建］「即入㆓坐出雲國㆒欲㆑煞（殺）㆓其出雲國建[衍]㆒而到（略）やつめさす出雲建（いづもたける）が〈伊豆毛多祁流賀〉佩（は）ける刀（たち）黒葛（つづら）多巻（さはま）きさ身（み）なしにあはれ」（記景行、同・二三）がべを伴ったタケルベの撥音便がタケンベで、その撥音ンが脱落したものがタケベであるととらえられる。

「物部」の訓「毛乃〻倍」・「毛乃倍」などは、第一篇第三章にも見たが、連体助詞ノの有無による差である。やや下るが「物-部依網連乙等（モノ、ベノヨサミノムラジヲ[オ]ト）」（推古紀卅一年是歳・北野本）のようにモノノベとあるのが通常と見られる。

「日下部」に対して、「日下無訓」（＊伯耆・會見（アフミ））（＊備前・上道（カムツ[ミ]ミチ））があり、「額田部」に対して「額田奴加太」（※参河

・郡名）・「額田奴加多」（＊大和・平群(ヘグリ)、[高]奴可多）などがあり、「部」字も訓べもない地名がある。同様の、「丹比部」に対する「丹比太知比（略）」や、「長谷部」に対する「長谷波都勢」は先に挙げた。また、「海部」に対して後に挙げる(b)「海部阿末」などがあり、「部」字をべと訓まない地名がある。

3三音節のもの

茜部阿加祢倍（☆尾張・中嶋(ナカジマ)、[急]阿加奈倍）

春日部加須我倍（※尾張・郡名）　春日部加須加倍（＊丹波・氷上(ヒカミ)、[高]加須可倍）

「春日部」は、訓カスガべから見て「春日部」の「日」字を省略したものと見られる。これに対して「春日加須加」（＊大和・添上(ソフノカミ)、[高]賀須賀）があり、「部」字も訓べもない地名がある。

「茜部」について、アカネ［茜］「茜　兼名苑注云　茜(一)(略)和名阿加祢可(二)以染(レ)緋者也」（和名抄・廿巻本十四）は、「山野に自生するあかね科の蔓性多年生草本で、根は太いひげ状、多く群がり、黄赤色。これを赤色染料に用い、薬用にもした。」（『時代別国語大辞典上代編』）とあるように根が赤いのでアカネと言うと考えられ、[急]「阿加奈倍」より[高]「阿加祢倍」の方が本来と見られて、カナ［金］―カネ［金］などの被覆形―露出形の対応との類推により、アカネ［茜］に対する被覆形アカナが形成されたものと見られる。[8]三音節名詞の被覆形―露出形の対応は、有坂秀世氏「国語にあらはれる一種の母音交替について」[9]が挙げられる例ではイホツ［五百箇］―イホチ［五百箇］のみであり、これは助数詞ツ［箇］―チ［箇］の対応と見ることもできる。他の三音節名詞の被覆形―露出形の対応は見当たらない。

3′三・四音節のもの

刑部於佐加倍（＊伊勢・三重(ミヘ)、[高]於佐賀倍）（遠江・引佐(イナサ)、[高]無訓）（備中・賀夜、[高]無訓）（備中・英賀(アガ)、[高]無訓）／刑部於无左加倍（因幡・高草(タカクサ)、[高]項なし）

「刑部」について、訓はオサカべの他に「於无左加倍」が見える。この訓はオサカべに撥音ンが添加されたものとも見られそうであるが、濱田敦氏「促音沿革考」(10)がオッサカべと読むべしと述べられていて、促音ッが添加されたものと見られる。右に対して「忍坂於佐加」(＊大和・城上シキノカミ、[高]於左賀)があり、「部」字も訓べもない地名がある。

また、(a)「部」字をべと読むものと、次の(b)「部」字を読まないものとにまたがるものとして、

呰部安多(備中・英賀アガ、[高]此[呰]三部安作へ)

がある。アザには、アザケル[嘲・呰]「沙彌聞之　輕咲呰〈呰阿佐毛リ〉」(霊異記・上十九・興福寺本)・アザムク[欺]「布施置おきて我は乞こひ禱のむあざむかず〈阿射無加受〉直ただに率ゐ行きて天路あまぢ知しらしめ」(萬九〇六九一一)・アザワラフ[嘲]「齵(略)(略)安佐和良不」(新撰字鏡)の例があり、とりわけ、日本霊異記の例のように「呰」字にアザケリの訓があるので、標記は[急]「呰部」に、訓は[急]「安多」より[高]「安作へ」によるのがよいと考えられる。つまり、(a)の2二音節のものに入れるのがよいかと見られる。

二　「部」字を訓まないもの

次に、(b)「部」字を訓まないものを挙げるが、2・3・4・5の例がある。4・5の例があることが注意される。

2二音節のもの

海部阿末(※尾張・郡名)(※紀伊・郡名)(＊伊勢・河曲カハワ、[高]安万)　海部安万(※豊後・郡名)(＊筑前・宗像ムナカタ、[高]阿末)　海部阿万(＊上総・市原イチハラ、[高]安万)　海部安末(隠岐・海部、[高]無訓)

鴨部加毛(＊讃岐・阿野アヤ)

伴部止毛(肥前・小城ヲギ、[高]無訓)

3三音節のもの

的部以久波(☆播磨・神埼カムザキ、[急]無訓)

草部須ゝ木（攝津・駅名）
服織部波止利（＊大和・山邊《ヤマノベ》）（参河・八名《ヤナ》、[高]無訓）（☆越前・今立《イマダチ》、[急]勝[服]織部(11)無訓）（因幡・法美《ハフミ》、[高]無訓）（＊備中・賀夜、[元]波土利）服織部八止利（＊伊勢・奄藝《アムギ》、[高]波止利）（＊近江・野洲、[元]八土利、[高]波止利）服織部波止里（＊備前・邑久《オホク》、[元]波土里、[高]波止利）服織冂[部]波止利（＊攝津・嶋上《シマノカミ》、[元][高]服織部）

4四音節のもの

椋椅部久良波之（☆加賀・石川《イシカハ》、[急]無訓）
錦織部尓之古里（※河内・郡名）（＊近江・滋賀《シガ》、[高]迩之古利）錦織部尓之古利（＊山城・愛宕《オタギ》、[高]迩之古利）（＊近江・浅井《アサヰ》、[高]迩之古利）

5五音節のもの

杖部鉢世都加倍（＊伊勢・朝明《アサケ》、[高]波世津加へ）丈部波世豆加倍（＊安房・長狭《ナガサ》、[高]波世豆加比）

いずれも、「部」字を訓まないものである。尤も、2二音節のものの「海部」は訓アマベ・アマンべの例もあり、同じく「鴨部」は訓カモベの例もあり、同じく「伴部」は訓トモベの例もあること、第一節に見た。

「服織部」は、ハタ[機]＋オリ[織]の約まったハトリの訓から見て「服織部」の「織」字を省略したものと、「椋椅部」は、訓クラハシから見て「椋椅部」の「椅」字を省略したもの(12)と、「錦織部」は、ニシキ[錦]＋オリ[織]の約まったニシコリの訓から見て「錦織部」の「織」字を省略したものと見られる。

「的部以久波」に対して「生葉以久波」（※筑後・郡名）・「育波以久波」（＊淡路・津名《ツナ》）もあり、「草部須ゝ木」に対して「渚鋤須ゝ木」（長門・美祢《ミネ》、[高]諸[渚]鋤久之波）もあるが、標記が大きく異なるのでともに扱ってよいかどうか不明である。

「椋椅部久良波之」に対して「倉橋久良波之」（上総・海上《ウナカミ》、[高]無訓）もあり、「部」字も訓べもない地名もあると言える。

「服織部」に対して「服織無訓」（＊美濃・安八）（＊備後・品治《ホムチ》）があり、「錦織部」に対して「綿[錦]織無訓」（美作・久米、

[元][高]錦織（信濃・駅名）があり、訓は確認できないが、「部」字も訓べもない地名もあると言えよう。

「杖部」「丈部」は、訓をハセツカべないしハセヅカべとして、(a)「部」字をべと訓むものに入れることも考えられないではないが、「波世豆加比」の訓もあるので、ハセヅカへと訓んで、ハセ［馳］＋ツカヒ［使］の複合のハセヅカヒ「…いしたふや海人（あま）駈使（はせづかひ）〈阿麻波勢豆加比〉事（こと）の語（かた）り言（ごと）も此（こ）をば」（記神代・二）の母音交替と見る、ないし、ハセ［馳］＋ツカへ［仕］の複合と見るのがよいと考えられる。(13)

三　「部」字を持たないのにべと訓むもの

そして、(c)「部」字を持たないのにべと訓むものを挙げるが、2・3・3′の例がある。

2二音節のもの

宗我部曽加へ（☆土左・香美（カヾミ）、[急]曽加）　曽我部曽加へ（☆筑前・早良（サハラ）、[急]項なし）

3三音節のもの

安宿部安須加倍（※河内・郡名）

[元]日下部苦左加部（伯耆・河林（カハムラ）[村]、[急][高]無訓）

尾張部乎波利倍（信濃・水内（ミノチ）、[高]乎波利）

3′三・四音節のもの

物理部毛止以へ（☆備前・磐梨（イハナス）、[急]毛土呂井）

いずれも、～べの訓から見て第三字の「部」字を省略したものと見られ、その結果として、「部」字がなくてもべと訓むことになったと考えられる。「宗我部」については、第四篇第一章第三節をも参照されたい。

「尾張部」は、[急]「乎波利倍」に対して[高]「乎波利」の訓もある。また、「尾張乎波里」（※国名）もあり、「部」字も訓べもない地名がある。「安宿部安須加倍」に対して、「明日香の〈明日香能〉清御原(きよみ)の宮に…」（萬一六二）・「…今日々々と飛鳥(あすか)に到り〈飛鳥尓到〉…」（萬三八八六 三九〇八）のような地名アスカがあり、これに加えられよう。「宗我部」は、第一節に見たように[高]「曽加へ」に対して[急]「曽加」の訓もある。また、前掲「宇賀[宗]曽加」（[高]崇[宗]賀曽加）もあり、「部」字も訓べもない地名がある。「日下部苦左加部」に対して「日下無訓」のあることも第一節にふれた。

そして、「物理部」の[急]「毛土呂井」の訓に対して、『地名字音転用例』は、「理(リ)ヲロヰニ用ヒタル。ロヰノ反リイトメヅラシ。」とするが、「ロヰノ反リ」という反切による説明は訓モトロヰに対して適切とは言えず、この訓には疑問が持たれる。むしろ、[高]「毛止以へ」により、「藤野郡人母土理部奈波」（続紀・神護景雲三年六月）(14)とあるモトリべのイ音便モトイべと見るのがよいかと考えられる（通常リの音便は促音便になるので疑問は残る）。

四　「部」字を持つが訓注のないもの

また、参考までに、(d)「部」字を持つが訓注のないものを挙げる。

まず、(a)(b)(c)と標記が共通するものを挙げる。

跡部無訓（*美濃・武藝(ムゲ)）（*信濃・小縣(チヒサガタ)）（*豊後・大分(オホイタ)）

海部無訓（*尾張・海部(アマ)）（*丹後・熊野(クマノ)）（*土佐・高岡(タカヲカ)）（*筑前・怡土(イト)）（*筑前・那珂）

礒部無訓（美濃・席田(ムシロダ)、[高]礒上）（*越前・坂井(サカノヰ)）（志摩・駅名）

忌部無訓（出雲・意宇(オウ)、[高]忠[忌]部）（*紀伊・名草(ナグサ)）

刑部無訓（*河内・若江(ワカエ)）（*参河・碧海(アヲミ)）（*駿河・志太）（*上総・長柄(ナガラ)）（*信濃・佐久）（*下野・河内）（☆丹波・船井(フナヰ)、[急]形[刑]部）（*因幡・八上(ヤカミ)）（☆伯耆・日野(ヒノ)、[急]項なし）（*備後・奴可(ヌカ)）（*備後・恵蘓）（*備後・三谿(ミタニ)）

春日部無訓（*備後・沼隈(ヌノクマ)）（*備後・恵蘓）

鴨部無訓（＊伯耆・會見《アフミ》）（＊讃岐・寒川《サムカハ》）（＊土佐・土左）（志摩・駅名）

輕部無訓（＊下総・海上《ウナカミ》）（＊下野・河内）（＊備前・赤坂《アカサカ》）

日【下】部無訓（☆尾張・中嶋《ナカジマ》、[急]日【下】野〔部〕）（＊尾張・愛智《アイチ》）（＊下総・迊瑳〔匝〕）（＊因幡・八上《ヤカミ》）（＊因幡・知頭《チヅ》）（和泉・大鳥《オホトリ》・駅名）

越部無訓（播磨・駅名）

雀部無訓（＊丹波・天田《アマダ》）

宗【我】部無訓（＊丹波・多紀）（＊丹波・天田《アマダ》）（肥後・玉名《タマイナ》、[高]宇〔宗〕【我】部）

田部無訓（＊下総・迊〔匝〕瑳）（＊下野・足利《アシカヾ》）（下野・駅名）

建部無訓（＊美濃・多藝《タギ》）（＊美濃・石津《イシツ》）（＊出雲・出雲）（☆美作・真嶋《マシマ》、[急]健部）（☆備前・津高《ツタカ》、[急]健部）（☆安藝・佐伯《サヘキ》、[急]建管⑮）

伴部無訓（＊常陸・真壁《マカベ》）（＊常陸・多珂）（安藝・駅名）

錦【織】部無訓（＊河内・若江《ワカエ》）

【長】谷部無訓（＊参河・碧海《アヲミ》）

丈部無訓（美濃・不破《フハ》、[高]大〔丈〕部）（＊下野・河内）（＊下野・芳賀《ハガ》）（☆越中・新川《ニフカハ》、[急]大〔丈〕部）

服【織】部無訓（＊伊賀・阿拜《アヘ》）

物部無訓（＊尾張・愛智《アイチ》）（＊下総・千葉《チバ》）（＊美濃・多藝《タギ》）（＊美濃・安八）（＊美濃・本巣《モトス》）（＊下野・芳賀《ハガ》）（＊越後・頸城《クビキ》）（＊丹波・河〔何〕鹿《イカルガ》）（＊丹後・与謝《ヨサ》）（備前・磐梨《イハナス》、[高]項なし）（＊筑後・生葉《イクハ》）（＊肥前・三根《ミネ》）（☆日向・那賀《ナカ》、[急]於〔物〕部）（＊壹岐・石田《イシタ》）

八【田】部無訓（＊常陸・河内《カフチ》）（＊常陸・那珂）（＊常陸・父慈〔久〕）

右の、「跡部」はアトベと、「海部」はアマベ・アマンベ・アマないしカイフと、「礒部」はイソベと、「忌部」はイムベ・インベと、「刑部」はオサカベ・オッサカベと、「春日部」はカスガベと、「鴨部」はカモベ・カナと、「輕部」はカルベと、「日下部」はクサカベ・クサベと〔[元]「日下部」（＊常陸・那珂、[急][高]早部[日下]）もクサカベと〕、「越部」はコシベと、「雀部」はサザイベ（ササイベ）・サザベ（ササベ）と、「宗我部」はソガベと〔前掲「宗我部」（＊丹波・桒田）も同様〕、「田部」はタベ（・タノベ）と、「建部」（・「健部」）はタケンベ・タケベと、「伴部」はトモベ・トモと、「錦織部」はニシコリと、「長谷部」はハセベと、「丈部」はハセヅカへ・ハセヅカヒと、「服織部」はハトリと、「物部」はモノノベ・モノベと、「八田部」はヤタベと訓むと見てよいと考えられる。

なお、[高]「礒上」（美濃・席田）は、イソ[礒]＋ウへ[上]の約まったイソへの例かと見られる。

そして、(a)(b)(c)と標記が共通しないものを挙げる。先にふれた「日下部」「宗我部」は再掲しない。

漢部（＊丹波・桒田）（☆丹波・河鹿[何]、[急]後部）
荒部（＊丹波・桒田）
伊部（＊越前・敦賀）
生部（＊美濃・賀茂）
勝部（上総・周淮、[高]項なし）（＊因幡・氣多）（＊伯耆・久米）（☆伯耆・日野、[急]項なし）
川部（＊伊勢・河曲）
松市部[私]（丹波・河鹿[何]、[高]和市部[私]）（因幡・八上、[高]和市部[私]）（肥後・飽田、[高]和市部[私]）松市部[私](16)（＊備後・三谿）
酒部（＊下野・河内）
菀部（＊紀伊・名草、[元]苑部）
財部（＊下野・河内）（＊下野・芳賀）（☆備前・上道[ミ]、[急]財田）（＊紀伊・日高）（＊肥前・三根）（＊日向・諸縣）

土師部（☆丹波・天田(アマダ)、[急]土師）
藤部（＊上総・周淮(スエ)）
道部（＊備後・奴可(ヌカ)）
六人部（＊丹波・天田(アマダ)）
宅部（＊肥後・益城(マシキ)）
丸迩部（☆陸奥・磐城(イハキ)、[急]九[丸]迩部）
麻績部（＊肥後・益城(マシキ)）

他に、「東部」・「南部」・「西部」（＊摂津・百済(クダラ)）、「南部」（＊紀伊・日高(ヒタカ)）、および、「郡部」（但馬・駅名）、「村部」（＊美濃・方縣(カタガタ)）（＊筑後・下妻(シモツマ)）があるが、右に挙げてきたものと性格が異なるかとも見られる。

また、『地理志料』に、「遊部無訓」（＊大和・高市(タケチ)）に対して「當三読テ云二阿曽布一」とあり、「意部無訓」（＊下総・相馬(サウマ)）（＊下野・安蘇）に対してともに「按當三読云二於夫一」とあり、「藝部[都]無訓」（☆常陸・行方(ナメカタ)、[急]藝都）に対して「按當三読云二岐豆一」とあるので、また、「登部無訓」（肥前・駅名）は肥前国風土記に「登望驛」（松浦郡）とあり、ここに挙げないことにする。右のうち、「意部」（＊下総・相馬(サウマ)）に対して[駅]「於賦」があり、「藝部[都]」（[急]藝都）に対して「藝都里」（常陸国風土記・行方郡）がある。また、「遊部」に対して「遊く阿曽布」（飛彈・荒城(アラキ)、[高]遊口阿曽布）があることが参照される。

「私市部」は、『時代別国語大辞典上代編』キサイチベ［私部］の項の「考」に「后部(キサキベ)の人々の住む土地の市場をキサイ市（略してキサイチ）と言い、この土地に「私市部」の字をあてた。」とあるように、「私市部」の「市」字を省略したものと見られる。「詔置(て)二日礼[祀]部(の(マツリ)べ)、私部(キサイチ(べ)を)一」（敏達紀六年二月・前田本）のようにキサイチべと訓むものであろうか（後述）。「土師部」は、[急]「土師」から見て「土師部」の「師」字を省略したものと見られ、「喚(メシ)ヨ上(アゲ)出雲国土師壹佰人（ヲ）」（垂仁紀卅二年七月・熱田本、ここに「部」字を持たないのにべと読む例があることが注意される）のようにハジべと訓むかと見られる。「土師波尓之」（*和泉・大鳥、高波迩之）・「土師波尓之」（上野・緑野、高無訓）／「土師反之」（備前・邑久、高無訓）があり、「部」字も訓べもない地名がある。同時に、先には「ハジべと訓むかと見られる」と述べたが、ハニシべ・ハンジべと訓むかとも見られる。「六人部」は、『地理志料』に「修二六人部一也」とあり「六人部」の「人」字を省略したものと見られ、「麻積部」は、同じく「恐修二麻績部一也」とあり「麻績部」の「績」字を省略したものかと見られる。「丸迩部」は、「和迩部」が「丸迩部」（「即副（二）丸迩臣之祖日子國夫玖命（一）而遣時即於丸迩坂居（二）忌瓮（一）而」（記崇神）参照(17)）とも書かれる「迩」字を省略したものと見られる。「麻積部」に対して「麻續〔績〕乎宇美」（*伊勢・多氣）・「麻續〔績〕乎美」（*信濃・伊那、高乎美）などが、「丸迩部」に対して「和迩」（近江・駅名）があり、「部」字も訓べもない地名がある。

五　訓の音節数による傾向

さて、「部」字を持たずべと訓まないものを別にして、(a)(b)(c)を通じて、べと訓むかどうかについては、音節数による傾向がある。

まず、音節数が多いところの、4四音節のもの、5五音節のものは、べと読まない。4四音節のものは、(b)「椋椅部」・「錦織部」のみ、5五音節のものは、(b)「杖　部」「丈　部」のみである(18)。とすると、先にとりあえずキサイチべと訓んだ(d)「私市部」は、キサイチのようにべと読まない方がよいことになる（地名ではないが、前掲敏達紀・前田本の訓に、「日〔祀〕礼部」には訓べがあり、「私　部」には訓べがなかったことが参照されよう）。

それに対して、音節数が少ないところの、1′一・二音節のもの、2′二・三音節のものは、基本的にべと訓む。例外となるのは、(b)「海部」「鴨部」「伴部」のみであるが、アマべ・アマンべ、カモべ、トモべの訓もあるものであった。

右の前者と後者の間に当たる3三音節のものは、べと読むものが(a)「茜部（アカネベ）（アカナベ）」・「春日部（カスガベ）」、(c)「安宿部（アスカベ）」・「日下部（クサカベ）」であり、べと読まないものが(b)「的部（イクハ）」・「草部（スヽキ）」・「服織部（ハトリ）」である。(c)「尾張部」は、ヲハリ・ヲハリベの訓があり、前者と後者の間で揺れていると見ることができる。同じく、3′三・四音節のものは、(a)「刑部（オサカベ）（オッサカベ）」・(c)「物理部（モトイベ）（モトロキ）」である。これらのうち、べと読むものには、「安宿部（アスカベ）」・「日下部（クサカベ）」および「刑部（オサカベ）（オッサカベ）」のような～カベの訓のものがやや多く、「春日部（カスガベ）」のような～ガベの訓のものもこれに準じられよう。「日下部」を「草壁久佐加倍」（＊備中・小田（ヲダ）、[高]久佐加へ）・「草壁久左加倍」（筑前・嘉麻（カマ）、[高]無訓）と、「真髪部」を「真壁万加倍」（駿河・有度、[高]末加倍）・「真壁万加倍」（備中・窪屋（クボヤ）、[高]無訓）と、(19)「刑部」を「忍壁於之加倍（略）」（＊摂津・有馬（アリマ））(20)とするような「～壁」の標記のある(21)ことと無関係ではないであろう。

右のように、1′一・二音節のもの、2二音節のもの、2′二・三音節のものは、基本的にべと読み、また、4四音節のもの、5五音節のものは、べと読まず、そして、前者と後者の間に当たる3三音節のもの、3′三・四音節のものは、べと読むものもべと読まないものもあるが、～カベ（・～ガベ）のものはべと読む傾向があると認められる。但し、これは和名抄の地名におけることであって、地名でないものにも適用できるとは限らないであろう。

ところで、音節数の差のあるものについてであるが、まず、1一・二音節のものの「田部（タベ）（タノベ）」、2′二・三音節のものの「物部（モノベ）（モノノベ）」は、連体助詞ノの有無によるものである（第一篇第三章をも参照）。

また、2′二・三音節のもの、3′三・四音節のものにおける添加のものは、「海部（アマンベ）」「刑部（オッサカベ）」である。「海部（アマンベ）」は撥音の添加と見られ、「刑部（オッサカベ）」を促音の添加と見ること、先に述べた。同じく脱落のものは、まず、イ音便の脱落と撥音便の脱落があり、それぞれ「雀部（サザベ）」と「建部（タケベ）（タケムベ）」とである。今一つ、「谷部（ハセベ）」は、促音便の脱落と見ておくのがよいかと先に見た。右の添加のものと脱落のものとを合わせて、撥音・促音の添加、イ音便・撥音便・促音便の脱落であり、特殊音節の添加・脱落として括ることができる。

この他に子音＋母音の音節の脱落があり、カの脱落「日下部（クサベ）」、ヒの脱落「丹比部（タヂベ）」、タの脱落「額田部（ヌカベ）」がそれである。そして、これら音節の脱落のものは、いずれも標記の省略があり、さらに、省略される標記と脱落する音節とが対応していることが注意される。「日下部」の「下（カ）」、「丹比部」の「比（ヒ）」、「額田部」の「田（タ）」がそれである。尤も、「日下」の「日」字はクサの訓がある訳ではないので、「日下（クサカ）」は熟字訓と言うべく、厳密には省略される標記と脱落する音節との対応にはならないとも言えるが、「日下」の「下」はカと読めるので、省略される標記と脱落する音節とが対応している中に入れてよいであろう。つまり、これらは、「好字」「二字」の原則により三字が二字に省略され、その二字を改めて訓む際に、省略された文字を訓まない訓が成立したものととらえられる。

以上、和名抄地名の「部」字を持つものなどについて、べと訓むかどうかは訓の音節数による傾向があること、子音＋母音の音節の脱落は三字が二字に省略された文字を訓まない訓が成立したことによるととらえられること、などについて述べた。

注

(1)『平安遺文』古文書編一による。

(2)『神道大系』神宮編一による。

(3)『考證』参照。他に、延喜式・神名帳に「田之家神社（タノヘノ／タノイヘノ）」とあるのによるならば、タノベではなくタノヘであろう。

(4)『考證』に指摘される。

(5)『諸本集成倭名類聚抄』索引篇〔1968・9　臨川書店〕

(6)後に注(10)に挙げる濱田敦氏論文参照。

(7)前書(二)〔第五篇第二章〕参照。

（8）尤も、北川和秀氏「『和名類聚抄』にみる東海の地名」（犬飼隆・和田明美両氏編『語り継ぐ古代の文字文化』〔2014・1 青簡舎〕）は、「「アカ」の母音がいずれもａであるので、ｎｅがそれに影響されてｎａに変わったと考えれば、説明は付こう（略）。いわゆる順行同化である。」とされて、別の解釈もある。

（9）『国語音韻史の研究』〔1944・7 明世堂書店、1957・10 増補新版 三省堂〕、もと『音声の研究』Ⅳ〔1931・12〕

（10）『国語史の諸問題』〔1986・5 和泉書院〕〔第一編二〕、もと「国語・国文」14-10〔1946・1〕。「此の郷名は現在同地方には残っていない様（ママ）でその現在の称呼は不明であるが、大和城上郡の「忍坂」は、現在磯城郡城島村の大字に「忍坂」があり、奥野健治氏の『万葉大和志考』には「オツサカ」と促音によむ様に振仮名してある。こういったことから考えれば、少くとも因幡国高草郡の「刑部於無左加倍」は恐らくオッサカべとよむべき字面ではないかと思われるし、『記紀』、『和名抄』（大和）の忍坂も、実際の発音はオッサカと促音であるのを、表記しなかったものではないかとの想像も不可能ではないと言わねばならない。」と述べられる。

（11）『考證』参照。

（12）『地理志料』に「蓋修ニ椋椅部一也」とある。

（13）もし、ハセヅカヒべのヒの脱落と見るならば、新たに4′四・五音節のものとすることになり、ハセヅカ（ヒ）べの訓は(a)に、ハセヅカヒの訓は(b)に入れられ、両者にまたがるものになる。なお、後に挙げる注(18)参照。
また、ハセツク〔馳着〕「五位、狐ヲ捕ヘタル所ニ馳着タレバ」（今昔物語集二十六-十七）の被覆形＋べ〔部〕の構成と見ることもできようかと思われるが、「出部（イツベ）」「忌部（イムベ）」のような動詞終止形＋べ〔部〕の構成のものを除く、他の動詞被覆形＋べ〔部〕の構成の例が他に見えないので難しいであろう。

（14）『地理志料』『考證』参照。

（15）〔駅〕「遠管」（安藝）により削るのがよいか（『考證』に「遠管か」とある）。あるいは、『地理志料』に「蓋建-部遠-管之誤脱也」とあるのに従うか。

（16）『地理志料』に「松恐ハ私ノ字之譌」とある。

（17）新撰姓氏録（左京皇別下）に、「和爾部宿禰」にも「丸部」にも「和安部朝臣同祖」とある（『考證』参照）ことも参照。

（18）注（13）に訓ハセヅカ（ヒ）べの可能性について述べたが、ここに示したところの、音節数が多いものはべと訓まない傾向からすると、ハセヅカ（ヒ）べと見ない方がよいと考えられる。

（19）三代実録に「脩中國窪屋郡人眞髪部成道」（元慶五年十月十六日）とある（『考證』参照）こと参照。なお、第一章注（8）をも参照。

（20）新撰姓氏録（摂津国神別）に「刑部首」とある（『考證』参照）こと参照。

（21）第一章注（8）参照。

余談・二　変化する地名

古代の地名が、時代が下って変化するものについて、偶々知った二つの例を見てみる。今、奈良市西部などを流れる富雄川と、大阪市南部の遠里小野とである。

一　富雄川

大学三回生の頃、日本古典文学大系70の日本霊異記（以下、霊異記と示す）・上巻第四縁「聖徳太子示（二）異表（一）縁」を読んでいて、驚いたことがある。

　鵤の富の小川の〈□三乃乎可波乃〉絶えばこそわが大
　君の御名忘られめ

この「富の小川」は、今の富雄川のことではないか。

霊異記・上巻の最善本である興福寺本に「□」に当たる文字はない（「御名な忘れめ〈三奈こ和数礼女〉」とある）が、国会図書館本にこの歌は「イカルカノトミノオカ[ヲ]ハ乃タヘ[エ]ハコソワカオホキミ乃ミナヲワスレメ」とある（結句が少し異なる）。

また、上宮聖徳法王帝説（以下、法王帝説と示す）には、

　斑鳩の冨の小川の〈止美能乎何波乃〉絶えばこそわが
　大君の御名忘らえめ

とあり、法王帝説に「御名忘らえめ〈弥奈和須良叡米〉」と助動詞ユが用いられる（「叡」はヤ行エの萬葉仮名）方が古い形である（中古に下ると助動詞ルが用いられる）が、「富の小川」と訓むことに変りはない。もし斑鳩の富の小川が絶えるならば、我が大君の御名を忘れることがあろう、けれども、富の小川が絶えることなどあり得ないので、我が大君の御名を忘れることなど決してないであろう、の意と見られる。

なお、日本思想大系2『聖徳太子集』の補注に「「冨」は斑鳩附近の地名。」とあるのは、必ずしも正しくなく、後に見るように、もっと北（上流）の地名とするのがよいと見られる。

今、近鉄奈良線に「富雄駅」があり、その傍らを北から南へ「富雄川」が流れている（斑鳩近くで大和川に合流する）。奈良市には「富雄川」という町名もある。一八八九〔明治二二〕年に添下郡の「二名」「三碓」「中」「大和田」「石木」五村が合併して「富雄村」（後には生駒郡）になった（『角川日本地名大辞典』29奈良県「富雄」の項）が、「富

雄」と記されるのがその時から遡れるかどうかは、残念ながらよくわからない。

つまりは、ヲガハのヲがトミと合わせてトミヲになった、トミノヲガハ（トミ＋ノ＋［ヲ＋カハ］）がトミヲガハ（［トミ＋ヲ］＋カハ）に変化した、ということである。

よく見れば、この近くにトミという地名がある。「富雄駅」の一つ東の「学園前駅」の北（近鉄けいはんな線「学研登美ケ丘駅」の南と言う方が近い）に「登美ケ丘」などの町名（奈良市）がある。また、「富雄駅」の西に「鳥見」という町名（奈良市）があり、今トリミと言うが、トミと関係があると見て間違いないであろう。

そもそも、古事記の神武東征の条で、後の神武天皇である神倭伊波礼毗古命が戦う相手（大和国側）はトミノナガスネビコ「登美能那賀須泥毗古」（記神武）ともトミビコ「登美毗古」（同）とも呼ばれていた。日本書紀には「長髄彦」とあるが、「長髄 是邑乃本號焉 因亦以為(二)人名(一) 及(三)皇軍之得(二)鵄瑞(一)也 時人仍號(二)鵄邑(一) 今云(二)鳥見(一)是訛也」（神武前紀戊午年十二月）のように、「鵄」「鳥見」という邑名がある。

その「鳥見」に対して、日本古典文学大系67『日本書紀上』の頭注には、「奈良県生駒郡生駒町の北部から奈良市の西端部（旧富雄町）にわたる地域。この地は続紀、和銅七年十一月条に登美郷として現われ、以後平安・鎌倉・室町・江戸の各時代を通じて鳥見庄または鳥見谷の名を伝え、その地内を貫流する富雄川も、もと富河または鳥見川と呼ばれていた。」とある（この「生駒郡生駒町」は、今の生駒市である）。続日本紀には、「登美箭田二郷百姓」（和銅七年十一月戊子（四日））とある。「登美（略）郷」（続日本紀）などの例は、『考證』にも詳しい。延喜式・神名帳には「登彌神社」がある。

日本書紀の「鵄」はトビ「鵄（略）（略）止比」（新撰字鏡）であり、トビ―トミはバ行―マ行の子音交替と見られる。『岩波古語辞典』は、トビ［鳶・鵄］を「töbi」のようにト乙類・ビ甲類と推定しているが、トビ［鳶・鵄］が上代に萬葉仮名で記された例は見当たらず、トブ［飛］「天（あま）飛（と）ぶ〈阿麻登夫〉鳥（とり）も使（つかひ）そ…」（記允恭　八四）の連用形が名詞化したものと見たことに因ったと見られる。

なお、『考證』は、註に、和名抄の「鳥貝止利加比」（＊大和・添下（ソフノシモ））は、「鳥見郷の謬りであろうとする説（『大日本地名辞書』）があるが、「止利加比」の訓が高山寺本に明記されているので疑問である。」とされるが、新日本古典文学大系12『続日本紀二』の脚注は、「和名抄大和国添下郡に矢田郷・鳥貝（鳥見の誤りか）郷を載せる。」としていて、「鳥貝」を「鳥見」の誤りと見るか見ないか判断が分かれる。

二　遠里小野

中西進氏『日本語の力』[2006・7 集英社文庫]の、Ⅰの「やまとことばの豊かさ」の「ことばの原義を探る」の欄に、次のようにある。

もっと驚いたこともあった。大阪市の南部に遠里小野という地名がある。町があり、大きな遠里小野橋が大和川にかかっている。／わたしが最初この地に接したのは地図によってでなく、じかにその土地を通った時であった。目の前に現われた標識に「遠里小野」と出て来た時は感動的で、「あっ」と叫んだほどであった。なぜなら、このことばは『万葉集』にも、

住吉の　遠里小野(とほさとを)の(の)　真榛(まはり)もち　摺(す)れる衣の　盛り過ぎ行く（巻七—一一五六）

と登場する地名だったからだ。／ところが近づくにつれて標識の下に書かれたローマ字を見た時は、さらに驚きが大きかった。「ＯＲＩＯＮＯ」と書かれていた。／要するに古雅な「とおさとおの」などとよめるはずもない。そうよめなくなると、もう文字を棒よみにして「おりおの」という次第である。／こうなると意味不明のまま発音しているのだから、もう文字はどうでもよい。やがて降斧とか織尾野とか書くようになるかもしれない。

実は、これを読んだのとそう遠くない時に、橘守部『雅言考』（橘守部全集 第十）を見ていて、次のようにあることに気づいた。

〇とほさと小野　萬葉七、又同十六に「住吉之(スミノエノ)遠里小(トホサトヲ)野之(ヌノ)」とある、今本の訓の誤を傳たるにて、昔はかゝる地名あらぬなるべし。攝津ノ國住吉ノ郡に遠里小野(ヲリヲノ)村と云ありて、今現にをりをのと呼(イ)へば、かの萬葉のうたも古訓の如く、ヲリノヲヌニと六言によむべきなり。（傍点、原文）

右のように『雅言考』がヲリノヲヌニと訓むべきであるとするにも拘わらず、萬葉集七—一一五六(一一六〇)番歌・一六—三七九一(三八二三)番歌の「〈遠里小野之〉」をトホサトヲノと訓むのが

よいことは、中西氏も示される通りである。一方で、近世の『雅言考』当時に既に地名ヲリヲノ（おりおの）になっていたことは、中西氏も御存じなかったようである。

そして、ヲリヲノがいつ頃まで遡れるかであるが、太平記・巻二十五「住吉合戦事」に、

　先住吉ノ敵ヲ追出サント、石津ノ在家ニ火ヲ懸テ、瓜生野ノ北ヨリ押寄タリ

とある（乾善彦氏の御教示による）。この「瓜生野」について、日本古典文学大系35『太平記二』の頭注に「大阪市東住吉区瓜破東ノ町・西ノ町。その西に大阪市住吉区遠里小野（おりおの）町がある。」と、新編日本古典文学全集56『太平記③』の頭注に「神田本「遠里小野」。大阪市住吉区遠里小野町。住吉大社の南方約二キロメートルの地。」とあって、後者が示すように「瓜生野」を「遠里小野」とする本もあるので、この「瓜生野」はヲリヲノの変化したウリウノと見てよい。巻三十四「新将軍南方進發事付軍勢狼藉事」には、「天王寺、安部野、住吉ノ遠里小野ニ陣ヲ取ル」ともある。

これらのことによって、太平記より前にトホサトヲノはヲリヲノになったと見られ、太平記ではそれが変化したウリウノになっていることが知られる。「瓜生野」の「生」の訓は本来フであるが、ハ行転呼音によってウになっているので、その点に問題はない。

なお、『雅言考』などに「野」をヌとするのは、当時として通常のことで、上代特殊仮名遣の甲類・乙類の別がイ列・エ列・オ列にあることが知られるようになって、ウ列のヌに二類があるのは問題があるということになり、オ列のノに二類があるととらえて、「野」をノ（甲類）とするようになって行ったものである。

第四篇　地名とその周辺

第一章　和名抄・名博本の地名の傍訓

一　名博本と高山寺本

和名抄・名博本は、廿巻本で、永禄九[1566]年の書写であるが、これについては、名古屋市博物館資料叢書２『和名類聚抄』[1]に榎英一氏の「解説」があり、また、宮澤俊雅氏「倭名類聚抄二十巻本諸本再考」[2]が検討されている。

榎氏は、「概していえば、名博本は東急本よりは高山寺本に近いようである。」とされ、また、宮澤氏は、榎氏が「名博本は辞書というより語彙集になっている」と述べられるのを引いて[3]、名博本は、「二十巻本倭名類聚抄のうち高山寺本の系統に近いものに基づいて、本文記事の殆どを削り、中世の辞書としてふさわしい「名彙集」の体裁に改編したもの、と位置付けることが出来るのではあるまいか。」と結論される。ただ、この「語彙集」「単語集」（榎氏）・「名彙集」（宮澤氏）の形に「改編」（同）すると見ることは、巻一～巻四を中心に言われることであり、元々「「名彙集」的な部分」（宮澤氏）である巻六～巻九（高山寺本[4]）の「國郡部」ないし「郷里部」においては必ずしも明確なことではない。

宮澤氏は「郷里部での対比から、高山寺本と名古屋本との間に類縁関係があると認められ、」とも言われるが、ここで、榎氏・宮澤氏を承け、名博本と高山寺本との関係について、名博本「國郡部」と高山寺本「郷里部」と（つまり、地名を掲載する部分）を対照することにより検討したいと考える。この章の関心は、地名の資料として和名抄を見るところにあるので、和名抄諸本の関係のことは本来の検討の対象から些か離れる問題であるが、避けて通れないことであろうとも考えている。

さて、和名抄・廿巻本は、「國郡部」ないし「郷里部」に地名を掲載している(5)（十巻本にはない）。その中で、大東急本や元和本には国名欄・郡名欄と郷名欄とがあるのに対して、高山寺本も名博本も郷名欄のみである(6)。

そして、大東急本（・元和本）や高山寺本は、郷名の多くに萬葉仮名中心の訓注（以下、単に訓注と呼ぶ）が付されている(7)のに対して、名博本は、郷名の多くに片仮名の傍訓（以下、単に傍訓と呼ぶ）が付されている(8)。名博本の郷名の傍訓については、榎氏も宮澤氏も特にふれられていないが、これは、高山寺本ないし高山寺本系の訓注を傍訓に改めたものではないかと考えられる。以下、基本的にこの方向で検討して行きたいと考える（この章では、高山寺本と名博本とが一致しているかどうかについて述べる際などにも、[高][名][急][元]の略号を用いる）。

なお、北川和秀氏「『和名類聚抄』にみる東海の古代地名」(9)は、「名博本の附訓は郡名も郷名も共にカタカナである。附訓状況は高山寺本と共通性が高い。高山寺本と名博本とに見えるカタカナ訓は、本来は万葉仮名であったものをカタカナに変更したものであろう。」と述べられ、ほぼ同様の方向でとらえられている(10)（郡名の傍訓ないし高山寺本の傍訓については、第二節に述べる）。

一方で、渡辺実氏の高山寺本の「解題」(11)も榎氏も宮澤氏も北川氏も指摘されることであるが、「郡家」「驛家」「神戸」「餘戸」などの大部分を、高山寺本は郷名から削除しているのに対して、名博本は郷名に挙げている(12)。高山寺本から名博本へという方向を考えると、これは増補のように見える。

榎氏は、名博本について、「高山寺本に近いようである。」としつつ、「高山寺本では大部分削除している駅家や余戸を載せていて、相違箇所もあるから、単純な関係ではない。」とされる。それに対して、宮澤氏は、「これらの特殊郷はもともと有ったものが省かれていったと考え」られ、「特殊郷が省かれる以前の高山寺本」を想定されて、「名古屋本は高山寺本の系統に属し、これを改編抄録して成った本と見るのが順当であろう。」とされる。つまり、「郡家」「驛家」「神戸」「餘戸」などを、高山寺本の祖本から高山寺本が削除したのに対して、祖本を承けた名博本は削除していない、という関係であると考えられていて、このように見れば、増補ではないことになる。とすると、宮澤氏も言われるように、名博本は「現高山寺本を継承するものではない」ことになるので、高山寺本の祖本を含めた高山寺本系と高山寺本そのものとを区別して述べるようにしたい（既にそのように述べたところがある）。

二　郡名の傍訓

高山寺本の（郷名欄の）郡名の、畿内と東海道の伊賀〜尾張との範囲の多くには傍訓が付されている。しかしながら、この傍訓は高山寺本に元からあったものではないと見られる。それは、この傍訓が右に示した部分にしかないこともあり、また、その中に他本と一致しない（場合によっては、正しくない）訓がかなりあるからである。仮名遣の差によるものを省略して、他本と一致しない訓は次のようである（参考までに、大東急本（・元和本）の訓注を括弧内に示す）。

乙訓《オタキ》郡（於止久[二]）、愛宕《アタコ》郡（於多支、[元]於多岐）、相楽《アヒラカ》郡（佐加良加）〔以上、山城国〕

添上《カフノカミ》郡（曽布乃加美）、添下《カフノシモ》郡（曽布乃之毛）、葛上《カトノカミ》郡（加豆良支乃加美、[元]加豆良岐乃加美）、忍海《オキノウミ》郡（於之乃美）、高市《タカチ》郡（多介知）〔以上、大和国〕

古市《コチ》郡（不留知）、讃良《サヽラ》郡（佐良、[元]佐良々）〔以上、河内国〕
豊島《トシマ》郡（手嶋）、河邊《カハヘ》郡（加波乃倍）〔以上、摂津国〕

このことから見ると、高山寺本の郡名の傍訓と名博本の（郷名欄の）郡名の傍訓とを対照することはあまり意味がないと考えられるので、高山寺本の郡名の傍訓はとり挙げないことにする。

とすると、名博本の郡名の傍訓は、大東急本（・元和本）の（郡名欄の）郡名の訓注と対照するしかない。この節では、大東急本（・元和本）に訓注等があり、かつ、名博本に傍訓があるもので、注意される郡名のみを挙げる。先に名博本の例を挙げ、それに対応する大東急本（・元和本）の例を括弧内に挙げる。その際に、両者に一致する（字体の差は問わない）[13]郡名は、大東急本（・元和本）の方を省略する（つまり、訓注等のみを示すことにし、両者が異なる表記であるなどの例は大東急本（・元和本）の郡名も括弧内に挙げる）。名博本で「郡」字を「―」と示したものは、「郡」に戻して示すことにする〔以下同様〕。

左には、大東急本（・元和本）のオ「於」を名博本でヲとした例（オ→ヲと示す〔以下、同様〕）が多い（12例）。同様に、ハ→ワ 1例、ヰ→イ 5例、ヒ→イ 3例、イ→ヒ 1例、フ→ウ 5例、ヱ→エ 1例、エ→ヘ 1例、ヱ→ヘ 1例、ホ→ヲ 2例、ヲ→ホ 1例、ホ→オ 1例、ム→ン 8例、のようである。これら仮名遣の差によるものは、永禄九年の書写としてそのようでもあるところなので、一々に述べない。

山城國　乙訓《ヲトクニ》郡（於止久[二]）　愛宕《ヲタキ》郡（於多支、[元]於多岐）　紀伊《キイ》郡（支、[元]岐）　相樂《サカラ[カ]》郡（佐加良加）
大和國　添上《ソウノカミ》郡（曽布乃加美）　忍海《ヲシノミ》郡（於之乃美）　十市《トヲチ》郡（止保知）
河内國　古市《フルイチ》郡（不留知）　安宿《ヤスヘ》郡（安宿安須加倍）　大縣《アカタ》郡（於保加多）　茨田《マイ[衍]ヽタ》郡（万牟多）　若江《ワカヘ》郡（和加江）
和泉國　大鳥《ヲホトリ》郡（於保止利）
攝津國　東生《ヒカシナリ「城イ」》郡（比牟我志奈里）　八部《ヤタヘ》郡（夜多倍）

山城國「乙訓郡《ヲトクニ》（於止久［ニ］）」は、「弟國」（記垂仁、垂仁紀十五年八月、継体紀十二年三月）の例もあり、ニを補うのがよい。「紀伊郡《キイ》（支）」は、一字地名の二字化に関連して、長音キーを表す例である。[14]「相樂《サカラ［カ］》郡（佐加良加）」は、［急］により（同名の郷名をも参照）カを補うのがよい。

大和國「十市郡《トヲチ》（止保知）」は、ヲが本来である。

河内國「古市郡《フルイチ》（不留知）」は、フル［古］＋イチ［市］の後行母音イの脱落の有無の差である。「安宿郡《ヤスヘ》（安宿 安須加倍）」は、「安宿」をヤスへと訓むのが困難であり、［急］により三字地名「安宿部」の省略と見られて、アスカべと訓むのがよいと見られる。[15]「大縣郡《アカタ》（於保加多）」は、オホ［大］＋アガタ［縣］の後行母音アの脱落の有無の差である。「茨田郡《マイ、タ［衍］》（万牟多）」は、本来ウマラダかと見られ、語頭ウの脱落とラの撥音便化したものが「万牟多」で、それがマイタとも表記されたかと見られよう（マイ、タの踊り字は衍字と見られる）。

攝津國「東生郡《ヒカシナリ［城イ］》（比牟我志奈里）」は、ムの撥音便の脱落の無有の差である。「八部郡《ヤタヘ》（夜多倍）」は、二字地名「八田部」の省略と見られる。

伊勢國　員辨郡《イナヘ［名イ］》（爲奈倍）　河曲郡《カハコ［ワ］》（加波和）　奄藝郡《アンキ》（阿武義）　度會郡《ワタラヘ》（和多良比）

參河國　碧海郡《アウミ》（阿乎美）　寶飫郡《ホヨ》府（穂　国府）

遠江國　引佐郡《ヒナサ［イ］》（伊奈佐）　長上郡《ナカカミ》（准上、［元］長乃加美）　長下郡《ナカシモ》（長乃加美、［元］准上）　城飼郡《キカウ》（城伺［飼］支加布）

甲斐國　八代郡《ヤシロ》府（夜豆之呂）

相模國　愛甲郡《アイカフ》（阿由加波）

武藏國　多磨郡《タマ》（太婆　国府）　都筑郡《ツキ》（豆ゝ支、［元］豆々岐）　播澤郡《ハンサハ》（榛澤 波牟 伴佐波、［元］波牟佐波）

安房國　平郡郡《ヘクリ》府（平群 倍久利　国府）　朝夷郡《アサイナ》（阿古［左］比奈、［元］阿左比奈）

上総國　周淮郡《スエ》（季）

下総國　猨嶋郡（佐之万）　埴生郡（波牟布）
常陸國　河内郡（甲和［知］、[元]甲知）　信太郡（志多）

伊勢國「河曲郡（加波和）」は、[急]によりカハワと訓むのがよい。「度會郡（和多良比）」は、アフ［会］〈四段・下二段〉の差である。

參河國「碧海郡（阿乎美）」は、アヲ［碧］＋ウミ［海］の後行母音ウの脱落か先行母音オの脱落かの差である〈ヲをウと誤ったこともあるか〉。「寶飫郡（穂　国府）」の「飫」は、漢音ヨであるが、一字地名「穂」の二字化に関連して、呉音オによって長音ホーを表す例である。

遠江國「引佐郡（伊奈佐）」のヒナは、訓ヒク「引」に影響された誤りと見られる。「長上郡（准上、[元]長乃加美）　長下郡（長乃加美、[16] [元]准上）」は、いずれも連体助詞ノの有無の差であるが、「〜上」「〜下」は連体助詞ノを読み添える例が多い[17]のでノのある方がよいであろう。

甲斐國「八代郡（夜豆之呂）」は、助数詞ツの有無の差である。

相模國「愛甲郡（阿由加波）」は、アイはアユのイ音便とも見られ、カハ・カフは二合仮名「甲」の差であるが、アイ・カフはいずれも固有名詞ではない「愛」「甲」の読みによったかとも見られる。

武蔵國「多磨郡（太婆　国府）」は、バ行―マ行の子音交替であるが、タマと訓む方が一般的である。「都筑郡（豆々支、[元]豆々岐）」のツキは、ツ、キの踊り字の脱落と見られる。「播澤郡（榛澤伴佐波、[元]波牟佐波）」は、「伴」が撥音表記であるので、ハンザハと訓むと見られる〈[名]「播」も[急]「榛」も、音読みと訓読みとの差はあるが、ハンと訓める〉。

安房國「平郡郡（府）」は、「平群」でなく「平郡」になっている。

上総國「周淮郡（季）」は、一字地名「季」の二字化と見られる。

下総國「猨嶋郡（佐之万）」は、ルの脱落の有無の差である。「埴生郡（波牟布）」は、「波牟布」がハニフの撥音便を表すと見られる。

常陸國「河内郡《カフチ》（甲和、〔知〕[元]甲知）」は、「甲」がカフを表している。「信太郡《シノタ》《多イ》（志多）」の「志多」は、シノダのノの撥音便が脱落したものと見られる。

近江國　栗太郡《クリモト》《府》〔本〕（久留毛止　国府）　神﨑郡《カンサキ》（加无佐伎）　浅井郡《アサイ》（阿佐井）

美濃國　大野郡《ヲホノ》（於保乃）

信濃國　諏訪郡《スワ》（諏方須波）　筑摩郡《ツクマ》《チク》《府》（豆加万　国府）　安曇郡《アトミ》（阿都之〔三〕）

上野國　甘樂郡《カンラ》（加牟良）　多胡□《タコ》《故イ》（〔胡〕乙音如呉）　緑野郡《ミトリノ》（美止乃）　新田郡《ニッタ》（尓布太）　邑樂郡《ヲホラキ》（色〔邑〕樂於波良支）

下野國　寒河郡《サンカハ》（佐无加波）

陸奥國　會津郡《アイツ》（阿比豆）　瑘麻郡《ナマ》〔ヤ〕〔耶〕（耶麻山）　安積郡《アサキ》（阿佐加）　苅田郡《カッタ》（葛太）　標葉郡《シナハ》〔メ〕（志〔メ〕波）　邑〔色〕麻郡《シカマ》（色麻志加万）　磐井郡《イハイ》（伊波井）　遠田郡《トヲタ》（止保太）　登米郡《トヨ子》（止与未、[元]止與米）　氣仙郡《ケッセン》（介世）

出羽國　村上郡《ムラカミ》（村山牟良夜末）　置賜郡《ヲヒタミ》（於伊太三）

近江國「栗太郡《クリモト》《府》〔本〕（久留毛止　国府）」は、被覆形クル・露出形クリの差である。

信濃國「筑摩郡《ツクマ》《チク》《府》（豆加万　国府）」は、二合仮名ツカ・ツク・チク「筑」の差である。「安曇郡《アトミ》（阿都之〔三〕）」のアトミは、〔ツ〕「都〔ド〕」をトと訓んだと見られる。

上野國「多胡□《タコ》《故イ》（〔胡〕乙音如呉）」は、タゴと濁ると見られる。「緑野郡《ミトリノ》（美止乃）」は、リの脱落の有無の差である。「新田郡《ニッタ》（尓布太）」のニツは、ニフが促音便化したものと見られる。「邑樂郡《ヲホラキ》（色〔邑〕樂於波良支）」は、二合仮名オハ・オホ「邑」の差である。

陸奥國「瑘麻郡《ナマ》〔ヤ〕〔耶〕（耶麻山）」は、一字地名「山」を「耶麻」とする二字化と見られ、「耶」を「那」と見誤ってナの訓が付されたかと見られる。「安積郡《アサキ》（阿佐加）」は、二合仮名サカ・サキ「積」の差である。「苅田郡《カッタ》（葛太）」は、

「葛」が促音表記であるので、カツタのツも促音と見られる。「標葉郡（志［メ］波）」は、シメハと訓むのがよいと見られれる。(18)「登米郡（止与未、［元］止與米）」は、三字地名トヨメ「登□米」の省略に対して、(19)「米」をヨネと訓んだと考えられよう。「氣仙郡（介世）」は、同名の郷名に［高］「氣仙氣之如結」とある「結」が促音表記であり、「仙」についての記述はないが、ケッセンと訓むと見られる（工藤力男氏「古代地名の西東」(20)参照）。

出羽國「村上郡（村山牟良夜末）」は、［急］から見て「上」は「山」の誤りで、誤られた「上」の訓がカミと見られる。

若狭國　遠敷郡府（乎尓不）　大飯郡（於保伊太）

越中國　婦負郡（婦屓［負］祢比）

越後國　魚沼郡（伊乎乃）

若狭國「遠敷郡府（乎尓不）」は、三字地名「小丹生」の二字化である。「大飯郡（於保伊太）」は、「於保伊太」により三字地名「大飯[田]」の省略で、省略された「田」に当たるタが脱落したかと見られる。

越中國「婦負郡（婦屓［負］祢比）」は、「婦負の野の〈賣比能野能〉…」（萬四〇一六 四〇四〇）などの例もあり、メ［婦］＋オヒ［負］の後行母音オが脱落したメヒが本来かと見られる。

越後國「魚沼郡（伊乎乃）」は、「沼」をヌ・ヌマのいずれに訓むかの差で、「乃」はヌの母音交替と見られる。(21)

丹波國　船井郡（不奈内［井］、［元］不奈井）

但馬國　美含郡（美具美）

因幡國　邑美郡（於不美）

伯耆國　會見郡（安不美）

出雲國　嶋根郡（［之］三末祢）

石見國　邑知郡（於保知）

但馬國「美含郡（美具美）」のフミは、訓フクミ「含」に影響された誤りと見られる。

因幡國「邑美郡（於不美）」は、二合仮名オフ・オホ「邑」の差である。

伯耆國「會見郡（安不美）」は、アフ［会］〔四段〕の終止形・連用形の差である。

出雲國「嶋根郡（［之］三末祢）」は、［元］「之末禰」が参照される。

石見國「邑知郡（於保知）」は、二合仮名オホ・オフ「邑」の差である。

美作國　勝田郡（加豆万多）
備前國　磐梨郡（伊波奈須）
備後國　安那郡（夜須奈）　奴下郡（奴可奴加）　甲奴郡（加不乃）　三次郡（美与之）

美作國「勝田郡（加豆万多）」は、三字地名「勝間田」の省略である。

備前國「磐梨郡（伊波奈須）」は、郷名「石生（［高］以波奈須、［急］伊波奈須）」が本来かと見られる。

備後國「安那郡（夜須奈）」は、「夜須奈」ともアナともあるが、「備後國（略）婀娜國膽殖屯倉（略）」（安閑紀二年五月）の例からするとアナと訓む方がよいか。「甲奴郡（加不乃）」のノは、ヌの母音交替と見られる。「三次郡（美与之）」は、ミヨシの訓もミスキの訓もあるようである。

阿波國　麻殖郡（乎恵）
讃岐國　大内郡（於布知）　寒河郡（佐无加波）　［鵜］鵜足郡（鵜足宇多利）　苅田郡或豊田イ（欄外）（葛多）
伊豫國　新居郡（仁比井）　周敷郡（主布）
土左國　吾河郡（安加波）

讃岐國「大内郡（於布知）」は、オホ［大］＋ウチ［内］の先行母音オの脱落か後行母音ウの脱落かの差である。「苅田郡或豊田イ（欄外）（葛多）」は、「葛」が促音表記であるので、「葛多」はカリタの促音便を表すと見られる。

伊豫國「周敷(シウ)（主布）」の「主」は呉音ス・漢音シュであり、シウはシュフの変化したものかと見られる。

土左國「吾河郡(サ〔ア〕カハ)（安加波）」は、[急]によってよい。

筑前國　宗像郡(ムナカタ)（牟奈加多）　下座郡（下都(シモト)安佐久良）　上　座郡(カンツアサクラ)（准上）
筑後國　竹野郡(タカムノ)（多加乃）　上妻郡(カンツマ)（加牟豆万）
豊前國　企救郡(キク)（支多〔久〕）　築城郡(ツクキ)（豆伊支）　上毛郡(カンツケミ)（加牟豆美介）
豊後國　日高郡(ヒタカ)（比多）　直入郡(ナヲリ)（奈保里）　大分郡(ヲオ〔ニ〕イタ)府（於保伊多）
肥前國　高来郡(タカク)（高来多加久）
肥後國　菊池郡(キクチ〔来〕)（久ゝ知）　合志郡(カウシ)（令〔合〕志加波志）
日向國　兒湯郡(コユ)府（古田〔由〕　国府）　諸縣郡(ム〔ラ〕ナカタ)（牟良加多）
大隅國　噌唹郡(ソヲ)或府（曽於）
薩摩國　鹿兒嶋郡(カコシマ)（加古志万）
對馬國　上　縣　郡(カンツアカタ)（加无津阿加多）

筑前國「宗像郡(ムナカタ)（牟奈加多）」は、被覆形ムナ・露出形ムネの差である。「下座郡（下都(シモト)安佐久良）上　座郡(カンツアサクラ)（准上）」は、三字地名「下[朝]座　上[朝]座」の省略で、[高]「下都(シモト)」のトはツとあるべきところである（第一篇第三章参照）ので、訓注の傍訓シモトは第二節に見た[高]郡名の傍訓と同様に見ておきたい。また、カンツはカミツの撥音便である。

筑後國「竹野郡(タカムノ)（多加乃）」のタカムノは、タカノに撥音が挿入されたものかと見られる。

豊前國「企救郡(キク)（支多〔久〕）」は、「豊国の企救(く)の池なる〈企玖乃池奈流〉…」（萬三八七六 三八九八）の例が参照される。「築城(ツクキ)郡（豆伊支）」は、ツク[築]の連用形イ音便か終止形かの差である。「上毛郡(カンツケミ)（加牟豆美介）」は、三字地名「上□毛」の省略である。

豊後國「日高郡（比多）」の「（比多）」は、豊後国風土記に「日田郡」「日田川」とあることから見て、ヒタカのカの脱落とは見ず、タを「高」で表したととらえることにしたい。「大分郡〔イ〕府（於保伊多）」は、「碩田國（略）碩田此云於保岐陁」（景行紀十二年十月）の例があり、オホキタのイ音便である。

肥後國「菊池郡（久〻知）」は、二合仮名クク・キク「菊」の差である。「合志郡（令〔合〕志加波志）」は、二合仮名カハ・カフ「合」の差であるが、固有名詞でない「合」の読みによったとも見られる。

日向國「諸縣郡（牟良加多）」は、［急］によってよい。

大隅國「噌唹郡或府（曽於）」は、一字地名の二字化に関連して、長音ソーを表す例である。

薩摩國「鹿兒嶋郡（加古志万）」は、三字地名のままである。

三　郷名の訓が特殊な例

これ以降に、郷名の訓について検討するが、高山寺本に訓注がなく、かつ、名博本に傍訓がないものは、基本的にとり挙げない〔第四節以降も同様〕。

先に名博本の例を挙げ、それに対応する高山寺本の例を括弧内に挙げる。その際に、基本的に、両者に一致する（字体の差は問わない）郷名は、高山寺本の標記を省略する（つまり、訓注等のみを示すことにし、両者が異なる標記であるなどの例は高山寺本の郷名も括弧内に挙げる）〔第四節以降も同様〕。第四節に重ねて挙げる1例には★印を付す。以下、高山寺本と標記・訓が一致する名博本の例に左実線を、仮名遣のみが異なるそれに左破線を、標記の漢字が類似していて（類似した字に誤ったものを含む）同訓であるそれ（仮名遣が異なるものを含む）に左波線を付すことにする。

さて、特殊な例をいくらか先に挙げる（第二篇第二章参照）。まず、特殊な例として、促音に関するものがある。

攝津國　有馬郡　幡多（發多　有上下）
伊勢國　壹志郡　八太（鉢多）
武蔵國　足立郡　★堀津（發度）
近江國　栗太郡［本］府　治田（發多）
陸奥國　氣仙郡　(い)氣仙(22)（氣〻如結）
美作國　真嶋郡　鹿田（渴多）
備前國　上道郡　播多（發多）
安藝國　高宮郡　苅田（葛太）

「發」（4例）・「鉢」（1例）は促音表記であるので、ハタ（2例）は促音の脱落と、ハツタ（2例）・ホツトのツは促音と見られる。「結」については、第二節に見た。「渴」「葛」はいずれも促音表記であるので、カツタ（2例）のツは促音と見られる。

次いで、特殊な例として、撥音に関するものがある。

和泉國　和泉郡府　信太（臣多）
遠江國　麁玉郡　覇田（反多）
駿河國　安倍郡府　埴生（反布）
武蔵國　荏原郡　滿田（上音　下訓）
備後國　御調郡　因嶋（印乃之末）
阿波國　麻殖郡　忌部（淫閇）
筑前國　志麻郡　韓良（加良漢知）

「臣」は撥音表記であるので、シムタのムは撥音と見られる。「反」（2例）は撥音表記であるので、ハタは撥音の脱落と見られ、ハニフは撥音便化の前の形態を示すものと言える。また、「満田（マンタ）」は、「上音下訓」により「満」が撥音を含むマンを表すと見られる。「印」は撥音表記であるので、イノシマは撥音の脱落と見られる。「淫」は撥音表記であるので、インベと訓むと見られる。「漢」は撥音表記であるので、カラカチは撥音の脱落と見られる。

他に、ここに挙げるのがよいかと見られるものに、

信濃国　**更級（サラシナ）郡**　當信（タウシナ）（唐[シ]奈）

讃岐國　**香河郡**　飯田（イヒタ）（育太）

がある。前者は、「唐」がタウを表している。後者の「育」は促音表記かとも疑われるが、第二篇第二章に述べたように「育」を略音仮名と見てイダと訓むことにしておく。

合わせて、三字地名の二字化に関する郷名をここに挙げておく（二字化によって訓みが難しくなったものが多い）。いずれも、第四節に重ねて挙げる方がよいものであるが、重ねて挙げることを省略する。

山城國　**乙訓（ヲトクニ）郡**　羽束志（ハツカシ）（波津加之　本用羽束志三字）、**愛宕（ヲタキ）郡**　栗栖野（クルスノ）（久流須乃）　錦織部（ニシコリ）（近之古利）、**宇治（ウチ）郡**　小栗栖（ヲクルス）（乎久流須）

大和國　**山邊郡**　服織部（ハトリ）（波止利）

和泉國　**大鳥（ヲホトリ）郡**　田部（クサヘ）（早部久散倍）

攝津國　**住吉（スミヨシ）郡**　大依羅（ヲホヨサミ）（於保与佐美）、**嶋上郡**　服織部（ハトリ）（波止利）

和泉國「田部（クサヘ）」は、「日下部」が、[高]「早部」のように合字を作ったり、[急]「日下部久佐倍」のように「下」を省略したりして、二字化したものである（「田」は「日」の誤りと見られる）。[高][名]一致する（[急]も）クサベの訓は、「下」を省略した際に、「下」に当たるとも見られるカが脱落したものであろう。

遠江國　**蓁原郡**　勝間田（加知末多）
甲斐國　**巨麻郡**　等々刀（等々力止々呂支）　真衣国用真木野三字（國用真木野三字末支乃）　**都留郡**　相模野（左加无乃）　多□良（太波良）
武蔵國　**久良。郡**　服織田（波度多）
上総國　**長柄郡**　長谷部（長谷部波世倍）

遠江國「勝間田（加知末多）」は、カツ［勝］の連用形・終止形の差であるが、［急］「（加都万多）」と合わせてカツマタと訓んでおく。甲斐國「真衣」は、［高名］一致して「（国用真木野三字）」とある（異なりはあるが［急］も）ように、「真木野」の二字化である。武蔵國「服織田（波度多）」は、ハトリタのリの脱落と見られる。上総國「長谷部（長谷部波世倍）」は、「長谷部」の二字化がよく見える例である。(23)

近江國　**滋賀郡**　錦織部（迩之古利）、**野洲郡**　服織部（波止利）、**坂田郡**　上丹生（加无津迩布）、**浅井郡**　錦織部（迩之古利）
上野國　**利根郡**　□呉桃（奈久留美）
若狭國　**遠敷郡**府　(い)遠敷（乎迩布）、**大飯郡**　(い)大飯（於保比）
越前國　**丹生郡**　朝□津（安左不豆）、**今立郡**　服織部（波止利）
越後國　**頸城郡**府　五十公（以支美）

若狭國遠敷郡「(い)遠敷（乎迩布）」は、第二節に見た郡名と同様に、郷名も三字地名「小丹生」の二字化である。大飯郡「(い)大飯（於保比）」は、第二節に見た郡名「大飯田」と合わせて見ると、タの脱落したものが［高名］仮名遣のみの差である。越後國「五十公（以支美）」は、［急］「五十公以木美」に対して、三字地名であること［高名］一致している。

丹波國　**氷上郡**　春日部（加須可倍）
美作國　**勝田郡**　(い)勝間田（加豆末太）
備前國　**邑久郡**　服織部（波止利）

安藝國　賀茂郡　訓養（夜奈久迩）

安藝國「訓養（夜奈久迩）」は、「養訓」の転倒と見られ、三字地名「養□訓」の省略と見られて、(24)［急］「乜万久尓」を参照すると、［高］［名］一致と言える。

土左國　香美郡　宗我部（宗我部曽加へ）、**長岡郡**府　宗我部（宇［宗］我部曽加へ）　大曽祢（大曽祢於保曽祢）

土左國「宗我部（宗我部曽加へ）」「宗我部（宇［宗］我部曽加へ）」および「大曽祢（大曽祢於保曽祢）」は、「宗我部」「大曽根」の二字化がよく見える例である。(25)

筑前國　早良郡　曽我部（曽加へ）

日向國　諸縣郡　瓜生野国内加野字云宇利布乃（國内加野字云宇利布乃）

大隅國　桑原郡府　仲津川国用仲津川三字（國用仲津川三字）

筑前国「曽我部（曽加へ）」は、［高］「曽加へ」から見て三字地名の省略で、省略された「部」に当たるべが脱落したかと見られる。日向國「瓜生野国内加野字云宇利布乃（國内加野字云宇利布乃）」・大隅國「仲津川国用仲津川三字（國用仲津川三字）」は、名博本に傍訓がないが注により訓が示されているのでここに挙げるが、「国内…」「国用…」の注により三字地名の省略と見られ、「国内…」「国用…」の注がいずれも［高］［名］一致している（異なりはあるが［急］も）。

四　高山寺本の訓注と名博本の傍訓（一）

先に述べたように、名博本の郷名の多くには傍訓が付されている。そして、それらは高山寺本の郷名の訓注と対応しているものが多い。つまり、高山寺本系の訓注を名博本の傍訓に改めたかと考えられるものである。

無論、高山寺本の郷名に訓注があるのに名博本の郷名に傍訓がないものもあり、高山寺本の郷名に訓注がないのに名博本の郷名に傍訓があるものもある。以下、高山寺本の訓注と名博本の傍訓とを対照して検討したいが、第三節に

挙げた例を除いて（★印の1例は再度挙げる）、とりあえず、

(イ)高山寺本に訓注等があり、名博本に傍訓があるもの

(ロ)高山寺本に訓注等があり、名博本に傍訓がないもの

(ハ)高山寺本に訓注等がなく、名博本に傍訓があるもの

(ニ)その他

のように分類して挙げようと考える（「訓注等」としたのは、訓注ではない注によって訓が知られるものを含む意である）。

ここに、この分類では(ロ)に当たるものの中に、注意されるものがいくらかある。それは、高山寺本の郷名に訓注があり、名博本の郷名に傍訓がないが、その郷名と同名の郡名があり、名博本の（郷名欄の）郡名に傍訓があるものである。これは、既に郡名に傍訓を付したので、改めて郡名と同名の郷名に傍訓を付すのを省略したと見ることができるものである。これを、(イ)に準じたものと見て、(い)としておくことにする。中には、郡名と同名の郷名にも傍訓を付したものもある（(イ)のまま*印を付す）。また、(ロ)から(い)を除いたものを(ろ)と示すことにする。

まず、(イ)・(い)の例を一括して挙げる。郷名に傍訓があれば(イ)、傍訓がなければ(い)であるが、後者は、(い)と示し、「[名]郡名に傍訓」と示すのを省略する。なお、訓注で「末」字が「未」になっているものも「末」と示すことにし、また、傍訓の「子」字は「子」のまま示すことにする。

以下に一々述べないが、名博本の郷名の傍訓において、第二節に見た郡名の傍訓と同様に、ワ→ハ 3例、ハ→ワ 2例、ヰ→イ 28例、ヒ→イ 8例（うち、第三節(い) 1例）、イ→ヒ 4例、ヒ→ヰ 1例、フ→ウ 3例、ウ→フ 1例、エ→ヘ 5例、ヱ→ヘ 3例、オ→ヲ 47例（うち、(い) 1例、第三節2例、第三節(い) 1例）、ホ→ヲ 3例、ム→ン 23例（うち、第三節2例）、ウ→ム 1例、のような仮名遣の差によるものが多く見えて、永禄九年の書写としては、その

ようでもあるところである。

山城國　**乙訓《ヲトクニ》郡**　物集《モスメ》（毛都米）　大岡《ヲホヲカ》（於保乎賀、葛野郡）　石作　石川《イシツクリ》（石作以之都久利　石川）、**葛野《カトノ》郡**　川邊《カハノヘ》（賀波乃倍）（い）葛野（賀止乃）　川嶋《カハシマ》（加波之万）　上林《カンツハヤシ》（加无都波也之）　田邑《タムラ》（多牟良）、**愛宕《ヲタキ》郡**　蓼倉《タテクラ》（多弖久良）　粟田《アハタ》有上下（阿波太　有上下）　小野《ヲノ》（乎乃）　八坂《ヤサカ》（也佐賀）　鳥戸《トリ〔ヘ〕》（度利戸）　*愛宕《ヲタキ》（於太支）　出雲《イツモ》有上下（以都毛　有上下）、**紀伊《キ》郡**　岡田《ヲカタ》（乎賀多）　鳥羽《トハ》（止波）　拜志《ハヤシ》（波夜之）、**久世《クセ》郡**　竹淵《タカフチ》（太賀布智）　那羅《ナラ》（奈良）　那紀《ナイキ》（奈癸(26)）　栗隈《クリクマ》（久利久万）　富野《トンノ》（止无乃）、**相樂《サカラ〔カ〕》郡**　*相樂《サカラカ》（佐賀良賀）　水泉《イツミ》（以豆美）

大和國　**添上《ソウノカミ》郡**　楊生《ヤキフ》（也支布）　八嶋《ヤシマ》（八島也之万）　春日《カスカ》（賀須賀）、**添下郡**　鳥貝《トリカヒ》（止利加比）、**平群《ヘクリ》郡**　飽波《アクナミ》（阿久奈美）　*平郡《ヘクリ》（倍久利）　額田《ヌカタ》（奴可多）、**葛上《カツラキノカミ》郡**　楢原《ナラハラ》（奈良波良）、**宇智《ウチ》郡**　阿陀《アダ》（〔こ〕二音可濁讀）、**宇陀《ウタ》郡**　漆部《ヌリ》（奴利倍）　浪坂《ナムサカ》（奈无左賀）　笠間《カサマ》（加左万）、**城上《シキノカミ》郡**　大神《ヲホムハ》（於保无和）　長谷《ハセ》（波都世）　忍坂《ヲサカ》（於左賀）、**城下郡**　大和《ヲホヤマト》（於保也万止）　三宅《ミヤケ》（美也介）　鏡作《カヽミツクリ》（加ゝ美都久利）、**高市《タケチ》郡**府　檜前《ヒノクマ》（比乃久万）　雲梯《ウナテ》（宇奈弖）、**山邊郡**　長屋《ナカヤ》（奈賀也）　石生《イシナリ》（以之奈利）　石上《イソノカミ》（以曽乃加美）

河内國　**高安《タカヤス》郡**　玉祖《タマノヲホ〔ヤ〕》（多万乃於乎〔也〕）、**河内《カウチ》郡**　額田《ヌカタ》（沼賀太）、**茨田《マイタ〔衍〕》郡**　伊香《イカコ》（以加古）、**交野《カタノ》郡**　葛葉《クスハ》（久須波）、**澁河《シフカハ》郡**　竹淵《タカフチ》（多加不千）、**志紀《シキ》郡**府　井於《イノヘ》（為乃倍）、**丹比《タチヒ》郡**　三宅《ミヤケ》（美也計）　狹山《サヤマ》（左夜万）

和泉國　**大鳥《ヲホトリ》郡**　（い）大鳥（於保止利）　和田《〔ニ〕ワキタ》（迩岐多）　上神《カツミハ》（加都美和）　大村《ヲウムラ》（於保无良）　土師《ハニシ》（波迩之）　蜂田《ハチタ》（波智太）　石津《イシツ》（以之都）　塩穴《シホアナ》（之保阿奈）　常陵《〔フ〕ツカヒ》今為深井（今為深井　布賀為）、**和泉郡**府　上泉《カンツイツミ》（加无津以豆美）　山直《ヤマタヘ》（夜末太倍）　木嶋《キノシマ》（岐乃之万）、**日根《ヒ子》郡**　鳥取《トヽリ》（止ゝ利）

攝津國　**住吉《スミヨシ》郡**　住道《スンチ》（須无知）　杭全《クマタ》（久万太）　榎津《エナツ》（江奈都）、**嶋上郡**　真上《マカミ》（万賀美）、**嶋下郡**　新野《ニヒヤ》（迩比夜）　安威《アイ》（阿井）、**豊嶋《テシマ》郡**　大明《ヲホアケ》（於保阿計）　桑津《クハツ》（久波都）、**河邊《カハノヘ》郡**　雄家《ヲヘ》（乎倍）　大神《ヲホンハ》（於保无和）、**武庫郡**　雄田《ヲタ》（乎多）、**有馬《アリマ》郡**　羽束《ハツカ》（波都賀）　忍壁《ヲシカヘ》有上下（於之加倍　有上下）、**八部《ヤタヘ》郡**　生田《イクタ》（伊久多）、**能勢郡**　雄村《ヲムラ》（乎无良）　枳根《キ子》（岐竹）

山城國乙訓郡「物集（毛都米）」は、[高]によるモヅメと四つ仮名が合わないが、永禄九年には混同が始まっていたと見られる。「石作　石川（石作以之都久利　石川）」は、二つの郷名を混同して傍訓を付す箇所を誤ったと見られる。愛宕郡「鳥戸（度利戸）」は、[急]「度利倍」も参照される。紀伊郡「拜志（波夜之）」は、[急]「波以之」を参照すると、[高][名]一致と言える。久世郡「那紀（奈癸）」は、[高]によりナキと訓む方がよいと見られて（[急]無訓）、ナイキのイは不明である。相楽郡「水泉（以豆美）」は、一字地名「泉」の二字化である。

大和國平群郡「平郡（倍久利）」は、郡名「平群」に対して、郷名は[高][名]「平郡」（[急]「平群倍久利」）であり、通常でない表記が[高][名]一致している。宇智郡「阿陀（二音可濁讀）」は、傍訓に濁点がある。城上郡「長谷（波都世）」は、ツの促音便の脱落と見られる。

河内國高安郡「玉祖（多万乃於乎）」は、[急]「多末乃於也」によりタマノオヤが本来と見られる。(27) 茨田郡「伊香（以加古）」は、二合仮名カゴ・カガの差である[急]「以加ゝ」を参照すると、[高][名]一致と言える。

和泉國大鳥郡「和田（迩岐多）」のワキは、音ワ「和」に影響された誤りと見られる。「上神（加都美和）」は、[急]「加无都美和」を参照すると、[高][名]仮名遣の差のみである。「大村（於保无良）」のヲウのウは、ホがハ行転呼したヲの変化かと見られるが、字形の近いヲの誤りと見る方がよいかとも考えられる。「塩穴（之保阿奈）」は、[急]「之保乃阿奈」を参照すると、[高][名]一致と言える。「常陵（布賀為）」のツカは、フとツとの類似による誤りと見られるが、訓ツネ「常」に影響されたと考えられないでもなく、[高][名]一致して（[急]も）「今為深井」とある。

攝津國住吉郡「榎津（江奈都）」は、[急]「以奈都」を参照すると、[高][名]一致と言える。有馬郡「羽束（波都賀）」は、[急]「波都加之」によると、三字地名「羽束[志]」の省略で、省略された「志」に当たるシが脱落したととらえられ、[高][名]一致している。

伊賀國　**名張郡**　(い)名張（奈波里）

伊勢國　桒名《クハナ》郡　野代《ノシロ》（能之呂）　尾津《ヲツ》（乎豆）　熊口《クマクチ》（久万久知）、員辨《イナヘ》［名イ］郡　耶摩《ヤマ》（夜万）　笠間《カサマ》（加左万）　石加《イシカ》（以之賀）　美耶《ミヲ》（美乎）、朝明《アサケ》郡　田光《タヒカ》（太比加）　大金《ヲホカ子》（於保加祢）　訓覇《クルヘ》（久流倍）、三重《ミヘ》郡　采女《ウ子メ》（宇祢米）　河後《カハシリ》（加波之利）　柴田《シハタ》（之波多）　刑部《ヲサカヘ》（於佐賀倍）、河曲《カハ［ワ］コ》郡　中跡《ナカト》（奈賀止）　海部《アマヘ》（安万）、賀美《カミ》（加美）　資母《シモ》（之毛）　深田《フカタ》（布賀［タ］）、鈴鹿《スヽカ》郡　英太《アカタ》（阿賀多）　長世《ナカセ》（奈賀勢）　（い）鈴鹿（須こ加）　枚田《ヒラタ》（比良多）、奄藝《アンキ》郡　田井《タイ》（太井）　窪田《クホタ》（久保多）、安濃《アノ》郡　建部《タケヘ》（多計倍）　村主《スクリ》（須久利）　内田《ウチタ》（宇知多）　英太《アカタ》（須［阿］賀多）　跡部《アトヘ》（阿度倍）　長生《ナカヤ》（奈賀夜）　石田《イシタ》（以波多）　片縣《カタカタ》（賀太加多）、壹志郡　嶋抜《シマヌキ》（之万沼支）　民太《ミノタ》（美乃多）　須可《スカ》（須加）　呉部《クレヘ》（久礼へ）、飯高《イヒタカ》郡　上枚《カンイヒラ［ツ］》（上牧［枚］加无津比良）　丹生《ニフ》出水銀（迩布出水銀）、飯野《イヒノ》郡　乳熊《チクマ》（千久万）　兄國《エクニ》（江久尓）、多氣《タケ》郡　相可《アフカ》（阿布加）　有貳《ウニ》（宇尓）　（い）多氣（多計）　麻積《ヲウミ》（乎宇美）　流田《ナカレタ》（奈加礼多）　櫛田《クシタ》（久之多）、度會《ワタラヘ》郡　田邊《タノヘ》（多乃倍）　城田《キタ》（岐多）　湯田《ユタ》（由太）　伊蘇《イソ》（以曽）　高田《タカンタ》（多加无古）　箕田《ミノタ》（美乃和）　継橋《ツキハシ》（津岐波之）　二見《フタミ》（布多美）　伊氣《イケ》（以計）

尾張國　中嶋《ナカシマ》郡　小塞《ヲセキ》（乎世支）　茜部《アカ子ナヘ》（阿加祢倍）、山田郡　兩村《フタムラ》（雨［兩］村布多无良）、愛智郡　成海《ナルミ》（奈留美）

參河國　碧海《アウミ》郡　依網《ヨルミ》（依納［網］与流美）　鷲取《ワシトリ》（和之止利）　大市《ヲホイチ》（於保以知）、幡豆《ハツ》郡　礒泊《シハト》（之波止）　大川《ヲホカハ》（於保加波）、寶飫《ホヨ》郡府　形原《カタノハラ》（加多乃波良）　赤孫《アカヒコ》（阿加比古）　篠束《サヽツカ》（之乃豆加）　豊川《トヨカハ》（止夜加波）、涯［渥］美《アツミ》郡　高蘆《タカシ》（太加之）　大壁《ヲホカヘ》（於保加へ）

遠江國　敷知《フチ》郡　蛭田《ヒルタ》（比留太）　赤坂《アカサカ》（安加左賀）　柴江《シハエ》（之波江）　海間《アマ》（阿万）、引佐《［イ］ヒナサ》郡　京田《ミヤコタ》（美夜古太）　渭伊《イヽ》（為以）　伊福《イフ［ク］》（以布久）、麁玉《アラタマ》郡　碧田《アヲタ》（安乎多）　赤狭《アカサ》（安加左）、長上《ナカカミ》郡　茅原《チハラ》（知波良）　碧海《アヲウミ》（阿乎宇三）　河邊《カハヘ》（加波へ）、豊田《トヨタ》郡府　蟾沼《ヒキヌマ》（比支奴末、長上郡）　壹志《イチシ》（以知之、同）、長下《ナカシモ》□　貫名《ヌキナ》（沼岐奈）　老馬《ヲヒマ》（於以万）　通張《トヲリシマ［ク］》［隈］（通隈止保利久万）、周智《スチ》郡　小山《ヲ［ヤマ］》（乎也末）、山名《ヤマナ》郡　衾田《フスマタ》（不須末多）、佐野《サノ》郡　邑代《イヒシロ》（以比之呂）、城飼《キカウ》郡　新井《ニヒイ》（迩比為）　鹿城《カラコ》（加良古）　朝夷《アサイナ》（阿佐比奈）　松淵《マツフチ》（末豆不知）　土形《ヒチカタ》（比知可多）　狭束《サツカ》（左豆加）

駿河国　益頭《マシツ》郡　澤會《サハイ》（佐波比）　飽波《アクナミ》（阿久奈美）　八田《ヤタ》（夜太）　高楊《タカヤナキ》（太加夜支）、有度《ウト》郡　内屋《ウツノヤ》（于都乃夜）　真壁《マカヘ》（末加倍）　他田《ヲサタ》（乎左多）　新居《ニイヽ》（尓比井）　詑［託］美《タクミ》（太久美）、安倍《アヘ》郡府　川邊《カハノヘ》（加八乃へ）　廣伴《ヒロトモ》（比呂止毛）　葛間《カツラマ》（加豆良末）　川津《カハツ》

（加波都）八社（夜計之）横太（与古太）、廬原郡 西奈（世奈）河名（加波奈）蒲原（加无八良）奥津（息津於岐豆）、富士郡 小坂（乎左加）姫名（比奈）、駿河郡 矢集（夜豆米）子松（古末ツ）横走（与古波之利）

伊豆國 田方郡 直見（多久美）

甲斐國 山梨郡 井上（為乃へ）石禾（以左和）表門（寄波止）、八代郡 (い)八代（也都之呂）長江（奈加江）白井（之良為）沼尾（奴末乃乎）、巨麻郡 逸見（速見倍美）栗原（久利波良）青沼（安乎奴末）、都留郡 福地（布久知）

相模國 足下郡 足柄（安之加良）、餘綾郡 (い)餘綾（与呂支）、高座郡 深見（不加美）寒川（左无加八）、御浦郡 (い)御浦（御津美宇良）氷蛭（比ゝ留）御﨑（御埼美左支）

武蔵国 多磨郡 小嶋（乎之末）石津（以之都）狛江（古万江）、都筑郡 幡屋（波多乃也）、久良。郡 鮎浦（布久良）諸岡（毛呂乎加）洲名（須奈）良﨑（良埼与之[ハシ]）、橘樹郡 高田（多賀太）(い)橘樹（多知波奈）御宅（美也計）縣守（阿加多毛利）、荏原郡 蒲田（加万多）田本（多毛止）覺志（加ゝ志）美田（三多）木田（支太）櫻田（左久良多）、豊嶋郡 日頭（比乃止）占方（宇良加多）荒墓（阿良波加）、足立郡 ★堀津（發度）殖田（宇恵太）稲直（伊奈保）、入間郡 麻羽（阿露波）大家（於保夜計）廣瀬（比呂世）、高麗郡 (い)高麗（古万）、比企郡 渭後（沼乃之利）都家（豆計）鹹瀬（加良世）、﨑玉郡 太田（於保多）笠原（加左波良）草原（萱原加夜波良）、男衾郡 榎津（江奈豆）、幡羅郡 霜見（之保三）

安房國 安房郡 太田（於保多）塩海（之保三）麻原（乎波良）神餘（加无乃安末利）、朝夷郡 御原（三波良）新田（迩布多）大瀦（於保奴末）滿禄（万呂）、長狭郡 置津（日置於支豆）田原（多波良）酒井（左加井）伴部（止毛へ）丈部（波世豆加比）

上総國 市原郡 海部（安万）江田（衣多）濕津（宇流比豆）菊麻（久ゝ万）、海上郡 稲庭（伊奈尓波）福良（布久良）馬野（无万乃）、望陀郡 畔治（安波留）飫布（飯富於布）、周淮郡 山家（也万以へ）、長柄郡 管見（豆ゝ美）

常陸國　新治郡　月波（豆支波）、**筑波郡**　水守（三毛利）

伊勢國員辨郡「美耶（美乎）」は、「美耶」をミヲと訓むのが困難で、[急]「美耶三也」によりミヤと訓むのがよいと見られて、困難な訓みが[高][名]一致している。三重郡「采女（宇祢米）」は、マ行―バ行の子音交替である[急]「宇祢倍」を参照すると、[高][名]一致と言える。河曲郡「海部（安万）」は、「部」字の訓べのない例の方が多い。[28]「深田（布賀[タ]）」は、[急]「布加多」が参照される。安濃郡「建部（多計倍）」は、[急]「太介无倍」とあって、タケルべの撥音便タケンべの撥音が脱落したと見られるが、[高][名]一致している。「英太（須[阿]賀多）」は、誤った「須」を「阿」に改めた例である。「長生（奈賀夜）」は、「長生」をナガヤと訓むのが困難で、[急]「長屋奈加也」により「長屋」とする方がよいと見られ、訓みの困難な標記が[高][名]一致している。「石田（以波多）」は、「石」の訓イハ・イシの差であるが、[急]「伊波多」と合わせてイハタと訓んでおく。飯高郡「上枚（上牧[枚]加无津比良）」は、[急]「上枚加无都比良」が参照される。「丹生出水銀（迩布出水銀）」は、「出水銀」が[高][名]一致している。度會郡「田邊（多乃倍）」は、[急]「田部多乃倍」を参照すると、標記が[高][名]一致と言える。「高田（多加无古）」は、両者の訓が異なつているが、訓タカムコであれば「高向」とあるところであろう。[29]「箕田（美乃和）」は、両者の訓が異なっているが、訓ミノワであれば「箕曲」とあるところで、[急]「箕曲美乃和」が本来と見られる。

尾張國中嶋郡「茜部（阿加祢倍）」は、[高]によりアカネべと訓むのがよいであろう。他方、[急]「阿加奈倍」によるとアカナべと訓むことになり、[30]アカネべとアカナべとが混淆した結果が[名]アカ子ナへになったと見ることができよう。[31]

參河國碧海郡「依網（依納[網]与流美）」は、ヨル[依]＋アミ[網]が後行母音アの脱落によってヨルミになることはありにくいので疑問が持たれて、[急]「依䋄与佐美」のようにヨサミと訓む方が本来と見られ（ヨス[依]＋アミ[網]が先行母音ウの脱落によってヨサミになることに問題はない）、疑問のある訓が[高][名]一致している。寶飫郡「篠束（之乃豆加）」は、両者の訓が異なるが、[急]「之乃都加」と合わせてシノヅカと訓むのがよいと見られる。「豊川（止夜加波）」の

「夜」は、通常、音仮名ヤに用いられるが、ここでは訓仮名ヨに用いている点で注意される。

遠江國引佐郡「伊福（以布久）」は、[急]「以布久」も参照される。長上郡「河邊（加波へ）」は、[急]「加波乃倍」を参照すると、[高][名]一致と言える。長下郡「通張（通隈止保利久万）」は、「久」を「之」と誤ったことによりシマになったものと見られ、以下に一々述べないが、この誤りは他にも例が多い。[32] 周智郡「小山（乎也末）」は、[急]「乎也万」も参照される。城飼郡「鹿城（加良古）」は、標記・訓が[高][名]一致している（[急]も）けれども、カラコと訓む理由がよくわからない。[33]

駿河國益頭郡「高楊（太加夜支）」は、連体助詞ナの無有の差であるが、[急]「多加也奈木」と合わせてタカヤナギと訓んでおく。有度郡「詫美（太久美）」は、[急]「託美多久美」を参照すると、「詫」の表記が[高][名]一致している。安倍郡「八社（夜計之）」は、「社」をケシと訓めるか問題であるが、コソの母音交替であろうか。廬原郡「奥津（息津於岐豆）」は、両者の表記が異なるが、いずれもオキツと訓むことができる。駿河郡「子松（古末ツ）」の傍訓は、「子」をネではなくコに用いている点で注意されるが、標記「子」の影響であろう。

伊豆國田方郡「直見（多久美）」は、[急]「多〻美」が参照される。[34] 一々述べないが、「久」「之」と「〻」との誤りは他にもある。

甲斐國山梨郡「井上（為乃へ）」は、後行母音ウの脱落の有無の差であるが、[急]「井乃倍」と合わせてヰノヘと訓んでおく。「石禾（以左和）」は、[急]「伊佐波」のようにハが本来である。「表門（寄波止）」は、[急]「宇波止」が参照される。八代郡「(い)八代（也都之呂）」は、第二節に見た郡名が[急]「夜豆之呂」・[名]ヤシロであって、[急]郡名と[高]郷名とが一致している。[35] 巨麻郡「逸見（速見倍美）」は、工藤氏「古代形容詞の形成に関する一つの問題——スミノエとスミヨシをめぐって——」[36]が述べられるように「速見」をヘミと訓むことができて、「逸見」も同様にヘミと訓むことができると見られる。

武蔵國多磨郡「小嶋（乎之末）」は、[急]「乎之万」も参照される。久良郡「良崎（良埼与之ハシ）」は、[急]「良椅与之波之」

が参照される。足立郡「堀津《ホツト》（發度）」は、第三節の「促音に関するもの」にも挙げたが、「津」をトと訓むのはツの母音交替と見られて、[高][名]一致している。入間郡「麻羽《アロハ》（阿露波）」は、「麻羽」をアロハと訓むのが困難で、[急]「阿佐波」（[元]安佐波）の訓がよく、困難な読みが[高][名]一致している。幡羅郡「霜見《シモミ》（之保三）」は、[急]「之毛美」のようにモが本来である。

安房國長狭郡「置津《ヲキツ》（日置於支豆）」の[高]「日置」は、オキツと訓むのが困難で、第二篇第一章にふれたように、[急]「日置無訓」「置津乎木津」を誤って一つの郷名にしたと見られ（[高]「置津」項なし、[名]「日置」項なし）、[名]「置津《ヲキツ》」は本来のものによったと見られる。

上総國市原郡「海部《アマヘ》（安万）」は、伊勢國河曲郡の同名の例と同様である。「江田《ヤ[エ]タ》（衣多）」は、[急]「衣多」も参照される。(37) 海上郡「稲庭《イナニハ》（伊奈尓波）」は、撥音便かと見られる[急]「伊奈无波」を参照すると、[高][名]一致と言える。望陀郡「飲布《ヲフ》[飫]（飯[飫]冨於布）」は、[急]「飫冨於布」のように、[名]「飲」・[高]「飯」ともに「飫」の誤りと見られる。

近江國　**滋賀郡《シカ》**　古市《フルチ》（布留知）真野《マノ》（末乃）大友《ヲホトモ》（於保止毛）、**栗太郡《クリモト》**府[本]　物部《モノ、ヘ》（毛乃、倍）木河《キノカハ》（木川岐乃加波）、**甲賀郡《カウカ》**　老上《ヲイカミ》（於支加三）夏身《ナツミ》（奈豆美）蔵部《クラフ》（久良倍）、**野洲郡《ヤス》**　三上《ミカミ》有上下（有上下　美加无）明見《アカミ》有南北（安加三　有南北）篠原《シノハラ》（之乃波良）、**蒲原郡《カマフ》**　安吉《アキ》（阿支）、**坂田郡《サカタ》**　上坂《カンサカ》（加毛左賀）下坂《シモサカ》（之毛左賀）細江《ホソヘ》（保曽江）、**浅井郡《アサイ》**　岡本《ヲカモト》（乎加毛止）湯次《ユスキ》（由須岐）河道《カハチ》（川道加波知）丁野《ヨヲノ》（与於乃）朝日《アサヒ》（安左比）塩津《シホツ》（之保豆）、**高嶋郡《タカシマ》**　三尾《ミヲ》（美乎）(い)高嶋（多加之万）木津《コツ》（古豆）鞆結《トモユキ》（度毛由比）

飛驒國　**益田郡《マシタ》**　(い)益田（末之多）、**大野郡**府　三枝《サヒクサ》（左以久佐）阿拝《アハヨミ》（安波）、**荒城郡《アラキ》**　深河《フカ、ハ》（布加く波）飽見《アシ[ク]ミ》（阿久美）遊《アソ》[部]口《フ》（阿曽布）

信濃國　**諏訪郡《スワ》**　山鹿《ヤマカ》（也万加）、**筑摩郡《ツクマ》**府　宗賀《ソカ》（[宗]崇賀曽加）辛犬《カライヌ》（加良以奴）錦服《ニシコリ》（迩之古利）、**更級郡《サラシナ》**　麻績《ヲミ》（乎美）小谷《ヲウナ》（乎宇奈）清水《シミツ》（之美豆）斗女《トメ・チク》（止米）池郷《イケ》（以計）氷鉋《ヒカナ》（比加奈）、**水内郡《ミノチ》**　芋伊《イモサ》（芋井伊毛為）大田《ヲホタ》（於保太）

尾張（乎波利）、埴科郡 倉科（久良之奈） 礒部（以曽へ） 舩山（不奈夜万） 英多（叡太） 坂城（左加支）、小縣郡 童女（乎无奈） 山家（也末加） 安宗（阿曽） 海部（阿末へ）

上野国 碓氷郡 飽馬（安支末） 石井（以波為） 野後（能[之]く利）、片岡郡 若田（和加太） 多胡（多古） 高渠（太加无曽）、甘樂郡 貫前（奴支乃左岐）、多胡□故イ 山字（也末奈） 織裳（於利毛） 辛科（加良之奈）、那波郡 朝倉（安左久良） 鞘田（左也太） 田後（多之利） 韮束（荒束アラツカ）、群馬郡府 長野（奈加乃） 井出（為弖） 上郊（加无豆左乃） 畔[ア]切（安岐利） 嶋名（之末奈）、吾妻郡 長田（ナカタ） 伊參（以左末）、利根郡 渭田（沼末多） 男信（奈末之奈） 笠科（加左之奈）、勢多郡 芳賀（波可） [挂]桂萱（加以加也）、佐位郡 淵名（布知奈）、山田郡 園田（ソノタ） 真張（マハリ）、邑樂郡 疋田（比支多） 八田（也多）

陸奥國 會津郡 倉精（久良波之）、行方郡 吉名（与之奈） 子鶴（古豆留）、宇多郡 長伴（奈加止毛） 高階（多加之奈） 仲村（奈加无良） 飯豊（[飯]餘豊以比止与）、曰理郡 望多（末宇多）、宮城郡府 赤瀬（安加世） 大村（於保无良）、黒河郡 新田（迩布多）、玉造郡 信太（之多）、志太郡多イ 酒水（左賀美豆）

近江國甲賀郡「老上（於支加三）」は、「支」に誤りがあろう（[急]「於保加美」の「保」は「伊」の誤りか）。「蔵部（久良倍）」は、フに誤りがあるかとも疑われるが、[急]「久良布」とあり、「あふみのくらぶのさとといふ所にて」（輔親集二六詞書）の例もあるので、クラブと訓む方がよいとも考えられる。[38] 野洲郡「三上有上下（有上下 美加无）」は、ミカミの訓の方が一般的である（尤も、[急]「美加无」である）。浅井郡「丁野（与於乃）」は、本来ヨホロノであり、ロが脱落し（[急]「与保乃」参照）、ホがハ行転呼したものと見られる。

飛驒國大野郡「阿拝（安波）」のヨミは、不審である（[高]に従う）。荒城郡「遊口[部]（阿曽布）」は、大和國高市郡「遊部（無訓）」が参照される。[39]

信濃國更級郡「池郷（以計）」は、一字地名「池」の二字化である。水内郡「芋伊（芋井伊毛為）」は、「伊」をサと訓むのが困難で、[高]の方が本来と見られる。「尾張《ヲハリ》（乎波利）」は、[急]「乎波利倍」によると、三字地名「尾張部」の省略で、[高][名]一致と言える。小縣郡「海部《アマヘ》（阿末へ）」は、[急]「安末无倍」とありこれは撥音が挿入されたものと見られるが、[高][名]一致と言える。

上野國那波郡「韮束《ニラツカ》（荒束アラツカ）」は、[急]「韮束尓良都加」によるのがよいであろうか。群馬郡「上郊《カンツサト》（加无豆左乃）」は、「郊」をサノと訓むのが困難で、第一篇第三章にふれたが、むしろ、[急]「加无佐止」（那波郡）のようにサトと訓む（本来はカミツサトであろう）と見られ、困難な訓が[高][名]仮名遣の差のみである。「畔切《ハ[ア]キリ》（安岐利）」のハは、音ハン「畔」に影響された誤りと見られる。勢多郡「桂[挂]萱《カイカヤ》（加以加也）」は、「挂萱《カキカヤ》」のイ音便と見られ、標記・訓が[高][名]一致している（[急]も）。

陸奥國會津郡「倉精《クラハシ》（久良波之）」は、「精」をハシと訓めるか問題であるが、クハシのハシであろうか。

若狭國　**遠敷郡**《ヲニフ》府　丹生《ニフ》（迩布）　玉置《タマキ》（多末支）

越前國　**敦賀郡**《ツルカ》　鹿蒜《カヒル》（加比留）、**丹生郡**《ニフ》　野田《ノタ》（能多）　(い)丹生（迩布）　三多《ミタ》（三太美[タ]）、**今立郡**《イマタテ》　大屋《ヲホヤ》（於保也）

勝戸《イソヘ》（以曽へ）　中山《ナカツヤマ》（奈加豆末也）　曽博《ソハシ[ク]》（曽波之[久]）、**足羽郡**《アスハ》　安味《アミ》（阿美）　(い)足羽（阿須波）　利苅《トカリ》（上加利）　曰理《ワタリ》（和多

利）、**坂井郡**《サカノイ》　坪江《ツホエ》（豆保江）　福留《フシロ[ク]》（布久呂）　海部《アマンヘ》（安末无倍）

加賀國　**江沼郡**《エヌ》　菅浪《スカナミ》（須加奈三）　八田《ヤタ》（夜多）　三枝《サヒクサ》（左以久佐）、**能美郡**《ノミ》府　輕海《カルミ》（加流美）　野身《ノミ》（乃三）　菟橋《ムハシ》（宇波之）、

石河郡《イシカハ》　富樫《ト[ヨ]カシ[子]》（止无加之）　笠間《カサマ》（加左末）、**加賀郡**　大桒《ヲホクワ》（於保久波）　大野《ヲホノ》（於保乃）　芹田《セリタ》（世利太）　井家《イノイヘ》（為乃以倍）　玉《タマ》

戈《ホコ》（多末保古）　田上《タカミ》（多加美）

越中國　**礪波郡**《トナミ》　河上《カハカミ》（川上加波加美）、**射水郡**府　古江《フルヘ》（布流衣）　布師《ヌノシ》（奴乃之）、**婦負郡**《メイ[子イ]》　小子《チヒサコ》（知比左古）　大山《ヲホヤマ》（於保夜

[マ]）　菅田《スカタ》（須加太）、**新河郡**《ニヒカハ》　長谷《ハセ》（波世）　石勢《イハセ》（以波世）

越後國　**頸城郡**《クヒキ》府　沼河《ヌノカハ》（奴乃加波）　都有《ツウ》（豆宇）　板倉《イタクラ》（[板]坂倉以多久良）　高津《タカツ》（[太]奈加津）　夷守《イ[ヒ]ナモリ》（比奈毛利）、**魚沼郡**《イホヌマ》　千屋《チヤ》（知

夜）、**蒲原郡** 勇礼（以久例） 靑海（阿乎美）、**沼垂郡** 足羽（阿須波） (い)沼垂（奴太利）

佐渡國 **羽茂郡** 八桑（也久波） 松前（末都左岐） 大目（於保女） 菅生（須加宇） 星越（保之古之） 高家（多岐へ） 水湊（美奈止）、**賀茂郡** 太野（大野於保乃） 勲知（久知　下音）

越前國丹生郡「三多（三太美[タ]）」は、[急]「三太無訓」が参照されよう。今立郡「勝戸（以曽へ）」は、「勝」([急]も)をイソと訓むのが困難で、「礒」の誤りかとも見られる。(40)「曽博[ク]（曽波之[久]）」は、[急]「曽波久」と合わせて「之」が「久」の誤りであるが（遠江國長下郡「通張[ク][隈]」の項で見たが、その例は多い）、誤りの訓ソハシが[高][名]一致している。

加賀國石河郡「富樫（止无加之）」のトカシは、撥音便の脱落である。

越中國婦負郡「大山（於保夜[マ]）」は、[急]「於保也万」が参照される。

越後國頸城郡「都有（豆宇）」は、一字地名の二字化に関連して、長音ツーを表す例である。「高津（[太]奈加津）」は、[急]「多加都」が参照される。「夷守[ヒ]（比奈毛利）」([急]「比奈毛里」)のイナは、音イ「夷」に影響された誤りと見られる。蒲原郡「勇礼（以久例）」は、二合仮名イグ「勇」の例である。「靑海（阿乎美）」は、アヲ［青］＋ウミ［海］の後行母音ウの脱落か先行母音オの脱落かの差である。

佐渡國羽茂郡「菅生（須加宇）」は、[急]「須加布」が参照され、フが本来である。「星越（保之古之）」は、他動詞コス・自動詞コユの差であるが、[急]「保之古之」と合わせてホシコシと訓んでおく。「高家（多岐へ）」は、先行母音アの脱落か後項母音イの脱落かの差である[急]「多加倍」を参照すると、[高][名]一致と言える。「水湊（美奈止）」は、一字地名「湊」の二字化である。

丹波國 **桑田郡** 小河（[小]山川乎加波） 河人（川人加波无止）、**多紀郡** 草上（久左乃加三）、**氷上郡** 栗作（クリツクリ） 擧[ア]田（[安]宗久多） 石負（[石]原[負]肩以曽不） 船城（布奈支） 前山（左支也末） 石前（以波左岐） 葛野（加止乃） 井原（為波良（略））

丹後國 **加佐郡** 凡海（於布之安末） 志託（之多加） 有道（安里知）、**與謝郡** 拜師（波夜之）、**竹野郡** 木津（岐都）

但馬國　**朝來郡**　賀都（加豆）　枚田（[枚]牧田比良多）　東河（度加波）　粟賀（阿波賀）、**養父郡**　石禾（以左和）　軽部（加流倍）　養耆（夜叡美須）、**出石郡**　小坂（乎左加）　埴野（波迩乃）、**氣多郡**府　高生（多加布）　狭沼（佐乃）、**城崎郡**　田結（多由比）、**美含郡**　香住（加須美）、**二方郡**　久斗（久止）　田公（多支美）　温泉（由）、**七美郡**　射湊[添]（射湊[添]以曽布）

因幡國　**法美郡**府　大草（於保加也）　罵城（度岐）　津井（豆乃井）　稲羽（以奈波）、**高草郡**　倭文（之止利）　味野（阿知乃）

石見國　**迩摩郡**　託農（多之乃[久]）　津道（都知）、**那賀郡**府　杵束（岐豆加）　伊甘（伊加三）、**美濃郡**　都茂（豆乞）　益田（末須太）　大農（於保乃）

隠岐國　**知夫郡**　三田（美多）、**周吉郡**　奄可（阿无加）　新野（迩比乃）

丹波國氷上郡「舉田（[安]宗久多）」は、アグタと訓むのがよく、ソクタに誤りがあると見られ、誤りと見られる訓が[高][名]一致している。「石負（[石負]原屓以曽不）」は、[急]「石生伊曽布」が参照される。

但馬國朝來郡「東河（度加波）」は、[急]「止加」と訓むこともあり得て、(41)[高][名]一致と言える。養父郡「石禾（以左和）」のイサチのチは、[急]「伊佐波」と合わせて、本来はハの「和」を「知」と誤ったことによると見られる。「養耆（夜叡美須）」は、[急]「也木」から見ても[高]「夜叡美須」に疑問がある。氣多郡「狭沼（佐乃）」のノは、ヌの母音交替と見られ、[高][名]一致している（[急]も）。城崎郡「田結（多由比）」は、[急]「多田布[由]」を参照すると、[高][名]一致と言える。二方郡「温泉（由）」は、一字地名「湯」の二字化である。七美郡「射湊[添]（射湊[添]以曽布）」は、[急]「射添伊曽布」のように、[名]「湊」・[高]「湊」とともに「添」の誤りと見られる。

因幡國法美郡「罵城（度岐）」は、「罵」をトと訓むのが困難で、困難な訓みが[高][名]一致している（[急]も）が、あるいは「富」の誤りかとも見られる。(42)「稲羽（以奈波）」のナハは、イナバのイの脱落である。

石見國迩摩郡「託農（多之乃[久]）」は、誤った「之」を「久」に改めた例である。那賀郡「伊甘（伊加三）」は、[急]「以加无」を参照すると、[高][名]一致と言える。

隠岐國周吉郡「新野（聲比乃）」は、ヒーフの母音交替である。(43)

播磨國　**明石郡**　葛江（布知衣）　邑美（於保見）、**賀古郡**　望理（末加里）、**印南郡**　益田（末須太）　佐突（左都知　國用佐土）、
餝磨郡府　菅生（須加布）　英賀（安加）　辛室（加良牟呂　今改安室）　英保（安母）　穴元［无］（穴无阿奈之）　印達（以多知）　巨智（古知）、**揖保郡**東西　粟栖（久流須）　香山（加宇也末）　越部（古之倍）　林田（波也之太）　上岡（加无乃乎加）　大市（於保知）

美作國　**勝田郡**　塩湯（之保由）　殖月（宇倍津岐）　香美（加ゝ美）　新野（迩比乃）、**苫東郡**　苫田（止万多）　綾部（安也倍）
林田（波以多）、**苫西郡**　田邑（多乃无良）　布原吉（布原与之波良）　能雞（乃計）、**久米郡**　倭文（之止利）、**真嶋郡**　美甘（三賀毛）

備前國　**和氣郡**　益原（末須波良）　新田（尓布多）、**磐梨郡**　石生［八］（以波奈須）　肩背（加多世）、**邑久郡**　勒負［靫］（靫屓［負］由計比）
長沼（奈加奴）　尾沼（乎奴）　拓梨（都奈之）　石上（以曽乃加美）、**赤坂郡**　周匝（須佐比）　宅美（多久三）、**御野郡**府　枚石（比良之）　出石（以豆之）　(い)御野（美乃）、**兒島郡**　三家（美也介）　都羅（豆良）、**上道郡**　可知（加知）　居都（古豆）　豆田（末女多）

備中國　**都宇郡**　河面（賀毛）　撫河（奈豆加波）　深井（不加為）、**窪屋郡**　大市（於布知）　阿知（阿智安知）　美簀国用三須（國用三須）　輕部国用加陽（加流倍）、**賀夜郡**陽イ　庭妹（迩波世）　板倉（以多久良）　足守（安之毛利）　大井（於保為）　阿曽宗イ（阿曽安曽）　生石（於保［シ］）　日羽（比波）　多氣（多計）　有漢（宇賀迩）、**下道郡**　穂太［北］（保以太）　八田（也多）　迩磨国用二万（尓万　國用二万）
秦原（波多波良）　訓代（久之呂　國釧字）　近似（知賀乃利）　成羽（奈之波）　茅醫［弟翳］（弟翳弓　國用手字）　穴田（安奈多）　出妹（呈妹弓末）、**浅口郡**　阿知（阿智安知）　間人（波之布止）　船穂（布奈保）　占見（宇良美）　川村（加波无良）　小坂（乎佐賀）　拝師（波也之）、**小田郡**　實成（美奈利）　拝慈（波也之）　草壁（久佐加へ）　小田（乎多）　甲努（加布乃）　魚渚（以乎須奈）　驛里（无末也）、**哲多郡**　石蟹田イ（以之賀［二］）　新見（迩比美）　神代（加无之呂）　野馱（乎多）　額部（乃倍）　大飯（於保比）、**英賀郡**　中井田イ（奈加豆為）　水田（美都多）　呰部［呰］（安作へ）

備後國　**御調《ミツキ》郡**　作原《ミハラ》（美波良）　佳質《カシト》（加之止）　小國《ヲクニ》（乎久仁）　歌嶋《ウタノシマ》（宇多乃之末）

安藝國　**沼田《ヌタ》郡**　安直《アチカ》（阿知賀）、**賀茂郡**　志芳《シハ》（之波）　造果《サウカ》（佐宇加）　高屋《タカヤ》（太加夜）　入農《ニヒノ》（迩比乃）、**安藝郡**府　漢辨《カヘ》（加倍）　弥理《ミリ》（美利）　田門《タト》（太度）　幡良《ハラ》（波羅）　養隈《ヤノ》（夜乃）　阿滿《アマ》（阿末）、**高宮《タカミヤ》郡**　内部《ウチヘ》（宇知閇）　丹比《タチヒ》（多知比）　訓覔《クルヘキ》（久流閇岐）、**高田《タカタ》郡**　三田《ミタ》（美[夕]）　風速《カセハヤ》（加佐波也）　川立《カハタチ》（加波多知）　粟屋《アハヤ》（安波夜）

周防國　**熊毛《クマケ》郡**　(い)熊毛《[ヤ]》（久末計）、**都濃《ツノ》郡**　富田《トンタ》（度无多）、**佐波《サハ》郡**府　達良《タヽラ》（太〻良）　玉祖《タマノヤ》（多末乃也）　勝間《カツマ》（加豆万）、吉敷《ヨシキ》郡　宇努《ウラ》（宇[　]）　益必《マケヒト》（夜介比止）

長門國　**厚狭《アツサ》郡**　良田《ヨシタ》（与之多）　小幡《ヲハタ》（乎波多）　(い)厚狭（阿豆佐）　二家《フタヘ》（不多閇）、**豊浦《トヨラ》郡**府　田部《タヘ》（多閇）　田内《ヲテヒ》（日内宇豆比）　生倉《イクラ》（以久良）　室津《ムロツ》（无呂豆）　額部《カクム》（加久无）　粟原《クリハラ》（久利波良）　神田《カンタ》（加无多）、**美祢郡**　諸鋤《クシハ》（久之波）　住佐《イサ》[位]（位佐井佐）、**大津郡**　三隅《ミスミ》（美須見）　深河《フカヽハ》（深川不加〻波）　稲妻《イナメ》（以奈女）、**阿武郡**　椿木《ツハキ》奴イ（豆波支）

播磨国印南郡「佐突《サツチ》国用佐土（左都知　國用佐土）」は、[高][名]一致して「國用佐土」とある。餝磨郡「辛室《カラムロ》今改安室（加良牟呂　今改安室）」は、[高]「今改安室」と[名]「今改安屋」とが近似している。「英保《アホ》（安母）」は、マ行―バ行の子音交替であるが、「保」はボの方がよい。揖保郡「栗栖《ク□ス》（久流須）」は、[急]「久留須」が参照される。「香山《カフヤマ》（加宇也末）」は、[急]「加古也万」ともあるが、播磨国風土記に「香山里本名鹿来墓」（揖保郡）とあるので、カグヤマのウ音便と見られる。「上岡《カンノヲカ》（加无乃乎加）」は、[急]「加无都乎加」により本来はカミツヲカと訓むと見られ、本来ではない訓が[高][名]仮名遣の差のみである。「大市《ヲホチ》（於保知）」は、[急]「於布知」を参照すると、[高][名]仮名遣の差のみであると言えるが、オホ［大］＋イチ［市］がオフチになることは難しく、後行母音イが脱落するとオホチになることが注意される。

美作國勝田郡「殖月《ウヘツキ》（宇倍津岐）」の「殖」は、本来ウヱであるが、[高][名]一致してウへである。苫東郡「苫田《トマタ》（止万多）」は、[急]「止毛多」を参照すると、[高][名]一致と言える。「林田《ハヤシタ》（波以多）」の「波以多」は、シが脱落したハヤタのイ音便かと見られる（後掲の讃岐國阿野郡「林田《ハイタ》（波以多）」参照）。苫西郡「布原《ヨシハラ》（布《吉》原与之波良）」は、「布」をヨシと訓むのが困難で、[高]「布〔吉〕」により「吉」と見るのがよいか。

備前國磐梨郡「石生（以波奈須）」については、第二節でふれた。

備中國窪屋郡「大市（於布知）」は、[急]「於布知」であるが、播磨國揖保郡の例について見たようにオフチになることはありにくい。「美籌〔国用三須〕（國用三須）」は、訓注がないが注により訓が知られ、「國用三須」は[高][名]一致している。「輕部〔国用加陽〕（加流倍）」の「国用加陽」は、位置を誤っていて、本来次の「賀夜郡〔陽イ〕」に対する注である。賀夜郡「庭妹（迩波世）」は、[急]「尓比世」を参照すると、[高][名]一致と言える（訓ニヒセはありにくい）。「有漢（宇賀迩）」は、[急]「宇万」を参照すると、[高][名]一致と言える（訓ウマは不審である）。下道郡「穂太[北]（保以太）」は、[急]「穂北保伊多」により「穂北」と見てホキタのイ音便と見られるが、標記「穂太」は[高][名]一致している。「迩磨〔国用二万〕（尓万　國用二万）」は、[高][名]一致して「国用二万」とある。「訓代（久之呂　國釧字）」は、一字地名「釧」の二字化である。「茅醫[弟翳]（弟翳弖　國用手字）」は、一字地名「手」の二字化に関連して、長音テーを表す例であり、また、「弟翳」を「茅醫」と誤りそれをチイと訓んだと見られる。浅口郡「間人（波之布止）」は、本来はハシヒトと見られるが、[急]「万无止」を参照すると、[高][名]仮名遣の差のみと言える。「拝師（波也之）」は、[急]「林八也之」とあって、一字地名「林」の二字化であり、[高][名]一致と言える。小田郡「驛里（无末也）」は、一字地名「驛」の二字化である。哲多郡「石蟹（以之賀[二]）」は、[急]「伊波加尓」を参照するとイハ・イシ[石]の差であり、訓イシは[高][名]一致している。「野馱（乎多）」は、「野」をヲと訓むのが困難で、[急]「野馳乃知」によるのがよいかと見られて、困難な訓みが[高][名]一致している。「額部（乃倍）」は、「額」をノと訓むのが困難で、三字地名[急]「額[田]部奴加多陪」の省略によるのがよいかと見られ（第三篇第一章・第三章参照）て、困難な訓みが[高][名]一致している。

安藝國賀茂郡「入農（迩比乃）」は、[急]「伊比乃」とあるがこれは訓イル「入」に影響された誤りと見られ、[高][名]一致と言える。安藝郡「養隈（夜乃）」（[急]「也乃」も）は、「隈」をノと訓むのが困難で、「濃」の誤りかと見られて、困難な訓みが[高][名]一致している。高田郡「三田ミタ（美[タ]）」は、[急]「美多」が参照される。「風速カセハヤ（加佐波也）」は、被覆形カザ・露出形カゼの差であるが、[急]「加佐波也」と合わせてカザハヤと訓んでおく。

周防國佐波郡「玉祖タマノヤ（多末乃也）」は、母音オの脱落の無有の差である[急]「多万乃於也」が本来と見られ、本来でない訓が[高][名]一致している。吉敷郡「宇努ウラ（宇[　]）」は、ラが不審で、ノの誤りかとも見られる。「益必マケヒト[ヤ]（夜介比止）」のマケは、訓マス「益」に影響された誤りと見られる。

長門國厚狹郡「二家フタヘ（不多閇）」は、[急]「二處布多井」を参照すると、[高][名]一致と言える。豊浦郡「田内ヲテヒ（日内宇豆比）」は、「日内」が「内日」の転倒でそれが「田内」と誤られたと見られるが、ヲテヒは不審である（ウ→ヲ、ツ→テの誤りか）。「額部カクム（加久无）」は、バ行―マ行の子音交替と見られるが、[急]「奴加倍」によるのがよいとも見られて、訓カクムは[高][名]一致している。美祢郡「諸鋤クシハ（久之波）」は、「諸鋤」をクシハと訓むのが困難で、[急]「渚鋤須〻木」によるのがよいかと見られるが、困難な訓みが[高][名]一致している。阿武郡「椿木ツハキ（豆波支）」は、一字地名「椿」の二字化である。

紀伊國　**那賀郡**　埴﨑ハサキ（埴埼羽佐キ）
淡路國　**津名郡**　來馬クルマ（久流万）　育波イクハ（以久波）
阿波國　**板野郡**　河嶋カハシマ（川島加波之万）　井隈イノクマ（為乃久末）　津屋ツノヤ（豆乃也）　高野タカノ（太加乃）　小嶋ヲシマ（乎之末）　出上ツノカミ（多乃加美）
山下ヤマシタ（也末之多）　松嶋マツシマ（松島万豆之末）、**阿波郡**　高井タカイ（多加為）　秋月アキツキ（安支豆支）　香美カヽミ（加久[ヽ]三）　拜師ハヤシ（波也之）、**美馬郡**　秦原ハイハラ（波以波良）　三次ミスキ（美須岐）　大嶋ヲホシマ（於保之末）　大村ヲホムラ（於保牟良）、**麻殖郡**ヲヘ　呉嶋クレシマ（久礼之末）　射立イタチ（伊多知）、**名西郡**府　埴土ハニ（波迩、麻殖郡）　高足タカシ（多加之、同）　櫻間サクラマ（佐久良末、同）、**名東郡**　名方ナカタ（奈加多）　新井ニヒイ（迩比為）　八万ハチマ（波知万）、**勝浦郡**カツラ　篠原シノハラ（之乃波良）　託羅タカラ（多加良）　新居ニヒノイ（迩比乃為）、**那賀郡**　山代ヤマシロ（夜末之呂）　出水イツミ（伊豆三）　坂野サカノ（左加乃）　幡羅ハラ（波良）　海部カイフ（加伊布）

讃岐國　**寒河郡**　石田（以之多）　長尾（奈加乎）、**三木郡**　井閇（井閇為乃倍）　池邊（以介乃倍）　武例（无礼）　幡羅（波良）、**山田郡**　殖田（植田宇恵多）　蕤甲（曽加波）　三谷（美多迩）　宮所（美也止古呂）、**香河郡**　井原（為乃波良）　多配（多倍）　笑田（能波良）　成相（奈良井）　百相（毛々奈支）　笠居（加左乎利）、**阿野郡**　新居（迩比乃美）　羽床（波以可）　氏部（宇知倍）　林田（波以多）、**鵜[鵜]足郡**　栗隈（久利久末）、**那珂郡**　良野（与之乃）　子松（古末豆）　高篠（多加之乃）　櫛無（久之奈之）、**多度郡**　垂水（多流美、那珂郡）、**三野郡**　勝間（加豆末）　熊岡（久万乎加）　高瀬（多加世）、**苅田郡**　杵田（久沼以多）　姫江（比米乃江）

伊豫國　**新居郡**　井上（為乃倍）、**周敷郡**　田野（多乃）　吉田（与之多）　石井（以久井[之]）、**桑村郡**　籠田（古多）　御井（三為）　津宮（津乃美也）、**越智郡**　高市（多計知）　櫻井（佐久良井）　拜志（波也之）　給理（古保利）　鴨部（加毛倍）　日吉（比与之）、**和氣郡**　高尾（多加乎）　姫野（姫原比女乃）、**温泉郡**　味酒（无万左介）、**久米郡**　天山（安末也末）　吉井（与之為）、**浮穴郡**　井門（為度）　出部（伊豆へ）、**伊豫郡**　亜川（吾川阿加波）　石田（以之田）、**宇和郡**　石野（以波野）　石城（以波岐）　立門（立門[間]多知末）

土左國　**安藝郡**　室津（无呂豆）　布師（沼乃之）　和食（[和]知之岐）、**香美郡**　大忍（於保左止）　深淵（布加布知）　石村（以波无良）、**長岡郡**　登利（安賀里）　殖田（宇恵多）

阿波國板野郡「山下（也末之多）」は、連体助詞ノの有無の差である[急]「也万乃之多」を参照すると、[高][名]一致と言える。阿波郡「香美（加久[ミ]三）」は、[急]「加ミ美」と合わせてカガミと訓むのがよいと見られる。美馬郡「蓁原（波以波良）」は、不審である[急]「波都波良」を参照すると、[高][名]一致と言える。那賀郡「出水（伊豆三）」は、[急]「和泉伊豆美」を参照すると、表記が[高][名]一致と言える。

讃岐國山田郡「蕤甲（曽加波）」は、二合仮名カハ・カフ「甲」の差であるが、[急]「曽加波」と合わせてソカハと訓んで、カフは固有名詞ではない「甲」の読みによったかと見られる。香河郡「多配（多倍）」のタヲは不審で、[急]「多倍」

と合わせてタへと訓むと見られる。「笑田（能波良）」は、「笑」をノと訓めるか問題でもあるが、(44)「田」をハラと訓むのは困難で、まだしも[急]「笑原乃波良」によるのがよいかと見られ、標記・訓が[高][名]一致している。「成相（奈良井）」は、[急]「奈良比」と合わせてヒが本来である。「百相（毛々奈支）」は、[急]「毛々奈美」とあり、モモノアヒの約まったモモナヒが本来かととらえられるので、ヒの濁音化したビと子音交替したミを考えれば[急]の方が本来に近いかと見られ、本来に近くない訓が[高][名]一致している。阿野郡「新居（迩比乃美）」は、[急]「尓比乃美」と合わせてニヒノミと訓むもののようであるが、ミと訓む理由は不明である。多度郡「垂水（多流美、那珂郡）」は、「水」をミ・ミヅのいずれに訓むかの差であるが、[急]「多留美」と合わせてタルミと訓むのがよいと見られる。

伊豫國周敷郡「石井（以久[之]井）」は、先に見た越前國今立郡「曽博（曽波之[久]）」の逆で「久」は「之」の誤りである。越智郡「給理（古保利）」は、「給」が呉音コフであるので、二合仮名コホとして用いられる。和氣郡「姫野（姫原比女乃）」は、[急]「姫原比女乃波良」によればヒメノハラのハラの脱落と見られ、残るヒメノを[名]「姫野」と標記したと見ることになる。温泉郡「味酒（无万左介）」は、ムの脱落した[急]「万左介」を参照すると、[高][名]一致と言える。伊豫郡「亜川（吾川阿加波）」は、[急]「吾川和加波」のようにワガハの訓もあるが、[高][名]一致する訓アガハによるものかと見られる（「亜川」は音訓混用である）。宇和郡「立門（立門[間]多知末）」は、[急]「立間多知万」と合わせて「立間」が本来と見られる。

土左國安藝郡「和食（知[和]之岐）」は、[急]「和之支」と合わせて「知」を「和」の誤りと見るのがよい。長岡郡「登利（安賀里）」は、[急]「鳥加利」によれば三字地名「登□利」の省略と見ることになるが、訓が[高][名]一致していることに注意すると、アガリと訓んで三字地名の省略と見ないのがよいかとも考えられる。

筑前國　**怡土郡**　飽田（宗[安]岐多）　石田（以之多）、**志麻郡**　登志（度之）、**早良郡**　昆[毘]伊（毗伊比）　能解（乃計）、**那珂郡**　曰佐（乎左）　三宅（美也介）　板引（坂[板]引以多比[キ]）、**席田郡**　石田（以之多）、**糟屋郡**　柞原（久波良）　勢門（世止）、**宗像郡**　荒自（安良之）　席田（席内无之呂宇治）　蓑生（美乃布）、**鞍手郡**　金生（加奈布）　二田（布多々）　生見（以久美）

新分（迩比位多）　粥田（加以多）、**嘉麻郡** 綱別（都奈和岐）　馬見（无末美）　碓井（碓氷宇須為）、**下座郡** 靑木（安乎岐）
鍬鑒［饗］（秋金饗久波閇）　三城（美奈岐）
筑後國 **生葉郡** 姫沼（比女奴）、**御井郡**府 神代（久万之呂）、**三瀦郡** 夜開（夜介）、**三毛郡** 米生（与那布）
肥前國 **佐嘉郡** 深溝（布加无曽）　小津（乎ツ）、**小城郡**府 甕調（美加豆支）、**松浦郡** 値嘉（知賀）、**杵島郡** 彼杵（曽乃岐）
大隅國 **噌唹郡**或府 志摩国用嶋字（國用嶋字）

筑前國怡土郡「飽田（［安］宗岐多）」は、「宗」は「安」の、ウはアの誤りかと見られ、[45]［急］「安久多」とはアク［飽］の終止形・連用形の差である。早良郡「昆［毘］伊（毗伊比）」は、一字地名の二字化に関連して、長音ヒーを表す例である。那珂郡「板引（［板］坂引以多比［キ］）」は、［急］「板曳伊多比支」が参照される。宗像郡「席田（席内无之呂宇治）」は、［急］「席内牟之路宇知」から見て、「内」を「田」に誤り、誤った「田」をタと訓んだと見られる。鞍手郡「生見（以久美）」は、不審な［急］「伊无美」を参照すると、［高名］一致と言える。「新分（迩比位多）」は、［急］「尒比支多」のイ音便ニヒイタかと見られる。「粥田（加以多）」は、促音と見られる［急］「加都多」を参照すると、［高名］一致と言える。嘉麻郡「碓井（碓氷［井］宇須為）」は、「碓氷」ならばウスヒであるので、「宇須為」から見て、［急］「碓井宇須井」と合わせて「碓井」と見るのがよい。下座郡「三城（美奈岐）」は、［急］「美都木」を参照すると、［高名］一致と言える（助数詞ツと見てミツキと訓む方がよいか）。

大隅國噌唹郡「志摩国用嶋字（國用嶋字）」は、傍訓・訓注はないが注により訓が知られ、「国用嶋字」は［高名］一致していて（［急］も）、一字地名「嶋」の二字化である。

以上、(イ)(い)の例は、第三節に挙げたもの49例（★印の1例を除く）を含めて、820例に及ぶ。そのうち、高山寺本と表記・訓が一致する名博本の例（左実線部）は第三節に挙げた29例（★印の1例を除く）を含めて574例に及び、また、仮名遣のみが異なるもの（左破線部）は第三節に挙げた4例を含めて105例に及び、そして、表記の漢字が類似していて同訓であるもの（左波線部）は第三節に挙げた1例を含めて35例ある。これらは、高山寺本の訓注と名博本の傍訓とが対応するものであり、少しの差違はあっても、高山寺本系の訓注を傍訓に改めたものが名博本であると見ることができる例である。とりわけ、[高][名]「一致」と述べた63例[46]は、やや特殊なものが高山寺本と名博本とで一致していて、[高][名]「仮名遣の差のみ」と述べた6例、[高][名]「近似」と述べた1例も加えられ、大東急本とも一致する例を差し引くとしても、高山寺本系と名博本との関係を見るのに重要な例であると考えられる。

五　高山寺本の訓注と名博本の傍訓（二）

次に、(ロ)から(い)を除いた(ろ)の例を挙げる。

山城國　**乙訓郡**《ヲトクニ》　鞆岡（止毛乎賀）　訓世（群世）、**紀伊郡**《キイ》　深草（不賀乎佐）、**宇治郡**　岡屋（乎賀乃也）

大和國　**葛下郡**　當麻（多以万）

河内國　**丹比郡**《タチヒ》　八下（波知下）

和泉國　**日根郡**《ヒ子》　呼於（乎）

攝津國　**河邊郡**《カハノヘ》　楊津（夜奈以都）、**武庫郡**　兒屋（古也）、**有馬郡**《アリマ》　春木（波留木）、**八部郡**《ヤタヘ》　長田（奈以多）

山城國乙訓郡「訓世（群世）」の「群」は、撥音表記である。紀伊郡「深草（不賀乎佐）」については、工藤氏「和名抄地名新考（三）」[47]が詳しい。

大和國葛下郡「當麻（多以万）」は、タギマのイ音便である。

和泉國日根郡「呼於（乎）」は、一字地名の二字化に関連して、長音ヲーを表す例である。

攝津國河邊郡「楊津（夜奈以都）」は、ヤナギツのイ音便ヤナイヅである。八部郡「長田（奈以多）」は、[急]「奈加多」とあり、ナイタになる理由は明らかでない（「以」を「加」の誤りと見るか）。

伊勢國　**朝明郡**《アサケ》　杖部（波世津加へ）、**奄藝郡**《アンキ》　服部（波止利）、**壹志郡**　岩[宕]野（宕野太岐乃）、**飯高郡**《イヒタカ》　英太（阿加太）、**多氣**《タケ》

郡　三宅（美也計）

遠江國　**長下《ナカシモ》郡**　長野（奈加乃）　幡多（判多）

甲斐國　**山梨《ヤマナシ》郡**　林部（波夜之）

相模國　**高座《タカクラ》郡**　岡本（乎加毛度）

武蔵國　**多磨《タマ》郡**　小川（乎加波）　川口（加八久知）　小楊（乎也支）　新田（迩布多）、**都筑《ツキ》郡**　高幡（多加波多）、**入間郡**　山田（夜末太）

安房國　**平郡《ヘクリ》郡**府　砥河（止加波）　達良（多ゝ良）　石井（以波為）　狭隈（左之万[久]）　穂田（保多）、**安房《アハ》郡**　河曲（加波和）、**朝夷《アサイナ》郡**　健田（太津[計]多）

上総國　**畔蒜《アヒル》郡**　小河（乎加波）　甘木（安万支）、**望陀《マウタ》郡**　鹿津（加豆）

伊勢國朝明郡「杖部（波世津加へ）」の「へ」は、安房國長狭郡「丈部《ハセツカヒ》（波世豆加比）」を合わせとらえると、清音へと見る方がよいと考えられる。(48)奄藝郡「服部（波止利）」は、三字地名「服[織]部」の省略である。

遠江國長下郡「幡多（判多）」の「判」は、撥音表記である。

甲斐國山梨郡「林部（波夜之）」は、一字地名「林」の二字化である。

安房國平群郡「狭隈（左之万[久]）」は、[急]「佐久万」が参照される。朝夷郡「健田（太津[計]多）」は、[急]「多介太」が参照される。

近江國　**栗太[本]《クリモト》郡**府　梨原（奈之波良）、**甲賀《カウカ》郡**　山直（也末[ナホ]）、**野洲《ヤス》郡**　敷智（國用渕字）、**浅井《アサイ》郡**　速水（波世[也]美）

飛騨國　**益田《マシタ》郡**　秋秀（阿岐比弖）、**荒城《アラキ》郡**　高家（加岐へ）

信濃國　**伊那《イナ》郡**　伴野（度毛乃）　小村（乎无良）　麻續（乎美）　福智（布久知）、**安曇《アトミ》郡**　高家（多支へ）

上野國　**甘樂《カンラ》郡**　新屋（迩比也）、**緑野《ミトリノ》郡**　林原（波也之八良）、**那波《ナハ》郡**　池田（伊計太）、**勢多《セタ》郡**　深田（フカタ）、**新田《ニッタ》郡**　祝人（ハフリ）

陸奥國　**行方郡**（ナメカタ）　真野（末乃）

近江國甲賀郡「山直（也末［ナホ］）」は、［急］「也末奈保」が参照される。野洲郡「敷智（國用渕字）」は、一字地名「渕」の二字化である。浅井郡「速水（波世［也］美）」は、［急］「波也美」が参照される。

飛騨國荒城郡「高家（加岐へ）」は、タキへの訓が考えられるところである（信濃國安曇郡「高家（多支八）」を参照）が、［急］「加木倍」である（［高］［急］ともに「加」を「多」の誤りと見るか）。

若狭國　**大飯郡**（ヲホイ）　木津（岐豆）

越前國　**坂井郡**（サカノイ）　長畝（奈宇祢）　河口（川口加波久知）

加賀國　**能美郡**（ノミ）府　山上（夜末加美）、**石河郡**（イシカハ）　椋部（久良波之）　三嶋［馬］（三馬美万）　拝師（波世［也］之）　井手（為弖）　味知（美乎［千］）

越中國　**礪波郡**（トナミ）　高柳（高楊多加也岐）、**新河郡**（ニヒカハ）　大荊（於保也不）

佐渡國　**雑太郡**（サハタ）府　石田（以之多）、**賀茂郡**　殖栗（恵久利）

越前國坂井郡「長畝（奈宇祢）」は、「長」をナと訓んでいるが、「志那都比古神」（記神代）と対照される「級長戸彦命」（神代紀上・第五段一書第六）の例が参照される。

加賀國石河郡「椋部（久良波之）」は、三字地名「椋［椅］部」の省略である。「三嶋［馬］（三馬美万）」は、［急］「三馬美万」が参照される。「拝師（波世［也］之）」は、［急］「波也之」が参照される。「味知（美乎［千］）」は、［急］「美知」が参照される。

丹後國　**與謝郡**（ヨサ）　謁叡（安知江）

但馬國　**氣多郡**府　樂前（左止［く］乃久末）、**城﨑郡**（キノサキ）　新田（迩布多）

因幡國　**法美郡**（ハフミ）府　廣城（西イ）（廣城比呂世）

石見國　**邇摩郡**（ニマ）　湯泉（由）、**邑知郡**（ヲウチ）　邑美（於保美）

但馬國氣多郡「樂前（左止[く]乃久末）」は、[急]「佐々乃久万」が参照される。城﨑郡「新田（迩布多）」は、第四節に見た隠岐國周吉郡「新野《ニフノ》（迩比乃）」が参照される。

因幡國法美郡「廣城〈西イ〉（廣城比呂世）」は、「城」をセと訓むのが困難で、[急]「廣西比呂世」によるのがよいかと見られる（「廣柵」もしくは「廣栖」の誤りとも見られる）。(49)

石見國迩摩郡「湯泉（由）」は、一字地名「湯」の二字化である。邑知郡「邑美（於保美）」は、[急]「於布美」とあり、二合仮名オホ・オフ［邑］の差である。

播磨國　**印南郡《イナミ》** 含藝（加奈牟　國用河南）、**赤穂郡《アカホ》** 筑磨（都久末）　周勢（須世）、**完[宍]粟郡《シサハ》** 柏野（加之八乃）　石保[作]（石作以之都久利）　土方[万]（比知末）、**神﨑郡《カンサキ》** 埴岡（波尓乎賀）　蔭山（加介也末）　川邊（加波乃倍　國用川述）　的部（以久波）、**美嚢郡《ミナキ》** 高野（多賀乃）

美作國　**英多郡《アイタ》** 讃甘（佐奈保）、**勝田郡《カツマタ》** 飯岡（以保加）、**苫東郡《トマヒカシ》** 美和（三禾）

備前國　**和氣郡《ワケ》** 坂長（散加奈賀）、**磐梨郡《イハナシ》** 物理〈部イ〉（毛止以へ）、**御野郡《ミノ》**〈府〉 廣西（比呂世）　伊福（以布久）　津嶋（豆之万）、**上道郡《カンツミチ》** 那紀（那紀奈岐）

備中國　**下道郡《シモツミチ》** 湯野（由乃）、**浅口郡《アサクチ》** 大嶋（於保之末）、**後月郡** 荏原（夜[衣]波良）　縣主（阿加太）　出部（以豆へ）　足次（安之幾）、**英賀郡** 丹部〈田イ〉（多知閇）

安藝國　**沼田郡《ヌタ》** 真羅（信羅）

長門國　**大津郡** 向國（无加豆久迩）

播磨國印南郡「含藝（加奈牟　國用河南）」は、「含藝」をカナムと訓むのが困難である。完[宍]粟郡「土方[万]（比知末）」は、「土方」の表記で[高][名]一致している（[急]も）。神﨑郡「川邊（加波乃倍　國用川述）」は、カハノベと訓むと見られる。(50)「的部（以久波）」は、一字地名「的」の二字化である。

美作國英多郡「讃甘（佐奈保）」の訓は、不明である。(51)

備前國磐梨郡「物理部イ（毛止以へ）」は、[急]「物部無訓」であり、三字地名「物理[部]」の省略で、モトリベのイ音便である。(52) 上道郡「那紀（那絁奈岐）」の「絁」は、[急]「那紀無訓」と合わせて、「紀」の誤りと見るのがよいか。(53)

備中國後月郡「荏原（[衣]夜波良）」は、[急]「江波良」が参照される。「縣主（阿加太）」は、一字地名「縣」の二字化と見られる。「足次（安之幾）」は、[急]「安須波」によるのは難しく、アシスキの約まったものか、あるいは、アスキの母音交替かと見られる。英賀郡「丹部（多知閇）」は、三字地名「丹[比]部」の省略で、省略された「比」に当たるヒの脱落したものである。

安藝國沼田郡「真羅（信羅）」の「信」は[急]「新良」の「新」も、撥音表記である。

阿波國　**三好郡**ミヨシ　三縄（美奈波）　三津（美豆）　三野（美乃）、**那賀郡**　嶋根（之末祢）　和射（[和]知射ゝ讀如左）

讃岐國　**大内郡**ヲホチ　引田（比計太）　白鳥（之良止利）　入野（迩野乃夜）、**香河郡**　中間（奈加豆[マ]）、**阿野郡**アヤ府　鴨部（加毛）

伊豫國　**宇摩郡**ウマ　津根（豆祢）、**新居郡**ニヒイ　嶋山（[之]久末夜末）、**濃満郡**ノマ野間イ　賞多（散賀多）、**浮穴郡**ウキアナ　荏原（衣波良）

阿波國那賀郡「和射（[和]知射ゝ讀如左）」は、[急]「和射無訓」と合わせて「和射」（「知」は「和」の誤り）と見られ、そして、播磨国風土記・美嚢郡に「阿波國和那散」とあるので、三字地名「和□射」の省略と見られる。(54)

讃岐國大内郡「白鳥（之良止利）」は、シロトリの訓[急]「之呂止利」もある。「入野（迩野乃夜）」は、[急]「尒布乃也」により、ニフノヤと見られる。(55) 香河郡「中間（奈加豆[マ]）」は、[急]「奈加都万」が参照される。阿野郡「鴨部（加毛）」は、一字地名「鴨」の二字化である。

筑前國　**糟屋郡**カスヤ　香椎（加須比）、**宗像郡**ム子カタ　海部（阿末）、**穂浪郡**　薦田（古毛多）　堅槃[磐]（堅磐加太之末）、**上座郡**ルンツアサクラ　把伎（八木）

筑後國　**御原郡**ミハラ　日方（比加多）

肥前國　**三根郡**　千栗（知利久）［久利］、**佐嘉郡**　山田（ヤマタ）、**彼杵郡**（ソノキ）　嶋見（之末美）、**高米郡**（タカク）［来］　神代（加无之呂）

筑前國糟屋郡「香椎（加須比）」は、シース の母音交替と見られるが、「椎」と「推」との混同ということもあるであろうか。宗像郡「海部（阿末）」は、一字地名「海」の二字化である。穂浪郡「堅槃［磐］（堅磐加太之末）」は、［急］「堅磐加多之万」により「堅磐」と見られて、カタシハの訓が予想されるところであるが、［高］［急］ともに訓カタシマである。(56) 上座郡「把伎（八木）」は、［急］「波木」が参照される。

肥前國三根郡「千栗（知利久）［久利］」の「利久」は、「久利」の転倒と見られる。

(ろ)の例は、合わせて125例で、(イ)(い)に比べて少ない。

六　高山寺本の訓注と名博本の傍訓（三）

そして、(ハ)の例を挙げる。

山城國　**宇治郡**　餘戸（アマリヘ）　山科（ヤマシナ）、**久世郡**　殖栗（エクリ）（名栗）

河内國　**丹比郡**（タチヒ）　菅生（スカフ）

和泉國　**和泉郡**（府）　輕部（カルヘ）

攝津國　**嶋下郡**　穂積（ホツミ）

山城國久世郡「殖栗（エクリ）（名栗）」は、「名栗」を訓注と見るかとも思われるが、延喜式・神名帳に「雙栗神社」の例もあるので、「名栗」ともあったかと見られ、訓注とは別の注記と見て、ここに挙げておく。

伊勢國　**三重郡**　葦田（アシタ）

參河國　**寶飫郡**（ホヨ）（府）　美養（ミヤ）、**八名郡**（ヤナ）　多米（タメ）　和太（ワタ）

遠江國　**山香郡**（ヤマカ）　氣比（キヒ）（氣多）、**佐野郡**（サノ）　幡羅（ハラ）、**蓁原郡**（ハイハラ）　細江（ホソエ）

駿河國　**志太郡**(シタ)　刑部(ヲサカヘ)、**益頭郡**(マシツ)　朝夷(アサヰナ)
相模國　**足下郡**　垂水(タルミツ)、**大住郡**(ヲホスミ)府　和太(ワツタ)
武蔵國　**久良。郡**(クラキ)　星川(ホシカハ)、**男衾郡**(ヲフスマ)　多留(タル)、**播澤郡**(ハンサハ)　*榛澤(ハンサワ)、**秩父郡**(チヽフ)［秩］　巨香(コカ)　美吉(ミヨシ)
下総國　**葛餝郡**(カトシカ)府岐イ　度毛(トケ)、**埴生郡**(ハニフ)　麻在(アサリ)

伊勢國三重郡「葦田(アシタ)」は、［急］「安之美多」によると、三字地名「葦□田」の省略で、省略された字に当たるミが脱落したものと見られる。

參河國八名郡「多米(タメ)」は、［急］「多木無訓」を参照すると、［高名］一致とも言える。

遠江國山香郡「氣比(キヒ)（氣多）」は、［急］「氣多無訓」と合わせて「氣多」の誤りと見るのがよいであろうか。

相模國大住郡「和太(ワツタ)」のワツタのツは、促音であり得る。

武蔵國播澤郡「榛澤(ハンサワ)」は、第二節に見た郡名と同様に撥音を含むハンであろう。

近江國　**犬上郡**(イヌカミ)　田可(タカ)、**坂田郡**(サカタ)　朝妻(アサツマ)、**浅井郡**(アサイ)　田根(タ子)、**伊香郡**(イカコ)　余呉(ヨコ)、**高嶋郡**(タカシマ)　角野(ツノ)
美濃國　**各務郡**(カヽミ)　芥見(アクタミ)、**土岐郡**(トキ)　異味(イビ)
信濃國　**水内郡**(ミノチ)　芹田(セリタ)
上野國　**群馬郡**(クルマ)府　*群馬(クルマ)、**吾妻郡**(アカツマ)　大田(ヲホタ)
陸奥國　**曰理郡**(ワタリ)　菱沼(ヒシヌマ)、**賀美郡**(カミ)　河嶋(カハシマ)（川島）
出羽國　**飽海郡**(アクミ)　由理(ユリ)

美濃國土岐郡「異味(イビ)」のビは、傍訓に濁点があり、マ行―バ行の子音交替と見られる。

出羽國飽海郡「由理(ユリ)」は、［急］「日理」［曰］とあり、ワタリと訓む「曰理」の誤りと見られ、［高名］一致している。

若狭國　**遠敷郡**(ヲニフ)府　安賀(アカ)　野里(ノサト)

越前國　足羽（アスハ）郡　上家（カンツイヘ）
越中國　射水（イミツ）府郡　阿努（アノ）、婦負（メイ子イ）郡　高野（タカノ）
越後國　沼垂（ヌタリ）郡　賀地（カチ）
越前國足羽郡「上家（カンツイヘ）」のカンは、カミの撥音便である。
因幡國　高草（タカクサ）郡　野坂（ノサカ）　刑部（ヲサカヘ）
播磨國　餝磨（シカマ）府郡　草上（クサノカミ）
備中國　下道（シモツミチ）郡　曽能（ソノ）
淡路國　三原（ミハラ）府郡　倭文（シトリ）
讃岐國　山田郡　拝師（ハヤシ）

ハ→ワ　1例、ヒ→ヰ　1例、ヱ→エ　1例、オ→ヲ　3例、の例がある。
(ハ)の例は、合わせて49例で、(イ)(い)に比べては無論のこと、(ろ)に比べても少ない。
さらに、(ニ)として、次の例がある。

駿河國　益頭（マシツ）郡　西刀勢（西力〔刀〕勢）

[急]「西刀世止」が参照され、[高]「勢」・[名]「勢」は訓セトのセを表すと見られて、[高][名]がかなり近似した例である。[名]に訓注の跡が残っている珍しい例である。(ロ)に入れることもできるが、別にしておくものである。

以上のように、第三節以降、郷名について、高山寺本の訓注と名博本の傍訓とを対照して、訓注等ないし傍訓のある995例を見てきたが、少しの差違はあっても両者が対応する(イ)(い)の820例が八割を越し（82%強）て圧倒的に多く、また、そのうち、714例（87%強）は、表記・訓が一致するもの（574例）、仮名遣のみが異なるもの（105例）、表記の漢字が類似していて同訓であるもの（35例）であることから見て、とりわけ、[高名]「一致」と述べた65例[57]から見て、[高名]「仮名遣の差のみ」と述べた6例、[高名]「近似」と述べた2例[58]を含めて、基本的に名博本の傍訓は高山寺本系の訓注を基にしたものととらえて間違いないと見られる。

榎氏・宮澤氏を承けて、高山寺本の「郷里部」と名博本の「國郡部」とを対照することにより、右のような結果を得ることができた。

注

（1）〔1992·6　名古屋市博物館〕

（2）『倭名類聚抄諸本の研究』〔2010·4　勉誠出版〕〔二7〕、もと『松村明先生喜寿記念国語研究』〔1993·10　明治書院〕

（3）「名博本の内容は、一見して他の和名抄とは大きく相違する。それはまず他本ならば掲出語があってその下に註文があるのに、名博本では、その掲出語だけを集めている。これでは辞書ではなく単語集である。」とも述べられる。

（4）名博本では巻六～巻十、大東急本（・元和本）では巻五～巻九である。

（5）この他に、高山寺本は「居處部」に駅名を掲載している。

（6）本来は、国名欄・郡名欄が「國郡部」で、郷名欄が「郷里部」であったかと考えられる。郷名欄のみである点で高山寺本と名博本とは共通しているとも言えるが、高山寺本は、巻六～巻十の残欠であるので、国名欄・郡名欄は現存しない巻五にあったと見ることもできる。よって、この点での高山寺本と名博本との共通性は重視しないことにしたい。

（7）大東急本（・元和本）では、国名・郡名の多くにも訓注が付されている。また、高山寺本では、駅名のいくらかにも訓注が付されている。第二篇第一章参照。

（8）（郷名欄の）郡名のある程度にも傍訓が付されている（第二節に後述）。

（9）犬飼隆・和田明美両氏編『語り継ぐ古代の文字文化』〔2014·1　青簡舎〕

（10）尤も、高山寺本の（郷名欄の）郡名の傍訓は、後に第二節に見るように、別のとらえ方の方がよいかと考えられる。

(11) 天理図書館善本叢書２『和名類聚抄　三宝類字集』［1971・11　八木書店］

(12) 渡辺氏・宮澤氏が指摘されるように、高山寺本（山城国）に「有(レ)郡謂之郡家　有(レ)驛謂之驛家　以(レ)寄(二)諸社(一)謂之神戸　不(レ)入(二)班田(一)謂之餘戸　異名同　除而不(レ)載」とある。

(13) ここでは、「島」と「嶋」との差は問わないことにする。

(14) 以下、一字地名の二字化については、第三篇第二章参照。

(15) 「安[宿]部」の省略の例もあって、ヤスへの傍訓を付した、とも見られる。なお、以下、三字地名の二字化については、第三篇第一章参照。

(16) 大東急本と元和本とでは郡名の掲載順序が異なり、[急]「長下長乃加美」の訓注はそのことによる誤りかと見られる。

(17) 第一篇第三章参照。

(18) 『地理志料』は、「志[米]波」とし、「按原注(二)志波(一)、今補(二)米ノ字(一)、以復(二)源君之舊(一)」とされる。

(19) 『地名字音転用例』参照。今はこれによるが、後にトヨマ郡（↓トメ郡）である（現在は宮城県登米(トメ)市登米(トヨマ)町、竹内史郎氏の御教示による）ところからは、標記「米」を略音マと見て、[急]「未」・[元]「米」は本来「末」であったと見るのがよいかとも思われる。

(20) 『日本語学の方法　工藤力男著述選』［2005・11　汲古書院］、もと「歴史地名通信」50［2005・1　平凡社］

(21) 工藤氏「古代文献における固有名詞の語形の変容」（『日本語史の諸相　工藤力男論考選』［1998・8　汲古書院］、もと「岐阜大学教育学部研究報告　人文科学」29［1981・2］）参照。以下、ウ列―オ列の母音交替の例について同様。

(22) 「[い]」については、第四節に後述する（第三節において、以下同様）。

(23) 第三篇第一章には「谷部」の例しか挙げていないが、名博本に三字地名の例があった。

(24) 『地名字音転用例』に「養(ヤ)□訓(クニ)」とあり、『考證』に「養訓か」とあること参照。

(25) 第三篇第一章には「宗我」「宇[宗]部」「大曽」の例しか挙げていないが、名博本に三字地名の例があった。

(26) 「癸」と示したのは「関」から「門」を削った形の字体である。

(27) ヲ↓ホとも見られる。

(28) 第三篇第三章参照。

(29) 尤も、[急]「富田無訓」・[元]「高田無訓」とあるので、断定はできない。

(30) 三音節の名詞被覆形は、このアカナ[茜]の例ぐらいしか見当たらないい。アカネ[茜]はアカ[赤]+ネ[根]の構成であるので、被覆形アカナは、二音節被覆形カナ[金]などとの類推によるものかと見られる。なお、三音節の名詞被覆形は、有坂秀世氏「国語にあらはれる一種の母音交替について」(『国語音韻史の研究』[1944·7 明世堂書店]、1957·10 増補新版 三省堂]、もと「音声の研究」4 [1931·12]) の挙げられる例ではイホツ[五百箇]のみであり、イホツはイホ[五百]+ツ[箇]の構成であるので、これは助数詞ツ[箇]の(チ[箇]に対する)被覆形と見ることができる。

尤も、注(9)北川氏論文は、「「アカ」の母音がいずれもaであるので、neがそれに影響されてnaに変わったと考えれば、説明は付こう(略)。いわゆる順行同化である。」とされて、別の解釈もある。

(31) 他方、注(9)北川氏論文は、「名博本の〈アカネナへ〉は、「ネ」の脇に異文注記の「ナ」が書かれていた(たとえば〈アカネ（ナ）へ〉のように)のが書写の過程で訓の本文に混入したものと推定される。」とされる。

(32) 後に挙げる注(34)参照。

(33) 『考證』には、「鹿」字に対して「唐か」とある。

(34) 注(9)北川氏論文は、「「々」「久」「シ」の相違は、筆文字で「ゝ」「久」「之」の三文字が近似していることから生じた誤写と推測される。写本においてこの三文字はしばしば相互に誤写を起こす。」とされる。なお、注(32)箇所をも参照。

(35) [急]郷名は「也都乃之呂」であるが、郡名・郷名ともヤツシロと見るのがよいか。

(36) 注(21)書、もと「萬葉」90 [1975·12]

(37) [名]は「衣」を「夜」と見たかと見られる。

(38) 『考證』に指摘される。第一篇第四章・第三篇第三章をも参照。

(39) 工藤氏「木簡による和名抄地名の考察」(注(20)書、もと「木簡研究」12 [1990·11]) 参照。

(40) 『地理志料』は、「勝戸ハ蓋磯ア之譌、」とされる。

(41) 第一篇第四章参照。

(42)『地理志料』は、「再按、罵恐ハ富ノ字、以二草體相近一譌、」とされる。
(43) 被覆形ニフ・露出形ニヒととらえることもできないではない（別稿「上代特殊仮名遣に関する語彙」〔『萬葉』198〔2007・6〕〕）。第一篇第一章をも参照。
(44)「篦(の)」の代用であろうか。
(45)「宗」を「宇」と見たこともあり得る。
(46) 第三節に挙げた6例を含む。
(47)「成城文藝」187〔2004・7〕
(48) 第三篇第三章参照。
(49) 第一篇第四章参照。
(50) 第一篇第三章・この篇の第二章、参照。
(51)『地理志料』は、「按當二讀云一佐加美二」とされる。
(52) 第三篇第三章参照。
(53) 第一篇第四章参照。
(54) 第三篇第一章注(6)参照。
(55) 尤も、音＋ノ＋音の例は異例である。第一篇第四章参照。
(56) ハ行―マ行の子音交替か（あるいは「万」を「方」の誤写と見るか）。第一篇第一章注(8)箇所参照。
(57) 第五節に挙げた1例、第六節に挙げた1例を含む。
(58) 第六節に挙げた1例を含む。

第二章　風土記地名と和名抄地名

風土記（逸文を含まない）の地名と、和名抄（・廿巻本）に見える地名とを対照して、そこから知られることについて述べることにしたい。具体的には、常陸国・出雲国・播磨国・豊後国・肥前国における、和名抄の郡名・郷名および駅名と、それらと対照できる風土記の地名とを対象とする。

以下のそれぞれの箇所で地名を挙げる際に、その順序は便宜的ながら基本的に和名抄の郷名欄のそれによる。[1]丸括弧内の国名・郡名は、和名抄により（郷名は郷名と示すのを省略する）、風土記と郡名が異なる場合にはその旨を記すことにする。

風土記において基本的でない標記、および、風土記に対して和名抄で変化した標記に、右実線（│）を付すことにする。風土記の例で、萬葉仮名に左実線（│）を付したものは、例えば「能理波麻之村」（常陸国信太郡、別に「乗濱里」）は四字地名と見るのは難しいと見られるので、地名標記そのものと見ず、地名の訓みを示したものと見るものである。また、二合仮名を左破線（┆）によって示し、第二節で述べる地名の二字化における三字地名・一字地名を左波線（〰）によって示しておく。そして、▼印を付したものは「和名抄の訓注等によって風土記の訓が知られるもの」として第三節で、◇印を付したものは「風土記の訓に問題があるもの」として第四節で、★印を付したものは「和名抄の訓注に問題があるもの」として第五節で、＊印を付したものは「種々の問題があるもの」として第六節でとり挙げる。〔 〕内は、風土記と和名抄との間などでの標記の変化を簡略に示すものである。

常陸国風土記は菅政友本[2]を、出雲国風土記は細川家本[3]を（細川家本に脱落がある箇所は倉野本[4]を）、播磨国風土記は三条西家本を、(5) 豊後国風土記は冷泉家本を、(6) 肥前国風土記は猪熊本を、(7) それぞれ参照した。
なお、風土記については、次に示す研究を参照し、(8) 次のような略称を用いる。

大系：日本古典文学大系2『風土記』（秋本吉郎氏校注）
新編全集：新編日本古典文学全集5『風土記』（校注・訳　植垣節也氏）
全訳注：講談社学術文庫385『風土記(一)全訳注　常陸国風土記』（全訳注　秋本吉徳氏）・同1382『出雲国風土記』（全訳注　荻原千鶴氏）
山川：『出雲国風土記』『播磨国風土記』『常陸国風土記』『豊後国風土記　肥前国風土記』（沖森卓也・佐藤信・矢嶋泉　三氏編著）
角川：角川ソフィア文庫19240『風土記上』・同19241『同下』（中村啓信氏　監修・訳注）

一　風土記によって知られる和名抄の誤り

初めに、風土記によって和名抄の誤りが知られるものを挙げる。問題のあるものは、第六節に見ることにする。和名抄の誤りを右二重傍線（‖）によって示す。そのうち、風土記によらずとも、和名抄諸本によって和名抄の誤りがある程度知られるものには、△印を付す。

まず、(1)漢字の誤りによるものを挙げる。

1△田餘（里）→[急]田舎‖、[高]田余（常陸・茨城(ムバラキ)）〔餘＝余→舎‖〕
2△藝都里→[急]藝都、[高]藝部‖（同・行方(ナメカタ)）〔都→部‖〕
3當麻之郷→[急][高]當鹿‖（同・行方(ナメカタ)）〔麻→鹿‖〕
4△香澄里・（霞郷）→[急]香澄、[高]香證‖（同・行方(ナメカタ)）〔澄→證‖〕

5 板来村など↓[急][高]坂来‖（同・行方(ナメカタ)）〔板↓坂‖〕
6 △舎人郷↓[急]舎代‖、[高]舎人（出雲・能義(ノギ)、風土記では意宇郡）〔人↓代‖〕
7 完[宍]道郷・完[宍]道驛家など↓[急]完道、[高]宮道・[駅]穴道‖（同・意宇(オウ)）〔宍↓完・宮‖・穴‖〕
8 △＊忌部神戸↓[急]忌部、[高]忠部‖（同・意宇(オウ)）〔忌↓忠〕
9 △山代郷など↓[急]山伐‖、[高]山代（同・意宇(オウ)）〔代↓伐‖〕
10 手染郷↓[急][高]千染‖（同・嶋根(シマネ)）〔手↓千‖〕
11 加賀郷　本字加ゝ|・加加など↓[急][高]賀知‖（同・嶋根(シマネ)）〔加↓賀|〕〔加↓知‖〕
12 玖潭郷（本字忽美|）など↓[急]玖擇‖、[元][高]玖澤‖（同・楯縫(タテヌヒ)）〔潭↓擇‖・澤‖〕
13 △沼田郷（本字努多|）など↓[急]沼田、[高]治田‖（同・楯縫(タテヌヒ)）〔沼↓治‖〕
14 健部郷↓[急]建部‖、[高]達部‖（同・出雲）〔健↓建‖・達‖〕
15 △漆沼郷[治]（本字志司沼[丑 治]）など↓[急]漆沼‖、[高]漆治（同・出雲）〔治↓沼‖〕
16 △杵築郷（本字寸付|）など↓[急]許筑‖、[高]杵筑‖（同・出雲）〔杵↓許‖〕〔築↓筑|〕
17 伊努郷（本字伊農|）など↓[急]伊勢‖、[高]甲努‖（同・出雲）〔努↓勢‖、伊↓甲‖〕
18 塩治郷[治]（本字止屋|）など↓[急]塩沼、[高]塩治（同・神門(カムト)）〔治↓沼・治‖〕
19 △高岸郷（今字高峯[本][崖]|）など↓[急]商岸、[高]高岸（同・神門(カムト)）〔高↓商‖〕
20 多伎郷（本字多吉|）・多伎驛（本字多吉|）など↓[急][高][駅]多伏‖（同・神門(カムト)）〔伎↓伏‖〕
21 [熊]能谷郷など↓[急][高]能石‖（同・飯石(イヒシ)）〔熊↓能|、谷↓石‖〕
22 △波多郷など↓[急]波多、[高]伎多（同・飯石(イヒシ)）〔波↓伎‖〕
23 横田郷など↓[急][高]横山‖（同・仁多(ニイタ)）〔田↓山‖〕

24斐伊郷（本字樋）・斐伊村など→[急][高]斐甲（同・大原（オホハラ））〔伊→甲〕
25△★益氣里・（宅・宅村）→[急]益氣、[高]益田末須太（播磨・印南（イナミ）、風土記では賀古郡か）(9)〔氣＝気→凶＝田〕
26△★[因]曰達里など→[急]迎達伊多知、[高]印達以多知（同・餝磨）〔[因]曰→印→迎〕
27[宍]完禾郡など→[急]完粟志佐波（同・郡名）〔宍→完〕〔禾→粟〕
28△柏野里→[急]狛野（[元]狛野）、[高]柏野加之八乃（同・宍粟（シサハ））〔柏→狛・狛〕
29△石作里（本名伊和）→[急]石保、[高]石作以之都久利（同・宍粟（シサハ））〔作→保〕
30△土間村→[急]土方、[高]土万比知末（同・宍粟（シサハ））〔間→万→方〕
31△（法太里）・匍田→[急]蔓く、[高]蔓田波布太 國用這田（同・多可）〔匍田→蔓田・這田、蔓田→蔓く〕
32◇＊靫編郷→[急]父連[叉網]、[高]文連[叉網]（豊後・日高（ヒタ））〔靫→叉→父・文、編→連〕
33＊（球覃郷）・朽絅郷など→[高]松納[朽網]（同・直入（ナホリ））〔朽→松、網＝絅→納〕
34△柚冨郷など→[急]田布、[高]田布・[駅]由布（同・速見（ハヤミ））〔柚冨→由布→田布〕
35△佐嘉郡・（榮國・榮郡）など→[急]佐嘉、[駅]佐喜（肥前・郡名）〔嘉→喜〕
36登望驛・（駧驛）→[駅]登部（同・松浦（マツラ））〔望→部〕

右のうち、「完」（7・27）・「治・沼」（13・15・18）・「甲」（17・24）は、複数例が見えるものである。とりわけ、「治・治・沼」は誤写されやすく、15については第二節(1)4として後に述べる。25「凶」・33「絅」のような異体字を考慮に入れると、誤った過程がよくわかるものもある。

次に、(2)一つの地名が二つの地名になったものを挙げる。

1賀茂神戸・（鴨神亀三年改字賀茂）→[急][高]賀茂／神戸（出雲・能義（ノギ）、風土記では意宇郡）「賀茂神戸」が「賀茂」「神戸」になったものである。

そして、(3)右の(2)と(1)とが重なったものを挙げる。

1〔薩都里〕・佐都など→〔急〕佐野／都、〔高〕佐野（常陸・久慈）〔「野」付加、都→野〕

2滑狭郷・南佐神亀三年改字滑狭など→〔急〕南佐／渦狭、〔高〕南佐／堝狭（出雲・神門）〔滑→渦・堝〕

右の1は、「佐都」が、大東急本では二字の間に「野」が付加されて「佐野」「都」二つの地名になったものと見られ、高山寺本では一つの地名のままで〔都→野〕と変化したものと見られる。恐らくは、〔都→野〕の変化が先で、その後に本来の「都」字も書き加えられたことにより、結果として「野」字の付加がなされたものであろう。2は、一つの地名ナメサに対する風土記の「滑狭」「南佐」二つの標記が、和名抄では二つの地名ととらえられたものである。なお、第一篇第二章に述べたが、「南佐」のナメ「南」は母音eを加える二合仮名の少ない例に入る（『地名字音転用例』参照）。

また、(4)二字が転倒したものと(1)とが重なったものを挙げる。

1海潮郷（本字得塩）など→〔急〕潮海、〔高〕湖海（出雲・大原）〔海潮→潮海→湖海〕

これは、風土記の今一つの標記「得塩」と合わせて訓はウシホと見られ、それには「海潮」が本来であると考えられるので、〔急〕「潮海」は二字が転倒したものと見られ、〔高〕「湖海」はそれが〔潮→湖〕と誤られたものと見られる。

なお、(1)11は、〔加賀→賀加→賀知〕のように、(4)と見ることもできる。

二　地名の二字化に関するもの

地名の二字化については、第三篇第一章・第二章に述べたが、三字地名の二字化と一字地名の二字化とがある。

(1)三字地名の二字化

1支麻知社・来待川・未〔来〕待橋〈巻末記〉→〔急〕〔高〕来待（出雲・意宇）〔支麻知→来待〕

2恵曇郷　本字恵伴・恵伴神亀三年改字恵曇・恵梯[杼]毛社・恵曇海辺社・恵曇（池）・恵曇濱→[急][高]恵曇（同・秋鹿（アイカ））〔恵杼毛→恵伴・恵曇〕

3玖潭郷　本字忽美・波夜佐雨久多美乃山・忽美神龜三年改字玖潭・久多美社→[急]玖璞、[元][高]玖澤（同・楯縫（タテヌヒ））〔久多美→忽美・玖潭〕

4漆沼[治]郷　本字志司[丑]沼[治]・志刃[丑]治神龜二[三]年字改[改字]漆治→[急]漆沼、[高]漆治（同・出雲）〔志丑治→漆治〕

5杵築郷　本字寸付・寸付神龜三年改字杵築・杵築大社・企豆伎社・支豆支社・八穂米[尓]支豆支乃御埼〈意宇郡〉→[急]許筑、[高]杵筑（同・出雲）〔企豆伎・支豆支→寸付・杵築、杵筑〕

6美漆[談]郷　本字三太三・三太三神龜三年改字美談・放[弥]太放[弥]社・旀[弥]陁旀[弥]社→[急][高]美談（同・出雲）〔三太三・弥太弥・弥陁弥→美談〕

7塩治[冶]郷　本字止屋・止屋神亀三年改字塩治[冶]・夜牟夜社・塩夜社・塩沼社→[急]塩沼、[高]塩治（同・神門（カムト））〔夜牟夜→止屋・塩治・塩夜〕

8滑狭郷・南佐神亀三年改字滑狭・奈賣佐社・那賣佐社→[急]南佐／渦狭、[高]南佐／堝狭（同・神門（カムト））〔奈賣佐・那賣佐→南佐・滑狭〕

9三屋郷　今[本]字三刀矢・三刀矢神亀三年改字三屋・御門屋社・三屋川→[急][高]三屋（同・飯石（イヒシ））〔三刀矢・御門屋→三屋〕

10飯石郷　本字伊鼻[志]郷・伊鼻志神亀三年改字飯石・飯石社・飯石小川→[急][高]飯石（同・飯石（イヒシ））〔伊鼻志→飯石〕

11来嶋郷　本字支自真・支自真神亀三年改字来嶋→[急][高]来嶋（[元]來島）（同・飯石（イヒシ））〔支自真→来嶋（來島）〕

12☆来以[次]郷・支須支社→[急]来次、[高]來次（同・大原（オホハラ））〔支須支→来次〕

13☆讃容郡・五月夜郡→[急]佐用佐与（播磨・郡名）〔五月夜→讃容、佐用〕

右の4は、大系に「漆沼郷　本字志刀沼」とあるように、「治」と見るか「沼」と見るかなどが揺れている。工藤力男氏㈠「言語資料としての和名抄地名――音訓交用表記の検討――」(10)が述べられるように、音訓混用がありにくいことから見て「「沼」はまず「治」か「治」かの誤写であろう。」（工藤氏）と見られて、新編全集「漆治」はそれを考慮に入れたものかと見られる。なお、工藤氏は、「志刀」を「シト某たること動くまい。」とされたが、新編全集は、「司」「刃」をともに「刀」ではなく「丑」の誤写と見てシツチと見ている。ツの音仮名「丑」は他に見えないので問題があろうかとも見られるが、とりあえず新編全集によっておく。

なお、「相鹿（里）・相鹿丘前宮・安布賀之邑→逢鹿」（常陸国行方郡）、「板来村・板来之駅・伊[多]久之郷→坂[板]来」（同行方郡）は、先に「能理波麻之村」（同信太郡）を四字地名と見なかったのと同様に、「安布賀之邑」「伊[多]久之郷」を三字地名と見ないことにするので、三字地名の二字化には入れない。

(2)一字地名の二字化

1香澄里・霞郷→[急]香澄、[高]香澄（常陸・行方(ナメカタ)）〔霞→香澄〕

2＊田里→[急][高]道田（同・行方(ナメカタ)）〔田→道田〕

3濵里→[急][高]幡麻（同・鹿嶋(カシマ)）〔濵→幡麻▲〕

4粟河（川名）→[急][高]阿波（同・那珂）〔粟→阿波▲〕

5屋代郷・社神亀三年改字屋代→[急][高]屋代（出雲・能義(ノギ)、風土記では意宇郡）〔社→屋代〕

6賀茂神戸・鴨神亀三年改字賀茂→[急][高]賀茂／神戸（同・能義(ノギ)、風土記では意宇郡）〔鴨→賀茂▲〕

7拝志郷　今字林[本]・林神亀三年改字拝志→[急][高]拝志（同・意宇(オウ)）〔林→拝志〕

8多祢郷　本字種・種神亀三年改字多祢→[急][高]多祢（同・飯石(イヒシ)）〔種→多祢▲〕

9斐伊郷　本字樋・斐伊村・樋神亀三年改字斐伊・樋社・樋山・斐伊川・斐伊大河・斐伊河邊・斐伊河〈巻末記〉→[急][高]斐甲（同・大原(オホハラ)）〔樋→斐伊〕

10★益氣里・宅・宅村↓[急]益氣、[高]益田末須太（播磨・印南、風土記では賀古郡か）〔宅↓益氣▲・宅村〕
11揖保里・粒・粒山・粒丘↓[急]揖保伊比奉、[高]揖保（同・揖保）〔粒↓揖保〕
12＊邑寳里・多国・大村↓[急][高]大田（同・佐用）〔多・大↓邑寳▲・大村、大田〕
13賀眉里↓[急]賀美、[高]賀美國用上字（同・多可）〔上↓賀眉▲、賀美▲〕
14賀毛郡・鴨村↓[急]賀茂（同・郡名）〔鴨↓賀毛▲、賀茂▲〕
15▼上鴨里・鴨里・上鴨・鴨坂・鴨谷↓[急]上鴨、[高]上鴨加无都加毛（同・賀茂）〔鴨↓上鴨〕
16球珠郡・[樟樹]・球珠川（日田郡）↓[急]球珠久須（豊後・郡名）〔樟↓球珠▲〕
17三根郡↓[急]三根岑（肥前・郡名）〔岑↓三根〕
18佐嘉郡・榮國・榮郡・佐嘉川↓[急]佐嘉、[駅]佐嘉（同・郡名）〔榮↓佐嘉▲〕
19小城郡・堡↓[急]小城乎支[元]小城乎岐（略））（同・郡名）〔堡↓小城〕
20登望驛・鞆驛↓[駅]登部（同・松浦）〔鞆↓登望▲〕
21栗川（川名）↓[急][高]久利（同・松浦）〔栗↓久利▲〕
22値嘉郷・小近（嶋）・大近（嶋）・近嶋↓[急]値嘉知加、[高]値嘉知賀（同松浦郡）〔近↓値嘉▲〕

15〔鴨↓上鴨〕は「鴨里」が「上鴨」「下鴨」二つの里に分けられた（「下鴨」は和名抄に見えない）ことによる変化であって、他の二字化のものと異なっている（第三節にも述べる）。また、2〔田↓道田〕は、この例の他に「道」字を加える例がなく、他の二字化のものと異なっている[11]（第六節にもふれる）。12〔多↓大田〕も、この例の他に「田」字を加える例がなく、他の二字化のものと異なっている。第三篇第二章に述べたが、10〔宅↓宅村〕、12〔多↓大村〕によると、「村」字を下に伴って二字化する方法もあったと考えられる。

16は、必ずしも二字化の明確な例ではないとも言えようが、〔樟↓球珠〕の二字化と見ておいた（第三篇第二章も）。

和名抄に[急]「橘樹太知波奈」（※武蔵・郡名など）〔橘→橘樹〕の例が見える（第三篇第二章）ので、〔樟→樟樹〕の二字化もあり得よう。

なお、7「拝」は、二合仮名ではないが二合仮名と同様の役割を持っているので、左破線を付しておいた。

また、第三篇第二章にもふれたが、右に「▲」印を付した3〔濵→幡麻〕・4〔粟→阿波〕・6〔鴨→賀茂〕・8〔種→多祢〕・10〔宅→益氣〕・12〔多→邑寶〕・13〔上→賀眉、賀美〕・14〔鴨→賀毛、賀茂〕・16〔樟→球珠〕・18〔榮→佐嘉〕・20〔鞆→登望〕・21〔栗→久利〕・22〔近→値嘉〕は、二音節で、一字・訓読みから二字・音読みへの変化であり(12)、そのような例が多いことに注意しておきたい（後に第七節でふれる）。

三　和名抄の訓注等によって知られる風土記の訓

この節では、和名抄の訓注等によって風土記の訓が知られるものを挙げる。

1吉川本名玉落川→[急]江川、[高]江川衣賀八（播磨・佐用（サヨ））

2吉川里→[急]吉川与加波、[高]吉川与加八（同・美嚢（ミナギ））

この二例は、風土記では同じ標記「吉川」であるが、和名抄では標記が異なり訓も異なっている。1は、[高]エガハの訓があり、大系・新編全集・山川・角川ともにエガハと訓んでいて、ヨカハと訓むよりエガハと訓むのがよいと見られる。2は、[急][高]ヨカハの訓があり、大系がエガハと、新編全集・山川がヨカハと、角川がエカハと訓んでいるが、エガハ・エカハと訓むよりヨカハと訓むのがよいと見られる。

工藤氏(二)「古代形容詞の形成に関する一つの問題――スミノエからスミヨシへ――」(13)が述べられるように、形容詞エシ[吉]は例が少なく、通常はヨシ[吉]が用いられる。「吉川」のままではエガハと訓まれるよりヨカハないしヨシカハと訓まれそうであり、そこに「吉川」→「江川」の変化の理由があるかと見られる。

3的部里↓[急]的部、[高]的部以久波（播磨・神埼郡）

4海部郡↓[急]海部安万（豊後・郡名）

この二例は、二字目に「部」字を持つ例であり、和名抄にそれぞれ[高]イクハ、[急]アマの訓がある。3は、大系・新編全集・山川・角川ともにイクハベと訓んでおり、4は、大系・新編全集・山川・角川ともにアマと訓んでいるが、和名抄の訓に従うならば、3はイクハベと訓むよりイクハと訓むのがよく、4はアマベと訓むよりアマと訓むのがよいと考えられる。

第三篇第三章に述べたことであるが、和名抄の地名で「部」字を読まないものは、「海部」「的部」の他にも、

カモ　[急][高]「鴨部加毛」（讃岐・阿野）

トモ　[急]「伴部止毛」（肥前・小城）

ススキ　[駅]「草部須々木」（摂津）

ハトリ　[急][高]「服部波止利」（大和・山邊）（摂津・嶋上）など〔服織部↓服部〕

クラハシ　[高]「椋部久良波之」（加賀・石川）〔椋椅部↓椋部〕

ニシコリ　[急]「錦部尓之古里」（河内・郡名）など〔錦織部↓錦部〕

ハセヅカヘ・ハセヅカヒ　[急]「丈部波世豆加倍」（安房・長狭）、[高]波世豆加比　など

の例がある。この篇の第三章に述べるが、播磨国風土記の「沙部」（餝磨郡）も、アサゴ「安相(里)」との関係から、イサゴベではなくイサゴと訓む方がよいと考えられる（大系はアサコベと、新編全集・山川・角川はイサゴベと訓んでいる）。よって、3・4は、それぞれイクハ・アマと訓んでよい。なお、〔服織部↓服部〕〔椋椅部↓椋部〕〔錦織部↓錦部〕は、三字地名の二字化の例でもある。

5上岡里本林田里・神阜↓[急]上岡加无都乎加、[高]上岡加无乃乎加（播磨・揖保）

6上鴨里・（鴨里）・上鴨・（鴨坂・鴨谷）→[急]上鴨、[高]上鴨加无都加毛（同・賀茂）

この二例は、一字目に「上」字を持つ例である。5は、大系・山川・角川がカミヲカと、新編全集がカムノヲカと訓んでいる。和名抄の訓は[急]カムツヲカ・[高]カムノヲカである（これらのムは撥音であろうか）。第一篇第三章にも見たが、「上＋〜」は[急]「上総加三豆不佐」（国名）などのようにカミ＋ツ＋〜と連体助詞ツを読み添える例が多く、また、「上」は「神」と異なり被覆形カムの形を持たないので、「神皐」によればカムツヲカの訓もあり得ないではないが、カミツヲカと訓むのがよいと考えられる。「上岡」「神皐」については、この篇の第三章に述べるところがある。また、6は、大系・新編全集・山川・角川ともにカミカモと訓んでいる。和名抄の訓は[高]カムツカモであるが（このムは撥音であろうか）、5と同様にカミツカモと訓むのがよいと考えられる。6と同様に、「鴨里」から分けられた「下鴨里」（和名抄にない）も、大系・新編全集・山川・角川ともにシモカモと訓んでいるが、シモツカモと訓むのがよいと考えられる。

7草上村・草上→[急]草上久佐乃加三、[高][駅]草上（播磨・餝磨）

は、大系・山川・角川がクサカミと、新編全集がクサノカミと訓んでいるが、和名抄の[急]クサノカミの訓によるのがよいと考えられる。

8川邊里→[急]川邊、[高]川邊加波乃倍 國用川述（播磨・神埼カムサキ）

この例は、大系がカハノヘと、新編全集・山川・角川がカハノベと訓んでいるが、和名抄に[高]「國用川述」とあることが注意される。『時代別国語大辞典上代編』の「上代語概説」〔第二章二〕(14)に、「二音節訓仮名の一音節目の清濁と、写される語の該当部分の清濁が必ず一致する」とあり、このことは、西宮一民氏「上代語の清濁――借訓文字を中心として――」(15)・鶴久氏『萬葉集訓法の研究』(16)〔第二章第二節二〕(17)の研究を基にしている。萬葉集の二音節訓仮名と和名抄のそれとが同様にとらえられるか否かは必ずしも明らかでないが、同様にとらえられるならば、二音節訓仮名

「述」によってノベと訓むと見られ、カハベ・カハノへと訓むよりカハノベと訓むのがよいと考えられる。第一篇第四章に見たが、このことは、和名抄の[急]「川邊加波乃倍」（山城・葛野(カドノ)）など・[急]「河邊加波乃倍」（摂津・郡名）などに及ぶかとも考えられ、さらには、同じく[急]「池邊伊介乃倍」（讃岐・三木）・[急]「城邊木乃倍」（筑前・下座(シモツアサクラ)）・[高]「田邊多乃倍」（伊勢・度會(ワタラヒ)）・[急]「山邊夜万乃倍」（大和・郡名）などに及ぶことも考えられようか。

四　風土記の訓に問題があるもの

この節では、第三節に見たものの他に、風土記の訓に問題のあるものを挙げる。

1白鳥里・白鳥郷→[急][高]白鳥（常陸・鹿嶋(カシマ)）

は、大系・全訳注・山川・角川がシロトリと、新編全集がシラトリと訓んでいるが、風土記の歌謡「志漏止利乃…」によれば、シロトリと訓むのがよいかと考えられる。山﨑健司氏「「白鳥」の訓など」(18)も参照される。因みに、和名抄の地名における他の「白鳥」は、[急]「白鳥之呂止利」（讃岐・大内(オフチ)、[高]之良止利）のように、シロトリの訓もシラトリの訓もある。

2静織里→[急][高]倭文（常陸・久慈）

は、第三節8「國用川述」に見た二音節訓仮名の第二音節の清濁から見ると、「静」の訓はシヅと見られ、「静織」の表記によるシヅ＋オリが約まったシドリと見られる。他方、「倭文神　此云(二)斯圖梨俄未(一)」（神代紀下・第九段本書）によると、「倭文」はシトリと訓まれる（日本書紀の音仮名「圖」は、ヅ〔巻一4例〕・ツ〔巻三2例、巻十五1例〕、ト甲類〔3例〕を表す(19)）。大系・全訳注はシドリと、新編全集・山川・角川はシトリと訓んでいる。これをどう訓むのがよいかであるが、「静織」（風土記）はシドリ、「倭文」（和名抄）はシトリということもあるであろうか。

3大海里〈託賀郡〉→[急]邑美於美（[元]邑美於布美）、[高]邑美於保見（播磨・明石(アカシ)）

「大海」の表記によるオホ＋ウミが約まるとオホミ・オフミになる。[急]「於美」は「於保美」「於布美」の「保」「布」脱落、つまり「於保美」「於布美」→「於美」かと見られる。大系・新編全集・角川および『地理志料』はオホミと、山川はオフミと訓んでいるが、いずれがよいとも考えられる。とりあえずは平安末期の書写とされる高山寺本を優先して、オホミと訓むことにしておく。

4邑智驛家・大内→[急]大市於布知、[高]大市於保知・[駅]大市（播磨・揖保イヒボ）

「大内」の表記によるオホ＋ウチが約まるとオホチ・オフチになり、「大市」の表記によるオホ＋イチが約まるとオホチ・オヒチになるが、オホ＋ウチが約まってオヒチになることもオホ＋イチが約まってオフチになることも極めてありにくい。よって、[急]オフチの訓もあるが、「大内」「大市」に共通するオホチによるのがよいかと考えられる。大系・新編全集・山川・角川および『地理志料』ともにオホチと訓んでいる。

5少宅里本名漢口［部］里→[急]小宅古伊倍、[高]小宅乎也計（播磨・揖保イヒボ）

は、和名抄の[急]コイヘ・[高]ヲヤケのいずれの訓によるのがよいであろうか。ここに、「大家里舊名大宮里・大宅里→[急][高]大宅於保也介」（播磨国揖保郡）を参照すれば、オホヤケと対になるヲヤケがよいかと考えられる。地理志料・大系・新編全集・山川・角川ともにヲヤケと訓んでいる。

6高家里→[急]高家、[高]高家多以恵（播磨・宍粟シサハ）

は、「高家」の表記によるタカ＋イヘの約まったものがタカヘ・タキヘで、そのタキヘのイ音便がタイヘかと見られる。タカ＋イヘが約まって直接タイヘになることはありにくい。[高]タイヱのヱには問題があるが、高山寺本は平安末期の書写とされ、平安末期にはハ行転呼音が一般化しているので、あり得ないことではない。『地理志料』はタイヘと訓み（「多以倍」「多-以即多-岐之轉」）、大系・新編全集・山川・角川はタカヤと訓んでいるが、風土記ではタキヘがよいかと考えられる。

7英保里・英保村↓[急][高]英保安母（播磨・餝磨）

大系・新編全集・角川はアボと、山川は「英」を二合仮名と見てアガホと訓んでいる。和名抄の訓は[急][高]ともにアモであるが、バ行―マ行の子音交替と見て、アボと訓んでよいと考えられる。これについては、橋本雅之氏「古風土記の地名表記と和銅官命」[20]が、同じ播磨国風土記・餝磨郡の地名にア「英」の例「英賀里」[21]もアガ「英」の例「英馬野」[22]もあることを挙げられてアボと訓まれることが参照される。[23]

8＊靫編郷↓[急]父連（[叉網]）、[高]文連（[叉網]）（豊後・日高（ヒタ））

大系・新編全集・角川はユギアミと、山川はユケミと訓んでいる。前書(二)〔第五篇第二章〕に見たことであるが、上代では「靫靫 此云由岐」（推古紀十一年十一月）などのようにユキであると見られ、ユギと濁る例は「靫ユギ（平上）」（色葉字類抄・前下67ウ）まで下る。また、上代では母音の連接を避けるのが原則であるので、基本的にユキ[靫]＋アミ[編]は約まると見られる。その際に、豊後国風土記同条に「靫負村」とあるユキ[靫]＋オヒ[負]は約まってユケヒ[靫負]「衛門府由介比乃豆加佐」（和名抄・廿巻本五）となる（i＋ö→e）ので、それと同様に、ユキ[靫]＋アミ[編]はユケミ[靫編]となった（i＋a→e）と見られよう。よって、ユケミと訓むのがよいと考えられる。

なお、この例の標記などについては、第一節にも挙げたが、第六節にも見る。

五　和名抄の訓注に問題があるもの

この節では、第三節・第四節に見たものの他に、和名抄の訓注に問題のあるものを挙げる。

1益氣里・宅・宅村↓[急]益氣、[高]益田末須太（播磨・印南（イナミ）、風土記では賀古郡か）

は、風土記に「宅」「宅村」の例もあり、〔氣＝気→区＝田〕と見られて、「益氣」が本来であると考えられるのに、[高]「益田」にマスダの訓があることが不審である。地理志料も「高山寺本、作二益田一、訓二末須太一、誤矣」としている。

大系・新編全集・山川・角川、いずれもヤケと訓んでいる。なお、この例は、第二節に二字化の問題としても見た。

2含𦾔〔藝〕里本名瓶落→[急]含藝、[高]含藝賀奈牟 國用河南（播磨国印南郡、風土記では賀古郡か）

これは、カナムと訓む理由が不明である。「含」はm韻尾を持つのでカナの訓にならず、「藝」はムと訓めない。大系・新編全集・山川・角川、いずれもカムキと訓んでいる。

3曰〔因〕達神山・曰〔因〕達里→[急]迎達伊多治、[高]印達以多治（播磨・餝磨）

和名抄には[急][高]イタチの訓があるが、播磨国風土記に「伊太代之神在二於此處一故因二神名一以為二里名一」（餝磨郡）とあり、延喜式・神名帳に「射楯（イタテ）兵主神社」（播磨国餝磨郡）とあるので、イダテと訓んでよい。大系・新編全集・山川・角川、いずれもイダテと訓んでいる。とすると、タテ「達」も母音eを加える二合仮名の少ない例に加えられる（『地名字音転用例』参照）。なお、風土記でイダテであったものが、和名抄に下るとイダチに変化したことも考えられないではない。

4宮處郷→[急]宮所美也止〔　〕呂（[元]宮所美也止古呂）、[高]宮處（肥前・神埼（カムサキ））

和名抄には[元]ミヤトコロの訓がある（[急]もミヤトコロのコの脱落と見てよい）が、大系・新編全集・山川・角川、いずれもミヤコと訓んでいる。実は、和名抄には、讃岐国山田郡にも[急]「宮所美也止古路」（[高]美也止古呂）とあって、『地理志料』も『考證』も指摘されることであるが、中臣宮處氏本系帳に「讃岐國山田縣之宮處里家牒云美夜古能佐登」とある(24)ので、本来はミヤコの訓であったと見られる（『地理志料』は「止路ノ二字、淺人ノ所レ益、」としている）。讃岐国山田郡の例と同様に考えるならば、4も本来はミヤコと訓むと見てよいであろう。なお、〔處→所〕の変化によって、ミヤトコロの訓が生まれた、ということも考えられないではない。

六　種々の問題があるもの

この節では、第三節〜第五節に挙げたものの他に、種々の問題があるものを挙げる。

1白壁郡《新治郡》〈筑波郡〉(25)→[急]真壁万加倍（常陸・郡名）

これについて、大系は「延暦四年真壁と改称。」とする。続日本紀には、「詔曰、「（略）又臣子之礼、必避二君諱一。比者、先帝御名及朕之諱、公私触犯。猶不レ忍レ聞。自レ今以後、宜二並改避一。」於レ是、改二姓白髪部一為二真髪部一。山部為レ山。」」（延暦四[785]年五月丁酉（三日））とある。光仁天皇の諱「白髪部」および桓武天皇の諱「山部」を避けて、姓をそれぞれ「真髪部」「山」としたというものである。さらに、地名の場合は、それに加えて〔白髪部→白壁、真髪部→真壁〕という二字化があったものと見られる。第三篇第一章には、和名抄の〔日下部→（早部）・草壁、真髪部→真壁〕を挙げたが、風土記の〔白髪部→真壁〕が加えられる。

2田里→[急][高]道田（常陸・行方ナメカタ）

は、大系・新編全集・全訳注および『考證』による。この例については、第二節にも見た。

3之万（里）→[急][高]中嶋（[元]中島）（常陸・鹿嶋カシマ）

は、大系・新編全集・全訳注・角川および『地理志料』による。この例は、〔嶋（島）→之万▲〕の二字化とも考えられよう（第二節(2)参照）。とすると、〔嶋（島）→中嶋（中島）〕の二字化も考えられることになるが、この例の他に「中」字を上に加える例がなく、他の二字化のものと異なっていることになる。

4出雲神戸→[急]神戸（出雲・意宇オウ）

5忌部神戸→[急]忌部、[高]忠部（同・意宇オウ）

6餘戸里→[急][高]筑陽（同・意宇オウ）

は、いずれも大系および『地理志料』『考證』による。

7餘戸里→[急]伊秩、[高]伊扶（出雲・神門(カムト)）

は、『地理志料』『考證』による。なお、この例は、和名抄・高山寺本に漢字の誤りがあるが、風土記によってその誤りが知られるものではないので、第一節(1)には挙げなかった。

8驛家里→[急]賀古（元項なし）、[高]賀古・[駅]加古（播磨・賀古）

は、大系および『地理志料』『考證』による。播磨国風土記に「賀古驛」がある。

9漢部里→[急]餘戸（播磨・餝磨）

は、大系による。

10◇靫編郷→[急]父連[叉網]、[高]文連[叉網]（豊後・日高(ヒタ)）

は、大系および『地理志料』『考證』による。第一節に見たように、〔靫→叉→父・文、編→連〕かと見られる。

11（球覃郷）・朽綱郷・（救覃峯・球覃行宮〈大野郡〉）・朽細之峯[朽網]〈大分郡〉→[高]松納[朽網]（豊後・直入(ナホリ)）

は、『地理志料』『考證』による。第一節に見たように、〔朽→松、綱＝綗→納〕かと見られる。

12治尾社[沼]・治尾池[沼]→[急][高]諸尾（常陸・鹿嶋(カシマ)）

13密筑里→[急][高]高月（同・久慈）

これらは、いずれも大系および『地理志料』による。12は、大系に「諸は潴の誤」とあって、〔沼→潴→諸〕かと見られる。13は、大系に「高は箕の誤」とあって、〔密筑→箕月→高月〕かと見られる（『考證』も「参考」とする）。

14邑寶里・多国・大村→[急][高]大田（播磨・佐用(サヨ)）

は、大系および『考證』による。この例については、第二節に二字化の問題としても見た。

七　音読みか訓読みか

ここで、風土記の地名から和名抄の地名に変化したものが、音読みであるか、訓読みであるかを見てみる。この節では、第一節に見た和名抄の誤り（‖）は基本的に正しい漢字に改めて示す（必要に応じて、誤りを［ ］内に示すこともある）。また、この節では、第一節⑵・⑶は基本的に本来の一つの地名として扱うことにし、第二節に見た二字化の例は除くことにする。なお、第一節⑵1、第三節3・4・6、第六節2・3・14は二字化の例ないしそれに関連するものであるので、また、同節4〜9は標記の変化の問題ではないので、そして、同節1は、標記の変化の問題ではないことを含み、かつ、二字化に関連するものであるので、いずれも、この節ではとり挙げない（同節6に関連する〔調屋→筑陽|〕は、標記の変化であるので挙げる）。○印は二字ともに変化するもの、□印はそれに準じるもの、▽印は変化と言うより統合されるものである。例の最後に付した算用数字は、音節数である。

まず、［A］風土記→和名抄の例を挙げる。

⑴音読み→音読み（24例、二音節20例・三音節4例）

1 佐礼流海［我］→［急高］佐賀|▲（常陸・茨城（ムバラキ））〔我→賀|〕2

2 曽居村［尼］・［曽］尼［之駅］→［急高］［駅］曽祢|▲（同・行方（ナメカタ））〔尼→祢|〕2

3 那賀郡・那賀（國）〈総記〉・那珂|國造〈行方郡〉・那賀國造《行方郡》〈香島郡〉・那珂|郡《久慈郡》→［急］那珂|▲（同・郡名）〔賀→珂|〕2

4 薩都里・佐|都・薩都河→［急］佐|野‖／都、［高］佐|野‖（同・久慈）〔薩→佐|〕2

5 □加賀郷 本字加〻|・加加|・加賀社・加賀川・加賀神埼→［急］［高］賀|加|▲（出雲・嶋根（シマネ））〔加賀・加〻|・加加|→賀|加|〕2

6▽多太郷・多大社・多太川→[急][高]多太▲（同・秋鹿(アイカ)）〔大→太〕2
7▽伊農郷　本字伊努・伊努神亀三年改字伊農・伊努社・伊農川・伊農山・伊農橋→[急][高]伊農▲（同・秋鹿(アイカ)）〔努→農〕2
8▽佐香郷・佐香河内・佐加社・佐香河・佐香濱→[急][高]佐香▲（同・楯縫(タテヌヒ)）〔加→香〕(26) 2
9▽伊努郷　本字伊農・伊努神龜三年改字伊努・伊努社・伊農社→[急][高]伊努［伊勢・甲努］▲（同・出雲）〔農→努〕2
10▽宇賀郷・宇加・守加社・宇加川→[急][高]宇賀▲（同・出雲）〔加→賀〕2
11▽塩治郷（本字止屋）・（止屋）神亀三年改字塩治・（夜牟夜社）・塩夜社・塩沼社→[急][高]塩治［塩沼・塩治］（同・神門(カムト)）〔夜→治〕3
12▽多伎郷　本字多吉・多伎驛　本字多吉・多吉神亀三年改字多伎・多吉社・多支社・多岐小川・多岐山・多伎之山→[急][高][駅]多伎［多伏］▲（同・神門(カムト)）〔吉・支・岐→伎〕2
13＊賀古松原・賀古驛→[急]賀古▲（元項なし）、[高]賀古▲・[駅]加古▲（播磨・賀古）〔賀→加〕2
14○★含藝里（本名瓶落）→[急]含藝、[高]含藝賀奈牟　國用河南（同・印南(イナミ)、風土記では賀古郡か）〔含藝→河南〕3
15▽伊和里・伊和部・貽和里→[急][高]伊和▲（同・餝磨）〔貽→伊〕2
16★曰達神山・曰達里→[急]印達伊多知、[高]印達以多知（同・餝磨）〔曰→印〕3
17○讃容郡・（五月夜郡）→[急]佐用佐与▲（同・郡名）〔讃容→佐用〕2
18○讃容郡→[急]佐用佐与▲、[高]佐用▲（同・佐用(サヨ)）〔讃容→佐用〕2
19比治里→[急][高]比地▲（同・宍粟(シサハ)）〔治→地〕2
20安師里（本名酒加里）・安(因)師川→[急][高]安志（同・宍粟(シサハ)）〔師→志〕3
21○託賀郡・託加→[急]多可▲（同・郡名）〔託賀・託加→多可〕2

22賀眉里↓[急]賀美▲、[高]賀美〈國用上字〉▲（同・多可）〔眉↓美〕2
23賀毛郡・（鴨村）↓[急]賀茂▲（同・郡名）〔毛↓茂〕2
24○柚冨郷・柚冨峯↓[急][高]駅由布▲（豊後・速見（ハヤミ））〔柚冨↓由布〕2

右に「▲」印を付した例は、二音節で、二字・音読みの例である。右の22は第二節(2)13〔上↓賀眉▲、賀美▲〕であり、23は同じく14〔鴨↓賀毛▲、賀茂▲〕であるので、右の「▲」印を付したものの他の例も、一字・訓読みから二字・音読みへの二字化であることがあり得よう。例えば、3〔中↓那賀、那珂〕・6〔直↓多太、多大〕・8〔栄・坂↓佐加・佐香〕・21〔高↓託賀・託加↓多可〕(27)のようなものが推定できようか。

(2)訓読み↓訓読み（39例、三音節24例・四音節9例・二音節3例・五音節3例）

1男高里↓[急][高]小高（常陸・行方（ナメカタ））〔男↓小〕3
2相鹿（里）・相鹿丘前宮・安布賀之邑↓[急]逢鹿（同・行方（ナメカタ））〔相↓逢〕3
3現原之丘・現原（岡）↓[急][高]荒原（同・行方（ナメカタ））〔現↓荒〕4
4□香島郡・霰零香島之國・香島國↓[急]鹿嶋加之末[元]鹿島加之末（同・郡名）〔香島↓鹿嶋（鹿島）〕(28) 3
5□曰[日]香島之宮・豊香嶋之宮・香島之神山・香嶋神子之社〈行方郡〉↓[急][高]鹿嶋[元]鹿島（同・鹿嶋（カシマ））〔香島・香嶋↓鹿嶋（鹿島）〕3
6＊治[沼]尾社・治[沼]尾池↓[急][高]瀦尾[諸尾]（同・鹿嶋（カシマ））〔沼↓瀦〕3
7○◇静織里↓[急][高]倭文（同・久慈）〔静織↓倭文〕3
8▽助川駅家・助河〈多珂郡〉↓[急][高]助川（同・久慈）〔河↓川〕4
9太田郷↓[急][高]大田（同・久慈）〔太↓大〕3
10□道前里↓[急][高]道口（同・多珂）〔道前↓道口〕5

11▽朝山郷・淺山社→[急][高]朝山（出雲・神門(カムト)）〔淺→朝〕4

12▽八野郷・矢野社→[急][高]八野（同・神門(カムト)）〔矢→八〕2

13▽三津[澤]郷・御津[澤]・弐澤社→[急][高]三澤（同・仁多(ニイタ)）〔御・弐→三〕3

14○▽海潮郷　本字得塩・得塩神亀三年改字海潮・得塩社・海潮川→[急][高]潮海（同・大原(オホハラ)）〔得塩→海潮→潮海〕3

15▽屋代郷　本字矢代・矢代神亀三年改字屋代・矢代社・屋代社・屋代小川→[高]屋代（同・大原(オホハラ)）〔矢→屋〕3

16▽赤石郡〈賀古郡〉・明石郡〈託賀郡〉→[急]明石安加志、[駅]明石（播磨・郡名）〔赤→明〕3

17▽菅生里・菅原→[急][高]菅生須加布（同・餝磨）〔原→生〕3

18韓室里→[急][高]辛室加良牟呂（同・餝磨）〔韓→辛〕4

19枚野里→[急]平野比良乃、[高]平野（同・餝磨）〔枚→平〕3

20○▽▼上岡里〈本林田里〉・神阜→[急]上岡加无都乎加、[高]上岡加无乃乎加（同・揖保(イヒボ)）〔神阜→上岡〕5

21◇（邑智驛家）・大内→[急]大市於布知、[高]大市於保知・[駅]大市（同・揖保(イヒボ)）〔内→市〕3

22◇少宅里〈本名漢[部]里〉→[急]小宅古伊倍、[高]小宅乎也計（同・揖保(イヒボ)）〔少→小〕3

23▽大家里〈舊名大宮里〉・大宅里→[急][高]大宅於保也介（同・揖保(イヒボ)）〔家→宅〕4

24石海里・石海（村）→[急]石見伊波美、[高]石見（同・揖保(イヒボ)）〔海→見〕3

25▼吉川〈本名玉落川〉→[急]江川、[高]江川衣賀八（同・佐用(サヨ)）〔吉→江〕3

26速湍里・〻[速]湍社→[急][高]速瀬（同・佐用(サヨ)）〔湍→瀬〕3

27▽中川里・仲川里→[急][高][駅]中川（同・佐用(サヨ)）〔仲→中〕5

28宍禾郡・（積幡郡〈餝磨郡〉）→[急]宍粟志佐波（同・郡名）〔禾→粟〕3

29□御方里・御形・三條→[急]三方、[高]三方美[　]太（同・宍粟(シサハ)）〔御→三、御形→三方、條→方〕3

30神前郡・神前山↓[急]神埼加无佐支（[元]神埼加無佐岐）（同・郡名）〔前↓埼〕4

31埾岡里↓[急]埴岡、[高]埴岡波尓乎賀（同・神埼（カムサキ））〔埾↓埴〕4

32□▼川邊里↓[急]川邊、[高]川邊加波乃倍　國用川述（同・神埼（カムサキ））〔川邊↓川述〕4

33（法太里）・匍田↓[急]蔓田、[高]蔓田波布太　國用這田（同・多可）〔匍↓蔓・這〕3

34河内里↓[急][高]川内（同・賀茂）〔河↓川〕3

35枚野里↓[急]平野比良乃、[高]平野（同・美嚢（ミナギ）郡）〔枚↓平〕3

36日田郡・日田川↓[急]日高比多（豊後・郡名）〔田↓高〕2

37○▽大分郡・碩田國・大分河・大分川↓[急]大分於保伊多（同・郡名）〔碩田↓大分〕4

38鳥樔郷↓[急]鳥栖止須、[高]鳥栖（肥前・養父（ヤブ））〔樔↓栖〕2

39★宮處郷↓[急]宮所美也止［　］呂（[元]宮所美也止古呂）、[高]宮處（同・神埼（カムサキ））〔處↓所〕3

(3)音読み↓訓読み（8例、三音節6例、二音節2例）

1○＊密筑里↓[急][高]箕月［高月］（常陸・久慈）〔密筑↓箕月〕3

2○▽沼田郷　本字努多・努多耳（神龜［三］二年改字［沼］治田）・尒多郷・沼田池↓[急][高]沼田（出雲・楯縫（タテヌヒ））〔努多・尒多↓沼田〕2

3○美濃里↓[急]三野美乃、[高]三野（播磨・餝磨）〔美濃↓三野〕2

4○安師里↓[急]穴无安奈之、[高]穴无阿奈之（同・餝磨）〔安師↓穴无〕3

5○◇邑智驛家・大内↓[急]大市於布知、[高]大市於保知・[駅]大市（同・揖保（イヒホ））〔邑智↓大内、大市〕3

6○宍禾郡・積幡郡（餝磨郡）↓[急]宍粟志佐波（同・郡名）〔積幡↓宍禾、宍粟〕3

7○法太里・匍田↓[急]蔓田、[高]蔓田波布太　國用這田（同・多可）〔法太↓匍田・蔓田・這田〕3

8○▽＊球覃郷・朽網郷・救覃峯・球覃行宮〈大野郡〉・朽細［朽網］之峯〈大分郡〉→高朽網〔松納〕（豊後・直入ナホリ）〔球覃・救覃→朽網〕3

2

(4) 訓読み→音読み（4例、三音節2例・二音節2例）

1○野城驛家・野城驛・野城社・野城橋〈巻末記〉→急能義乃木（出雲・郡名、風土記では意宇郡）〔野城→能義〕

2○▽＊調屋社・筑陽川→急高筑陽（同・意宇オウ）〔調屋→筑陽〕3

3○▽美保郷・美保社・（三保社）・美保濱・美保埼・三穗之埼〈意宇郡〉→急高美保（同・嶋根シマネ）〔三穗→美保〕2

4○◇大海里〈託賀郡〉→急邑美於美〔元邑美於布美〕、〔高邑美於保見〕（播磨・明石アカシ）〔大海→邑美〕3

(5) 音訓混用→音読み（1例、二音節1例）

1▽（美保郷・美保社）・三保社・（美保濱・美保埼・三穗之埼意宇郡）→急高美保（出雲・嶋根シマネ）〔三→美〕2

(6) 音訓混用→訓読み　なし

(7) 音読み→音訓混用（2例、二音節2例）

1○雲濃里・有怒→急高宇野（播磨・佐用サヨ）〔雲濃・有怒→宇野〕2

2佐慰郷→急高佐井（豊後・海部アマ）〔慰→井〕2

(8) 訓読み→音訓混用（2例、三音節2例）

1杵築郷（本字寸付）・（寸付）神龜三年改字杵築・杵築大社・（企豆伎社・支豆支社・八穗米［尓］支豆支乃御埼〈意宇郡〉）→急高杵筑（同・出雲）(29)〔築→筑〕3

2土間村→急土万、高土万比知末（播磨・宍粟シサハ）〔間→万〕3

(4) 1〔野城→能義〕は、風土記では能義郡がなく意宇郡に含まれていて、和名抄に見える郡名「能義」が風土記の

「野城驛家」などを基にして成立したととらえたことによっている。

右の□印を付したものについて、若干述べておく。(1)の5は〔加賀→賀加〕と見れば、(2)の4・5は〔香島→鹿嶋〕と見れば、同じく29は〔御形→三方〕と見れば、それぞれ二字ともに変化したことになるので、□印を付しておいた。(2)の10〔道前→道口〕は、[急]「越前古之乃三知乃久知」(国名)のように「前」のみでミチノクチと訓まれることがあるが、「口」のみでミチノクチと訓まれることはありにくいことを考慮すると、「道」のない「前」が「口」に変化するとは考えにくいので、□印を付しておいた。同じく32〔川邊→川述〕は、カハノベ「川邊」のノが読添えであり、ノの前後ともに何かを伴うことが必要であって、表記の変化は一字であるが、二字ともの変化とも見られるので、□印を付しておいた。

さて、(7)・(8)は、音訓混用への変化である。

(7)1・2の「野」・「井」字は地名に多く用いられるものであるので、それらへの変化はありそうなことである。他方、1のウ「雲」「有」は、「野」に合わせて訓仮名にしようとしても、訓仮名ウは「菟・鵜・卯・鸕・得」ぐらいしかなく、いずれも多用される仮名ではないと見られる。2のサは、「井」に合わせて訓仮名にしようとしても、サの訓仮名は「狭・猨・羅」ぐらいしかなく、いずれも多用される仮名ではない(まだしも「狭」が用いられる方に入るか)と見られる。

(8)2のマは、「土」に合わせて訓仮名にしようとしても、訓仮名マは「真・間・目・信・鬼・喚犬」ぐらいであり、むしろ「間」のままの方がよかったように見られる。〔間→万〕の変化は、文字の簡略な方を選んだということであろうか。また、1〔築→筑〕の変化は、むしろ省画かと見られ、必ずしも音訓混用と意識されていないかとも思われる。

(7)・(8)は、そのようなことから、音訓混用への変化があったものと考えられる。

合わせて、[B]出雲国風土記における「本字」等からの変化の例を挙げる。[A]に挙げた例と重なるものもある。ここに播磨国風土記における「本名」「舊名」などをとり挙げないのは、標記の変化ではないものがほとんどであるからである。ここでは、「出雲国」と示すのを省略する。

(1)音読み→音読み（8例、二音節7例・三音節1例）

1本字文理・文理神亀三年改字母理→母理▲郷（能義郡、風土記では意宇郡）〔文→母〕2
2本字加〻・加加神亀三年改字加賀→加賀▲郷（嶋根郡）〔〻(加)・加→賀〕2
3本字伊努・伊努神亀三年改字伊農→伊農▲郷（秋鹿郡）〔努→農〕2
4○本字忽美・忽美神龜三年改字玖潭→玖潭郷（楯縫郡）〔忽美→玖潭〕3
5本字伊農・伊努〔農〕神龜三年改字伊努→伊努▲郷（出雲郡）〔農→努〕2
6本字多吉・多吉神亀三年改字多伎→多伎▲郷、本字多吉→多伎▲驛（神門郡）〔吉→伎〕2
7布世神亀三年改字布勢→布勢▲郷（仁多郡）〔世→勢〕2
8本字阿欲・阿欲神亀三年改字阿用→阿用▲郷（大原郡）〔欲→用〕2

右に「▲」印を付した例は、二音節で、二字・音読みの例である。「[A]風土記→和名抄」(1)の「▲」印を付した例と同様に、これらも一字・訓読みから二字・音読みへの二字化であることがあり得よう。例えば、〔森→文理・母理〕のようなものが推定できようか。

(2)訓読み→訓読み（5例、三音節4例・四音節1例）

1○本字寸付・寸付神龜三年改字杵築→杵築郷（出雲郡）〔寸付→杵築〕3
2今〔本〕字高峯〔崖〕・高岸〔崖〕神亀三年改字高峯〔岸〕→高岸郷（神門郡）〔崖→岸〕4
3○本字矢内・矢内神亀三年改字屋裏→屋裏郷（大原郡）〔矢内→屋裏〕3

4○本字得塩・得塩神亀三年改字海潮→海潮郷（大原郡）〔得塩→海潮〕3

5本字矢代・矢代神亀三年改字屋代→屋代郷（大原郡）〔矢→屋〕3

(3)音読み→訓読み（3例、三音節2例・二音節1例）

1○本字努多・努多耳神龜〔三〕二年改字治田〔沼〕→沼田郷（楯縫郡）〔努多→沼田〕2

2○南佐神亀三年改字滑狭→滑狭郷（神門郡）〔南佐→滑狭〕3

3○本字最邑・最邑神亀三年改字狭結也→狭結驛（神門郡）〔最邑→狭結〕3

(4)訓読み→音読み（1例、三音節1例）

1○本字止屋・止屋神亀三年改字塩冶〔冶〕→塩冶〔冶〕郷（神門郡）〔止屋→塩冶〕3

(5)音訓混用→音読み（1例、三音節1例）

1本字恵伴・恵伴神亀三年改字恵曇→恵曇郷（秋鹿郡）〔伴→曇〕3

(6)音訓混用→訓読み　なし

(7)音読み→音訓混用　なし

(8)訓読み→音訓混用　なし

さて、これらを見ると、第一に、「[A]風土記→和名抄」「[B]出雲国風土記における「本字」等からの変化」全体として、「(1)音読み→音読み」（[A]24例、[B]8例）、「(2)訓読み→訓読み」（[A]39例、[B]5例）が多い。[A]では「(2)訓読み→訓読み」（39例）が最も多く、[B]では「(1)音読み→音読み」（8例）が最も多い。

第二に、「[A]風土記→和名抄」では、「(5)音訓混用→音読み」（1例）、「(6)音訓混用→訓読み」（0例）より「(7)音読み→音訓混用」（2例）、「(8)訓読み→音訓混用」（2例）の例の方がやや多い。

このことは和名抄の地名より風土記の地名の方が音訓混用の少ないことを思わせる。和名抄の地名全体の音訓混用については、第一篇第四章に見たが、実際にそのようであると言える。[30]［A］(5)「三保社」、［B］(5)「本字恵伴」は、風土記で音訓混用である珍しい例であると言ってよい。しかも、「三保社」は「美保郷」「美保社」などの方が一般的であり、「本字恵伴」は「恵曇」に「改字」されている。[31]

第三に、①「(1)音読み→音読み」は、二音節の例（［A］20例、［B］7例）が最も多く、三音節の例（［A］4例、［B］1例）がそれに次ぐ。②「(2)訓読み→訓読み」は、三音節の例（［A］24例、［B］4例）が最も多く、四音節の例（［A］9例、［B］1例）がそれに次ぎ、他に二音節の例（［A］3例）・五音節の例（［A］3例）がある。③「(3)音読み→訓読み」「(4)訓読み→音読み」「(5)音訓混用→音読み」「(6)音訓混用→訓読み」「(7)音読み→音訓混用」（つまり、(1)を別にして、「音読み」を含むもの）は、三音節の例（［A］8例、［B］4例）・二音節の例（［A］7例、［B］1例）がある。

第一篇第二章に見たが、音仮名は音節数が限られていて、一音節のものと二合仮名と呼ばれる二音節のもの[32]とのみであるので、二字の音読みの地名は二音節・三音節・四音節のものがあり得る。二字ともに二合仮名の地名には、［急］「相樂佐加良加」（山城・郡名）・［急］「葛飾加止志加」（下総・郡名）・［急］「邑樂於波良支」（上野・郡名）・［急］「揖宿以夫須支」（薩摩・郡名）など四音節のものがあるが、全体として多くない。和名抄と対照できる風土記の地名に、音読み四音節のものがないのは、そうしたことの反映であろう。

第四に、「(3)音読み→訓読み」（［A］8例、［B］3例）・「(4)訓読み→音読み」（［A］4例、［B］1例）は、［A］［B］とも「○」（二字ともに変化）の例ばかりである。これは、一字のみが変化すると、音訓混用になるので、それを避ける傾向の表れと見られる。

さらに、［C］として、右の［A］［B］に挙げていないもので、和名抄と対照できる風土記の地名を挙げると、次のようである。平仮名の右振仮名は風土記の萬葉仮名表記による訓（括弧で括った平仮名の右振仮名は風土記の萬葉仮名表記から推定される訓）、片仮名の左振仮名は和名抄の訓注による訓である。なお、ここでは二合仮名を示す左破線は省略する。

(1)音読み（34例、二音節24例・三音節10例）

常陸国：筑波（つくは／ツクハ）郡など 3、信太（シダ）▲郡など 2、提賀▲里 2、藝都（きつ）▲里 2、當麻之郷 3、久慈▲郡 など 2、多珂▲（郡）など 2

出雲国：意宇（オウ）▲郡など 2、多久▲社など 2、法吉郷など 3、古志▲郷 2、須佐▲郷など 2、波多▲郷など 2、仁多（（に）（た）／ニイタ）▲郡 2、漆仁社など 3、阿伊[位]▲村など 2、佐世▲郷など 2

播磨国：賀古▲郡 2、望理（マガリ）里 3、印南など 3、餝磨郡など 3、英賀（あが／アガ）▲里 2、◇英保（アモ）▲里など 2、巨智（コチ）▲里 2、揖保（イヒボ）郡 3、伊和▲村 2、美嚢（ミナギ）郡 3、志深（シジミ）里など 3

豊後国：伊美▲郷 2

肥前国：基肆[肄](33)郡など 2、養父（ヤブ）▲郡 2、米多（メタ）▲郷など 2、賀周▲里 2、能美▲郷 2

(2)訓読み（101例、三音節58例・四音節35例・二音節5例・五音節3例）

常陸国：新治（ニヒハリ）郡など 4、新治里 4、河内郡（カフチ） 3、高来里 3、乗濵（のりはま）里など 4、茨城（ムバラキ）郡など 4、茨城之里 4、田餘（（たまり））（里） 3、行方（ナメカタ）郡など 4、大生里など 3、麻生里 3、行方里 4、板来（いたく）村など 3、◇白鳥里など 4、輕野里 3、河内駅家 3、茨城里 4、小田[山]里 3、河内里 3、高市 3、藻嶋驛家 3

出雲国：舎人郷 3、安来郷 3、楯縫郷 4、山國郷など 4、完道[宍]郷など 3、山代郷など 4、大草郷 4、黒田驛など 3、嶋根（シマネ）郡 3、朝酌郷など 4、山口郷 4、手染郷 3、方結郷など 3、生馬郷など(34) 3、千酌驛家など 3、秋鹿（アイカ）郡など 3、大野郷など 3、楯縫（タテヌヒ）郡 4、楯縫郷 4、出雲郡など 3、健部郷 4、河内郷 3、出雲郷など 3、神門(カムト)郡など 3、日置郷 3、飯石(イヒシ)郡 3、能谷［熊］郷など 4、三処郷 2、横田郷など 3、大原(オホハラ)郡 4、神原郷など 4

播磨国：長田(ナガタ)里 3、大国(オホクニ)里 4、大野(オホノ)里 3、▼草上村(クサノカミ)など 5、栗栖(クルス)里 3、越部(コシベ)里など 3、林田(ハヤシダ)里 4、桒原(クハゞラ)里など 4、大田(オホタ)里など 3、浦上(ウラカミ)里 4、廣山里 4、柏原里 5、◇高家(タイエ)里 3、柏野(カシハノ)里 4、石作(イシノクリ)里 5、蔭(カゲ)山(ヤマ)里 4、▼的部(イクハ)里 3、荒田村 3、黒田(クロダ)里 3、三重(ミヘ)里 2、穂積里 3、川合里 3、（住吉） 4、高野(タカノ)里など 3、▼吉川(ヨカハ)里 3

豊後国：◇＊靫編郷 3、石井郷 3、直入(ナホリ)郡 3、大野(オホノ)郡 3、穂門郷 2、丹生郷 2、速見(ハヤミ)郡 3、國埼(クンザキ)郡 4

肥前国：姫［姫］社郷 4、狭山郷 3、物部郷 4、神埼(カムサキ)郡 4、蒲［蒲］田(カマタ)郷 3、三根(ミネ)郷など 2、（山田(ヤマダ)） 3、川上(カハカミ) 4、松(マツ)浦(ラ)郡 3、逢鹿驛 3、杵嶋郡 3、藤津(フヂツ)郡 3、塩田(シホタ)川 3、彼杵(ソノキ)郡 3、髙來(タカク)郡など 3、（神代(カムシロ)） 4

(3)音訓混用（1例、四音節1例）

播磨国：香山(カゴヤマ)里 4

右のうち、播磨国の「住吉」、肥前国の「山田(ヤマダ)」「神代(カムシロ)」に括弧を付したのは、地名そのものではない「住吉大神」、「大山田女」「狭山田女」、「神代直」の例のみであることによる。

第五に、「(3)音訓混用」の例は一例と極めて少なく、第一篇第四章に見たが、その「香山里(カゴヤマ)」は、萬葉集でカグヤマ「〈香具山〉」（萬二）を「〈香山〉」（萬二五九［二六一］）と表記することもあるように二字化したものと見られ、それにより二合仮名を用いた音訓混用になったものと考えられる。先に見た［A］(5)「三保社」、［B］(5)「本字恵伴」と合わせても、珍しい例であると言えよう。なお、和名抄の地名と対照できるものではないが、播磨国風土記に「雲潤里」（賀毛郡）の例があり、「雲弥」ともあるのでウルミと訓むと見られ、音ウ「雲」を迎え仮名とする音訓混用と見られる。(35)

第六に、「(1)音読み」（34例）より「(2)訓読み」（101例）の方が三倍近く多い。

第七に、①「⑴音読み」は、二音節の例（24例）が多く、三音節の例（10例）がそれに次ぐ。②「⑵訓読み」は、三音節の例（58例）が最も多く、四音節の例（35例）がそれに次ぎ、他に二音節の例（5例）・五音節の例（3例）がある。そして、第三に見た[A][B]の①②とこの[C]の①②とは、ほぼ同様である。

ここに注意されるのは、第六として見たように「⑵訓読み」より「⑴音読み」の方が三倍近く多いにも拘わらず、二音節のものは「⑵訓読み」（5例）より「⑴音読み」（24例）の方が多いことである。第三①に見た「⑴音読み→音読み」で二音節の例（[A]20例、[B]7例）が最も多い②「⑵訓読み→訓読み」では二音節の例が[A]3例のみであるのと対照的である）こともともに考えられよう。右に「▲」印を付したものは、二音節で、二字・音読みのものであるが、[A]⑴・[B]⑴の「▲」印を付した例と同様に、これらも一字・訓読みから二字・音読みへの二字化であることがあり得よう。例えば、〔高→多珂〕[36]、〔越→古志〕[37]、〔畑→波多〕、〔藍→阿伊[位]〕のようなものが推定できようか。

以上、風土記の地名と和名抄の地名とが対照できるものを全て見て、そこから知られることについて述べた。風土記の訓に問題があるもの、和名抄の訓注に問題があるものなどについて見てきたが、とりわけ、風土記の音訓混用は和名抄の音訓混用より少ないと見られること、および、二音節で一字・訓読みから二字・音読みへの二字化と見ることのできそうな例がかなり見えることは、注意されてよいと考えられる。

付　和名抄・風土記　郡郷（里）名等対照表

（上段：和名抄〔上：大東急本、下：高山寺本〕、下段：風土記）（和名抄郡名：太字）

常陸国

和名抄（大東急本）	和名抄（高山寺本）	風土記
新治 尓比波里		新治郡、新治國造、自遠〔白〕新治之國、新治（國）〈総記〉、新治之縣〈総記〉、新治洲〈行方郡〉、新治國〈行方郡〉
新治	新治	新治里
真壁 万加倍		※白壁郡《新治郡》〈筑波郡〉（大系「延暦四年真壁と改称。」）
筑波 豆久波		筑波郡、筑波之縣、握飯筑波之國、筑波岳、都久波尼尓…、筑波峯、筑波（國）〈総記〉、小筑波之丘〔岳〕山〈行方郡〉
河内 甲加〔知〕		河内郡《筑波郡・信太郡》
信太 志多		信太郡、信太流海
高来	高来	高来里
乗濵	乗濵	能理波麻之村、乗濵里
茨城 牟波良支		茨城郡、水依茨城之國、茨城國造、茨城（國）〈総記〉
佐賀	佐賀	佐〔我〕礼流海（大系「地理及び諸説により訂す。」）
茨城	茨城	茨城之里〈行方郡〉
田舎	田余	田餘（里）、［能渟水哉 俗云与久多麻礼流弥津可奈］

行方奈女加多	
提賀	提賀
小高	小高
藝都	藝部
大生	大生
當鹿	當鹿
逢鹿	×
麻生	麻生
香澄	香證
荒原	荒原
道田	道田
行方	行方
曽祢	曽祢・[駅]曽祢
坂来	坂来
鹿嶋加之末	（[元]**香島**加之末）
白鳥	白鳥
鹿嶋	鹿嶋

行方郡、立雨零行方之國、行方之海
提賀里、[（佐伯）平鹿[手]]（大系「群・板による。」）
男高里、[佐伯小高]
藝都里、[寸津毗古　寸津毗賣]
大生里、大生之村
當麻之郷
相鹿（里）、相鹿丘前宮、安布賀之邑
麻生里
香澄里、霞郷
現原之丘、現原（岡）
※田里
行方里
曽居[尼]村、[（佐伯）号弥[疏祢]毗古]（大系「群・板により訂す。」）、[曽]尼[之駅]
（大系「群・板に従って三字を補う。」）
板来村、板来之駅、伊[多]久之郷（大系「群・板により補う。」）
香島郡、霰零香島之國、香島國
＊白鳥里、志漏止利乃…、白鳥郷
[香島天之大神]、曰[日]香島之宮、豊香嶋之宮、香島之神山、[香嶋之大神〈信太郡〉]、香嶋神子之社〈行方郡〉（[元]鹿島）

中嶋	中嶋	※之万(里)〔元中島〕
輕野	輕野	輕野里
幡麻	幡麻	濵里
諸尾	諸尾	※治〔沼〕尾社（大系「群・板による。」）、治〔沼〕尾池（大系「諸は豬の誤」）
那珂		那賀郡、那賀(國)〈総記〉、那珂國造〈行方郡〉、那賀國造《行方郡》〈香島郡〉、那珂郡《久慈郡》
河内	河内・〔駅〕河内	河内駅家
阿波	阿波	粟河〈川名〉
茨城	茨城	茨城里
久慈		久慈郡、久慈郡〔河〕、久慈之河、〔久慈〕入渋河、久慈(國)〈総記〉
倭文	倭文	＊静織里
高月	高月	※密筑里（大系「高は箕の誤」）
助川	助川	助川駅家、〔謂鮭祖為須介〕、助河〈多珂郡〉
大田	大田	太田郷
山田	山田・〔駅〕山田	〔山〕小田里（大系「郡郷考・地名辞書により「山」とする。」）
河内	河内	河内里　本名古々之邑
高市	高市	高市
佐野／都	佐野／×	薩都里、佐都、薩都河
多珂		多〔珂〕阿郡、多〔珂〕阿國造、多珂之國、〈棘枕多珂之國〉、多珂(郡)、多珂國〈総記〉

藻嶋	藻嶋	藻嶋驛家
道口	道口	道前里
出雲国		
能義乃木		×（和名抄の能義郡は、風土記では意宇郡に含まれる）
舎代	舎人	舎人郷
安来	安来	安来郷
楯縫	×	楯縫郷
屋代	屋代	屋代郷、社神亀三年改字屋代
山國	山國	山國郷、山國川
母理	母理	母理郷　本字文理、文理神亀三年改字母理
野城	野城・[駅]野城	野城驛家、野城驛、[野城大神]、野城社、野城橋〈巻末記〉
賀茂／神戸	賀茂／神戸	賀茂神戸、[葛城賀茂社]、鴨神亀三年改字賀茂
意宇於宇		意宇郡、[意恵]、意宇[杜]社、意宇河、[意]阜宇軍團〈巻末記〉
完道	宮道・[駅]穴道	[宍]完道郷、[宍]完道驛家、[宍]完道驛、[宍]寄道社、[宍]完道川
来待	来待	支麻知社、来待川、[来]未待橋〈巻末記〉
拝志	拝志	拝志郷　[本]今字林、[吾御心之波夜志]、林神亀三年改字拝志、[林臣]
神戸	×	※出雲神戸
忌部	忠部	※忌部神戸

山伐	山代	山代郷、[山代日子命]、山代社
大草	大草	大草郷
筑陽	筑陽	調屋社、筑湯川、※餘戸里
	[駅]黒田	黒田驛、黒田村
嶋根之末祢		嶋根郡
朝酌	朝酌	朝酌郷、朝酌上社、朝酌下社、朝酌促戸、朝酌渡
山口	山口	山口郷
千染	千染	手染郷
美保	美保	美保郷、[御穂須々美命]、美保社、三保社、美保濱、美保埼、三穂之埼〈意宇郡〉
方結	方結	方結郷、方結社、方結濱
賀知	賀知	加賀郷 本字加々、加加、加賀社、加賀川、加賀神埼
多久	多久	多久社、多久乃折絶〈意宇郡〉、多久川〈嶋根郡〉《秋鹿郡》〈楯縫郡〉
生馬	生馬	生馬郷、生馬社
法吉	法吉	法吉郷、[法吉鳥]、法吉社、法吉坡
千酌	千酌・[駅]千酌	千酌驛家、千酌驛、千酌濱、千酌驛家濵〈巻末記〉
秋鹿安伊加		秋鹿郡、[秋鹿日女命]、秋鹿社
恵曇	恵曇	恵曇郷 本字恵伴、恵伴神亀三年改字恵曇、恵梯[杼]毛社、恵曇海辺社、恵曇(池)、恵曇濱

多太　多太
大野　太野
伊農　伊農

楯縫多天奴比
佐香　佐香
楯縫　楯縫
玖𤩽（[元]も）　玖澤
沼田　治田

出雲
建部　達部
漆沼　漆治
河内　河内
出雲　出雲
許筑　杵筑
伊勢　甲努
美談　美談

多太郷、多大社、多太川
大野郷、大野津社、大野川
伊農郷　本字伊努、[赤含[衾]伊農意保須美比古佐和氣能命]、[伊農波夜]、伊努神亀三年改字伊農、伊努社、伊農川、伊農山、伊農橋

楯縫郡
佐香郷、佐香河内、佐加社、佐香河、佐香濱
楯縫郷
玖潭郷　本字忽美、波夜佐雨久多美乃山、忽美神龜三年改字玖潭、久多美社
沼田郷　本字努多、努多耳神龜二[三]年改字治田[沼]、尒多郷、沼田池

出雲郡、出雲御埼山
健部郷、[健部臣]
漆沼[治]郷　本字志司[丑治]沼、[鴈[薦]枕志都治値]、志刃[丑]治神龜二[三]年字改[改字]漆治
河内郷
出雲郷、出雲社、[出雲臣〈意宇郡〉〈嶋根郡〉〈楯縫郡〉〈飯石郡〉〈仁多郡〉〈巻末記〉]
杵築郷　本字寸付、寸付神龜三年改字杵築、杵築大社、企豆伎社、支豆支社、八穗
米[尒]支豆支乃御埼意宇郡
伊努郷　本字伊農、[赤衾伊努意保須美比古佐委氣能命]、伊努[農]神龜三年改字伊努、
伊努社、伊農社
美漆[談]郷　本字三太三、三太三神龜三年改字美談、放[弥]太放[弥]社、旀[弥]陁旀[弥]社

宇賀	宇賀	宇賀郷、宇加、守〔宇〕加社、宇加川
神門 加无止		神門郡、「神門臣」、神門水海、神門河上〈飯石郡〉、神門軍團〈巻末記〉
朝山	朝山	朝山郷、淺山社
日置	日置	日置郷、「日置伴部」、「日置首〈飯石郡〉」、「日置臣〈大原郡〉」
塩沼	塩治	塩治〔治〕郷 本字止屋、「塩治〔治〕毗古能命」、止屋神亀三年改字塩治〔治〕、夜牟夜社、塩夜社、 塩沼社
商岸	髙岸	髙岸郷 今〔本〕字髙峯〔崖〕、髙岸〔崖〕神亀三年改字髙峯〔岸〕
南佐	南佐	（「滑狭」と重複）
多伏	多伏・［駅］多伏	多伎郷 本字多吉、多伎驛 本字多吉、「阿陁加夜努志多伎吉比賣命」、多吉神亀三年改字多伎、多吉社、多支社、多岐小川、多岐山、多伎之山
		※餘戸里
伊秩	伊扶	
狭結	狭結・［駅］狭結	狭結驛 本字最邑、最邑神亀三年改字狭結也
古志	古志	古志郷、「古志國」
渦狭	堝狭	滑狭郷、南佐神亀三年改字滑狭、奈賣佐社、那賣佐社
八野	八野	八野郷、「八野若日女命」、矢野社
飯石 伊比之		飯石郡
能石	能石	能〔熊〕谷郷、能〔熊〕谷軍團〈巻末記〉
三屋	三屋	三屋郷 今〔本〕字三刀矢、三刀矢神亀三年改字三屋、御門屋社、三屋川
飯石	飯石	飯石郷 本字伊鼻〔志〕郷、「伊毗志都幣命」、伊鼻志神亀三年改字飯石、飯石社、飯石

		小川
多祢	多祢	多祢郷　本字種、種（神亀三年改字多祢）
須佐	須佐	須佐郷、［神須佐能［袁］命］、［大須佐田　小須佐田］、須佐社、須佐川、須佐河、［須］佐経［径］
波多	伎多	波多郷、［波多都美命］、波多小川、波多ゝ経［之径］
来嶋	来嶋	来嶋郷　本字支自真、［伎自麻都美命］、支自真（神亀三年改字来嶋）　（［元］來島）
仁多（尓以多）		仁多郡、［介多志枳小国］
三處	三處	三処郷
布勢	布勢	布勢郷、布世（神亀三年改字布勢）
漆仁	漆仁	漆仁社、漆仁川邊
三澤	三澤	三津［澤］郷、御津［澤］、弎澤社
阿位	阿位	阿伊［位］村、阿位川
横山	横山	横田郷、横由［田］川
大原（於保波良）		大原郡
神原	神原	神原郷、［神財郷］、神原社
屋裏	尾［屋］裏	屋裏郷　本字矢内、矢内（神亀三年改字屋裏）
潮海	湖海	海潮郷　本字得塩、得塩（神亀三年改字海潮）、得塩社、海潮川
佐世	佐世	佐世郷、佐世社、佐世小川
阿用	阿用	阿用郷　本字阿欲、阿欲（神亀三年改字阿用）、阿用社、阿用山

来次	來次	来以[次]郷、支須支社
斐甲	斐甲	斐伊郷 本字樋、斐伊村、[通速日子命[樋]]、樋神亀三年改字斐伊、樋社、樋山、斐伊川、斐伊大河、斐伊河邊、斐伊河〈巻末記〉
×	屋代	屋代郷 本字矢代、矢代神亀三年改字屋代、矢代社、屋代社、屋代小川
播磨国		
明石安加志	[駅]明石	赤石郡〈賀古郡〉、明石郡〈託賀郡〉
邑美於美	邑美於保見	＊大海里〈託賀郡〉（[元]邑美於布美）
賀古		[鹿兒]、賀古郡
望理	望理末加里	望理里
長田奈加太	長田	長田里
賀古	賀古・[駅]加古	賀古松原、賀古驛、※驛家里（[元]項なし）
印南伊奈美		[印南別嬢]、印南、印南川、印南之大津江、印南浦、入印南浪郡（和名抄の印南郡は、風土記では賀古郡に含まれるか）
大国於保久尓	大國	大国里
益氣	益田末須太	※益氣里、宅、宅村
含藝	含藝賀奈牟　國用河南	※含藝里本名瓶落
餝磨		餝磨郡、餝磨〈揖保郡〉
菅生須加布	菅生須加布	菅生里、菅原

餘戸	×	※漢部里
英賀安加	英賀安加	英賀里、[阿賀比古　阿賀比賣二神]
伊和	伊和	[伊和大神]、伊和里、伊和部、[伊和君]、貽和里
辛室加良牟呂	辛室加良牟呂	韓室里、[韓室首]
大野於保乃	大野	大野里、[本爲(二)荒野(一)]
英保安母	英保安母	英保里、英保村
三野美乃	三野	美濃里、[讃伎国弥濃郡]
穴无安奈之	穴无阿奈之	安師里、[倭穴无神]
迎達伊多知	印達以多知	囙(因)達神山、囙(因)達里、[伊太代之神]
巨智古知	巨智古知	巨智里、[柞巨智賀那]
平野比良乃	平野	枚野里、[昔爲(二)少野(一)]
草上久佐乃加三	草上・[駅]草上	◇草上村、草上
揖保伊比保		揖保郡
栗栖久留須	栗栖久流須	栗栖里
香山加古也万	香山加宇也末	香山里本名鹿来墓
越部古之倍	越部古之倍・[駅]越部	越部里舊名皇子代星(里)、越部村
林田波也之多	林田波也之太	林田里本名談奈之、[淡奈之]
桒原久波々良	桒原	桒原里舊名倉見里、桒原村主
上岡加无都乎加	上岡加无乃乎加	◇上岡里本林田里、神阜

揖保伊比奉	揖保	揖保里、粒、粒山、粒丘
大市於布知	大市於保知・[駅]大市	＊邑智驛家、大内
大田於保多	大田	大田里、大田村
浦上宇良加三	浦上宇良加美	浦上里
小宅古伊倍	小宅乎也計	＊少宅里本名漢[部]口里（大系「底「口」に誤る。」）
廣山	廣山	廣山里舊名握[村]持（大系「底「持」に誤る。」）、[都可村]
大宅於保也介	大宅於保也介	大家里舊名大宮里、[大宮]、大宅里
石見伊波美	石見	石海里、石海(村)
佐用佐与		讃容郡、五月夜郡、[賛用都比賣命]、[佐用都比賣命]、[故[散用]那都比賣命]、[狭井連佐夜]
佐用佐与	佐用	讃容郡[里]
江川	江川衣賀八	◇吉川本名玉落川、[稲狭部大吉川]
速瀬	速瀬	速湍里、[速]ゝ湍社
柏原	柏原	柏原里
大田	大田	※邑寶里、多国、大村
中川	中川・[駅]中川	中川里、[大仲子]、[大中子]、仲川里
宇野	宇野	雲濃里、有怒
宍粟志佐波		宍禾郡、積幡郡〈餝磨郡〉
三方	三方美太	御方里、御形、三條

高家	高家多以恵	＊高家里
比地	比地	比治里、［山部比治］
狛野	柏野加之八乃	柏野里　（［元］狛野）
安志	安志	安師里本名酒加里、安(因)師川（〔因〕安）、［安師比賣神］
石保	石作以之都久利	石作里本名伊和、［石作首］
伊和	伊和	［伊和大神］、伊和村本名神酒、［神酒村］、［於和村］
土方	土万比知末	土間村
神埼加无佐支	（［元］神埼加無佐岐）	神前郡、神前山
埴岡	埴岡波尓乎賀	聖岡里
蔭山	蔭山加介也末	蔭山里、［蔭岡］
川邊	川邊加波乃倍　國用川述	◇川邊里
的部	的部以久波	◇的部里、［的部］
多可		託賀郡、託加
荒田	荒田	荒田村
賀美	賀美國用上字	賀眉里
黒田	黒田久呂太	黒田里
蔓く	蔓田波布太　國用這田	法太里、匍田
賀茂		賀毛郡、鴨村
三重	三重美倍	三重里

上鴨	上鴨加无都加毛	上鴨里、鴨里、鴨坂、鴨谷
穂積	穂積	穂積里本名塩野、[穂積臣]
川内	川内	河内里
住吉	住吉	[住吉大神]
川合	川合	川合里
美嚢美奈木		美嚢郡
志深之々美	志深之々美	志深里、[信深貝]、志深村首
高野多加乃	高野多賀乃	高野宮、高野里
平野比良乃	平野	枚野里
吉川与加波	吉川与加八	◇吉川里、[吉川大刀自]
豊後国		
日高比多		日田郡、[久津媛之郡]、日田川
父連[又編]	文連[又編]	※靫編郷、[靫負村]
	[駅]石井	石井郷
球珠久須		球珠郡、[樟樹]、球珠川〈日田郡〉
直入奈保里	[駅]直入	直入郡、[直桒村]
×	松納[朽網]	※球覃郷、[梟泉]、朽網郷、救覃峯、球覃行宮〈大野郡〉、朽細[朽網]之峯〈大分郡〉
大野於保乃		大野郡、[原野]

海部 安万		◇海部郡、［白水郎］
穂門	穂門	穂門郷、［㝡勝海藻門］（保都米）
佐井	佐井	佐慰郷、［舊名酒井］
丹生	丹生・［駅］丹生	丹生郷
大分 於保伊多		大分郡、碩田國、大分河、大分川
速見 波夜美		速見郡、［速津媛國］
田布	田布・［駅］由布	柚冨郷、［木綿］、柚冨峯
國埼 君佐木		國埼郡、［國之埼］
伊美	伊美	伊美郷、［國見村］
肥前国		
基肄	［駅］基肄	基肄郡、基肄之山、［霧之國］、基肄國
姫社	姫社	姫（［姫］）社郷、［御原郡姫（［姫］）社之社］
養父 夜不		養父郡、［犬聲止國］
狭山	狭山	狭山郷
鳥栖 止須	鳥栖	鳥樔郷、［鳥屋郷］
三根 岑		三根郡、［神埼郡三根村］
物部	物部	物部郷、［物部經津主之神］
米多 女多	米多	米多郷、米多井、［海藻生（［立］）井］

神埼 加无佐木		神埼郡
蒲田 加万多	蒲田	蒱[蒲]田郷、[囂郷]
三根 美祢	三根	三根郷、[御寐[寝]安村]、三根川、三根村〈三根郡〉
宮所 美也止呂	宮處	宮處郷　([元]宮所 美也止古呂)
佐嘉	[駅]佐嘉‖	佐嘉郡、榮國、榮郡、佐嘉川、[賢女郡]
山田 也万多	山田 ヤマタ	[大山田女　狭山田女]
小城 乎支　([元]**小城** 乎岐　(略))		小城郡、堡
川上 加波加美	川上	川上〈佐嘉郡〉
松浦 万豆良		松浦郡、[希見國]
	[駅]賀周	賀周里
	[駅]逢鹿	逢鹿驛
	[駅]登部‖	登望驛、鞆驛
久利	久利	栗川〈川名〉
値嘉 知加	値嘉 知賀	値嘉郷、小近(嶋)、大近(嶋)、近嶋
杵嶋 支志万	[駅]杵嶋	杵嶋郡、[牂[戩]歌嶋郡]
藤津 布知豆		藤津郡
塩田 之保多	塩田・[駅]塩田	塩田川、[潮高満川]
能美	能美	能美郷、[叩頭]
彼杵 曽乃支		彼杵郡、[具足玉国]

高来多加久　　高來郡、〔高來津座〕、高來峯

神代加无之呂　神代加无之呂　〔神代直彼杵郡〕

注

（1）第三節・第四節・第六節の一部にこの順序でないところがある。

（2）林崎治恵氏「常陸国風土記四本集成（上）・（中）・（下）」（『風土記研究』10〔1990·10〕・11〔1990·12〕・12〔1991·6〕）による。

（3）秋本吉徳氏『出雲国風土記諸本集』〔1984·2 勉誠社〕による。

（4）注（3）に同じ。

（5）天理図書館善本叢書1『古代史籍集』〔1972·7 八木書店〕による。

（6）冷泉家時雨亭叢書47『豊後国風土記 公卿補任』〔1995·6 朝日新聞社〕による。

（7）貴重図書複製会『肥前国風土記』〔1931〕による。これを見るのに、青田寿美氏に大変お世話になった。

（8）この他に、曽田文雄氏『風土記和語索引』〔1996·6 昌文社〕、橋本雅之氏『古風土記並びに風土記逸文語句索引』〔1999·10 和泉書院〕を利用した。

（9）大系・山川のように「印南郡」とされることもあるが、植垣氏「播磨国風土記注釈稿（二）」（『風土記研究』2〔1986·5〕）が「風土記編述当時に印南郡が存在しなかったと考へる」とされる（新編全集はこれを反映している）のによる。以下同様。

（10）『日本語史の諸相　工藤力男論考選』〔1999·8 汲古書院〕、もと「岐阜大学教育学部研究報告 人文科学」27〔1979·3〕

（11）なお、このタを「韻(ヒッキ)ノ音ノ字ヲ添(ヘ)タル例」（『地名字音転用例』）のように二字化することは考えにくい。遠藤邦基氏「古代東国語の音節構造——中央語との比較から——」（「叙説」〔奈良女子大学〕2〔1968·4〕）が、和名抄の地名で「紀伊」（国名）などのような例は、〔急〕「渭伊井以」（遠江・引佐(イナサ)、〔高為以〕）・〔高〕「都有豆宇」（越後・頸城(クビキ)、〔急〕都宇無訓）が最東であることを指摘されること、参照。第三篇第二章注（3）をも参照。

(12)　9〔樋→斐伊〕は、「韻(ヒヾキ)ノ音ノ字ヲ添(ヘ)タル例」(前掲、注(11))であるので、別にする。

(13)　注(10)前掲書、もと「萬葉」90〔1975・12〕。なお、氏がエシ〔吉〕をシク活用と見ようとされることについては、前書㈢〔各論篇第四章第二節〕に述べた。

(14)　〔第二章〕は主に浅見徹・橋本四郎両氏執筆。

(15)　「萬葉」36〔1960・7〕

(16)　〔1995・10　おうふう〕

(17)　もと「萬葉集における借訓仮名の清濁表記――特に二音節訓仮名をめぐって――」(「萬葉」36〔前掲〕)

(18)　「萬葉」182〔2002・10〕。なお、この論文に「被覆形シラ」「露出形シロ」とあるのは、そのようなとらえ方もありはするが、シラ・シロともに被覆形相当と見るのがよいかと考えられる。

(19)　大野晋氏『上代仮名遣の研究』〔1953・6　岩波書店〕〔前篇第四章第二節〕参照。

(20)　「萬葉」215〔2013・9〕

(21)　「英賀里（略）右稱(二)英賀(一)者　伊和大神之子　阿賀比古阿賀比賣二神　在(二)於此處(一)　故處〔衍〕曰〔因〕(二)神名(一)　以爲(二)里名(一)」

(22)　「所(三)以号(二)英馬野(一)爲〔者〕　品太天皇　此野狩時　一馬走逸　勅云「誰馬乎」　待〔侍〕従等對云「朕御馬也」　即号(二)我馬野(一)」

(23)　第三篇第一章に挙げたが、和名抄地名にも、ア「英」の例として、〔急〕「英賀阿加」(備中・郡名)・〔急〕〔高〕「英賀安加」(播磨・餝磨)、アガ「英」の例として、〔急〕「英太阿加多」(伊勢・安濃(アノ)、〔高〕阿賀太)(同・飯高(イヒタカ)、〔高〕阿加太)、〔急〕「英多安加多」(同・鈴鹿(スヾカ)、〔高〕英太阿賀多)・〔高〕「英多阿加多」(伊豫・野間(ノマ)、〔急〕無訓)がある。

(24)　敷島年治氏『中臣宮處氏本系帳考證上』〔1895　玄同会〕による。なお、敷島氏は、「〇宮處、和名抄同國山田郡、郷名宮處ハ美也止古路とあれど、家牒に美夜古(ミヤコ)と傳(ヘ)たれば、上代ハ宮處里(ミヤコノサト)とや云ひけむ」とも述べられる。

(25)　新編全集によって新治郡の例としたが、角川によって白壁郡の例とする方がよいか。

(26)　ここでは、カ「香」を音と見る。第一篇第四章参照。

(27)　工藤氏㈢「上代形容詞語幹の用法について」(注(10)前掲書、もと「国語国文」42-7〔1973・7〕)が挙げられるように、「…山背の高の槻村〈高(ノ)槻村〉…」(萬二七七〔二八〇〕)・「…高にありせば〈高尓有世婆〉…」(萬一七四六〔一七五〇〕)の例があること、参照。

(28) ここでは、カ「香」を訓と見る。次の5も同様。第一篇第四章参照。
(29) ここでは、ツキ「築」を訓と見る。第一篇第四章参照。また、ツキ「筑」を音と見る。第一篇第二章・第四章参照。
(30) 工藤氏(一)をも参照。
(31) ヱは、「伴」に合わせて訓仮名にしようとしても、訓仮名ヱは「坐・座・咲」ぐらいしかなく、いずれも多用される仮名ではない。
(32) 第二節7に挙げた「拜」を含むことにする。
(33) 「基肆[肄]」は、注(12)と同様に、別にする。
(34) ここでは、マ「馬」を訓と見る。第一篇第四章参照。
(35) 注(20)橋本氏論文参照。
(36) 注(27)に同じ。
(37) 「遂選(下)越與(二)信濃(一)之民(上)始置(二)柵戸(一)」(孝徳紀・大化四年四月)・「…遠々(とほとほ)し高志(こし)の国(くに)に〈故志能久迩〉…」(記神代・二)などの例があること、参照。

第三章　地名と上代特殊仮名遣

一　地名にかかる枕詞と上代特殊仮名遣

地名と上代特殊仮名遣に関わるいくつかの問題について見ておきたい。

まず、地名にかかる枕詞に関して、地名である被枕詞における掛詞で、上代特殊仮名遣に問題がある例を見ることにしたい。(1)

(1)妹らがり〈妹等許〉今木の嶺に〈今木乃嶺(二)〉茂り立つ夫松(つま)の木は古人見けむ（萬一七九五〈一七九九〉）

遠藤邦基氏「ハ行音価と掛詞修辞」(2)・亀井孝氏「文字をめぐる思弁から〝龍麿かなづかい〟のゆくえを追う」(3)は、(1)の例を、キが乙類のイマキ〔地名「今木」〕と、キが甲類のイマキ〔今来〕との掛詞とされる。

この和歌で枕詞「妹らがり」は、その訓に諸説がわかれるが、ともかく地名「今木」にかかることに異論はない。ただ、その意味であるが「妹のところへ今来る」とすれば、動詞「来(き)」は甲類仮名の期待されるべき箇所であって、地名「今木乃嶺」の「木」は乙類仮名であるところから、これも両類の仮名の区別を越えた掛詞だといえよう。（遠藤氏）

地名イマキのキはキの乙、これを「き（来）」――これはキの甲――によみかえてイモラガリをかぶらせたところがみそ、すなわち、ひとのすなおな期待をはぐらかし、この〝はぐらかし〟をもってことばのたわむれのそのおかしみにひとの気をひこうという、そういう手のこんだ、ただの秀句よりもいっそうひねった、そういうわるだくみのそれは生んだものだとわたくしはこれを――「イモラガリ・イマキ」のこのくみたてを――うけとる。*

*〝かすりの秀句〟は、秀句の技巧としては拙劣なものと評価される場合が多いかもしれない。しかし〝かすり〟というこのきわどいげいとうはそれが定石をふみはずしているところにいっそうつよい表現価値とそれにもとづくあざやかな印象とをうみだすちからをやどしているその面をもわれわれとしてここにみすごすべきではない。（亀井氏）（傍点、亀井氏）

ところで、日本古典文学大系4～7『萬葉集一～四』は、全体として、甲乙の異なる掛詞を認めない傾向が強いが、それにおいても、この例については、

この枕詞のかかり方は、順直ではなくて、多少ずれている。枕詞のかかり方は、ときには、このようなものがある。（日本古典文学大系5『萬葉集二』、頭注）

としていて、「掛詞」とせず「枕詞のかかり方」としてではあるが、甲乙の異なることを認めるようである。

(2)……あさもよし〈麻裳吉〉紀伊道に入り立ち〈木道尓入立〉真土山越ゆらむ君は……（萬五四三［五四六］）

亀井氏は、(2)の例を、キが乙類のキ（地名「木」（紀伊））と、キが甲類のキル（着る）のキとの掛詞とされる。おなじようなまくらことばの例はまだほかにもある。それは国名の「紀（伊）」をみちびく「アサモヨシ」である。おそらく「麻裳よし↓着」とかかるとみる従来の解釈は、けっきょくのところ、ただしかったものとわたくしはかんがえる。**

**もとより、たちばは解釈そのもののそのねぶみによってわかれる。ただ、この場合には、従来の説を否定するたちばの方がいっそう慎重であるともわたくしにはおもえない。参考までに岩波古語辞典から〝否定論〟をかきだしておこう。「麻裳を着る意から『紀』にかかるともいうが、着ルのキはkiの音、万葉仮名の『紀』はkïの音だから、その説は成立困難」と。（傍点、亀井氏）

亀井氏・遠藤氏はふれられないが、この点は、

▽あさもよし〈朝毛吉〉紀人ともしも〈木人乏母〉真土山行き来と見らむ紀人ともしも（萬五五）

の例も、アサモヨシが「〈麻裳吉〉」と「〈朝毛吉〉」とで異なるものの、同様であると見られる。

(3)白真弓〈白檀〉斐太の細江の〈斐太乃細江之〉菅鳥の妹に恋ふれか眠を寝かねつる（萬三〇九二）[三一〇六]

遠藤氏は、(3)の例を、ヒが乙類のヒダ〔地名「斐太」〕のヒと、ヒが甲類のヒク〔引く〕のヒとの掛詞とされ、

枕詞「白真弓」は、万葉集でも「今春山」（巻十-一九二三）「磯部の山」（巻十一-二四四四）に掛けた例があり、いずれも春―張る・磯―射すとなっていて弓との関連性をもっているところから、このばあいも前者と同様に「斐太」の「斐」に「引く」をかけたものかと思われる。

と述べられる。

その他に、地名である被枕詞における、甲乙の異なる掛詞と見ることができそうなものを挙げておく。

▽春柳〈春楊〉葛城山に〈葛山〉立つ雲の立ちても居ても妹をしそ思ふ（萬二四五三）[二四五七]

この例は、キが乙類のカヅラキ〔地名、「葛城高宮（かづらきたかみや）〈迦豆良紀多迦美夜〉」（記仁徳・五八）〕と、キが甲類のカヅラキ〔蘰き〕との掛詞と見ることができそうである。

▽をみなへし〈娘子部四〉佐紀沢に生ふる〈咲澤二生流〉花かつみかつても知らぬ恋もするかも（萬六七五）[六七八]

▽をみなへし〈姫押〉佐紀沢の辺の〈生澤(ノ)邊之〉ま葛原いつかも繰りて我が衣に着む（萬一三四六）[一三五〇]

▽をみなへし〈姫部思〉佐紀野に生ふる〈咲野尓生(ル)〉白つつじ知らぬこともち言はれし我が背（萬一九〇五）[一九〇九]

▽ことさらに衣は摺らじをみなへし〈佳人部為〉佐紀野の萩に〈咲野之芽子尓〉にほひて居らむ（萬二一〇七）[二一一一]

▽かきつはた〈垣津旗〉佐紀沼の菅を〈開沼之菅乎〉笠に縫ひ着む日を待つに年そ経にける（萬二八一八）[二八二九]

▽かきつはた〈垣津旗〉佐紀沢に生ふる〈開澤(ニ)生(ル)〉菅の根の絶ゆとや君が見えぬこのころ（萬三〇五二）[三〇六六]

右の例は、キが乙類のサキ―〔地名、「佐紀山に〈佐紀山尓〉」（萬一八八七〔一八九一〕）〕と、キが甲類のサキ―〔咲き〕との掛詞と見ることができそうである。

以上の例は、いずれも、枕詞がかかる被枕詞の部分における掛詞の例であり、しかも、被枕詞が地名のものであって(4)、そして、(1)の例は、甲乙が異なる掛詞を認めない方向の日本古典文学大系もが、甲乙が異なることを認めるようであるものであり、全体として、甲乙の異なる掛詞の例と認めてよいと見られる。「〝かすりの秀句〟」（亀井氏）の当否はともかく、地名である被枕詞の部分における例(5)という限られた条件の下では、甲乙の異なる掛詞があり得ると考えられる。(6)

二　地名起源説話と上代特殊仮名遣

さらに、地名起源説話における上代特殊仮名遣について見ることにする。

安相里長畝川（略）右所㆓以安相里㆒者（略）但馬國朝来人　到来居㆓於此處㆒故号㆓安相里㆒本名沙部云　後里名依改字二字注　爲安相里（播磨国風土記・餝磨郡）

右の播磨国風土記の里名「安相」（および、但馬国の「朝来」）を、アサゴと訓みたいと考える。

かつて、橋本雅之氏㈠「地名のよみ方――『播磨国風土記』の「安相」――」(7)が、

私見によれば「安相」は、「アサグ」と読むべきものと思う。地名説話中の但馬国の朝来も「アサコ」ではなく「アサグ」であろう。

とされたのに対して、アサゴと訓むのがよいと述べたことがある（「あとがき」参照）。

それに対して、橋本氏㈡「再び「安相」の訓について」(8)が、改めてアサグと訓む方がよいと述べられる理由は、およそのところ、次の第一～第四のようである。

第一に、右の「安相里」についての「本文と割注は「安相」に対するまったく別の命名由来を述べたものである」ということである。すなわち、「割注に述べる所によると、この地はもと「沙部」と言われていたが、後に里名の字を改め二字にすることになったため「安相」に改めたと言う。」とされて、「「沙部」から「安相」への変化」は、「沙部→安相」「イサゴヘ→アサグ（ゴ）」のように「把握される」と述べられ、そして、「これは注に述べるような改字ではなく、明らかに改名を伴う所の地名変更である。「沙部」から「安相」になることによって、文字だけが変化したのではなく、語頭のイはアに変化し、語末のへは脱落している。このような変化は、自然な音韻変化とは考えられず、人為的な力を加えた変更とみるべきであろう。」とされて、「仮に「安相」が「アサゴ」であるとしても、そうよむための根拠として、本名の「沙部」を挙げることは難しいのではないか。」とされる。

まず、「沙部」は、イサゴへないしイサゴべと訓むのではなく、イサゴと訓むものと考える。第三篇第二章・第三章に挙げたように、和名抄に、アマ「海部阿末」（※尾張・郡名、など）、カモ「鴨部加毛」（＊讃岐・阿野（アヤ））、トモ「伴部止毛」（肥前・小城（ヲギ）、[高]無訓）、イクハ「的部以久波」（☆播磨・神埼（カムザキ）、[急]無訓）、ススキ「草部須々木」（攝津・駅名）、ハトリ「服織部波止利」（＊大和・山邊（ヤマノベ）、など）、クラハシ「椋椅部久良波之」（☆加賀・石川（イシカハ）、[急]無訓）、ニシコリ「錦織部尓之古里」（※河内・郡名、など）、ハセツカヘ「丈部鉢世豆加倍」（＊安房・長狭（ナガサ）、[高]波世豆加比）のように、「部」字を訓まない地名がかなりあり、風土記の「的部里」（播磨国神前郡）・「海部郡」（豊後国）の例についてもこの篇の第二章でふれた。よって、「沙部」は、イサゴと訓み、「語末のへは脱落している」のではないと考えられる。

また、「語頭のイはアに変化し」とされることについては、

伊和村本名神酒　大神醸(二)酒此村(一)　故曰(二)神酒村(一)　又云(二)於和村(一)　大神国作訖以後云　於和　等(二)於我美岐(一)（播磨國風土記・宍禾郡）

とあるイワ村・ミワ村・オワ村の例が挙げられる（ミワの起源やオワの起源は説かれているが、イワの起源は説かれ

ていない）。日本古典文学大系2『風土記』の頭注に「イワ・ミワ・オワは同一語の音転訛。」とあることが参照されて、ミワ―イワはマ行子音の着脱ないしミ[9]〔御〕の有無、オワ―イワは母音交替ととらえられる。地名の語頭においてこれほどの差があるので、「語頭のイ」が「アに変化」することは、さして問題になることではないと考えられる。

この「安相里」のことに関して、乾善彦氏「地名起源説話と地名表記――『播磨国風土記』「安相里」をめぐって――」[10]は、播磨国風土記に「本名」「旧名」とある十二里名を検討され、「改名の根拠が記されるもの」が当該の「安相」を含む十三例の中で「四例にすぎず」、「旧名と現在の地名とでは、なんらかの音的なつながりの考えられるものもたしかにありはするが」、「関係がみとめられる場合でも」、「かめおち→かむき」（瓶落→含藝）・「たなし→はやしだ」（談奈志→林田）・「いわ→いはつくり」（伊和→石作）のように「決して密接なものではなく」、橋本氏(二)が言われるように、「沙部」を「「あさご」とよむことの直接の証拠とすることは、やはり無理があろう。」とされる。

確かに、播磨国風土記の「本名」「旧名」は、風土記当時の訓を検討するのに参考にならないものであることが多いと言える。しかしながら、「安相里」に対する「沙部」を含む十三の「本名」「旧名」の中で、「沙部」のみが異なることがあり、それは「後里名依改字二字注」とあることである。この二字化は、本来一字地名であったことを意味している。そして、その一字地名は「沙」と見る他なく、「沙」→「安相」の二字化が、「沙」→「沙部」の二字化（第三篇第二章・第三章参照）とともにあったと見るべきところであろう。つまり、他の「本名」「旧名」の場合と異なり、二字化の必要性が「改名」の理由であったものである。とすると、「沙部」というより「沙」は、「安相」の訓を検討する際に参照されてよいことであると考えられる。

尤も、乾氏は、その続きに、「蜂矢の批判に対して橋本が反論したことをふまえると、「安相」を「あさぐ」とよむことをまったく否定するまでには至らないように見える。しかしながら、それでも「あさご」に親密感を感じ、「あさぐ」という地名に違和感を感じるのはなぜだろうか。」とも述べられていて、「沙部」を「証拠」にするかどうかとは別に、アサゴと訓むことを考えられるようである。

乾氏の「親密感」「違和感」は、恐らく、ゴを末尾に持つ名詞、グを末尾に持つ名詞の多少によるのではないかと考えられる。『時代別国語大辞典上代編』に立項される名詞で、グを末尾に持つものは植物名ヱグ（萬一八三九〔一八四三〕）のみであり、ゴを末尾に持つものは、三音節語に限ってもイサゴ［砂・沙石］、ミサゴ［鶚］、マナゴ［細砂］、ウマゴ［息］、ワクゴ［若子］などがあり、上代の萬葉仮名の例に限るとゴ甲類の例ばかりでありはするものの、かなり多くを挙げることができる。これが、乾氏の言われる、〜ゴの「親密感」、〜グの「違和感」の理由であろう。無論、普通名詞と固有名詞との差を考慮する必要もあろうが、右の点からも、地名アサゴは地名アサグよりありやすいと見てよい。

第二に、橋本氏[二]は、「安相」をアサゴと訓むとすると、アサゴ「朝来」のゴは、カ変動詞ク［来］の未然形・命令形はコであるから、乙類であり、イサゴ［沙］「小石（いさご）あれや〈異佐誤阿例椰〉」（神功紀・二八）のゴは甲類であるので、甲乙が異なるという問題があるとされる。

甲乙が異なることは、問題であると言えよう。しかし、今、地名起源説話においては、甲乙が異なることが許容されるのではないかと考える（後述の「上岡里」の例をも参照）。

先に第一節で、地名である被枕詞における掛詞について見た。掛詞は、掛詞であることが成立するのに、どの程度、音が異なっていてもよいかと見ると、清濁が異なる掛詞があることは周知のことであり、地名である被枕詞における掛詞という限られた条件の下ではあるが甲乙が異なる掛詞もあると見てよいと考えられた。そして、地名起源説話においても、清濁その他が異なる例は多くあり[11]、甲乙が異なるものがあっても地名起源説話は十分に成立するのではないかと考えられてくる。

アサゴとイサゴとではアとイとで母音が異なり、また、オワとイワと（宍禾郡）ではオとイとで母音が異なるが、この程度は異なっていても地名起源説話は成立するものと思われ、そして、ゴを含むオ列の甲乙は一般に母音の差であると見られているが、アとイ、オとイの母音の差は許容されるけれども、ゴの甲乙の差は許容されない、というのは矛盾することになりかねないと思われる。

なお、但馬国の「朝来」は、「但馬阿相郡」（播磨国風土記・神前郡堲岡里）とあり、和名抄では「朝来安佐古」（※但馬・郡名）、「朝来阿佐古」（*但馬・朝来アサゴ）とある。

第三に、橋本氏㈡は、工藤力男氏「古代文献における固有名詞の語形の変容」(12)が、風土記などの地名と和名抄・廿巻本の地名とを比べて、ウの母音からオの母音へと変化した（「u＞o」）例が多いと指摘されていることを挙げられて、和名抄にアサゴとあっても、風土記ではアサグと訓む方がよいと述べられる。

工藤氏の言われる「u＞o」を考慮して、「安相」をアサグと訓むかとも言えようが、イサゴとの関係を考えると、やはりアサゴと訓むのがよいと考えられる。イサゴをイサグとする例が見当たらないことも参考となる。「沙部」を「根拠」ないし「証拠」にするかどうかが橋本氏（・乾氏）との意見の分かれ目と言えるが、「第一」に対して先に述べたところから見て、「沙」は参照されてよいと考えられる。

第四に、橋本氏㈡は、「一般に地名用字を考えるとき、借音仮名表記以外で書かれたものが、いったい正訓であるのか借訓であるのかを見極めるのは、非常に困難である場合が多い。しかしながら、地名というものが固有名詞である以上、他言語に翻訳することができないこと、表語的に表記されたものには附会が多く、それゆえ後からこじつけた宛字的要素が強いこと、などを考えるならば、借音仮名表記以外の地名の多くは借訓仮名表記と考えてよいと思う。」（傍点、蜂矢）とされ、「「朝来」は語形を示すことを目的とした借訓仮名表記とみるべきだと思う。」とされた上で、「動詞訓仮名に利用される語形は、終止形と連用形の二種に限られている」と述べられる。訓読みの地名が正訓であるか借訓であるかの判断が困難であるのは言われる通りであるが、それが直ちに全て借訓であると見るのは早急であろう（橋本氏も「多くは」とされる）。

ところで、訓読みの地名に動詞が用いられる際に終止形と連用形が多いのはその通りであるが、第一篇第一章に見たように、それには限られない。和名抄の地名で、前項において、動詞未然形のものが、ク活用形容詞語幹と重なるものを別にして、ムカ「向國武加津久尓」（長門・大津オホツ、[高]无加豆久迩）・イカ「生野伊加乃」（讃岐・多度、[高]項なし）とあり、動詞連体形のものが、クル「來馬久留万」（淡路・津名（ツナ）、[高]久流万）とある。また、後項において、動詞未然形ないし被覆形のものが、名詞被覆形と重なるものを別にして、ムカの変化したウカ「日向比宇加（略）」（国名、[元]比宇加）・ムコ「高向多加无古」（越前・坂井サカノヰ、[高]無訓）とあり（前掲「朝来」二例もあり）、さらに、動詞語幹のものが、ヒカ「田光多比加」（伊勢・朝明アサケ、[高]太比加）とある。(13)

よって、動詞終止形・連用形に限られることではないと言える。

以上により、橋本氏（・乾氏）の意見はあるが、イサゴとの関係から見て、「安相」（および「朝来」「阿相」）はアサゴと訓むのがよいと考えられる。(14)

繰り返すが、アサゴとイサゴとのゴの甲乙が異なることは、地名起源説話においては許容されるものと言えよう。

そして、同様の例が、今一つ挙げられる。

上岡里本林田里（略）出雲国阿菩大神　聞㆓大倭国畝火香山耳梨三山相闘㆒　此欲㆓諫止㆒　上來之時　到㆓於此處㆒乃聞㆓闘止㆒　覆㆓其所㆑乗之舩㆒而坐之　故号㆓神阜㆒　〻形似㆑覆（播磨国風土記・揖保郡）

この例は、ミが甲類の里名カミヲカ「上岡」の起源として、ミが乙類のカミヲカ「神阜」が挙げられていて、これもミの甲乙の異なる地名起源説話であるが、この例についても、地名起源説話においては甲乙が異なることが許容されるものと見られる。(15)

阪倉篤義氏㈠「書評　大野晋著『日本語をさかのぼる』(16)」・㈡「「文献主義」の立場――大野晋氏の述懐に関連して

――」(17)・㊂「語源――『神』の語源を中心に」(18)は、大野晋氏『日本語をさかのぼる』(19)に対する書評に始まる論争において、子音で終わる「語根」を認めるのであればカミ［上］とカミ［神］とをともにとらえることも「不可能ではない」」（阪倉氏㊁）と述べられる中で「上岡」―「神阜」の例を挙げられたのであるが、地名起源説話においてはむしろ甲乙が異なることが許容されることになるので、カミ［上］とカミ［神］との問題とは切り離して考えるのがよいということになろう。

無論、そのこととは別に、カミ［上］とカミ［神］との問題については、次のように、大野氏が阪倉氏㊂の後に修正された通りであると考えられる(20)。

大野氏(a)『日本語の世界』(21)〈単行書〉・(b)『日本語の世界』(22)〈朝日選書111〉・(c)『新版日本語の世界』(23)〈同484〉・(d)『日本語の水脈　日本語の年輪　第二部』(24)の、(a)・(b)と(c)・(d)との間で、カミ［上］とカミ［神］との関係についての表現が変わっている。すなわち、(c)・(d)には、次のように述べられている。

もっとも kam-i（神）と kam-i（上）とは kam- という語根の部分は共通だから、この二つは奈良時代よりさらに古くは一つの単語家族であったという推測まで簡単に否定することはできない。

注

(1) 枕詞・被枕詞とは異なるが、上代特殊仮名遣の甲乙の異なる掛詞という問題がある例もあるので、次に挙げておく。

烏(からす)とふ大軽率鳥(おほをそどり)のまさでにも来まさぬ君(きみ)をころくとそ鳴(な)く〈許呂久等曽奈久〉（萬三五二一［三五四二］・東歌）

亀井孝氏「続「許呂久」考」（『亀井孝論文集』3 日本語のすがたとこころ㈠音韻［1984・12 吉川弘文館］、もと「ぬはり」20-9［1946・9］）、および、遠藤邦基氏後掲論文（注(2)）は、この例を、コが乙類のコロク（あるいはコロ）〈烏の鳴き声〉と、コが甲類のコロク〈子ろ来〉との掛詞とされる。大久保正氏「万葉集東歌の掛詞について（下）」（『萬葉』62［1967・1］）も同様である。

また、『時代別国語大辞典上代編』（コロクの項）も同様で、次のようである。

この語が、相手の男性の来ることをあわせ表わしていることが、文脈から理解できるが、コに乙類仮名が用いられ、かつ男性をコロと呼ぶことはほかに例がない。そこで頃来(コロク)説や、此(コ)ロ来(ク)説が生まれたが、いずれにも難点がある。やはり子ロ来とみるべきだろう。あるいは、鳥の鳴き声そのものはコロだけであったかもしれない。

これに対して、佐竹昭広氏「訓詁の学」（『萬葉集抜書』［1980・5 岩波書店］、もと『講座日本文学』12［1969・6 三省堂］）は、

コロクを「子ろ来」の懸詞と解する説は、女が男を「子ろ」といった例がないのみならず、「許」の特殊仮名遣に牴触する。或いは「此ろ来」だろうか、それとも「頃来」だろうか。（略）ようやく気がついたことは、自分自身を意味するコロという古語の存在であった。（略）萬葉のコロフスや雄略紀の傍訓コロタツなどの語構成を参照すれば、「来まさぬ君がコロクとぞ鳴く」のコロクも、「自来(ころく)」と読みなおすことができるのではなかろうか。これまでの説は、みな読みそこないだったのではないかと思う。

とされていて、甲乙の異なる掛詞と見ない説も有力である。なお、コロフス・コロタツの例は次のようである。

コロフス……波の音のしげき浜辺を　しきたへの枕になして　荒床にころ伏す君が〈自伏君之〉家知らば行きても告げむ……（萬二二〇）

コロタツ　執(二)（略）兵(ツ)馬船(の)官及諸(の)小官(を)(一)て専(コロタチヌ)用威命。（雄略紀九年五月・図書寮本）

（2）『国語表現と音韻現象』［1989・7 新典社］、もと「音韻資料としての掛け詞――ハ行音とその周辺を中心に――」（『王朝』5［1972・5］）

（3）『亀井孝論文集』5言語文化くさぐさ［1986・8 吉川弘文館］（もと「成城文藝」85［1978・3］）

（4）井手至氏『遊文録』国語史篇二［1999・1 和泉書院］〔第三篇第二章四〕（もと「飛鳥考」〔『萬葉』79［1972・5］〕の一部）は、枕詞が「予想される語詞と類似する形（語音）を有する地名にかかるもの」について述べられる（もとの論文では(1)の例も挙げられる）。

（5）被枕詞における掛詞の例ではあるが、被枕詞が地名ではない例もある。

あらたまの〈荒玉之〉年は来去りて〈年者来去而〉玉梓の使ひの来ねば……（萬三二五八[三二七二]）

遠藤氏・亀井氏は、この例を、トが乙類のトシ〔年〕のトと、トが甲類のトグ〔磨ぐ〕のトとの掛詞とされる。枕詞「あらたまの」が「年」にかかる際、その解釈としての「荒玉を砥ぐ」をとれば、（略）同様の問題が生じるのである。（遠藤氏）

（ちなみに「あらたまのとし」の「あらたまの」を磨ぐのトにかかるとみると、これまた〝甲乙〟のことに抵触するけれど、これも〝かすりの秀句〟のこのタームズでといてそれなりにとおる。そして、いまあえて「あらたまの」についてここに言及するのは、もとより〝かすりの秀句〟のこの仮設のためにである。）（亀井氏）

亀井氏・遠藤氏はふれられないが、この点は、次の例も同様である。

▽あらたまの〈安良多麻能〉年の緒長く〈等之能乎奈我久〉逢はざれど異しき心を我が思はなくに（萬三七七五[三七九七]）

▽……あらたまの〈安良多麻乃〉年の緒長く〈等之能乎奈我久〉相見ずは恋しくあるべし……（萬四四〇八[四四三二]）

右の他に、四六〇[四六三]・五八七[五九〇]・二〇八九[二〇九三]・二五三四[二五三九]・二八九一[二九〇三]・二九三五[二九四七]・三二〇七[三二二一]・四二四四[四二六八]・四二四八[四二七二]番歌に「あらたまの年の緒長く」とある。

▽……あらたまの〈荒璞能〉年行き反り〈登之由吉我敝利〉春花のうつろふまでに……（萬三九七八[四〇〇二]）

▽……あらたまの〈安良多末乃〉年行き反り〈等之由吉我弊理〉月重ね見ぬ日さまねみ……（萬四一一六[四一四〇]）

▽あらたまの〈安良多麻乃〉年反るまで〈登之可敝流麻泥〉相見ねば心もしのに思ほゆるかも（萬三九七九[四〇〇三]）

右の他に、四四九〇[四五一四]・四一五六[四一八〇]番歌に、「あらたまの年行き反り」とある。

▽……あらたまの〈荒玉乃〉年経るまでに〈年経左右二〉白たへの衣も干さず……（萬四四四三[四四四六]）

▽あらたまの〈荒玉（ノ）〉年の経ぬれば〈年之経去者〉今しはとゆめよ我が背子我が名告らすな（萬五九〇[五九三]）

▽あらたまの〈璞（ノ）〉年の経行けば〈年之経往者〉あどもふと夜渡る我を問ふ人や誰（萬二二四〇[二二四四]）

▽……あらたまの〈安良多末能〉年の五年〈等之乃五年〉しきたへの手枕まかず……（萬四一一三[四一三七]）

▽あらたまの〈璞之〉年は果つれど〈年者竟杼〉しきたへの袖交へし児を忘れて思へや（萬二四一〇[二四一四]）

▽あらたまの〈未玉之〉年月かねて〈年月兼而〉ぬばたまの夢に見えけり君が姿は（萬二九五六[二九六八]）

▽……あらたまの〈阿良多麻能〉年が来経れば〈登斯賀岐布礼婆〉あらたまの月は来経ゆく……（記景行・二八）

なお、これらの例については、甲乙の異なる掛詞と見ない説もある。

○あらたまの―年または月などの枕詞。更新する意アラタマルと関係があろう。（新編日本古典文学全集6『萬葉集①』、四四三番歌頭注）

○あらたまの―年・月などの枕詞。アラタマの原文に「荒璞」「璞」「未玉」などと書かれることがあることから、その語義は研磨していない宝石・貴石類の原石をさすと思われる。かかり方は未詳だが、動詞アラタマルと同じであり、年月の循環・一新することによってかけたとも考えられる。（同8『同③』、二〇八九番歌頭注）

（6）この節に挙げた例によると、甲乙の異なる掛詞はイ列のものばかりであると見えるが、注（1）・（5）に挙げた例を加えると、オ列のものもあることになる。

（7）「風土記研究」3［1986・10］

（8）「同」6［1988・8］

（9）山口佳紀氏『古代日本語文法成立の研究』［1985・1 有精堂出版］〈第一章第二節〉に、ミカ［厳］「みかしは〈瀰箇始報〉」（仁徳紀・四五）―イカ［厳］「雷の〈伊加豆知乃〉」（仏石跡歌二〇）などの例が挙げられること、参照。

（10）『国語語彙史の研究』29［2010・3 和泉書院］

（11）例えば、播磨国風土記において、

香山里本名鹿来墓（揖保郡香山里）　カグ―カク

此山　踰者可(レ)崩　故曰(二)久都野(一)（讃容郡久都野）　クヅ（ル）―クツ

のように、清濁の異なる例や、

壮鹿鳴哉　故号(二)餝磨郡(一)（餝磨郡）　シカナ（ク）―シカマ

矢彼舌在者　故号(二)宍禾(一)（宍禾郡）　シタ―シサ（ハ）

のように、子音の異なる例が見える。さらに、「風土記の地名説話は頭音が通ずれば成立つ。」（新編日本古典文学全集5『風土記』、播磨国託賀郡都麻里、頭注一四）とすら言われている。なお、後に挙げる注（15）をも参照。

（12）『日本語史の諸相　工藤力男論考選』［1999・8　汲古書院］、もと「岐阜大学教育学部研究報告 人文科学」29［1981・2］）

（13）カ変動詞の場合は、下って撰集抄に「根来（ねごろ）」の例もある。

（14）中村啓信氏監修・訳注『風土記上』［2015・6　角川ソフィア文庫］で、橋本氏は、播磨国風土記などを担当されて、「安相」をアサグと訓まれ、脚注に「ただし、蜂矢真郷は「あさご」と訓む説を提唱している。」とされる。

（15）松本克己氏『古代日本語音韻論　上代特殊仮名遣の再解釈』［1995・1　ひつじ書房］〔第1章、もと「古代日本語母音組織考――内的再建の試み――」（「金沢大学法文学部論集　文学篇」22［1975・3］）〕・〔第2章、もと「上代語の母音組織　上代特殊仮名遣い論〈下〉」（「毎日新聞」夕刊［1976・1・22］）、「日本語の母音組織」（「言語」5－6［1976・6］）、「万葉仮名のオ列甲乙について」（「言語」5－11［1976・11］）、「言語史の再建と言語普遍」（「言語研究」86［1984・12］）の後半〕、服部四郎氏『日本語の系統』［1959・1　岩波書店］〔二補説（3）、もと［1958・5］〕・「上代日本語の母音体系と母音調和」（「言語」5－6［1976・6］）・「上代日本語の母音音素は六つであって八つではない」（「言語」5－12［1976・12］）、山口氏『古代日本語文法の成立の研究』［前掲］〔第一章第四節〕、のように、イ列・エ列の甲乙は、オ列の甲乙と異なり、母音の差ではなく子音の差であるととらえる説もあるので、オ列であるゴの甲乙が問題になる「安相里」の場合と、イ列であるミの甲乙が問題になる「上岡里」の場合とを、直ちに同様に扱うことはできないかとも思われる。

しかしながら、注(11)に挙げたように、風土記の地名起源説話においては、子音の異なる例も見えるので、「上岡里」の場合も同様にとらえてよいであろうと考えられる。

（16）「文学」43－4［1975・4］

（17）「同」43－6［1975・6］

（18）『講座日本語の語彙』1語彙原論［1982・7　明治書院］

（19）［1974・11　岩波新書］

（20）このことについては、別稿「上代特殊仮名遣に関わる語彙」（「萬葉」198［2007・6］）〔第五節〕に詳しく述べた。また、安田尚道氏「「神」と「上（かみ）」は同源だとする説をめぐって」（「紀要」（青山学院大学文学部）48［2007・1］）をも参照されたい。

(21)〔1976・10 朝日新聞社〕
(22)〔1978・5 同〕
(23)〔1993・10 同〕
(24)〔2002・8 新潮文庫〕

第四章　チ［路］とミチ［道］

チ［路］とミチ［道］とについて(1)上代・平安初期頃の例を中心に考え、それらと地名との関連などについても考えることにしたい。

一　接頭語ミとチ［路］

ミチ［道］……木幡(こはた)の道(みち)に〈許波多能美知迩〉逢(あ)はしし嬢子(をとめ)……（記応神・四二）

ミチ［道］は、接頭語ミ＋チ［路］の構成と考えられる。例えば、

元来チだけで道の意をあらわした。これに接頭語ミのついたのがミチであろう。（『時代別国語大辞典上代編』、「考」欄）

《ミは神のものにつく接頭語。チは道・方向の意の古語。（略）》（『岩波古語辞典』）

とされている。

接頭語ミは、ミ［御］として神・天皇などに対する尊敬の意を表すようになるが、本来は、

ヤマツミ［山祇］　次生(二)山神　名大山(上)津見神(一)（記神代）

ワタツミ［海神］　海神(わたつみ)の〈和多都民能〉神(かみ)の命(みこと)の　みくしげに貯(たくは)ひ置(お)きて……（萬四二二〇 四二四四）

ヤマ［山］「楯並(たたな)めて伊那佐の山(やま)の〈伊那佐能夜麻能〉木(こ)の間よもい行き目守(まも)らひ…」（記神武・一四）

などのように(2)、

・ワタ［海］「…海(わた)の底(そこ)〈和多能曽許〉沖(おき)つ深江(ふかえ)の　海上(うなかみ)の子負(こふ)の原(はら)に…」（萬八一三 八一七）といった自然などの、言わば

原始的な霊格を表す名詞ミ［霊］として用いられ（その際に、ヤマツミ・ワタツミのツは連体助詞と見られる）て、それが接頭語ミとしても用いられるようになったものと考えられ、自然などの霊格に対する畏敬を表すものであって、チ［路］のような〔地形等を表す名詞〕につく（後に第三節にミチ［道］の他の例を挙げる）のがむしろ本来的な用法かと思われる。そのミ［霊］については、

▽（略）後に接頭語として、神・天皇などに関するものごとに冠するミ（御）は、これの転用と思われる。（『岩波古語辞典』ミ［霊］の項）

とされる。そして、「ミ草・ミ空・ミ冬・ミ陰・ミ酒等」の「美称といわれる用法の例」（『時代別国語大辞典上代編』ミ［御］の項）としても用いられるようになる。

他方、チ［路］は、単独で用いられる例が見当たらず、後に第二節・第四節に挙げるように複合語の後項に用いられる例が多いが、複合語の前項に用いられる例も次のようにある。

チマタ［衢・街］　岐（略）道別也　知万太　（新撰字鏡）

チワク［道別］　詔（二）天津日子番能迩ゝ藝命（一）而　離（二）天之石位（一）　押（二）分天之八重多那此二字以音雲（一）而　伊都能知和岐知和［岐］弖自伊以下十字以音　（記神代）

チマタ［衢・街］は、チ［路］＋マタ［俣・股］「歸附（二）彦人皇子於水派宮（一）水派　此云美麻多」（用明紀二年）の構成と、チワク［道別］は、チ［路］＋ワク［別］「…天そゝり高き立山　冬夏と別くこともなく〈和久許等母奈久〉白たへに雪は降り置きて…」（萬四〇〇三 四〇二七）の構成ととらえられる。チワク［道別］について、「《チは道（ち）とも風（ち）とも解される》」（『岩波古語辞典』）とも言われるが、右の古事記の例に対して、日本書紀では「皇孫　乃離（二）天磐座（一）天磐座此云阿麻能以簸矩羅　且排（二）分天八重雲（一）　稜威道別道別而」（神代紀下・第九段本書）のように「道別」とあり、「「ちわき」はチ（道）＋ワキ（分）で、道を区別し選ぶこと。」（新編日本古典文学全集1『古事記』、頭注）とされるように、

チワク［道別］のチはチ［路］と見てよいと考えられる。なお、チ［風］については、この節で後に述べる。

『岩波古語辞典』は、チ［路］について、

《（略）上代すでにチマタ・ヤマヂなど複合語だけに使われ、また、イヅチのように方向を示す接尾語となっていた。（略）》（ミチ［道・路］の項）

としていて、方向を表す接尾語チ［方］とともにとらえようとしているが、道の意のチ［路］は、その道が進む方向をも表すと言えるので、このようにとらえてよいと考えられる。そして、接尾語チ［方］の例として、次のようなものが挙げられる。

イヅチ［何方］　たらちしの母が目見ずておほゝしくいづち向きてか〈伊豆知武伎提可〉我が別るらむ（萬八八七〔八九一〕）

コチ［此方］　日下部の此方の山と〈許知能夜麻登〉畳薦平群の山の……（記雄略・九〇〔九一〕）

トホヂ［遠方］　はるふかくまだかすみせばふるさとのとほぢのやまをほのもみましや（国基集一九）

上代では、イヅチ［何方］・コチ［此方］のように指示語＋接尾語チ［方］の例ばかりのようであるが、院政期に下ると、形容詞トホシ［遠］の語幹＋接尾語チ［方］の構成のトホヂ［遠方］の例も見える。今一つ、ヲチ［遠］「このころは恋ひつつもあらむ玉くしげ明けてをちより〈安氣弖乎知欲利〉すべなかるべし」（萬三七二六〔三七四八〕）が挙げられるかも知れないが、被覆形ヲト［遠］「大宮の遠つ端手〈袁登都波多傳〉隅傾けり」（記清寧・一〇四〔一〇五〕）に対する露出形であるので、別にする方がよいと考えられる。

接尾語チ［方］に関連するものとして、やはり方向を表す接尾語テ［方］もあり、このチ［方］とテ［方］とは、母音交替の関係にあるととらえられる。接尾語テ［方］の例として、次のようなものが挙げられる。

ウシロデ［後方］　……木幡の道に逢はしし嬢子後手は〈宇斯呂傳波〉小楯ろかも……（記応神・四二）

オモテ［面方］　小林に我を引入て奸し人の面も知らず〈於謀提母始羅儒〉家も知らずも（皇極紀・一一一）

ハタテ［端方］……敷きませる国のはたてに〈國乃波多弖尓〉咲きにける桜の花の……（萬一四二九）

ウシロデ［後方］は、後ろ姿の意に用いられているが、後ろの方向を指すと見られる。オモテ［面方］は、顔の意や裏に対する表の意をも表すようになるが、ハタテ［端方］は、果ての意に用いられているが、ハタ［端］の方向を指すと見られる。接尾語テ［方］については、

接尾語。ⓐ場所をあらわす名詞に接して、その場所（地形）・方向・側面であることをあらわす。（略）（『時代別国語大辞典上代編』テの項）

とされる。接尾語テ［方］に「手」字を当てることもあるが、これは、手でそれぞれの方向を指し示すことからテ［手］も方向を表すことと無関係ではないことによると見られて、テ［手］が接尾語化したものとは見ない方がよいと考えられる。もし、接尾語テ［方］をテ［手］が接尾語化したものと見るならば、テ［手］とチ［路］とは別の語であるので(3)、接尾語テ［方］は、チ［路］が接尾語化したものと見られる接尾語チ［方］と母音交替の関係と見ることはできないことになってしまう。

そして、道の意のテ［道］の例を挙げることができる。

ナガテ［長道］　君が行く道の長手を〈道乃奈我弖乎〉繰り畳ね焼き滅ぼさむ天の火もがも（萬三七二四）

クマデ［隈道］　今我當(下)於(二)百不(レ)足之八十隈(一)将(中)隱去(上)矣　隈此云矩磨涅（神代紀下・第九段本書）

ナガテ［長道］は、チ［路］が複合語の後項に用いられるナガチ［長路］「天離る鄙の長道を〈比奈乃奈我道乎〉恋ひ来れば明石の門より家のあたり見ゆ」（萬三六〇八）と母音交替の関係ととらえられ、『新潮国語辞典』（テ［手］の項）がナガテ［長手］のテを「道。」の意とするように、テ［道］の例と見られる。クマデ［隈道］も、「《テはチ（道）と同根》くまのある道。曲がり角の多い道。」（『岩波古語辞典』）とあるように、テ［道］の例と見られる。チ

［路］とテ［道］とは母音交替の関係にあるととらえられ、接尾語テ［方］は、テ［手］よりもテ［道］の接尾語化したものと見る方がよいと考えられる。

また、チ［路］―テ［道］、接尾語チ［方］―接尾語テ［方］と同様にチ―テの母音交替ととらえられるものに、他に、ハヤチ［疾風］―ハヤテ［疾風］がある。(4)

ハヤチ［疾風］　暴風　史記云　暴風雪雨漢語抄云　暴風波夜知　又能和伎乃加勢（和名抄・十巻本一）

ハヤテ［疾風］　はやても龍（りう）の吹（ふ）かする也（竹取物語）

ハヤチ［疾風］は、形容詞ハヤシ［早・速］の語幹＋チ［風］の構成ととらえられ、そのチ［風］は、他に、

コチ［東風］　朝東風（こち）に〈朝東風尓〉ゐで越す波のよそ目にも逢はぬものゆゑ瀧もとどろに（萬一二七一七 二七二六）　こち吹（ふ）かばにほひおこせよ梅の花あるじなしとて春をわするな（拾遺一〇〇六）、

の例があり、「コチのチは、「暴風波夜知（ハヤチ）」（和名抄）とあるチと同じく、風を意味するものと考えられる。コは接頭語の小（コ）であるとする説があるが、確かでない。」（『時代別国語大辞典上代編』、「考」欄）とされる。テ［風］と見る可能性のある例がハヤテ［疾風］の他にないとすると、どちらかと言えば、ハヤチからハヤテへの変化と見る方がよいことになる。

そして、チ［風］とともに風を表すものに、シ［風］がある。シ［風］とチ［風］とは、サ行―タ行の子音交替ととらえることができる。サ行―タ行の子音交替の例はかなりあり、その中にハガス［剝］「鬼已頭髪所(二)引剥(一)而逃〈剥皮加之弖〉」（霊異記・上三・国会図書館本）―ハガツ［剝］「廃渠槽　此云(二)秘波鷲都(一)」（神代紀上・第七段一書第三）、ハナス［離］「上野（かみつけの）佐野の舟橋（ふなはし）とりはなし〈登里波奈之〉親（おや）は離（さ）くれど我（わ）は離（さか）るがへ」（萬三四二〇 三四三〇・東歌）―ハナツ［放］「且毀(二)其畔(一)毀　此云波那豆」（神代紀上・第七段本書）、ウチヒサス［枕詞］「うちひさす〈宇知比佐受〉宮へ上（のぼ）ると　たらちしや母（は）が手離（はな）れ…」（萬八八六 八九〇）―ウチヒサツ［枕詞］「うちひさつ〈宇知比佐都〉美夜能瀬川のかほ

花(ばな)の恋ひてか寝らむ昨夜(きそ)も今夜(こよひ)も」（萬三五〇五［三五二六］・東歌）があって、前二者の対応の連用形はシ—チの交替と言え、後者の対応の枕詞の例は動詞に由来するかと見られ同様に考えられよう。ハナス［離］・ウチヒサツ〔枕詞〕は東国語の可能性もある（シ〔東国語〕—チの例は他にもかなりある）が、ハガス［剝］—ハガツ［剝］はそうとは言えない。

シ［風］の例として、次のようなものがある。

シナト｜［風門］　科戸之風乃天之八重乎吹放事之如久（祝詞・六月晦大祓）

アラシ［嵐］　ぬばたまの夜さり来れば巻向の川音高しあらしかも速(と)き〈荒石鴨疾(キ)〉（萬一一〇一［一一〇五］）

ツムジ［飄］　……み雪降る冬の林に（一云、略）つむじかも〈飄可毛〉い巻き渡ると……（萬一九九）　七日不(レ)満　縫［倏］猛風来〈倏忽也　猛風川牟之加世〉（霊異記・上卅四・興福寺本）

ツムジ［飄］のシが風の意であることから見て、ツムジカゼ［旋風］「〈猛風川牟之加世〉」（霊異記・上卅四・興福寺本）は、シが風の意であることが明らかでなくなって、かつ、ツムジが「奴万呂年四　左右耳都牟自」（奴婢見来帳・天平勝宝二年）のように旋毛の意をも表すところからそれと区別する必要があって、新たにカゼ［風］と複合したものと考えられ、ツムジ［飄］をツムジカゼ［旋風］の略語とはとらえないのがよいと考えられる。(5)

シナト［風門］は、シ［風］＋ナ〔連体〕＋ト｜［門］の構成ととらえられる。(6) アラシ［嵐］は、形容詞アラシ［荒］の語幹＋シ［風］の構成ととらえられ、また、ツムジ［飄］のシもシ［風］ととらえられるが、そのツムは、『岩波古語辞典』には「《ツムはくるくる廻るさま。（略）》」とあるものの、未詳である。カタツブリ［蝸牛］「蝸牛（略）本草云蝸牛(くゝ)（略）和名加太豆不利（略）」（和名抄・廿巻本十九）のツブ、あるいは、ツムグ［紡］「鍋附紡績　紡（略）豆無久續也（略）」（同・同十四）のツムかと考えてみたが、アクセントが、ツムジ「廻毛ツムジ（上上｜上）」（名義抄・観僧上一〇〇［51ウ］）・ツムジカゼ「飆ツムジカゼ（上上上｜平平｜）」（同・鎮Ⅲ116ウ）が高起式であるのに対して、カタツブリ

「蝸牛カタツブリ(一)(上上平上平)」（同・観僧下二二［12オ］）のツブリも、ツムグ「紡都无久(川)(平平上)」（同・図三二五）も低起式であり異なっていて、金田一法則(7)によりそのようにとらえるのは困難である。

シ［風］はまた、次のように、東・西の方向をも表すことがある。

ヒムカシ［東］　東の〈東(ノ)〉野にかぎろひの立つ見えてかへり見すれば月傾きぬ（萬四八）　司　職員令云（略）東市司比牟加之乃以知乃官　西市司爾之乃以知乃豆加佐（略）（和名抄・廿巻本五）

ニシ［西］　今日もかも都なりせば見まく欲り西の御厩の〈尓之能御馬屋乃〉外に立てらまし（萬三七七六(三七九八)）

ニシは、「大和方に西風吹き上げて〈尓斯布岐阿宜弖〉雲離れ退き居りとも我忘れみや」（記仁徳・五五）のように、西風を表す例もある。ヒムカシ［東］は、〔ヒ［日］＋ムカ［向］〕＋シ［風］の構成ととらえられる。ニシ［西風・西］のシもシ［風］ととらえられて、そのニは、「ニの語義は不詳。」（『時代別国語大辞典上代編』、「考」欄）とも、「▽ニは動詞イニ（去）の名詞形の頭母音イの脱落した形。シは風向きの意から方角を表わす。つまり、日没の方向。（略）」（『岩波古語辞典』）ともされるが、「ニシの「ニ」は霊力、根の国、常世の国を意味するから（南島のニラ・ニール・ニルヤはその意味）、ニシは霊力を持った風、または根の国から吹く風の意で、ニの国は西方にあると考えたところから西風をそう呼んだかと思われる。」（土橋寛氏『古代歌謡全注釈古事記編』(8)、記仁徳・五五の「語釈」）とも言われる。

而して、接尾語チ［方］も（接尾語テ［方］も）方向を表すものとして、また、チ［路］も（テ［道］も）、そして、チ［風］も（シ［風］も）方向を表し得るものとして、ともにとらえることができる。

二　～＋チ［路］と～＋ミチ［道］

チ［路］が複合語の後項に用いられる例として、後に第四節に挙げる地名＋チ［路］のものを別にして、次のようなものがある。

アヅマヂ［東路］　東道の〈安豆麻治乃〉手児の呼坂越えがねて山にか寝むも宿りはなしに（萬三四四二 三四六一・東歌）

アマヂ［天路］　ひさかたの天路は遠し〈阿麻遅波等保斯〉なほゝゝに家に帰りて業をしまさに（萬八〇二 八〇五）

イヘヂ［家路］　松浦なる玉島川に鮎釣ると立ゝせる児らが家路知らずも〈伊弊遅斯良受毛〉（萬八五六 八六〇）

オホチ［大路］　あをによし奈良の大路は〈奈良能於保知波〉行き良けどこの山道は〈許能山道波〉行き悪しかりけり（萬三七二八 三七五〇）

カハヂ［川路］　上野をどのたどりが川道にも〈可波治尓毛〉児らは逢はなも一人のみして（萬三四〇五 三四二三・東歌）

クモヂ［雲路］　火瓊ゝ杵尊　闢（二）天開［闢］（一）披（二）雲路（一）（神武前紀）　帰る雁雲ぢにまどふ声すなり霞ふきとけこのめはる風（後撰六〇）

シゲチ［繁路］　大野路は繁道茂路（しげちしげみち）〈繁道森俓〉繁くとも君し通はば道は広けむ（萬三八八一 三九〇三）

シホヂ［潮路］　荒塩之塩乃八百道乃　八塩道之塩乃八百會尓坐須（祝詞・六月晦大祓）　なにはがたしほぢはるかにみわたせば霞にうかぶおきのつり舟（千載一〇四九 一〇四六）

ソラヂ［空路］　……夢の如道の空道に〈美知能蘇良治尓〉別れする君（萬三六九四 三七一六）

タダチ［直路］　月夜良み妹に逢はむと直道から〈直道柄〉我は来つれど夜そふけにける（萬二六一八 二六二五）　俓（略）小路也（略）過也　歴也　度也（略）急也　太ゝ千（新撰字鏡）

ナガチ［長路］（萬三六〇八 三六三〇、前掲）

ミヤヂ［宮路］　はたこらが夜昼といはず行く道を〈行路乎〉我はことごと宮道にぞする〈宮道（二）叙為〉（萬一九二二）　石の上ふるや壮士の太刀もがな組の緒垂でゝ宮路通はむ〈美也知加与波牟〉宮路通けむ〈美也千可与

波牟〉（神楽歌二二・採物・剣）

ミヤコヂ［都路］　都路を〈都路乎〉遠みか妹がこのころは祈ひて寝れど夢に見え来ぬ（萬七六七 七七〇）けふこそはきみをわかれめみやこぢにあふさかありとたのまるるかな（能宣集四三九）

ヤマヂ［山路］　富士の嶺のいや遠長き山路をも〈夜麻治乎毛〉妹がりとへばけによばず来ぬ（萬三三五六 三三七〇・東歌）

ヨキヂ［避路］(9)　神の崎荒磯も見えず波立ちぬいづくゆ行かむ避き道はなしに〈与奇道者無荷〉（萬一二二六 一二三〇）

ウミツヂ［海路］　海つ路の〈海津路乃〉和ぎなむ時も渡らなむかく立つ波に舟出すべしや（萬一七八一 一七八五）

右のうち、クモヂ［雲路］・シホヂ［潮路］は、雲の行く道、潮の行く道の意と見られる。また、タダチ［直路］は、院政期に下ると副詞タダチニ「徑至二慈寺坐-佛堂中一」（冥報記長治二年点）として用いられるようになり、「現在の副詞的用法もこれから転じたものと考えられる。」（『時代別国語大辞典上代編』、「考」欄）とされる。ウミツヂ［海路］のみが、連体助詞ツを伴っている。アヅマヂ［東路］・アマヂ［天路］・イヘヂ［家路］・ミヤヂ［宮路］・ミヤコヂ［都路］・ヤマヂ［山路］およびカハヂ［川路］については、後に第四節に見るところがある。

これらの中で、～＋チ［路］と～＋ミチ［道］とが前項「～」を共通にするものがいくらかある。

オホミチ［大道］　大路　唐韻云道路（略）大路和名於保美知（一）（略）（和名抄・十巻本三）

シゲミチ［繁道］　大野路は繁道茂路〈繁道森徑〉繁くとも君し通はば道は広けむ（萬三八八一 三九〇三）

ヤマミチ［山道］　山守の里辺通ひし山道そ〈山道曽〉繁くなりける忘れけらしも（萬一二六一 一二六五）、前掲オホチ［大路］の例（萬三七一八 三七五〇）も）　かきまさりするもの、松の木、秋の野、山里、山路（枕草子）

ヨキミチ［避道］　岡崎の回みたる道を〈多未足道乎〉人な通ひそありつつも君が来まさむ避き道にせむ〈曲道（二）為（ム）〉（萬二三六二 二三六七）　――道ヨキミチ（復）（名義抄）

右のうち、シゲミチ［繁道］の例は、「俓」が、第五句のようにミチと訓まれるところから見て、〈繁道〉はシゲチ、〈森俓〉はシゲミチと訓むのがよいかと見られる（尤も、〈森俓〉はモリミチとも訓まれる）。右のように、〜＋チ［路］と〜＋ミチ［道］とが前項を共通にするものは、いずれもほぼ同様の意に用いられていると見られ、とりわけ、シゲチ［繁路］・シゲミチ［繁道］は同じ歌の中に用いられていて、〜＋チ［路］と〜＋ミチ［道］とはその表すところにほとんど差はないと見られる。右の他に、ウミツミチの例が挙げられるが、これは東海道の意でありやや意味が異なるので、この節で後に挙げることにする。

なお、オホミチ［大道］の対義語として、

コミチ［小道］　徼道　唐韻云――（徼道）（略）古美知小道也（和名抄・十巻本三）

があり、

コムヂ［小道］　大宮の西の小路に〈尓之乃己无知尓〉漢女子産だり　さ漢女子産だり　たらりやりんたなり（催馬楽四八・大宮）

コウヂ［小道］　夕暮、夜の間にぞ、こうじ［ぢ］かくれせらるなるや（宇津保物語・国譲下）

は、その撥音便・ウ音便と見られるが、コヂ［小路］の例は見当たらず、オホチ［大路］とコムヂ・コウヂ［小道］とは厳密には対義語とは言いにくい。(10)

さて、ミチ［道］は、右に挙げたオホミチ［大道］・シゲミチ［繁道］・ヤマミチ［山道］・ヨキミチ［避道］およびコミチ［小道］などの他に、次のようなものがある。

ミチノカミ［道神］　玉桙の道の神たち〈美知能可未多知〉賂はせむ我が思ふ君をなつかしみせよ（萬四〇〇九）

シタツミチ［地道］　乃夜鑿ウカ（チ）サカシキ所を険一て為（二）地シタツミチを道一て（雄略紀八年二月・前田本）　地道　日本紀私記云――（地道）（四〇三）志太都美遅（和名抄・廿巻本十）

ハリミチ〔墾道〕　信濃道は今の墾り道〈伊麻能波里美知〉刈りばねに足踏ましなむ沓はけ我が背（萬三三九九/三四一七・東歌）

ミチ〔路〕が単独で用いられる例が見当たらないのに対して、ミチ〔道〕は右に挙げなかった例も含めて単独で用いられる例が多く見えることが注意される。そうした中で些か注意されるのは、次のような例である。

〇・道の口）

ミチノクチ〔道前〕　道の口〈見知乃久知〉武生の国府に　我はありと親に申したべ心あひの風や……（催馬楽二

ミチノナカ〔道中〕　道の中〈美知乃奈加〉国つ御神は旅行きもし知らぬ君を恵みたまはな（萬三九三〇/三九五二）

ミチノシリ〔道後〕　道の後〈美知能斯理〉古波陀嬢子を神の如聞こえしかども相枕まく（記応神・四五）

ミチノク〔陸奥〕　筑紫なるにほふ児故に陸奥の〈美知能久乃〉香取娘子の結ひし紐解く（萬三四二七/三四四六・東歌）

右のミチノクチ〔道前〕の例は、武生に国府のある越前国を、ミチノナカ〔道中〕の例は、直前の三九二九/三九五一番歌とともに詞書に「更贈㆓越中國㆒歌二首」とあって、越中国を指すと考えられる。また、ミチノオクの約まったミチノク〔陸奥〕の例は、陸奥国を指すと見る説と香取神宮のある下総国を指すと見る説とがあり、後者の場合には東海道の奥の方の国ととらえることになる。ミチノシリ〔道後〕の例は、「遠い国」「地方の国の中で、都からの道筋の遠い所をいう。」（土橋氏前掲書）とされる。「大吉備〔津〕日子命与若建吉備津日子命二柱　相副而　於㆓針間氷河之前㆒　居㆓忌瓮㆒而　針間為㆓道口㆒　以言㆓向和吉備國㆒也」（記孝霊）のように、「針間」（播磨）を「道口」とすることに対して、土橋氏は、「この場合は針間の国が吉備の国に対して道の口、吉備の国が道の後になるわけである。」（前掲書）とされていて、ミチノクチ「道口」（記孝霊）の例は相対的に見るものであり、ミチノシリ〔道後〕などが特定の国を指さないこともあり得る。(11)

これらに対して、第一篇第三章にも見たが、和名抄（大東急本）の地名に、

越前古之乃三知乃久知　越中古之乃三知乃奈加　越後古之乃三知乃之利（元古之乃美知乃之利）
備前支比乃三知乃久知（元岐比乃美知乃久知）　備中吉備乃美知乃奈加　備後吉備乃三知乃之利（元吉備乃美知乃之利）
筑前筑紫乃三知乃久知　筑後筑紫乃三知乃之里
肥前比乃三知乃久知　肥後比乃三知乃之利（元比乃美知乃之利）
豊前止与久迩乃三（美）知乃久知（元止與久迩乃美知乃久知）　豊後止与久迩乃三知乃之利（元止與久迩乃美知乃之利）
丹後太迩波乃三知乃之利（元太迩波乃美知乃之利）
陸奥三知乃於久

のような国名があり、〜ノミチノクチ・〜ノミチノナカ・〜ノミチノシリおよびミチノオクの例が見える。越前（コシノミチノクチ）・越中（コシノミチノナカ）・越後（コシノミチノシリ）は越の国を三つに分けたものに由来し（後に加賀・能登が分けられる）、備前（キビノミチノクチ）・備中（吉備ノミチノナカ）・備後（吉備ノミチノシリ）は吉備の国を三つに分けたものに由来する（後に美作（ミマサカ）が分けられる）。筑前（筑紫ノミチノクチ）・筑後（筑紫ノミチノシリ）は九州の一部であるところの筑紫の国を二つに分けたもの、肥前（ヒノミチノクチ）・肥後（ヒノミチノシリ）は火の国[12]を二つに分けたもの、豊前（トヨクニノミチノクチ）・豊後（トヨクニノミチノシリ）は豊国を二つに分けたものである。丹後（タニハノミチノシリ）は丹波（タニハ）国から分けられたものである。また、陸奥（ミチノオク）は地理的に東山道の最も奥の国である。このように、分けられる前の国、ないし、東山道などの国のまとまりをミチと呼んだものである。

右のように、ミチ［道］に関する場合には、クチ［口］とシリ［尻］とが対義語になる。他方、マへ［前］は、メ［目］の被覆形マ［目］＋へ［方］（これから助詞へが成立する）の構成で、シリ［尻］＋へ［方］の構成のシリへ［後方］と対義語になるが、「…後つ戸（しりと）よ〈斯［理］都斗用〉い行き違ひ（ゆきたがひ）前つ戸（まへと）よ〈麻幣都斗用〉い行き違ひ（ゆきたがひ）…」（記崇神・二二）のように、音節数の関係でシリ［尻・後］と対義語になることもある[13]。

因みに、畿内は、ウチツクニ「邦畿之内（ウチツクニスラ）、尚、」（仁徳紀四年二月・前田本）・「畿内（ウチツクニには）無㆑事。」（崇神紀十年九月・熱田本）、東海道は、ウミツミチ「遣（て）㆓（略）東海道（をウミツミチ）使（に）㆒」（崇峻紀二年七月・図書寮本）・「東海（宇美津美知）」（日本書紀私記・丙本・崇神）、ウメツミチ「遣東海」（崇神紀十年九月・熱田本）、ウベツミチ「轉入東海」（景行紀五十三年八月・北野本）・「為東海使者」（天武紀下十四年九月・同）、東山道は、ヤマノミチ「為東道十五國」（景行紀五十五年二月・熱田本）(14)・「為東山使者」（天武紀下十四年九月・北野本）、北陸道は、クヌガノミチ「以大彦命遣北陸」（崇神紀十年九月・熱田本）・「遣武内宿祢令察北陸（略）」（景行紀廿五年七月・北野本）(15)、クルガノミチ「遣阿倍臣北陸道使」（崇峻紀二年七月・図書寮本）、クロガノミチ「北陸」（日本書紀私記・丙本・崇神）、山陰道は、ソトモノミチ「為山陰使者」（天武紀下十四年九月・北野本）(16)、山陽道は、カゲトモノミチ「為山陽使者」（同・同）(17)、南海道は、ミナムノミチ「為南海使者」（同・同）、西海道は、ニシノミチ「出於西海」（神功紀・仲哀天皇九年九月・熱田本）・「遣西道」（崇神紀十年九月・北野本）のようである。

右に、東海道にウミツミチ・ウメツミチ・ウベツミチとあるが、ウミ―ウメは母音交替、ウメ―ウベはマ行―バ行の子音交替ととらえられ、本来はウミツミチと見られる。北陸道にクヌガノミチ・クルガノミチ・クロガノミチとあるが、クヌガ―クルガはナ行―ラ行の子音交替(18)、クルガ―クロガは母音交替ととらえられ、本来はクヌガと見られる。クヌガ〔陸〕「其薗池水陸之利与百姓倶」（孝徳紀大化元年八月・北野本）は、クニ〔国・陸〕の被覆形(19)+カ〔処〕の構成ととらえられ、カ〔処〕はアリカ・スミカなどのカと見られる。また、南海道にミナムノミチとあるが、ミナムはミナミの撥音便と見られ、本来はミナミと見られる。

三　接頭語ミ＋〔地形等を表す名詞〕

チ〔路〕―ミチ〔道〕と同様のものに、ネ〔嶺〕―ミネ〔嶺〕、サキ〔崎〕―ミサキ〔岬〕がある。

ネ〔嶺〕　高き嶺に〈多可伎祢尓〉雲の付くのす我さへに君に付きなな高嶺と思ひて〈多可祢等毛比弖〉（萬三五

一四[三五二五]・東歌）―ミネ［嶺］　谷狭み峰に延ひたる〈弥年尓波比多流〉玉かづら絶えむの心我が思はなくに（萬三五〇七[三五二八]・東歌）

サキ［崎］　押し照る難波の埼の〈那珥破能瑳耆能〉並び浜並べむとこそその子は有りけめ（仁徳紀・四八）―

ミサキ［岬］　夫　朝貢使者　恒避(二)嶋曲(一)　謂海中嶋曲崎岸也　俗云美佐祁　（継体紀二十三年三月）

ミチ［道］が接頭語ミ＋チ［路］の構成ととらえられたのと同様に、ミネ［嶺］も接頭語ミ＋ネ［嶺］の構成と、ミサキ［岬］も接頭語ミ＋サキ［崎］の構成ととらえられる。

また、ミチ［道］・ミネ［嶺］・ミサキ［岬］のように、接頭語ミ＋〔地形等を表す名詞〕の構成のものは、他に次のようなものが挙げられる。

ミウラ《浦》　浦回より漕ぎ来し舟を風速み沖つみ浦に〈於伎都美宇良尓〉宿りするかも（萬三六四六[三六六八]）

ミカハ《川》　妹も我も一つなれかも三河なる〈三河有〉二見の道ゆ別れかねつる（萬二七六[二七八]、地名）

ミサカ《坂》　ちはやふる神のみ坂に〈賀美乃美佐賀尓〉幣奉り斎ふ命は母父が為（萬四四〇二[四四二六]・防人歌）

ミシマ《島》　矢形尾の鷹を手にすゑ三島野に〈美之麻野尓〉狩らぬ日まねく月そ経にける（萬四〇一二[四〇三六]、地名）

ミタ《田》　……神奈備の清きみ田屋の〈清(キ)三田屋乃〉垣内田の池の堤の……（萬三二二三[三二三七]）

ミタケ《岳》　山嶽　蔣魴曰　嶽〈略〉又作岳　訓与丘同未詳　漢語抄云　美太介　高山名也（和名抄・十巻本一）

ミタニ《谷》　……み谷〈美多迩〉二渡らす　阿治志貴高日子根の神そ（記神代・六、神代紀下・二も同様）

ミツ《津》　大伴の三津の浜なる〈美津能濱尓有〉忘れ貝家なる妹を忘れて思へや（萬六八、地名）

ミノ《野》　ももきね三野の国の〈三野之國之〉高北のくくりの宮に……（萬三二四二[三二五六]、地名）

ミハラ《原》（和名抄、地名、後掲）

ミヤマ《山》　置目もや淡海の置目明日よりはみ山隠りて〈美夜麻賀久理弖〉見えずかもあらむ（記顕宗・一一一）

一三、顕宗紀・八六も同様）

ミエ《江》（和名抄、地名、後掲）

ミヰ《井》……高知るや天の御陰　天知るや日の御陰の　水こそば常にあらめ　御井の清水（ましみづ）〈御井之清水〉（萬五二）

ミヲ《峯》汝庶兄弟者　追(二)伏坂之御尾(一)　亦　追(二)撥阿[河]之瀬(一)而（記神代）

上代では、ミカハ《川》、ミシマ《島》、ミツ《津》、ミノ《野》は地名の例しか見当たらず、和名類聚抄まで下っても、ミハラ《原》、ミエ《江》は同様であるが、普通名詞の例に準じてよいであろう。

また、接頭語ミ＋地名のものに、ミクマノ《熊野》、ミエシノ・ミヨシノ《吉野》(20)が挙げられる。

ミクマノ《熊野》み熊野の〈三熊野之〉浦の浜木綿百重なす心は思へど直に逢はむかも（萬四九六〈四九九〉）

ミエシノ《吉野》み吉野（えしの）の〈美延斯怒能〉小牟漏（をむろ）が岳（たけ）に　獣伏（ししふ）すと誰（たれ）そ大前（おほまへ）に申（まを）す……（記雄略・九六〈九七〉）

ミヨシノ《吉野》……み吉野（よしの）の〈美与之努能〉この大宮（おほみや）に　あり通（がよ）ひ見（め）したまふらし……（萬四〇九八〈四一二二〉）

他に、後に第四節でコシヂ［越路］の例の中に挙げるミコシヂ《越路》の例があるが、「《ミは接頭語。越の三国の三ともいう》越前・越中・越後の三国。また、越へ行く道。北陸道。」（『岩波古語辞典』）とも言われ、ミコシヂ《越路》のミは三つの意である可能性もある。

右の接頭語ミ＋［地形等を表す名詞］のもののうち、和名抄の地名に訓の見えるものは、次のようである。また、駅名には当該の例が見えない。

御浦美宇良（※相模・郡名）（＊相模・御浦（ミウラ）、［高］御津[浦]美宇良）

参河三加波（※国名）

御坂美佐加（武蔵・横見（ヨコミ）、［高］無訓）、三坂美左加（筑前・穂浪、［高］無訓）

三嶋美之末（※越後・郡名、[元]三島）・三嶋美之万（越中・射水、[高]無訓、[元]三島）（越後・三嶋、[高]無訓、[卂]三島）
美田三多（☆武蔵・荏原、[急]御田無訓）、三田美多（＊隠岐・知夫）（＊安藝・高田、[高]美）、三太美〔タ〕（☆越前・丹生、[急]無訓）
三谿美多尓（※備後・郡名）、三谷美多尓（＊讃岐・山田、[高]美多迩）
御津美都（参河・寶飯〔飫〕、[高]無訓）、三津美都（＊阿波・三好、[高]美豆）
御野美乃（※備前・郡名）（＊備前・御野）、三野美乃（※讃岐・郡名）（越中・礪波、[高]無訓）（播磨・餝磨、[高]無訓）（＊阿波・三好）
御原三波良（※筑後・郡名）・御原美波良（＊安房・朝夷、[高]三波良）、三原美波良（※淡路・郡名〔訓二例〕）
三江美衣（但馬・城埼、[高]無訓）
御井三井（※筑後・郡名）・御井美井（伊豫・宇麻）・御井三為（☆伊予・桑村、[元]無訓）
三尾美乎（＊近江・高嶋）

ミに「御」字を用いているものはとりあえず接頭語ミととらえてよく、接頭語ミが美称としても用いられることを合わせ考えると「美」字を用いているものも同様にとらえてよいと見られ、ミカハ《川》・ミタニ《谷》・ミエ《江》など[21]のミは水の意であると考えることもできようが、また、「參」「三」字を用いているものは三つの意であることも考えられるが、とりあえずいずれのものも同様に見ておくことにする。

その際に、右に見たように武蔵国・荏原郡の[高]「美田」が[急]「御田」ともあることが参照される。国名に「美濃」も、和名抄に訓は見えないが、正倉院文書に「御野國」戸籍があり、右に加えられよう。

また、越後国三嶋郡の「三嶋」に対して「御嶋石部神社」（延喜式・神名帳、越後国三嶋郡）の例が、阿波国三好郡の「三津」に対して「御津郷」（造東大寺司牒解・天平勝宝四[752]年十月廿五日、当時は美馬郡）の例が、越中国礪波郡の「三野」に対して「介外従五位下御野宿禰清庭」（越中国官倉納穀交替帳・延喜十［910］年）の例が、淡路国郡名の「三原」に対して「淡路御原之海人八十人」（応神紀廿二年三月）・「淡路御原皇女」（同二年三月）の例があることも参照されてよい。他方、近江国・高嶋郡の「三尾」に対して「水尾（ミヲ）神社」（延喜式・神名帳、近江国髙嶋郡）の例があるので、これは削る方がよいかとも考えられる。

ミタケ・ミヤマの例が見えないのは、山地であるので国名・郡名・郷名になりにくかったかと思われる。(22)

地名ミネ・ミサキも、

美祢岑（※長門・郡名）、三根岑（※肥前・郡名）・三根美祢（肥前・神埼（カムザキ）、［高］無訓）

御埼美佐木（＊相模・御浦（ミウラ）、［高］美左支）

の例があり、

味知美知（＊加賀・石川（イシカハ）、［高］美乎［千］）

も、「越道君伊羅都賣」（天智紀七年二月）とあり、『地理志料』に「按味智［知］者道也」とあるように、ミチ［道］の意と見られる。ミネが郡名・郷名になるのは、ミタケ・ミヤマほどの山地ではなかったということになろう。

地名として用いられるかどうかという点では、ミチ・ミネ・ミサキもミウラなどと基本的に同様であるが、チ・ネ・サキのみならず接頭語ミを伴ったミチ・ミネ・ミサキまでもが〔地形等を表す名詞〕として用いられる点が注意されて、ミウラなどとは異なると考えられる。第二節において、～＋チ［路］と～＋ミチ［道］とが表すところにほとんど差がないと見られたことも参照される。ミウラ以下の接頭語ミを伴ったものは、地形そのものを表すのではなく、その分、接頭語ミの意味がある程度生きていると見られる。

なお、『岩波古語辞典』には、

《（略）ミチ（道）・ミネ（嶺）・ミヤ（宮）など一音節語の上に冠した場合は二音節語を形成して敬意が薄れ、そのまま普通語となったものもある。後世は、単なる美称または音調を整えるための語のように受け取られるに到った》（ミ［御］の項）

とある。ここに言うミヤ［宮］「つぎねふ山代川を　宮上り〈美夜能煩理〉我が上れば……葛城高宮〈迦豆良紀多迦美夜〉我家のあたり」（記仁徳・五八）は、ヤ［屋］が〈地形等を表す名詞〉とは異なるので右に挙げなかったが、ミヤ［宮］は、ミチ・ミネ・ミサキよりミの意を持っていると見られる（しかも、ミヤ［宮］の場合は、接頭語ミとするより接頭語ミ［御］とする方がよい面もある）ので、別に見る方がよいかと考えられる。加えて、右には、「一音節語」とあるが、ミサキのサキは二音節語であるので、一音節語に限られる問題ではないと考えられる。

四　地名＋チ［路］

さて、地名＋チ［路］の構成の複合名詞は多く見える。記紀歌謡および萬葉集に次のような例が見える。

近江路

（萬四八七[四九〇]、後掲）（萬三二四〇[三二五四]、後掲）

……卯の花のにほへる山を　よそのみも振り放け見つつ　近江路に〈淡海路尓〉い行き乗り立ち……（萬三九七八[四〇〇二]）

入間路（萬三三七八[三三九六]・東歌、後掲）

大野路

大野路は〈大野路者〉繁道茂路繁くとも君し通はば道は広けむ（萬三八八一[三九〇三]）

紀伊路（萬三五、後掲）（萬五四三[五四六]、後掲）（萬一〇九八[一一〇二]、後掲）

越路

（萬三二一四(三二一七)、後掲）（萬一七八六(一七九〇)、後掲）（萬三七三〇(三七五二)、後掲）

……しなざかる越路(こしぢ)をさして〈古之地乎左之氐〉延(は)ふつたの別(わか)れにしより……（萬四二二〇(四二四四)）

相模路(ヂ)（萬三三七二(三三八九)・東歌、後掲）

楽浪路(サヽナミヂ)（記応神・四二、後掲）

佐保路(ヂ)

我が背子が見らむ佐保道の〈見良牟佐保道乃〉青柳を手折りてだにも見むよしもがも（萬一四三二(一四二七)）

夕霧(ゆふぎり)に千鳥(ちどり)の鳴(な)きし佐保道(ぢ)をば〈佐保治乎婆〉荒(あら)しやしてむ見(み)るよしをなみ（萬四四七七(四五〇一)）

信濃路（萬三三九九(三四一七)・東歌、後掲）

当麻路(タギマチ)

大坂(おほさか)に遇(あ)ふや少女(をとめ)を道問(みちと)へば直(ただ)には告(の)らず当麻道(たぎまち)を告(の)る〈哆嗜摩知烏能流〉（履中前紀・六四、記履中・七七〔後掲〕も同様）

龍田路

……龍田道の〈龍田道之〉岡辺の道に　丹つつじの薫（にほ）はむ時の　桜花咲きなむ時に……（萬九七一(九七六)）

丹波路（萬三〇七一(三〇八五)、後掲）

筑紫路

筑紫道の〈筑紫道之〉荒磯の玉藻刈るとかも君が久しく待つに来まさぬ（萬三二〇六(三二二〇)）

（萬三六三四(三六五六)、後掲）

土左路（萬一〇二二(一〇二六)、後掲）

難波路(ナニハヂ)（萬四四〇四(四四二八)・防人歌、後掲）

奈良路（ヂ）

（萬八六七〔八七一〕、後掲）

……あをによし奈良道（ぢ）来（き）通（かよ）ふ〈奈良治伎可欲布〉玉梓（たまづさ）の使（つか）ひ絶（た）えめや……（萬三九七三〔三九九六〕）

泊瀬路

こもりくの豊泊瀬道は〈豊泊瀬道者〉常滑の恐（かしこ）き道そ恋ふらくはゆめ（萬二五一一〔二五一六〕）

衾路

衾道を〈衾道乎〉引手の山に妹を置きて山路を行けば生けりともなし（萬二一二）

衾道を〈衾路（ヲ）〉引出の山に妹を置きて山路思ふに生けるともなし（萬二一五）

松浦路（マツラヂ）（萬八七〇〔八七四〕、後掲）

山背路

つぎねふ山背道を〈山背道乎〉他夫（ひとづま）の馬より行くに己夫（おのづま）し徒歩（かち）より行けば……（萬三三一四〔三三二八〕）

大和路（ヤマト）（萬五五一〔五五四〕、後掲）（萬九六六〔九七一〕、後掲）（萬九六七〔九七二〕、後掲）（萬三一二八〔三一四二〕、後掲）

若狭路（萬七三七〔七四〇〕、後掲）

右のうち、タギマチ［当麻路］が、清音チで、タギマヂのように濁音ヂでないのは、山口佳紀氏の「濁音共存忌避の法則」(23)によって連濁が避けられるからと考えられる。

さて、右のような地名＋チ［路］のチ［路］には、

(イ)その地名の所の中の道を表す場合

(ロ)その地名の所へ行く道を表す場合

とがある。このことについては、『時代別国語大辞典上代編』（チ［路・道］の項）に、

みち。独立の用例なく、複合語の中に見られる。地名の下にチがついたとき、そこへ行くべき道、その地域内を通じている道、またその地域・あたりの意になる。

とされる。このうち、「その地域・あたりの意」とあるのは、本来は「その地域内を通じている道」を表すものと見られ、「その地域」が広いと「道」が指すところが曖昧になってくることがあるものと見られる。

例えば、近江路には、

近江道の〈淡海路乃〉鳥籠(とこ)の山なる〈鳥籠之山有〉不知哉川(いさや)〈不知哉川〉日(け)のころごろは恋ひつつもあらむ（萬四八七［四九〇］）

……近江道の〈近江道乃〉逢坂山に〈相坂山丹〉手向(たむけ)して〈手向為(テ)〉我が越え行けば楽浪の志賀の唐崎……（萬三二四〇［三二五四］）

の例があるが、前者について、「鳥籠の山」や「不知哉川」は、「犬上の〈狗上之〉鳥籠の山なる〈鳥籠(ノ)山尓有〉不知哉川〈不知也河〉いさとを聞(き)こせ我が名告らすな」（萬二七一〇［二七一九］）の例があって、近江国犬上郡の山・川と見られるので、近江路は近江の中の道を表すと考えられるのに対して、後者について、「逢坂山」は、山城国と近江国との境の山であるので、近江路は近江へ行く道を表すと考えられる。

以下、(イ)か(ロ)かがある程度判断できる例について見ることにするが、まず、(ロ)その地名の所へ行く道を表すと見られるものを挙げる。

右の近江路の後者（萬三二四〇［三二五四］）の例の「逢坂山」のように、国の境が示されるものに、他に

……玉だすき畝傍を見つつ〈畝火乎見管〉あさもよし紀伊(き)道に入り立ち〈木道尓入立〉真土山〈真土山〉越ゆらむ君は……（萬五四三［五四六］）

丹波道の〈丹波道之〉大江の山の〈大江乃山之〉さなかづら絶えむの心我が思はなくに（萬三〇七一［三〇八五］）

があり、「真土山」は大和国と紀伊国との境の山、「大江の山」は山城国と丹波国との境の山であるので、右の紀伊路は紀伊へ行く道、丹波路は丹波へ行く道を表すと考えられる。

また、右の近江路の後者（萬三二四〇〔三二五四〕）の例は、「逢坂山」で「手向」するとあるが、峠などで「手向」するものに、他に

……手向（たむけ）する〈手向為（ル）〉恐（かしこ）の坂に　幣奉り我はぞ追へる遠き土左道を〈遠杵土左道矣〉（萬一〇二二〔一〇一六〕）

恐（かしこ）みと告（の）らずありしをみ越路（こしぢ）の〈美故之治能〉手向（たむけ）に立（た）ちて〈多武氣尓多知弖〉妹（いも）が名告（の）りつ（萬三七三〇〔三七五二〕）

我妹子や夢に見え来（こ）と大和路の〈倭路（ノ）〉渡り瀬ごとに手向（たむけ）そ我がする〈手向（ソ）吾為（ル）〉（萬三一二八〔三一四二〕）

があり、それぞれの「手向」する場所はどこを示すか必ずしも明確でないが、右の近江路（萬三二四〇〔三二五四〕）や紀伊路（萬五四三〔五四六〕）・丹波路と同様に、右の土左路は土左へ行く道、越路は越へ行く道、大和路は大和へ行く道を表すと考えられよう。右の大和路の例は、「覊旅發（レ）思」「右四首柿本人麻呂歌集出」（萬三一二七〔三一四一〕〜三一三〇〔三一四四〕）の中の歌であることも考慮される。

そしてまた、

信濃道は〈信濃道者〉今（いま）の墾（は）り道（みち）〈伊麻能波里美知〉刈（か）りばねに　足踏（あしふ）ましなむ　沓（くつ）はけ我（わ）が背（せ）（萬三三九九〔三四一七〕・東歌）

は、「戊辰　美濃信濃二國之堺　径道険隘　往還艱難　仍通（ニ）吉蘇路（一）」（続紀・和銅六年七月）とあるところの、和銅六[713]年に完成する「吉蘇路」（木曽路）を「今の墾り道」としているとされて、それは「美濃信濃二國之堺」にあり、その点からすると、この信濃路は信濃へ行く道を表すと考えられる。

右の紀伊路の例（萬五四三〔五四六〕）は、大和国の「畝傍」山を見つつ紀伊路に入り立つとあり、その点からも紀伊へ行く道を表すと考えられるが、このように行く道の途中の地が知られるものに、他に

筑紫道の〈筑紫道能〉可太の大島しましくも見ねば恋しき妹を置きて来ぬ（萬三六三四〔三六五六〕）

大和道の〈日本道乃〉吉備の児島を〈吉備乃兒嶋乎〉過ぎて行かば筑紫の児島思ほえむかも（萬九六七〔九七二〕）

があり、前者は、「周防國玖河郡麻里布浦行之時作歌八首」（萬三六三〇〔三六五二〕〜三六三七〔三六五九〕）の中の歌であるので、筑紫路は周防を経て筑紫へ行く道を表すと考えられ、後者は、後に直前の九六六〔九七一〕番歌の例を挙げる際に示すように、大宰府から上京する折の歌であり、その途中に「吉備の児島」を通り過ぎるので、大和路は吉備を経て大和へ行く道を表すと考えられる。また、

さざれ波磯越道なる〈礒越道有〉能登瀬川〈能登湍河〉音のさやけさ激つ瀬ごとに（萬三一四〔三一七〕）

の「能登瀬川」が、近江国の能登瀬の川であるとすると、これも越路は能登瀬川を経て越へ行く道を表すと考えられよう。

右の土左路の例（萬一〇二二〔一〇二六〕）は、「石上乙麻呂卿配（二）土左國（一）之時歌三首〔幷短歌〕」（萬一〇一九〔一〇二四〕〜一〇二三〔一〇二七〕）の中の歌であり、土左は行かなければならない目的地であり、その点からも土左路は土左へ行く道を表すと考えられる。同様に、行かなければならない目的地への道を表すと考えられるものに、他に

み越路の〈三越道之〉雪降る山を越えむ日は留まれる我をかけて偲はせ（萬一七八六〔一七九〇〕）

があり、直前の一七八五〔一七八九〕番歌に「…大君の命恐み　天離る夷治めにと…」とあって、この越路は越へ行く道を表すと考えられる。また、

難波道を〈奈尓波治乎〉行きて来までと我妹子が付けし紐が緒絶えにけるかも（萬四四〇四〔四四二八〕・防人歌）

も、防人が難波の港に集められる際の歌であるので、難波路は、行かなければならない目的地であるところの難波へ行く道を表すと考えられる。

さらに、遠くへ行く人を見送る歌の場合があり、次のようである。

大和道の〈山跡道之〉島の浦回に寄する波間もなけむ我が恋ひまくは（萬五五一 五五四）

大和道は〈倭道者〉雲隠りたり然れども我が振る袖をなめしと思ふな（萬九六六 九七一）

前者は、「（略）大宰少貳石川足人朝臣遷任 餞（二）于筑前國蘆城驛家（一）歌三首」（萬五四九〜五五一 五五二〜五五四）の中の歌であり、後者は、「（略）大宰帥大伴卿上（レ）京時娘子作歌二首」（萬九六五・九六六 九七〇・九七一）の中の歌であり、いずれも大和へ帰る人を見送るもので、大和路は大和へ行く道を表すと考えられる。

その他、

百日しも行かぬ松浦道〈由可奴麻都良遅〉今日行きて明日は来なむを何か障れる（萬八七〇 八七四）

は、大宰府で山上憶良が詠む歌であり、松浦路は松浦へ行く道を表すと考えられよう。

また、

……百伝ふ角鹿の蟹〈都奴賀能迦迩〉……階だゆふ楽浪道を〈佐ゝ那美遅袁〉すくすくと我が坐せばや 木幡の道に〈許波多能美知迩〉逢はしし嬢子……（記応神・四二）

は、土橋氏前掲書によると、楽浪路は「宇治から楽浪へ行く途中の道をさすものとすべき」であるが、新編日本古典文学全集1『古事記』によると、「「ささなみ」は琵琶湖西岸の地。そこへ行く道で、大津から宇治方面へ出る道。」であり、両者の述べる方向が一致しないが、いずれの説によるにせよ、楽浪路は楽浪へ行く道を表すと考えられる。

他方、(イ)その地名の所の中の道を表すと見られるものを挙げる。

相模道の〈相模治乃〉余綾の浜の〈余呂伎能波麻乃〉砂なす児らはかなしく思はるるかも（萬三三七一 三三八九・東歌）

かにかくに人は言ふとも若狭道の〈若狭道乃〉後瀬の山の〈後瀬（ノ）山乃〉後も逢はむ君（萬七三七 七四〇）

前者の「余綾の浜」は相模国餘綾郡にあるので、相模路は相模の中の道と、また、後者の「後瀬の山」は若狭国の（現、小浜市の）山と見られていて、若狭路は若狭の中の道と見られよう。また、入間道(いりまぢ)の〈伊利麻治能〉大屋川原(おほやがはら)の〈於保屋我波良能〉いはゐつら引(ひ)かばぬるゝ、我(わ)にな絶(た)えそね（萬三三七八[三三九六]・東歌）

の「大屋川原」は武蔵国入間(イルマ)郡の土地とされ、この入間路は入間の地の中の道と見られよう。

そして、紀伊(キ)路の例の

これやこの大和にしては我が恋ふる紀伊路(き)にありといふ〈木路尓有(ト)云〉名に負ふ背(せ)の山〈名二負勢能山〉（萬三五）

紀伊道(き)にこそ〈木道尓社〉妹山ありといへ〈妹山在(ト)云(ヘ)〉玉くしげ二上山も妹こそありけれ（萬一〇九八[一一〇二]）

は、「紀伊」が紀伊国を表すとすると、「背の山」「妹山」は紀伊国の中にあるので、紀伊の中の道と考えられるが、「紀伊」が紀伊国府のあるところ（現、和歌山市）を指すとするならば、「背の山」「妹山」は大和国からそこへ行く途中にあるので、紀伊へ行く道と考えることもできそうである。

さらに、

君(きみ)が行(ゆ)き日(け)長(なが)くなりぬ奈良路(ぢ)なる〈奈良遅那留〉山斎(しま)の木立(こだち)も神(かむ)さびにけり（萬八六七[八七一]）

の奈良路は、大伴旅人の邸宅のある平城京内の道を指すと見られて、奈良の中の道と考えられよう。

このように見ると、(イ)か(ロ)かの判断の難しい例を別にして、(ロ)の例の方が(イ)の例より多いと言える。

なお、第二節に挙げた〜＋チ［路］の例は、〜が地名ではないものであるが、その中で、アヅマヂ［東路］（萬三四四二[三四六一]・東歌）・アマヂ［天路］（萬八〇一[八〇五]）・イヘヂ［家路］（萬八五六[八六〇]）・ミヤヂ［宮路］（萬一九三）・ミヤコヂ［都路］（萬七六七[七七〇]）は、それぞれアヅマ［東］・アマ［天］・イヘ［家］・ミヤ［宮］・ミヤコ［都］へ行く道と見られる。また、同じくヤマヂ［山路］（萬三三五六[三三七〇]・東歌）は、「山」を山全体と見てその道が「山」の中にあると見ると山の中の道と見られる。「山」を山の頂上と見るならば山へ行く道と見ることもできそうであるが、この「山」は「富士」

であるので、富士山頂へ行くのではないと見られる。

ところで、

大坂に遇ふや嬢子を　道問へば直には告らず当麻道を告る〈當藝麻知袁能流〉（記履中・七七、履中前紀・六四〔前掲〕も同様）

の例は、記紀の本文によれば、履中天皇ないし即位前の皇太子が難波宮から逃れて大和の石上神宮に至る途中のことであるから、すなわち、古事記では、この歌謡の前に、「本坐㆓難波宮㆒之時（略）其弟墨江中王欲㆑取㆓天皇㆒以㆑火著㆓大殿㆒　於是 倭漢直之祖阿知直　盗出而乗㆓御馬㆒　令㆑幸㆓於倭㆒」とあり、歌謡の後に、「故 上幸 坐㆓石上神宮㆒也」とあるので、当麻の中の道というよりは、当麻を通って行く道、当麻を経由する道（すなわち竹内街道）と見るのがよいであろう。そのように見るならば、(イ)と見られるもののいくらかは、その地名の所を経由する道ととらえられる可能性があることになる。その際に、その地名がある程度広い地域を指す場合にはその地名の所の中の道を表すととらえやすく、狭い地域を指す場合にはその地名の所を経由する道を表すととらえやすいと考えられる。

また、先に信濃路について見る際に挙げた「吉蘇路」（続紀・和銅六年七月）も、木曽を経由する道と考えられる。そして、先に第二節に挙げたカハヂ［川路］（萬三四〇五〔三四二三〕・東歌）も、川を通って行く道と見る方がよいであろう。

五　淡路・常陸

第四節において、地名＋チ［路］のチ［路］は、(イ)その地名の所の中の道を表す場合と、(ロ)その地名の所へ行く道を表す場合とがあることについて見た。

アハヂ［淡路］……我妹子に淡路の島は〈安波治乃之麻波〉夕されば雲居隠りぬ……（萬三六二七〔三六四九〕、）　淡路阿波知（和名抄・大東急本）

ここに、国名「淡路(アハヂ)」は、淡路国が畿内と阿波国との間にあるという位置から見て、「阿波」へ行く道の意であり、地名「阿波」＋チ［路］の構成で、(ロ)の例ととらえられる。すなわち、「淡路(アハヂ)」は、地名＋チ［路］が改めて地名として用いられる例である点で、注意されるものである。

他方、国名でチ［路］を後項に持つものには、「淡路(アハヂ)」の他に、今一つ「常陸(ヒタチ)」がある。

ヒタチ［常陸］　常陸(ひたち)なる〈比多知奈流〉浪逆(なさか)の海(うみ)の玉藻(たまも)こそ引(ひ)けば絶(た)えすれあどか絶(た)えせむ（萬三三九七・東三四一五歌）　常陸比太知（和名抄・大東急本）

常陸国の国名については、常陸国風土記に

取(二)近[直]通之義(一)　以為(二)名稱(一)焉（総記）

とあり、新編日本古典文学全集5『風土記』（植垣節也氏校注・訳）は、この部分を「直通(ひたみち)の義(こころ)を取(と)りて、名称(な)と為(な)せり。」と訓読していて、日本古典文学大系2『風土記』（秋本吉郎氏校注）も同様である。

そして、「風土記研究」19(24)の「編集後記」（植垣氏執筆）は、

国名ヒタチのもともとの意味はおそらくヒタミチの略であったらう。雉のヒタツカヒやヒタスラのヒタで、ヒトの転、一本道の意ではないかと思ふ。

と述べられる。

ヒタ［直］は、「形状言。ある物事・状態・方向等に徹底して、一方的に純粋な意をあらわす。」（『時代別国語大辞典上代編』）のように、徹底・純粋の意とされて、また、「形状言ヒタは、このヒトの交替形。」（『同』ヒト［一］の項、「考」欄）とされる。そして、

ヒタヲ［頓丘］　膂肉之空國自(二)頓丘(一)覓(レ)國行去 頓丘此云毗陁烏　覓國此云矩貳磨儀　行去此云騰褒楠（神代紀下・第九段本書）

ヒタテリニ　大君は常磐(ときは)にまさむ橘(たちばな)の殿(との)の橘(たちばな)ひた照(て)りにして〈比多氏里尓之弖〉（萬四〇六四・四〇八八）

ヒタスラニ　ひたすらにわがおもはなくにおのれさへかりかりとのみなきわたるらん（後撰三六四）
ヒタブルニ　親の給(ふ)ことを、ひたぶるに辞び申さん事のいとを(ほ)しさに、取りがたき物を（竹取物語）

のように、ヒタヲ［頓丘］は「丘ばかりつづく地形。」（『時代別国語大辞典上代編』）と、ヒタテリニは「イヤテリが時間的漸増の意を含むのに対し、ヒタテリは時間的変化の観念をもたず、現前の状態の程度が徹底的であることをいう。」（『同』、「考」欄）とされ、ヒタスラニ・ヒタブルニはいちずにの意で、それらのヒタは徹底の意と見られ、また、

ヒタサヲ［直麻］　……麻衣に青衿付け　ひたさ麻を〈直佐麻乎〉裳には織り着て……（萬一八〇七〔一八一一〕）

のように、ヒタサヲ［直麻］は、「まじりけなしの麻。サは接頭語。麻の繊維だけでできた布。質素なものである。」（『時代別国語大辞典上代編』）とされ、そのヒタは純粋の意と見られる。そうしたことから見ると、植垣氏の言われるように「一本道の意」と見てよいと考えられるが、

ヒタツチ［直土］　……伏廬の曲廬の内に　直土に〈直土尓〉藁解き敷きて……（萬八九二〔八九六〕）

の例のヒタは直接にの意であり、下って、ヒタオモテ［直面］「ただかう殿上人のひたおもてにさしむかひ、脂燭ささぬばかりぞかし」（紫式部日記）の例のヒタも直接にの意であるので、直接の道の意であるとも考えられる。

ところで、日本古典文学大系2が「諸本「近」。字体の近似により、文意に従って「直」の誤とする。」として以降、「近通」を「直通」の誤写とするのに対して、橋本雅之氏「『常陸国風土記』注釈（一）総記」(25)が解説されるように、神道大系古典編7『風土記』（田中卓氏校注）は、「直」字は菅政友氏本においても「中世ニ遡ル写本類」でも、最終画を〝」〟ではなく〝一〟と「記スノガ普通デアルカラ、」「之繞（シンニョウ）ノ字形ヲ誤ツテ「直」トシタトイフ推測ハ無理デアラウ。」とされ、また、神道大系古典編7が続けて述べるように、仙覚の萬葉集註釈六　仁和寺本（一七五三〔一七五七〕番歌の箇所）に引かれる常陸国風土記にも「取(二)近通之義(一)以爲(二)名稱(一)焉」とある。このように「近通」

を「直通」の誤りと見るのは難しいようであるが、そうかと言って、橋本氏のように「近通（ちかみち）」と訓まれるのでは国名ヒタチの意味を述べることにはならないであろう。その点では、神道大系古典編7が「「近通」ノママデ、「ヒタミチ」ト訓ミ得ルト解シ、暫ク底本ノママトスル。」のに従うのがよいであろうか。尤も、「近」字をヒタと訓む例が他に見つからないと、これも難しいと言える。結局のところ、問題がありながらも「直」字の誤りと見るか、問題がありながらも「近」字をヒタと訓むか、ということであろう。

いずれにしても、チカミチと訓むよりはヒタミチと訓む方がよいと考えられ、さらに、ヒタミチではなくヒタチと訓む方がさらによいと考えられる。すなわち、ヒタチ〔常陸〕は、ヒタ〔直〕＋ミチ〔道〕の略ではなく、ヒタ〔直〕＋チ〔路〕の構成と見るべきであろう。『時代別国語大辞典上代編』には、右の常陸国風土記の「直通」について、「ヒタミチまたはヒタチと訓まれている。」（ヒタ〔直・頓〕の項、「考」欄）とある。「ヒタミチの略」と見る場合には、ミの脱落がどのようにして起こるかの検討が必要になるが、そのように考えなくてもヒタ〔直〕＋チ〔路〕ととらえることで十分であると考えられる。

以上、この章は、チ〔路〕とミチ〔道〕とについて、合わせて、接頭語ミについても見るとともに、「接頭語ミ＋〔地形等を表す名詞〕」が地名として用いられるもの、地名＋チ〔路〕のもの、国名「淡路」「常陸」などの、チ〔路〕・ミチ〔道〕に関連する地名などについて見てきた。

注

（1）チに「路」字を当て、ミチに「道」字を当てることにするが、これは便宜的なことである。現代において、ミチは「道」と書かれることが多く、チは〜ヂ（ジ）「〜路」として用いられるのが通常であるので、チとミチとを区別して表記するのにその方がよいかと見たことに因っている。

（2）ヤマツミ・ワタツミの他に、ツクヨミ「…月夜見の〈月夜見乃〉持てるをち水 い取り来て君に奉りて…」（萬三二四五〈三二五九〉）のミを、『岩波古語辞典』、および、日本古典文学大系67『日本書紀上』の「一書云月弓尊 月夜見尊 月讀尊」（神代紀上・第五段本書）の箇所への補注は、ミ［霊］と見ている。なお、ツクヨミ［月読］・ツクヨミ［月夜見］・ツクユミ［月弓］については、別稿㈠「上代特殊仮名遣に関わる語彙」（『萬葉』198［2007・6］）参照。

（3）意味が異なる上に、テ［手］は「手テ（平）」（名義抄・観仏下本三八［20ウ］）のように低起式であり、チ［路］は「街チマタ（上上上）」（同・高24オ）のように高起式であって、後に注（7）箇所に挙げる金田一法則により、ともにとらえるのは困難である。

（4）ハヤチ［疾風］・ハヤテ［疾風］については、郡千寿子氏「「暴風」から「疾風」へ——表記と語義の相関性——」（『国語語彙史の研究』25［2006・3 和泉書院］）参照。

（5）別稿㈡「古語の略語」（『日本語学』7－10［1988・10］）参照。

（6）ト［門］については、別稿㈢「ト［門］とト［戸］とト［外］」（『京都語文』〈仏教大学〉14［2007・11］）参照。

（7）金田一春彦氏㈠「現代語方言の比較から観た平安朝アクセント——特に二音節名詞に就て——」（『方言』7－6［1937・7］）・㈡「類聚名義抄和訓に施されたる声符に就て」（『日本語音韻音調史の研究』［2001・1 吉川弘文館］第二編一、もと 橋本博士還暦記念会『国語学論集』［1944・10 岩波書店］）・㈢「国語アクセント史の研究が何に役立つか」（『日本語音韻音調史の研究』［前掲］第三編一、もと『金田一博士古稀記念言語民俗論叢』［1953・5 三省堂］）参照。同㈢は、《ある語が高く始まるならば、その派生語・複合語もすべて高く始まり、ある語が低く始まるならば、その派生語・複合語もすべて低く始まる》とされる。

（8）［1972・1 角川書店］

（9）動詞ヨク［避］とヨコ［横］との関係については、別稿㈣「タテ［縦］・ヨコ［横］とその周辺」（『語文』〈大阪大学〉86［2006・6］）参照。

（10）コミチ［小道］・コウヂ［小道］の例を挙げなかったが、別稿㈤「ヲ［小］とコ［小］」（『國學院雑誌』108－11［2007・11］）参照。

(11) 播磨国を「道口」とするのは、山陽道の最初の国であることを指すとも見られる。

(12) 「火國」(景行紀十八年五月)などとあり、肥前には雲仙岳、肥後には阿蘇山の火山があって、「火」も「肥」も上代特殊仮名遣のヒ乙類であるので、火の国と考えられる。尤も、景行紀には不知火に関する別の地名起源説話がある。

(13) 注(6)別稿㈢参照。

(14) 北野本には、アヅマノヤマヂ「東山道十五國(アツマノヤマチトヲアマリイツクニヲ)」とある。

(15) 熱田本には、クガノミチ「令レ察(ミセ)ニ北陸(クカノミチ)(略)(ニ)」とある。クガは、クヌガの約まったものと見られる。「陸クムガ詩(上上上)」(名義抄・図書寮本)は撥音便クンガの例と見られ、「たゞ、水鳥(とり)の陸(くが)にまどへる心ちしてつれ〴〵に」(源氏物語・玉鬘)は撥音の脱落したクガの例と見られる。別稿㈥「接尾語カ・ク・コ[処]」(『国語語彙史の研究』35 [2016・3 和泉書院])参照。

(16) 注(9)別稿㈣・注(6)別稿㈢参照。

(17) 注(16)に同じ。

(18) ツヌガ「…百伝(もゝづた)ふ角鹿(つぬが)の蟹(かに)〈都奴賀能迦迩〉…」(記応神・四二、地名)―ツルガ「敦賀都留我」(和名抄・大東急本、越前国郡名)

(19) 有坂秀世氏㈠「国語にあらはれる一種の母音交替について」(『国語音韻史の研究』[1944・7 明世堂書店、1957・10 増補新版 三省堂]、もと「音声の研究」4 [1931・12])・㈡「母音交替の法則について」(『同』、もと「音声学協会会報」34 [1934・9])には挙げられないが、川端善明氏『活用の研究』Ⅱ [1979・2 大修館書店、1997・4 増補再版 清文堂書店] に挙げられ、「クニの被覆形にクヌを想定することも徒労ではないであろう。」とされる。『時代別国語大辞典上代編』には「語構成は国(クニ)=処(カ)であろう。」とあり、『岩波古語辞典』には「《クニカ(国処)の転》」とあるが、『角川古語大辞典』に「「くぬ」は国(くに)の交替形か。」とある。

(20) エシノ・ヨシノ[吉野]については、前書㈢〔各論篇第四章第二節〕参照。

(21) 地名ではないミヌマの例「大君は神にしませば水鳥の集(すだ)く水沼(ぬま)を〈須太久水奴麻乎〉都(みやこ)と成しつ」(萬四二六一 四二八五)のミは水の意と見られ、地名「三瀦美無萬」(和名抄・大東急本、※筑後国郡名)は、「筑紫水沼君等」(神代紀上・第六段一書第三)

の例もあり、そのミを水の意のものと見て挙げなかった。なお、「三瀦」の訓「美無萬」は、ミヌマの撥音便かと見られる。

（22）尤も、陸奥国郡名「耶麻山」の例がある。

（23）「古代語の複合語に関する一考察——連濁をめぐって——」（『古代日本語史論究』〔2011・10 風間書房〕、もと「日本語学」7-5［1988・5］）参照。前書(二)〔第五篇第一章〕をも参照。

（24）［1995・12］

（25）注(24)誌に同じ。

あとがき

私の専門は国語学で、語構成を中心に、語彙史、古代語、形容詞などを研究している。そのような私が、古代の地名を国語学的に研究するようになったのには、顧みれば、三つほどの契機があるようである。

第一に、学部の専門に上がった三回生の時、濱田敦教授の授業「和名抄の地名」を受講したことに始まる流れがある。

その授業は、和名抄・廿巻本の山城国の郷名を訓注のないものを含めて三つぐらいずつ割り振られ、元和本と高山寺本とを見て、それらについて調べ検討して発表するというものであった。『日本地理志料』『和名類聚抄郷名考證』などの参考文献は、その中で知った。

四回生の初め頃、卒業論文に形容詞語幹の用法について書こうかなどと思っていたが、橋本四郎氏「ク活用形容詞とシク活用形容詞」(「女子大国文」5［1957・3］、のち『橋本四郎論文集』国語学編［1986・12 角川書店］)に行き当たって、これ以上のものはとても卒業論文に書けないと思い、断念した。それで、いろいろ思い悩んでいる時に、阪倉篤義教授の「古代日本語における名詞の構成」(「国語国文」30-11［1961・11］、のち『語構成の研究』［1966・5 角川書店］〔第二篇第三章第一節〕)を見つけ、とりわけ、その中の「萬葉集の名詞の語末拍による分類表」に関心を持って、これをヒントにし、和名抄の地名を資料として、卒業論文を書いた。和名抄の地名を資料としたのには、濱田教授の授業の影響がある。その頃に、岡田希雄氏や濱田教授の論文なども探してよく読んだ。卒業論文の題は「地名構成要素考——倭名類聚抄を中心に——」、後に、その主要部を「複合名詞の前項——倭名類聚抄の地名を資料として――」(後掲)としたものである。

それ以降、地名のことをとりたてて考えるようなことはほぼなかったが、大きく後に、佐佐木隆氏「《短信》『和名類聚抄』地名訓の促音・撥音表記」(「国語学」137[1984・6])に接して、岡田氏や濱田教授の研究が知られていないことに対して何か一言言わないといけないと思い、少し調べ直したりもして、「《短信》和名類聚抄地名の促音・撥音表記――佐佐木氏の《短信》に対して――」(後掲)を書いた。同じ号に、工藤力男氏「《短信》和名抄地名の有韻尾字訓注について」も掲載されている。工藤氏も、濱田教授の授業「和名抄の地名」に大学院生として出ておられたので、同様のことを感じられた訳である。それにしても、これ以降、佐佐木氏が、十巻本と廿巻本との関係を中心とする和名抄の研究をやめてしまわれたのは、思わぬことであり、何とも残念なことであった。

第二に、さらに後のことであるが、大阪大学での研修旅行からのことがある。

一九九一年四月に、大阪大学に転任した。国文学・国語学(後に比較文学も)では、毎夏に教員・学生の研修旅行があり、着任してかなり経ってから聞いたが、その研修旅行のパンフレットに教員は何か文章を書くことになっていると言う。その年度の行き先は城崎であったので、「城崎」という地名について和名抄をも参照しながら短い文章を書いた。それを含めて十九回、(最後の時は少し異なるものになったが)基本的に研修旅行の行き先の地名に関わることについて、多くは国語学的な面から、長くない文章を書いてきた。

大阪大学在職中、二〇〇四年度から国立大学が法人化された(独立行政法人になったと言われることが多いが、そうではなく国立大学法人になった)時に、同じ国語学専門分野の金水敏教授が、全学の教育・情報室委員(後に、コミュニケーションデザイン・センター長、社学連携委員(現、文学研究科長))になって、大阪大学と朝日カルチャーセンターとが提携する〝Handai-Asahi 中之島塾〟の企画などをも担当されるようになり、私にそこで話すようにと言って来られた。彼の苦労がよくわかるので、一回か二回のつもりで引き受け、必ずしも私のつけたものではないが、「地名の謎を解く」という題で話すことになった。地名の話になったのは、研修旅行のパンフレットに行き先の地名に関する文章を書いていたことが大きいであろう。ところが、評判がよいのでとかおだてられて、その二〇〇五年に三回話すことになり、次の年からは、「古代語の謎を解く」と題を改めて（この方が私の専門により近い）続けることになった。それが、地名の話を含めて、『古代語の謎を解く』〔2010･3 大阪大学出版会〕につながる。

第三に、『国語文字史の研究』と、それに続くことがある。

大阪大学の国語学の、私の上の前田富祺教授は、国語語彙史研究会の創立以来の幹事で、第二代の代表幹事の役を引き受けておられたが、それとは別に、お一人で『国語文字史の研究』をも編集されるようになった。その後、前田教授の御定年近くのことであるが、『国語文字史の研究』はもうやめようとおっしゃることがあり、そんなことは予想もしていなかったので、これまで続けて来られたのにそれは勿体ない、お手伝いしますので是非続けていただけませんでしょうか、などと申し上げたところ、結果として、かなりのことを引き受けざるを得ない事態になってしまった（この時から、『国語文字史の研究』は国語文字史研究会編になった）。

そうなってみて最も苦労したのは、文字史に関する論文を書かないといけないことである。語彙と文字・表記とが関連する話や、思い余って現代の表記などについても書いてみたが、そうこうするうちに、和名抄の地名のことなら何か書けるだろうと思い当たって、それから何回か、『国語文字史の研究』に、和名抄の地名の文字・表記についての論文を書いてきた。

すると、それらを御覧になってか、京都地名研究会副会長の糸井通浩氏が、その会の十周年記念講演会で講演するようにと、強く言って来られた。お引き受けする決心をするまでにややあったが、それが、「地名の二字化――和名類聚抄の地名を中心に――」（後掲）になった。

さらにその延長で、風土記撰進の官命から千三百年の年の風土記研究会でも講演することになり、それが、「風土記の地名と和名類聚抄の地名」（後掲）になった。風土記研究会の創立者である植垣節也氏は、私が最初に勤めた親和女子大学（現、神戸親和女子大学）で、はるか年下の私がそう言うのもおこがましいが、同僚として、そして、それぞれ勤め先が変わってからも親しくさせていただいた。その頃は風土記研究会の会員でなかった私にも、「風土記研究」をずっとお送りいただいていたので、植垣氏が書いておられた「播磨国風土記注釈稿」などに対する小さな意見を拝受の返事としてお送りしていた。そうしたことを思い返すと、この講演が、植垣氏が亡くなられた後のことになってしまったのは、誠に残念なことであった（本書には省略した付記に、「本稿を、二〇一四年一月二七日に亡くなられた風土記研究会創立者植垣節也氏の御霊前に謹んで捧げたい。」と記したことである）。因みに、橋本雅之氏との論争も、あれは植垣氏にうまく乗せられたように思われたりもするが、「風土記研究」におけることが端緒であった。

また、この二つの講演の頃から、北川和秀氏との交流があった。続日本紀宣命の校本・総索引を作られた北川氏は、今や木簡等を基にした地名の二字化の研究に関する第一人者である。氏との交流がなければ、第四篇第一章はなかったであろうと思われる。

これら三つの流れは、それぞれ別のことであるが、皆、いくつかのところでつながっていて、結局のところ、私の研究は、国語学の中で、語構成、語彙史、古代語、形容詞の他に、もう一つ、古代地名という分野も加わることになった。そして、その結果が、本書『古代地名の国語学的研究』である。

右にお名前を挙げていない方も含めて、種々の形でここに至るきっかけを作って下さった方々に、改めて感謝申し上げたい。

本書の基になった既発表の論文（発表順）、および、本書との関係を、次に挙げておく。とは言っても、特に発表の古いものなど、かなり大きく手を加えたところが多いので、ここに示す本書との関係は、おおよそのものにとどまる。なお、「余談」は「一」「二」ともに書き下ろしである。

複合名詞の前項——倭名類聚抄の地名を中心として——（「国語国文」46－4［1977・4］、『濱田教授退官記念国語学論集』［1977・5 中央図書出版社］にも所収）

第一篇第一章に当たる（一部、第二篇第二章の基になる箇所もある）

《短信》和名類聚抄地名の促音・撥音表記——佐佐木氏の《短信》に対して——（「国語学」139［1984・12］）

第二篇第二章の基になる

播磨国風土記里名「安相」の訓み——橋本氏説への疑問——（「風土記研究」5［1987・12］）

第四篇第三章の一部に当たる

上代特殊仮名遣に関わる語彙（「萬葉」198［2007・6］）の「六　甲乙の異なる掛詞」「七　地名起源説話の例」

第四篇第三章の大部に当たる

和名類聚抄地名の「部」（『国語文字史の研究』11［2009・5 和泉書院］）

第三篇第三章に当たる

チ［路］とミチ［道］（『萬葉集研究』30［2009・7 塙書房］）

第四篇第四章に当たる

和名類聚抄地名の二合仮名（『国語文字史の研究』12〔2011・2 和泉書院〕）
第一篇第二章に当たる
地名の二字化――和名類聚抄の地名を中心に――（「地名探究」〔京都地名研究会〕10〔2012・4〕）
第三篇第一章・第二章に当たる
和名類聚抄地名の読添え（『国語文字史の研究』13〔2012・12 和泉書院〕）
第一篇第三章に当たる
和名類聚抄地名の音訓混用（『国語文字史の研究』14〔2014・6 和泉書院〕）
第一篇第四章に当たる
和名類聚抄・名古屋市博物館本の地名――高山寺本と対照して――（「人文学部研究論集」〔中部大学〕32〔2014・7〕）
第四篇第一章に当たる
風土記の地名と和名類聚抄の地名（「風土記研究」37〔2015・1〕）
第四篇第二章に当たる
和名類聚抄地名の訓注の仮名（『国語文字史の研究』15〔2015・11 和泉書院〕）
第二篇第一章に当たる

なお、第二篇第二章における佐佐木氏の論との関係や、また、第四篇第三章における橋本氏の論との関係については、できるだけ元の形のままにする方がよいかとも思われたが、本書の章の形にすることを優先して、元のものおよびその他を取り込むなどして、大きく手直しした（とりわけ後者）ことをお断りしておく。

因みに、「和名抄地名の構成」を最初に、「チ〔路〕とミチ〔道〕」を最後にしたのは、よい配列であると、私かに思っている。

本書の刊行については、和泉書院の廣橋研三社長を初めとする方々のお世話になった。ここに記して、感謝申し上げる。和泉書院には『国語文字史の研究』でも（『国語語彙史の研究』でも）お世話になっており、『国語文字史の研究』に掲載されたいくつかが本書の基になっているところが最も大きいという事情もある。

二〇一六年八月二六日　七十歳を迎えて

蜂矢真郷

索引

凡例

「地名索引」「語彙索引」「事項索引」に分ける。「語彙索引」には、地名の他の語・語構成要素を、「事項索引」には、その他のものを入れる。

地名は、和名抄・廿巻本の例については、国名・郡名および駅名はその旨を示し、郷名は所在の国名・郡名を示すことにする。訓注等によって訓の知られるものは、振仮名として示す。他の文献の例については、風土記は所在の国名を示し、その他の文献の例は特に文献名を示さない。

第一篇第一章の「前項・後項一覧」のものは、索引にとり挙げない。第四篇第一章の地名に対しては、基本的に丸括弧内（国名・郡名は大東急本、郷名・駅名は高山寺本）の訓による。第四篇第二章付節の「対照表」の地名は、索引にとり挙げない。第四篇第四章のミ〜・〜ヂ［路］は、そのままの形でとり挙げる。

「はじめに」「余談・一」「余談・二」「おわりに」は、索引の対象としない。さらに、「はじめに」で説明したところの「和名抄」「大東急本」「元和本」「高山寺本」「名博本」「馬淵和夫」「邨岡良弼」『地理志料』「池邊彌」『考證』「吉田東伍」『地名辞書』「前書㈠」「前書㈡」「前書㈢」などは、本論の中の例であっても、索引にとり挙げない。

また、先行研究等については、基本的に、近世以前のものは書名で、近代以降のものは人名で挙げることにする。

地名索引

ア行

秋鹿郡（出雲国） 258
秋田《アイタ》（出羽・郡名） 17
英多《アイタ》（美作・郡名） 44
英賀《アガ》（備中・郡名） 92 130 152 277
英賀《アガ》（播磨・餝磨） 130 212 277
英賀里《あが》（播磨国） 244 258 277
安賀《アガ》（若狭・遠敷） 225
赤狭《アカサ》（遠江・麁玉） 203
赤坂《アカサカ》（遠江・敷智） 18 20 203
明石《アカシ》（播磨・郡名） 251
赤石郡・明石郡（播磨国） 251
赤瀬《アカセ》（陸奥・宮城） 208
英太《アガタ》（伊勢・安濃） 43 129 203 205 277
英太《アガタ》（伊勢・飯高） 43 129 219 277
英多《アガタ》（英太《アガタ》）（伊勢・鈴鹿） 43 129 203 277
英多《アガタ》（伊豫・野間） 44 130 277
縣主《アガタ》（備中・後月） 156 157 222 223
縣守《アガタモリ》（武蔵・橘樹） 204
吾妻《アガツマ》（上野・郡名） 57
茜部《アカネベ・アカナベ》（尾張・中嶋） 20 167 176 203 205
吾川《アガハ》（土佐・郡名） 193
吾川《アガハ・ワガハ》（亜川）（伊豫・伊豫） 216 217
赤孫《アカヒコ》（参河・寶飫） 203
英馬野・我馬野（播磨国） 244 277
明見《アカミ》（近江・野洲） 18 20 25 207
登利《アガリ・トガリ》（土佐・長岡） 79 80 112 136 216 217
安吉《アキ》（近江・蒲生） 207
秋月《アキツキ》（阿波・阿波） 215
秋秀《アキヒデ》（飛驒・益田） 220
飽馬《アキマ》（上野・碓氷） 24 69 208
畔切《アキリ》（上野・群馬） 208 209
飽田《アクタ》（筑前・怡土） 217 218
擧田《アゲタ・アキタ》（丹波・氷上） 24 210 211
芥見（美濃・各務） 225
飽波《アクナミ》（大和・平群） 23 201
飽波《アクナミ》（駿河・益頭） 203
飽見《アクミ》（飛驒・荒城） 207
英虞《アゴ》（志摩・郡名） 111 152
安積《アサカ》（陸奥・郡名） 45 191
朝酌郷（出雲国） 258
朝倉《アサクラ》（上野・那波） 208
安相（里）（播磨国） 240 282 284 285 287 292
朝来《アサゴ》（但馬・郡名）（同・朝来） 286 287
（但馬）阿相（郡）（播磨国） 286 287
（但馬國）朝来（播磨国） 282 285 286
朝妻《アサツマ》（近江・坂田） 225
麻羽《アサハ》（武蔵・入間） 93 204 207
朝日《アサヒ・アロハ》（近江・浅井） 207
朝夷《アサヒナ》（安房・郡名） 189
朝夷《アサヒナ》（遠江・城飼） 203
朝夷《アサヒナ》（駿河・益頭） 225
麻生里（常陸国） 258
朝津《アサフツ》（越前・丹生） 135 198
呰部《アザベ》（備中・英賀） 168 212
朝山《アタ》（出雲・神門） 251
朝山郷・淺山社（出雲国） 251
麻在（下総・埴生） 225
浅井《アサヰ》（近江・郡名） 191
足柄《アシガラ》（相模・足下） 21 66 131 204
足上《足辛ノカミ》（相模・郡名） 58 91 131
足　下《（足辛ノシモ）》（相模・郡名） 59 131
足次《アシキ》（備中・後月） 222 223
葦屋《アシノヤ》（攝津・駅名） 60 93
葦田《アシミタ》（伊勢・三重） 133 224
足守《アシモリ》（備中・賀夜） 212
明日香・飛鳥 171
安宿《アスカベ》（安宿）（河内・郡名） 44 73 132 170 171 176 188 189
足羽《アスハ》（越前・足羽） 22 209
足羽《アスハ》（越後・沼垂） 210
阿蘇《アソ》（肥後・郡名） 152
阿宗《アソ》（阿曽《アソ》）（備中・賀夜） 212
安宗《アソ》（信濃・小縣） 208
遊〻《アソブ》（遊口《アソブ》）（飛驒・荒城） 174 207 208
遊部（大和・高市） 174 208
阿陀《ダ》（大和・宇智） 201 202
足立《アダチ》（武蔵・郡名） 21
安達《アダチ》（陸奥・郡名） 45
阿智《アチ》（阿知）（備中・窪屋）（同・浅口） 212

謁叡(アチエ)（丹後・与謝）　41 115 221
安直(アチカ)（安藝・沼田）　45 213
味野(アヂノ)（因幡・高草）　211
厚狭(アツサ)（長門・厚狭）　213
東山道(アヅマノヤマヂ)　324
渥美(アツミ)（参河・郡名）（同・渥美）　40
厚見(アツミ)（美濃・郡名）　19
安曇(アヅミ)（信濃・郡名）　45 191
跡部(アトベ)（河内・澁川）　163
跡部(アトベ)（伊勢・安濃）　163 203
跡部（美濃・武藝）（信濃・小縣）（豊後・大分）　171 173
安那(アナ)(ヤスナ)（備後・郡名）　19 79 81 193
婀娜國　81 193
穴无(アナシ)（播磨・餝磨）　212 252
安師里（播磨国）　252
安志（播磨・宍粟）　249
安師里・安師川（播磨国）　249
穴田(アナタ)（備中・下道）　212
安濃(アノ)（伊勢・郡名）　152
阿努（越中・射水）　226
安房(アハ)（国名）　152
阿拜(アハ)（飛驒・大野）　207 208

阿波（常陸・那珂）　150 237
粟河（常陸国）　150 237
阿波(アハ)　320
粟鹿(アハカ)（粟賀(アハカ)）（但馬・朝来）　79 80 211
粟鹿山（播磨国）　80
粟鹿　80
粟田(アハタ)（上粟）（山城・愛宕）　201
淡路(アハヂ)（国名）　18 319
淡路(アハヂ)　320 322
粟屋(アハヤ)（安藝・高田）　213
畔治(アハル)（上総・望陁）　204
會津(アヒヅ)（陸奥・郡名）　24 191
姶羅(アヒラ)（大隅・郡名）　41
相可(アフカ)（伊勢・多氣）　23 79 80 203
相鹿　80
逢鹿（常陸・行方）　237 250
相鹿(あふか)（里）・相鹿丘前宮・安布賀之邑（常陸国）　237 250
逢鹿驛（肥前国）　259
會星(アフホシ)（駿河・有度）　23
會見(アフミ)（伯耆・郡名）　192
近江路　311 314 315
阿拜(アヘ)（伊賀・郡名）　152

平安(アヘカ)（安平）（淡路・津名）　109 135
海部(アマ)（尾張・郡名）　167–169 175 283
海部(アマ)（紀伊・郡名）（隠岐・海部）　167–169 175
海部(アマ)（豊後・郡名）　167–169 175 240
海部郡（豊後国）　240 283
海部(アマ)（伊勢・河曲）　167–169 175 203 205
海部(アマ)（上総・市原）　167–169 175 204 207
海部(アマ)（筑前・宗像）　167–169 175 223 224
海部（尾張・海部）（丹後・熊野）（土佐・高岡）（筑前・怡土）（同・那珂）　171 173
海間(アマ)（尾間(ヲマ)）（遠江・敷智）　203
阿滿(アマ)（安藝・安藝）　213
阿万(アマ)（淡路・三原）　92
甘木(アマキ)（上総・畔蒜）　18 20 220
天羽(アマハ)（上総・郡名）　20
海部(アマムベ)(アマベ)（信濃・小縣）　165 167 176 208 209
海部(アマムベ)（越前・坂井）　165 167 176 209

天山(アマヤマ)（伊豫・久米）　216
餘戸（山城・宇治）　224
餘戸（播磨・餝磨）　247
餘戸里（出雲国）（出雲国）　246 247
安味(アミ)（越前・足羽）　209
奄可(アムカ)（隠岐・周吉）　42 211
奄藝(アムギ)（伊勢・郡名）　42 111 189
奄藝(アムギ)（伊勢・奄藝）　42
英保(アモ)（播磨・餝磨）　111 212 213 244
英保里・英保村（播磨国）　244 258
阿野（綾）（讃岐・郡名）　92 142 164
綾部(アヤベ)（美作・苫東）　163 164 212
漢部（丹波・桒田）　173
漢部（後部）（丹波・何鹿）　173
漢部里（播磨国）　247
愛甲(アユカハ)（相模・郡名）　44 189 190
阿用郷 本字阿欲・阿欲(阿用)（出雲国）　255
荒自(アラシ)（筑前・宗像）　79 81 217
荒田村（播磨国）　259
麁玉(アラタマ)（遠江・郡名）　18

荒墓（武蔵・豊嶋） 18 25 204
荒原（常陸・行方） 250
現原之丘・現原（岡）（常陸国） 250
荒部（丹波・桒田） 173
在田（紀伊・郡名） 24
有道（丹後・加佐） 210
有馬（攝津・郡名） 24 69
有馬（上野・群馬） 69
安威（攝津・嶋下） 201
阿位村（出雲国） 258
碧海（遠江・長上） 203
青木（筑前・下座） 218
碧田（遠江・麁玉） 19 21 203
青沼（甲斐・巨麻） 19 21 204
碧海（参河・郡名） 189 190
青海（越後・蒲原） 210
伊賀（国名） 152
伊香（河内・茨田） 46 47 69 201 202
伊香（近江・郡名）（同・伊香） 46 69
生野（讃岐・多度） 25 287
伊甘（石見・那賀） 45-47 211

何鹿（丹波・郡名） 73 74 135
生佐（肥前・松浦） 24 79 81
五公（五十公）（越後・頸城） 135 136 198
伊具（陸奥・郡名） 152
生田（攝津・八部） 23 201
生葉（筑後・郡名） 154 169
的部（播磨・神埼） 153 154 168 169 176 222 240 283
的部里（播磨国） 240 259 283
育波（淡路・津名） 42 154 169 215
生馬郷（出雲国） 258
生見（筑前・鞍手） 217
生倉（長門・豊浦） 213
勇礼（越後・蒲原） 44 210
伊氣（伊勢・度會） 203
池郷（信濃・更級） 155-157 207 208
池田（上野・那波） 220
池田（上野・邑樂） 111
池邊（讃岐・三木） 60 70 216 242
伊作（薩摩・郡名） 45
沙部（播磨国） 240 282-284 286
石禾（甲斐・山梨） 204 206
石禾（但馬・養父） 110 211

伊参（上野・吾妻） 45 208
石加（伊勢・員辨） 79 81 203
石田（佐渡・雑太） 221
石田（讃岐・寒川） 216
石田（伊豫・伊豫） 112 216
石田（筑前・怡土） 217
石田（筑前・席田） 217
石津（和泉・大鳥） 201
石津（武蔵・多磨） 204
石作（山城・乙訓） 21 201 202
石作（播磨・宍粟） 222 234
石作里（播磨国） 234 259
石成（石生）（大和・山邊） 201
夷濃（上総・郡名） 45
石井（伊豫・周敷） 216 217
石井郷（豊後国） 259
伊勢（国名） 152
伊蘓（伊勢・度會） 164 203
石上（大和・山邊） 58 201
石上（備前・邑久） 59 212
石生（石負）（丹波・氷上） 21 210 211
射添（但馬・七美） 24 211
礒部（参河・渥美）（上野・碓

氷）（但馬・朝来） 163 164
礒部（信濃・埴科） 21 163 164 208
礒部（越前・坂井）（志摩・駅名） 171 173
礒部（礒上）（美濃・席田） 171 173
勝戸（越前・今立） 209 210
飯田（讃岐・香川） 122 197
板来（常陸・行方） 233 237
板来村・板来之駅・伊多久之郷（常陸国） 233 237 258
板倉（越後・頸城） 209
板倉（備中・賀夜） 212
印達（播磨・餝磨） 45 212 234 245 249
因達神山・因達里（播磨国） 234 245 249
射立（阿波・麻殖） 215
伊達・伊太弖 51
射楯 245
板曳（板引）（筑前・那珂） 217
壹志（伊勢・郡名） 41
壹志（遠江・長上（豊田）） 41 203

伊秩(伊扶)(出雲・神門)　247
出石(備前・御野)　24 212
出部(備中・小田)　163
出部(備中・後月)　163 222
出部(伊豫・浮穴)　163 216
出水(薩摩・郡名)　148 155
出水(越前・大野)　148
出水里(播磨国)　147
和泉(国名)　154 157 158
和泉・泉・泉水　160 161
和泉(出水)(阿波・那賀)　148 154 157 215
水泉(山城・相樂)　154 157 201 202
泉(越前・丹生)　155
出雲(国名)　7
出雲郡・出雲郷(出雲国)　258 259
出雲(山城・愛宕)　201
出雲神戸(出雲国)　246
出羽(国名)　24
怡土(筑前・郡名)　152
引佐(遠江・郡名)　43 189 190
稲庭(上総・海上)　204 207
因幡(国名)　43
稲羽(因幡・法美)　211
稲直(武蔵・足立)　20 204
印南(播磨・郡名)　45
印南(播磨国)　258
稲妻(長門・大津)　213
伊農(出雲・秋鹿)　249
伊農郷 本字伊努・伊努伊農・伊努社・伊農川・伊農山・伊農橋(出雲国)　249 255
伊努(甲)(勢)(出雲・出雲)　233 249
伊努郷 本字伊農・伊農伊努・伊努社・伊農社(出雲国)　233 249 255
石蟹(備中・哲多)　212 214
石城(伊豫・宇和)　216
石前(丹波・氷上)　210
石勢(磐瀬)(越中・新川)　79 80 209
石瀬野　80
石田(伊勢・安濃)　203 205
磐梨(備前・郡名)　193
石生(備前・磐梨)　193 212 214
石野(伊豫・宇和)　112 216
石見(播磨・揖保)　251
石海里・石海(村)(播磨国)　251
石村(土佐・香美)　149 216
磐井(陸奥・郡名)　191
石井(安房・平群)　220
石井(上野・碓氷)　208
異味(美濃・土岐)　225
飯石(出雲・郡名)　138
飯石郡(出雲国)　259
飯石(出雲・飯石)　236
飯石郷 本字伊鼻志郷・伊鼻志飯石・飯石社・飯石小川(出雲国)　127 236
邑代(遠江・佐野)　41 77 203
飯田(相模・足下)　134
飯豊(陸奥・宇多)　208
揖保(播磨・郡名)　41 148
揖保郡(播磨国)　258
揖保(播磨・揖保)　41 148 238
揖保里・粒・粒山・粒丘(播磨国)　147 238
伊福(遠江・引佐)　45 203 206
伊福(備前・御野)　45 222
揖宿(薩摩・郡名)　41 45 257
伊部(越前・敦賀)　173
飯岡(美作・勝田)　222
今木乃嶺　279
伊美郷(豊後国)　258
忌部(阿波・麻殖)　23 119 121 163 164 196
忌部(出雲・意宇)　171 173 233 246
忌部(紀伊・名草)　171 173
忌部神戸(出雲国)　233 246
芋井(芋伊)(信濃・水内)　93 207 208
伊豫(国名)　152
入間路　311 318
入間(武蔵・郡名)　24
伊和(播磨・餝磨)　249
伊和里・伊和部・貽和里(播磨国)　249
伊和村(播磨国)　258 283
魚渚(備中・小田)　109 212
魚沼(越後・郡名)　192
因嶋(備後・御調)　64 77 82 119 121 196
宇賀(出雲・出雲)　249
宇賀郷・宇加・宇加社・宇加川

愛宕〈オタギ〉（山城・愛宕）　46　201
刑部〈オッサカベ〉（因幡・高草）　167　176　226
乙訓〈オトクニ〉（山城・郡名）　41　46　187　188
弟國・堕國　46　189
邑樂〈オハラキ〉（上野・郡名）　40　45　191　257
飫冨〈オフ〉（飫布）（上総・望陁）　204　207
意部（下総・相馬）（下野・安蕪）　174
於賦（下総・駅名）　174
凡海〈オフシアマ〉（丹後・加佐）　210
大内〈オフチ〉（讃岐・郡名）　193
大市〈オフチ〉（備中・窪屋）　212　214
邑美〈オフミ〉（因幡・郡名）　41　192
邑美〈オフミ・オホミ〉（石見・邑知）　41　221
邑寶里・多国・大村（播磨国）　148　238　247
大明〈オホアケ〉（攝津・豊嶋）　201
大飯〈オホイタ〉（若狭・郡名）　133　134　192　198
大分〈オホイタ〉（豊後・郡名）　194　252
大分郡・碩田國・大分河・大分川（豊後国）　252
大市〈オホイチ〉（参河・碧海）　203
大縣〈オホガタ〉（河内・郡名）　188　189
大金〈オホカネ〉（伊勢・朝明）　203
大川〈オホカハ〉（参河・幡豆）　203
大壁〈オホカベ〉（参河・渥美）　203
大草〈オホカヤ〉（因幡・法美）　211
大草郷（出雲国）　258
碩田國〈オホキタ〉　195
邑久〈オホク〉（備前・郡名）（同・邑久）　41
大国里（播磨国）　259
大桒〈オホクハ〉（加賀・石川（加賀））　209
大忍〈オホサト〉（土佐・香美）　216
生石〈オホ〉（備中・賀夜）　212
大嶋〈オホシマ〉（備中・浅口）　222
大嶋〈オホシマ〉（阿波・美馬）　215
大曽〈オホソネ〉（大曽根）（土佐・長岡）　73　74　134　199
太田〈オホタ〉（武蔵・埼玉）（安房・安房）　204
大田〈オホタ〉（信濃・水内）　207
大田〈オホタ〉（上野・吾妻）　225
大田（常陸・久慈）　250
太田郷（常陸国）　250
大田（播磨・佐用）　238　247
太田里（播磨国）　259
邑知〈オホチ〉（石見・郡名）　41　192　193
邑知〈オホチ〉（能登・羽咋）　41
大市〈オホチ・オフチ〉（播磨・揖保）　212　213　243　251　252
邑智驛家・大内（播磨国）　243　251　252
大友〈オホトモ〉（近江・滋賀）　207
大鳥〈オホトリ〉（和泉・郡名）　188
大鳥〈オホトリ〉（和泉・和泉）　201
大瀦〈オホヌマ〉（安房・朝夷）　204
大野〈オホノ〉（美濃・郡名）　191
大野〈オホノ〉（加賀・加賀）　209
大野〈オホノ〉（太野）（佐渡・賀茂）　210
大野郡（豊後国）　259
大野郷（出雲国）　258
大野里（播磨国）　259
大農〈オホノ〉（石見・美濃）　79　81　211
大野路　311
大原郡（出雲国）　259
大飯〈オホヒ〉（若狭・大飯）　134　198
大飯〈オホヒ〉（備中・哲多）　212
大生里（常陸国）　258
生部〈オホミ〉（美濃・賀茂）　173
邑美〈オフミ〉（播磨・明石）　41　212　242　253
大海里（播磨国）　242　253
大村〈オホムラ〉（和泉・大鳥）　149　201　202
大村〈オホムラ〉（陸奥・宮城）　149　208
大村〈オホムラ〉（阿波・美馬）　149　215
大村〈オホムラ〉（筑前・糟屋）（同・嘉麻）（肥前・彼杵（杵嶋））　149
大村（常陸・真壁）（同・河内）（信濃・佐久）（陸奥・白河）　149
大神〈オホムワ〉（大和・城上）（攝津・河邊）　201
大目〈オホメ〉（佐渡・羽茂）　210
大屋〈オホヤ〉（越前・今立）　209
大家〈オホヤケ〉（武蔵・入間）　204
大宅〈オホヤケ〉（播磨・揖保）　243　251
大家里・大宅里（播磨国）　243　251
大荊〈オホヤフ〉（越中・新川）　221
大山〈オホヤマ〉（越中・婦負）　209　210
大和〈オホヤマト〉（国名）　158
大和〈オホヤマト〉（大和・城下）　201
大羅〈オホヨサミ〉（攝津・住吉）　134　197
大井〈オホヰ〉（備中・賀夜）　212
大岡〈オホヲカ〉（山城・葛野（乙訓））　201

織裳（上野・多胡） 24 208
於和村（播磨国） 283

カ行

挂萱（上野・勢多） 17 25 208 209
粥田（筑前・鞍手） 17 218
海部（阿波・那賀） 81 164 215
賀加（知）（出雲・嶋根） 233 248
加賀郷 本字加々・加加・加賀社・加賀川・加賀神埼（出雲国） 233 248 255
覺志（武蔵・荏原） 42 204
香止（備前・和氣） 44 69
香川（讃岐・郡名） 69 70 111
各務（美濃・郡名） 42
香美（土佐・郡名） 43 69
香美（美作・勝田） 44 69 212
香美（阿波・阿波） 44 69 215 216
鏡作（大和・城下） 201
香具山・香山 77 259
山陽道 306
蔭山（播磨・神埼） 222
蔭山里（播磨国） 259
賀古郡（播磨国） 258
賀古（加古）（播磨・賀古） 247 249
賀古松原・賀古驛（播磨国） 247 249
鹿兒嶋（薩摩・郡名） 194 195
香山（播磨・揖保） 44 47 69 72 77 83 212 213
香山里（播磨国） 77 213 259 291
笠科（上野・利根） 208
風速（安藝・高田） 20 213 215
笠原（武蔵・埼玉） 204
笠間（大和・宇陁） 201
笠間（伊勢・員辨） 203
笠間（加賀・石川） 209
笠居（讃岐・香川） 216
佳質（備後・御調） 45 213
柏野（播磨・宍粟） 222 234
柏野里（播磨国） 234 259
柏原里（播磨国） 259
鹿嶋（鹿島）（常陸・郡名） 250
香島郡・香島之國・香島國（常陸国） 250
鹿嶋（鹿島）（常陸・鹿嶋） 250
日香島之宮・豊香嶋之宮・香島之神山・香嶋神子之社（常陸国） 250
加嶋（加島）（能登・能登） 75 76
香嶋 76
賀集（淡路・三原） 40
賀周里（肥前国） 258
春日（大和・添上） 7 167 201
春部（尾張・郡名） 111 132 167 176
春部（丹波・氷上） 132 167 176 198
春部（備後・沼隈）（同・恵蕉） 171 173
香椎（筑前・糟屋） 69 223 224
香住（但馬・美含） 69 211
香澄（常陸・行方） 150 232 237
香澄里・霞郷（常陸国） 150 232 237
方結郷（出雲国） 258
片縣（伊勢・安濃） 203
堅磐（筑前・穂浪） 20 223 224
肩背（備前・磐梨） 212
形原（参河・寶飫） 21 64 203
可知（備前・上道） 212
賀地（越後・沼垂） 93 226
鹿津（上総・望陁） 220
賀都（但馬・朝来） 211
上家（越前・足羽） 56 226
葛飾 71
刈田（陸奥・郡名） 118 120 191
刈田（讃岐・郡名） 118 120 193
苅田（刈田）（安藝・高宮） 25 118 120 196
鹿田（美作・真嶋） 118 120 196
葛野 71
勝部（上総・周淮）（因幡・氣多）（伯耆・久米）（同・日野） 173
勝間（周防・佐波） 23 135 213
勝間（讃岐・三野） 216
勝田（遠江・蓁原） 134 198
勝田（美作・郡名） 134 193
勝田（美作・勝田） 134 198
勝浦（桂）（阿波・郡名） 7 92 142 143
葛上（大和・郡名） 58 131 187
葛下（大和・郡名） 59 131
葛城・葛城山 281
葛間（駿河・安倍） 203

葛飾《カトシカ》（葛餝《カトシカ》）（下総・郡名）　41 45 71 257
葛野《カドノ》（山城・郡名）　42 71
葛野《カドノ》（山城・葛野）　42 71 201
葛野《カドノ》（丹波・氷上）　42 71 210
香取《カトリ》（下総・郡名）　69
金生《カナフ》（筑前・鞍手）　20 217
含藝（河南《カナム》）（播磨・印南）　222 245 249
含藝里（播磨国）　245 249
鹿足《カノアシ》（石見・郡名）　62
川上《カハカミ》（河上）（越中・礪波）　209
川上（肥前国）　259
川口《カハグチ》（武蔵・多磨）　220
川口《カハグチ》（河口）（越前・坂井）　221
合志《カハシ》（肥後・郡名）　40 194 195
川嶋《カハシマ》（山城・葛野）　201
川島《カハシマ》（河嶋）（阿波・板野）　215
川嶋（川島）（河嶋）（陸奥・賀美）　225
河後《カハジリ》（伊勢・三重）　111 203
川立《カハタチ》（安藝・髙田）　213
川津《カハヅ》（駿河・安倍）　203
河名《カハナ》（駿河・廬原）　204
河邊《カハノベ》（攝津・郡名）　60 70 188 242
河邊《カハノベ》（薩摩・郡名）　60 70 111
河邊《カハノベ》（出羽・郡名）（大和・十市）（備中・下道）（讃岐・香川）　60 70
河邊《カハノベ／カハベ》（遠江・長上）　60 63 70 203 206
川邊《カハノベ》（山城・葛野）　60 70 201 242
川邊《カハノベ》（駿河・安倍）　60 70 203
川邊《カハノベ》（川述）（播磨・神埼）　60 70 222 241 252
川邊里（播磨国）　241 252
川合《カハヒ》（甲斐・八代）　109
川合里（播磨国）　259
川部（伊勢・河曲）　173
川道《カハミチ》（河道）（近江・浅井）　207
川人《カハチ／カハムト》（河人）（丹波・桒田）　210
河村《カハムラ》（伯耆・郡名）　149
河村（伯耆・河村）　149
川村《カハムラ》（備中・浅口）　149 212
河面《カハモ》（備中・都宇）　212
河曲《カハモ／カハワ》（伊勢・郡名）　189
河曲《カハワ》（安房・安房）　220
甲斐《カヒ》（国名）　153
鹿蒜《カヒル》（越前・敦賀）　209
河内《カヘル／カフチ》（国名）　6
河内《甲チ》（常陸・郡名）　122 190 191
河内郡（常陸国）　258
河内里・河内駅家（常陸国）　258
河内郷（出雲国）　258
甲知《カフチ》（讃岐・阿野）　41
川内（播磨・賀茂）　252
河内里（播磨国）　252
甲努《カフノ》（備中・小田）　41 212
甲奴《カフノ》（備後・郡名）　41 193
漢辨《カベ》（安藝・安藝）　213
嘉麻《カマ》（筑前・郡名）　153
蒲田《カマタ》（武蔵・荏原）　204
蒲田郷（肥前国）　259
賀美（上）（武蔵・郡名）　92 142
賀美（上）（播磨・多可）　142 143 145 148 238 250
賀眉里（播磨国）　148 238 250
賀美《カミ》（伊勢・河曲）　144 145 203
賀美（陸奥・郡名）（山城・宇治）（大和・城下）（同・髙市）（河内・大縣）（同・澁川）（和泉・日根）（攝津・武庫）（同・菟原）（甲斐・都留）（常陸・多珂）（陸奥・牡鹿）（丹波・何鹿）　144
賀美（大和・宇智）（同・吉野）（河内・安宿）　144 145
賀美（賀茂）（美作・久米）（備前・兒嶋）（紀伊・伊都）　144 146
賀美（茂賀）（陸奥・小田）　144 146
賀美（加美）（筑前・夜須）　144
加美（遠江・城飼）（甲斐・山梨）　144
加美（越前・大野）　144 145
上座（上ツアサクラ）（筑前・郡名）　56 131 194
上泉《カミツイヅミ／カムツイヅミ》（和泉・和泉）　55 201
上野《カミツケノ》（国名）　55 56 131
上総《カミツフサ》（国名）　56 241
上岡（里）・神阜（播磨国）　240 241 251 287 292
上坂《カムサカ》（近江・坂田）　207
神埼《カムサキ》（近江・郡名）　191
神埼《カムサキ》（播磨・郡名）　252
神前郡・神前山（播磨国）　252
神埼郡（肥前国）　259

神代（備中・哲多） 212
神代（肥前・高来） 224
神代（肥前国） 259
神田（長門・豊浦） 213
上縣（對馬・郡名） 55 194
上鴨（播磨・賀茂） 56 148 238 241
上鴨里・鴨里・上鴨・鴨坂・鴨谷（播磨国） 147 238 241
上郊（上野・群馬） 56 93 208 209
上丹（近江・坂田） 56 131 198
上林（山城・葛野） 55 201
上枚（伊勢・飯高） 55 203 205
上総（武蔵・高麗） 56
上妻（筑後・郡名） 194
上毛（豊前・郡名） 55 56 131 194
上道（備前・郡名） 55
上神（和泉・大鳥） 55 201 202
上岡（播磨・揖保） 56 212 213 240 251
神門郡（出雲国） 259
神餘（安房・安房） 21 64 204
蒲原（駿河・盧原） 204
蒲原郡（越後） 91
神原郷（出雲国） 259
神戸（出雲・能義） 234 237
神戸（出雲・意宇） 246
甘樂（上野・郡名） 42 191
賀茂（淡路・津名）（阿波・名東） 146 164
賀茂（参河・郡名）（伊豆・郡名）（美濃・郡名）（佐渡・郡名） 146
賀茂（安藝・郡名）（山城・愛宕）（同・相樂）（参河・賀茂）（同・寶飫）（参河・設樂）（伊豆・賀茂）（安房・長狭）（越前・丹生）（佐渡・賀茂）（丹波・氷上）（出雲・能義）（隠岐・周吉）（美作・勝田）（同・苫東）（備前・津高）（安藝・賀茂）（同・山縣）（伊豫・新居） 147
賀茂（播磨・郡名） 147 148 238 250
賀毛郡・鴨村（播磨国） 147 238 250
賀茂（出雲・能義） 146 234 237
賀茂（賀美）（美作・久米）（備前・兒嶋）（紀伊・伊都） 147
鴨部（讃岐・阿野） 153 163 164 168 169 175 223 240 283
鴨部（伯耆・會見）（讃岐・寒川）（土佐・土左）（志摩・駅名） 172 173
賀母（但馬・養父） 147
加毛（上総・武射） 147
賀茂神戸・鴨賀茂（出雲国） 127 234 237
鴨部（伊豫・越智） 163 164 216
萱原（草原）（武蔵・埼玉） 204
辛犬（信濃・筑摩） 18 207
漢良（筑前・志麻） 81 119 121 196
鹿城（遠江・城飼） 203 206
辛科（上野・多胡） 208
鹹瀬（武蔵・比企） 18 204
辛室（播磨・餝磨） 212 213 251
韓室里（播磨国） 251
輕 164
輕野里（常陸国） 258
輕部（和泉・和泉） 163 164 224
輕部（但馬・養父） 163 164 211
輕部（備中・窪屋） 163 164 212 214
輕部（下総・海上）（下野・河内）（備前・赤坂） 172 173
輕海（加賀・能美） 19 209
紀伊（山城・郡名） 140 188
紀伊（国名） 140 276
木 280
紀伊（山城・紀伊）（讃岐・刈田） 140
基肆（肥前・郡名） 140 141
基肆郡（肥前国） 141 258
基肆（肥前・基肆） 92 140 144
城飼（遠江・郡名） 189
企救（豊前・郡名） 153 194
企救 194
菊多（陸奥・郡名） 42
私部（丹波・何鹿）（因幡・八上）（備後・三谿）（肥後・飽田） 173-175
城埼（肥前・佐嘉） 63
来嶋（木島）（出雲・飯石） 138 236
来嶋郷 本字支自真・支自真来嶋（出雲国） 127 236
杵嶋郡（肥前国） 259
来次（出雲・大原） 138 236
来次郷・支須支社（出雲国）

椋部《クラハシ》（加賀・石川） 133 169 175 221 240 283
蔵部《クラブ クラベ》（近江・甲賀） 81 163 164 207 208
くらぶのさと 81 164 208
久利（肥前・松浦） 151 238
栗川《クリカハ》（肥前国） 151 238
栗隈《クリクマ》（山城・久世） 21 201
栗隈《クリクマ》（讃岐・鵜足） 216
栗作《クリツクリ》（丹波・氷上） 210
栗原《クリハラ》（甲斐・巨麻） 204
栗原《クリハラ》（長門・豊浦） 213
栗栖《クルス》（播磨・揖保） 21 134 135 212 213
栗栖里（播磨国） 259
栗野《クルスノ》（山城・愛宕） 134 197
訓覇《クルベ》（伊勢・朝明） 43 203
訓覔《クルベキ》（安藝・高宮） 43 45 213
群馬《クルマ》（上野・郡名） 43 68 69
群馬（上野・群馬） 225
來馬《クルマ》（淡路・津名） 25 69 215 287
栗本《クルモト》（近江・郡名） 191
呉嶋《クレシマ》（阿波・麻殖） 215
呉部《クレベ》（伊勢・壹志） 163 203
黒川《クロカハ》（陸奥・郡名） 19 21
黒田驛（出雲国） 258
黒田里（播磨国） 259
國埼《君ザキ》（豊後・郡名） 119 121
國埼郡（豊後国） 259
訓世《郡ゼ》（山城・乙訓） 119 121 219
氣仙《ケ群セゼ》（陸奥・郡名） 153 191
氣仙《結》（陸奥・氣仙） 118 196
氣多（氣比）（遠江・山香） 224
漕代《コイシロ》（伊勢・飯野） 18 25
許意嶋（出雲国） 141
巨香（武蔵・秩父） 225
高志國・越國・越 146 164 278
古志郷（出雲国） 258
越路《コシヂ》 311 315 316
越前《コシノミチノクチ》（国名） 58 146 254 305
越後《コシノミチノシリ》・越中《コシノミチノナカ》（国名） 58 146 305
越部《コシベ》（播磨・揖保） 24 163 164 212
越部（播磨・駅名） 172 173
越部里（播磨国） 259
籠田《コタ》（伊豫・桒村） 216
巨智《コチ》（播磨・餝磨） 212
巨智里（播磨国） 258
居都《コツ》（備前・上道） 212
木津《コヅ》（近江・高嶋） 21 207
子鶴《コツル》（陸奥・行方） 208
巨濃《コノ》（因幡・郡名） 153
給理《コホリ》（伊豫・越智） 216 217
高麗《コマ》（武蔵・高麗） 204
狛江《コマエ》（武蔵・多磨） 204
子松《コマツ》（駿河・駿河） 204 206
子松《コマツ》（讃岐・那珂） 216
駮譟《コム》（大隅・郡名） 116 153
薦田《コモタ》（筑前・穂浪） 223
兒屋《コヤ》（攝津・武庫） 219
兒湯《コユ》（日向・郡名） 194
擧母《コロモ》（参河・賀茂） 135

サ行

三枝《サイグサ》（飛驒・大野） 207
三枝《サイグサ》（加賀・江沼） 209
埼玉《サイタマ》（武蔵・郡名） 18
造果《サウカ》（安藝・賀茂） 213
造田《爽敦》（造太）（讃岐・寒川） 122
相馬《サウマ》（下総・郡名） 40 68
佐香（出雲・楯縫） 151 249
佐香郷・佐香河内・佐加社・佐香河・佐香濱（出雲国） 249
佐嘉（肥前・郡名） 151 234 238
佐嘉郡・榮國・榮郡・佐嘉川（肥前国） 150 234 238
佐加（豊後・海部） 151
佐賀（常陸・茨城） 248
佐我流海（常陸国） 248
坂城《サカキ》（信濃・埴科） 208
賞多《サカタ》（伊豫・野間） 44 223
坂長《サカナガ》（備前・和氣） 222
坂中井《サカナヰ》 66 137
坂野《サカノ》（阿波・那賀） 215
坂井《サカノヰ》（越前・郡名） 60 137
酒部（下野・河内） 173
相模《サガミ》（国名） 43 73
相模路《サガミヂ》 312 317
酒水《サカミヅ》（陸奥・志太） 208
相模《サガム》（甲斐・都留） 73 134 135 198
相樂《サガラカ》（山城・郡名） 43 45 187 188 257
相樂《サガラカ》（山城・相樂） 43 45 201
酒井《サカヰ》（安房・長狭） 20 204
佐紀沢・佐紀野・佐紀沼・佐紀山 281 282

塩田川（肥前国） 259
塩津（近江・浅井） 207
塩屋（下野・郡名） 60 63
塩海（安房・安房） 204
塩屋（伊勢・奄藝） 63
塩湯（美作・勝田） 212
志摩（嶋）（島）（大隅・囎唹） 142 143 218
志摩（国名） 144
志摩（尾張・海部） 144
志摩（志麻）（若狭・遠敷） 144
志麻（越中・新川） 144
志麻（志摩）（筑前・郡名） 144 145
嶋郡 145
志麻（美濃・大野）（同・賀茂）（丹波・舩井）（同・何鹿）（筑前・志麻） 144
志磨（山城・綴喜） 144
志万（常陸・信太）（同・那珂）（同・久慈） 144
之万（里）（常陸国） 246
嶋名（上野・群馬） 208
嶋抜（伊勢・壹志） 203
嶋根（出雲・郡名） 192 193
嶋根郡（出雲国） 258
嶋根（阿波・那賀） 223
嶋上（攝津・郡名） 58
嶋下（攝津・郡名） 59
嶋見（肥前・彼杵） 224
嶋山（伊豫・新居） 223
清水（信濃・更級） 207
標葉（陸奥・郡名） 191
資母（下）（播磨・多可） 143 145
資母（伊勢・河曲） 144 145 203
資母（大和・宇智）（同・吉野）（河内・安宿）（越前・大野） 144 145
資母（但馬・出石） 144
下坂（近江・坂田） 207
下座（筑前・郡名） 56 92 93 131 194
下鴨里・下鴨（播磨国） 147 238 241
下野（国名） 7 56 131
下狛（山城・相樂） 56
下林（山城・葛野） 56
下総（国名） 56
下毛（豊前・郡名） 131
下道（備中・郡名） 56
霜見（武蔵・幡羅） 204 207
白壁郡（常陸国） 246
志樂（丹後・加佐） 45
白井（甲斐・八代） 204
白鳥（常陸・鹿嶋） 242
白鳥里・白鳥郷・志漏止利（常陸国） 242 258
白鳥（讃岐・大内） 19 223 242
信太（和泉・和泉） 119 121 196
真良（安藝・沼田） 119 121 222 223
須可（伊勢・壹志） 203
菅田（越中・婦負） 209
菅浪（加賀・江沼） 20 209
菅生（河内・丹比） 224
菅生（佐渡・羽茂） 110 210
菅生（播磨・餝磨） 212 251
菅生里・菅原（播磨国） 251
村主（伊勢・安濃） 203
助川（常陸・久慈） 250
助川駅家・助河（常陸国） 250
須佐郷（出雲国） 258
周匝（備前・赤坂） 45 212
鈴鹿（伊勢・鈴鹿） 203
草部（攝津・駅名） 93 153 154 169 176 240 283
諸鋤（長門・美祢） 92 154 169 213 215
周勢（播磨・赤穂） 222
洲名（武蔵・久良） 204
諏方（諏訪）（信濃・郡名） 153 191
周敷（伊豫・郡名） 153 193
住吉（攝津・郡名） 24 39
住吉（播磨・明石）（同・賀古）（長門・阿武） 39
住吉（播磨国） 259
住道（攝津・住吉） 23 201
駿河（国名） 43
周淮（李）（上総・郡名） 92 143 189 190
主恵（尾張・山田） 144
西刀（駿河・益頭） 226
勢門（筑前・糟屋） 75 76 217
西奈（駿河・廬原） 204
芹田（信濃・水内） 225
芹田（加賀・加賀） 209

噌唹〈ソオ〉（大隅・郡名）　141　194　195
宗賀〈ソガ〉（信濃・筑摩）　164　171　207
蘓甲〈ソカハ〉（讃岐・山田）　44　216
宗我〈ソガベ〉〈ソガ〉（宗我部）（土佐・香美）　73　74　133　164　170　171　199
宗部〈ソガベ〉（宗我部）（土佐・長岡）　73　74　132　133　163　164　199
宗部（丹波・多紀）（同・天田）（肥後・玉名）　172　173
宗我部（丹波・桑田）　164　173
曽我〈ソガベ〉（筑前・早良）　133　170　171　199
山陰道〈ソトモノミチ〉　306
曽祢（攝津・武庫）　74
曽祢（常陸・行方）　134　248
曽尼村・曽尼之駅（常陸国）　248
曽能（備中・下道）　226
彼杵〈ソノキ〉（肥前・郡名）　61　64
彼杵郡（肥前国）　259
彼杵〈ソノキ〉（肥前・彼杵（杵島））　61　64　218
園田〈ソノダ〉（上野・山田）　160　208
苑部（紀伊・名草）　173
曽博〈ソハク〉（越前・今立）　45　209　210　217
添上〈ソフノカミ〉（大和・郡名）　23　58　82　187　188
添下〈ソフノシモ〉（大和・郡名）　59　187

タ行

田里（常陸国）　150　237　246
高家〈タイヘ〉（播磨・宍粟）　110　243
當麻〈タイマ〉（大和・葛下）　44　219
當麻（常陸・行方）　232
當（鹿）麻之郷（常陸国）　232　258
當信〈唐（シ）ナ〉（信濃・更級）　122　197
多珂郡（常陸国）　258
田可（近江・犬上）　225
多可（播磨・郡名）　249
託賀郡・託加（播磨国）　249
高岸（出雲・神門）　233
高岸郷　本字高峯・高峯高岸（出雲国）　233　255
高来〈タカク〉（肥前・郡名）　194
高來郡（肥前国）　259
高来里（常陸国）　258
高蘆〈タカシ〉（参河・渥美）　18　20　25　203
高足〈タカシ〉（阿波・名西（麻殖））　215
高階〈タカシナ〉（陸奥・宇多）　208
高篠〈タカシノ〉（讃岐・那珂）　216
高嶋〈タカシマ〉（近江・高嶋）　207
高瀬〈タカセ〉（讃岐・三野）　216
高田〈タカダ〉（武蔵・橘樹）　204
高津〈タカツ〉（越後・頸城）　209　210
高野〈タカノ〉（越中・婦負）　226
高野〈タカノ〉（播磨・美嚢）　222
高野里（播磨国）　259
高野〈タカノ〉（阿波・板野）　215
竹野〈タカノ〉（筑後・郡名）　194
高幡〈タカハタ〉（武蔵・都筑）　220
高生〈タカフ〉（但馬・氣多）　211
竹渕〈タカフチ〉（山城・久世）　20　201
竹渕〈タカフチ〉（河内・澁川）　201
田上〈タカミ〉（加賀・加賀）　63　209
田上〈タカミ〉（備中・下道）　63
高向〈タカムコ〉（高田）（伊勢・度會）　203　205
高向〈タカムコ〉（越前・坂井）　287
高渠〈タカムソ〉（上野・片岡）　208
高屋〈タカヤ〉（安藝・賀茂）　213
高楊〈タカヤギ〉（高柳）〈タカヤナギ〉（越中・礪波）　221
高楊〈タカヤギ〉（駿河・益頭）　203　206
託羅〈タカラ〉（阿波・勝浦）　42　215
財部（下野・河内）（同・芳賀）（紀伊・日高）（肥前・三根）（日向・諸縣）　173
財部（財田）（備前・上道）　173
高井〈タカヰ〉（阿波・阿波）　215
高尾〈タカヲ〉（伊豫・和氣）　216
多藝〈タキ〉（美濃・郡名）　153
多伎（出雲・神門）　233　249
多（伏）伎郷　本字多吉・多伎驛　本字多吉多伎・多吉社・多支社・多岐小川・多岐山・多伎之山（出雲国）　233　249　255
宕野〈タギノ〉（伊勢・壹志）　44　77　219
高家〈タキヘ〉（飛驒・荒城）　220　221
高家〈タキヘ〉（信濃・安曇）　220
高家〈タカヘ〉（佐渡・羽茂）　210
高家里（播磨国）　243　259
当麻路〈タギマチ〉　312　313　319
田公〈タキミ〉（但馬・二方）　211
多久社（出雲国）　258
託農〈タクノ〉（石見・迩摩）　42　211
託麻〈タクマ〉（肥後・郡名）　42
宅万〈タクマ〉（伊豫・野間）　42
託美〈タクミ〉（駿河・有度）　42　203　206

田井〔タキ〕（伊勢・奄藝） 203
値嘉〔チカ〕（肥前・松浦） 151 218 238
値嘉郷・小近（嶋）・大近（嶋）・近嶋・値嘉嶋（肥前国） 151 238
近江〔チカツアフミ〕（国名） 56 158
近似〔チカノリ〕（備中・下道） 18 212
乳熊〔チクマ〕（伊勢・飯野） 203
千酌驛家（出雲国） 258
千栗〔チクリ〕（肥前・三根） 224
秩父〔チヽブ〕（武蔵・郡名） 41
智頭〔チヅ〕（因幡・郡名） 153
茅原〔チハラ〕（遠江・長上） 203
小子〔チヒサコ〕（越中・婦負） 18 209
千屋〔チヤ〕（越後・魚沼） 209
攝津〔ツ〕（国名） 155 157
攝津〔ツ〕・津國 155
都宇〔ツ〕（備中・郡名） 92 141 143
都宇（都有〔ツウ〕）（越後・頸城） 141 209 210 276
都宇（近江・浅井）（安藝・沼田）（同・駅名） 141
都宇川（出雲国） 141
津宇（備後・沼隈） 74 141 142 144
築城〔ツイキ〕（豊前・郡名） 18 25 71 194
都賀（下野・郡名） 148
握村・都可村（播磨国） 147
都賀〔ツガハ〕（石見・邑知） 136 148
筑摩〔ツカマ〕（信濃・郡名） 42 191
槻本〔ツキノモト〕（攝津・西生） 21 64
月波〔ツキハ〕（常陸・新治） 21 79 81 205
継橋〔ツギハシ〕（伊勢・度會） 24 203
筑陽（出雲・意宇） 246 253
調屋社・筑陽川（出雲国） 253
筑紫路 312 316
筑前〔筑紫ノミチノクチ〕・筑紫〔筑紫ノミチノシリ〕（国名） 58 73 82 91 130 305
筑波〔ツクハ〕（常陸・郡名） 42
筑波郡〔つくは〕（常陸国） 258
筑磨〔ツクマ〕（播磨・赤穂） 42 222
都家〔ツゲ〕（武蔵・比企） 204
對馬嶋〔ツシマ〕（国名） 68 69
津嶋〔ツシマ〕（備前・御野） 222
都知〔ツチ〕（能登・羽咋） 92
津道〔ツチ〕（石見・迩摩） 211
綴喜〔ツヽキ〕（山城・郡名）（同・綴喜） 72
筒城・管木 72
都筑〔ツヽキ〕（武蔵・郡名） 45 189 190
管見〔ツヽミ〕（上総・長柄） 204
津名郡〔ツナ〕（淡路） 91
拓梨〔ツナシ〕（備前・邑久） 212
綱別〔ツナワキ〕（筑前・嘉麻） 218
角鹿〔ツヌガ〕 324
津根〔ツネ〕（伊豫・宇麻） 223
角野〔ツノ〕（近江・高嶋） 155–157 225
津宮〔ツノミヤ〕（伊豫・桒村） 63 216
津屋〔ツノヤ〕（阿波・板野） 60 63 64 215
津井〔ツノヰ〕（因幡・法美） 60 63 64 211
椿木〔ツバキ〕（長門・阿武） 155–157 213 215
坪江〔ツボエ〕（越前・坂井） 209
都茂〔ツモ〕（石見・美濃） 211
都羅〔ツラ〕（備前・兒島） 212
都留〔ツル〕（甲斐・郡名） 153
敦賀〔ツルガ〕（越前・郡名） 43 111 324
弟翳〔テセ〕（手）（備中・下道） 74 141–143 212 214
提賀里（常陸国） 258
豊嶋〔テシマ〕（豊島〔テシマ〕）（攝津・郡名） 92 112 188
呈妹〔テマ〕（出妹）（備中・下道） 212 214
都於（石見・那賀） 141 159
都於島（出雲国） 141 159
斗意（備後・奴可） 141
覩唹（日向・兒湯） 141
東河〔トガハ〕（但馬・朝来） 75 76 211
峪河〔トトガハ〕（安房・平群） 220
利苅〔トガリ〕（越前・大野（足羽）） 19 209
鶩城〔トキ〕（因幡・巨濃（法美）） 76 211
鳥籠〔トコ〕（近江・駅名） 93
土左路 312 315 316
登志〔トシ〕（筑前・志麻） 217
鳥栖〔トス〕（肥前・養父） 252
鳥樔郷（肥前国） 252
兎束（但馬・七美） 76
鳥取〔トヽリ〕（和泉・日根） 201
等力〔トヽロキ〕（甲斐・巨麻） 45 54 136 198
舎人（出雲・能義） 233
舎人郷（出雲国） 233 258
鳥羽〔トバ〕（山城・紀伊） 21 201
遠田〔トホタ〕（陸奥・郡名） 19 191
遠江〔トホタアフミ〕（国名） 56 158
通隈〔トホリクマ〕（遠江・長下） 24 203 206 210

苫田（美作・苫東） 212 213
冨樫（加賀・石川） 209 210
冨田（周防・都濃） 213
冨野（山城・久世） 23 201
斗女（信濃・更級） 76 207
斗賣 76
伴部（肥前・小城） 154 164 168 175 240 283
登望（部）（肥前・駅名） 151 174 234 238
登望驛・鞆驛（肥前国） 151 174 234 238
度毛（下総・葛飾） 151 225
伴（越中・射水）（肥後・葦北） 151
伴野（信濃・伊那） 220
伴部（安房・長狭） 163 164 204
伴部（常陸・真壁）（同・多珂）（安藝・駅名） 172 173
鞆結（近江・高嶋） 207
鞆結（近江・駅名） 93
鞆岡（山城・乙訓） 219
豊川（参河・寶飫） 111 203 205
豊前・豊後（国名） 58 130 305
登米（陸奥・郡名） 136 191
鳥貝（大和・添下） 201
鳥戸（山城・愛宕） 21 112 201 202
十市（大和・郡名） 109 188 189

ナ行

長畝（越前・坂井） 221
那珂（中）（日向・郡名） 92 143
那珂（中）（播磨・多可） 143 145
那珂（讃岐・郡名） 144
那珂（武蔵・郡名）（常陸・郡名）（筑前・郡名）（大和・平群） 144
那珂（大和・吉野）（武蔵・幡羅）（同・那珂）（常陸・那珂）（美濃・安八）（同・席田）（同・各務）（越後・魚沼）（筑前・那珂） 145
那珂（大和・宇智） 144 145
那珂（常陸・郡名） 248
那賀郡・那賀（國）・那珂國造・那賀國造・那珂郡（常陸国） 248
那賀（伊豆・郡名） 145
那賀（伊豆・那賀）（伊豫・風早）（壹岐・壹伎） 145
那賀（那智）（石見・郡名） 145
那賀（紀伊・郡名） 145
那賀（阿波・郡名）（紀伊・那賀） 145 145
長邑 145
長江（甲斐・八代） 204
中川（播磨・佐用） 251
中川里・仲川里（播磨国） 251
永倉（駿河・駿河） 18 25
中嶋（中島）（常陸・鹿嶋） 246
長世（伊勢・鈴鹿） 79 80 203
長瀬 80
名方（阿波・名東） 215
長田（上野・吾妻） 208
長田（攝津・八部） 219
長田里（播磨国） 259
仲川（仲津川）（中津川）（大隅・桑原） 136 199
中間（讃岐・香川） 56 223
中山（越前・今立） 56 209
中井（備中・英賀） 56 212
中跡（伊勢・河曲） 203
長伴（陸奥・宇多） 208
長沼（備前・邑久） 212
長野（遠江・長下） 220
長野（上野・群馬） 208
長上（遠江・郡名） 58 92 189 190
長下（遠江・郡名） 59 189 190 228
中村（加賀・石川） 149
中村（山城・綴喜）（大和・忍海）（尾張・愛智）（相模・餘綾）（武蔵・男衾）（同・賀美）（同・秩父）（下総・匝磋）（常陸・鹿嶋）（出羽・雄勝） 149
仲村（陸奥・宇多） 149 208
仲村（陸奥・磐井）（讃岐・多度） 149
仲村（陸奥・栗原）（同・新田）（土佐・吾川） 149
長屋（大和・山邊） 18 25 201
長屋（長生）（伊勢・安濃） 203 205
長柄（上総・郡名） 6
流田（伊勢・多氣） 24 203
長尾（讃岐・寒川） 216
那紀（山城・久世） 201 202

那絁(那紀)(備前・上道) 77 222 223
列栗(殖栗)(山城・久世) 92 224
雙栗 224
呉桃(上野・利根) 136 198
奈郷(紀伊・在田) 156
成羽(備中・下道) 24 212
梨原(近江・栗本) 220
難波路 312 316
撫河(備中・都宇) 24 212
夏身(近江・甲賀) 207
名張(伊賀・名張) 202
直入(豊後・郡名) 19 194
直入郡(豊後国) 259
男信(上野・利根) 42 46 208
浪坂(大和・宇陁) 201
行方(常陸・郡名) 24
行方郡・行方里(常陸国) 258
滑狭(出雲・神門) 138 235 236
南佐(出雲・神門) 138 235 236
滑狭郷・南佐滑狭・奈賣佐社・那賣佐社(出雲国) 50 138 235 236 256
甞見(駿河・有度) 24
那羅(山城・久世) 201
奈良路 313 318
楢原(大和・葛上) 201
成相(讃岐・香川) 110 216 217
成海(尾張・愛智) 24 203
和田(和泉・大鳥) 201 202
錦部(河内・郡名) 133 169 175 240 283
錦部(山城・愛宕) 133 169 175 197
錦部(近江・滋賀)(同・浅井) 133 169 175 198
錦部(河内・若江) 172 173
錦服(信濃・筑摩) 207
錦織(美作・久米) 169
錦織(信濃・駅名) 170
西海道 306
仁多郡(出雲国) 258
庭妹(備中・賀夜) 212 214
新分(筑前・鞍手) 218
新野(隠岐・周吉) 211 212 222
新野(美作・勝田) 212
入農(安藝・賀茂) 41 213 214
新居(讃岐・阿野) 61 216 217
新居(阿波・勝浦) 61 63 215
新治郡・新治里(常陸国) 258
新見(備中・哲多) 212
新野(攝津・嶋下) 19 22 79 80 201
新屋 80
新屋(新居)(上野・甘樂) 220
新居(伊豫・郡名) 63 193
新居(駿河・益頭)(近江・浅井)(筑前・席田)(肥前・髙来) 63
新居(駿河・有度) 63 203
新井(遠江・城飼) 22 203
新井(阿波・名東) 215
丹生(伊勢・飯高) 203 205
丹生(若狭・遠敷) 137 209
丹生(越前・丹生) 209
丹生郷(豊後国) 259
新川(越中・郡名) 22
新田(上野・郡名) 191
新田(武蔵・多磨) 22 220
新田(安房・朝夷) 204
新田(陸奥・黒川) 208
新田(但馬・城埼) 221
新田(備前・和氣) 212
入野(讃岐・大内) 41 61 62 82 93 223
迩磨(二万)(備中・下道) 212 214
韮束(荒束)(上野・那波) 208 209
奴可(備後・郡名) 153 193
額田(参河・郡名) 166
額田(大和・平群) 167 201
額田(河内・河内) 201
額部(備中・哲多) 132 165 166 212 214
額部(額田部)(上野・甘樂) 132 164–166 177
額部(長門・豊浦) 132 164–166 177 213 215
貫名(遠江・長下) 24 203
貫前(上野・甘樂) 59 208
沼田(出雲・楯縫) 233 252
沼田郷 本字努多・努多沼田・尒多郷・沼田池(出雲国) 233 252 256
沼垂(越後・沼垂) 210

ハ行

服部（伊賀・阿拜）　172 173
服織（美濃・安八）　135 169
服織（備後・品治）　169
埴土（阿波・名西（麻殖））　157 215
土師（和泉・大鳥）　78 119 157 175 201
土師（上野・緑野）　78 175
埴野（但馬・出石）　211
埴岡（播磨・神埼）　222 252
聖岡里（播磨国）　252
伯耆（国名）　40
法吉郷（出雲国）　258
蔓田（這田）（播磨・多可）　23 234 252
法太里・匍田（播磨国）　234 252
法美（因幡・郡名）　41
祝人（上野・新田）　156 157 220
幡麻（常陸・鹿嶋）　150 237
濵里（常陸国）　150 237
埴生（下総・郡名）　190
拜師（加賀・石川）　146 221
拜師（越中・礪波）　146
拜師（丹後・与謝）　146 210
拜師（阿波・阿波）　146 215
拜師（讃岐・山田）　146 226
拜師（林）（備中・浅口）　146 147 212 214
拜師（尾張・中嶋）（常陸・茨城）（丹波・天田）（同・何鹿）　146
拜志（山城・紀伊）　146 201 202
拜志（伊豫・越智）　146 216
拜志（山城・久世）（河内・志紀）（伊豫・浮穴）　146
拜志（出雲・意宇）　146 237
拜志郷　本字林・林拜志（出雲国）　127 237
拜慈（備中・小田）　146 212
林部（林戸）（甲斐・山梨）　154-157 220
林郷（備中・英賀）　156
林田（播磨・揖保）　212
林田里（播磨国）　259
林原（上野・緑野）　220
速瀬（播磨・佐用）　251
速湍里・速湍社（播磨国）　251
速水（近江・浅井）　18 220 221
速見郡（豊後国）　259
播羅（幡羅）（原）（武蔵・郡名）　92 143
幡羅（播羅）（武蔵・播羅）　145
幡羅（阿波・那賀）（讃岐・三木）　145 215
幡羅（遠江・佐野）　145 224
幡良（安藝・安藝）　145 213
波良（肥後・阿蘇）（同・託麻）　145
波羅（波濃）（周防・熊毛）　145
原（下総・匝瑳）　143
幡磨（播磨）（国名）　43
針間　304
春木（攝津・有馬）　219
榛澤（武蔵・郡名）　92 119 121 189 190
榛澤（武蔵・榛澤）　225
土師（備前・邑久）　78 119 121 157 175
覇多（覇田）（遠江・鹿玉）　77 119 121 196
幡多（遠江・長下）　119 121 220
埴生（駿河・安倍）　119 121 196
火國　324
毗伊（筑前・早良）　140 217 218
斐伊（甲）（出雲・大原）　140 141 234 237
斐伊郷　本字樋・斐伊村・樋斐伊・樋社・樋山・斐伊川・斐伊大河・斐伊河邊・斐伊河（出雲国）　127 141 234 237
肥伊（肥後・八代）　140
日向（国名）　92 287
日置郷（出雲国）　259
日方（筑後・御原）　223
氷鉋（信濃・更級）　207
比企（武蔵・郡名）　153
疋太（上野・邑樂）　208
蟾沼（遠江・長上（豊田））　203
引田（讃岐・大内）　24 223
菱沼（陸奥・日理）　225
日高（豊後・郡名）　194 252
日田郡・日田川（豊後国）　195 252
飛驒（国名）　153
斐太　281
常陸（国名）　320
常陸　320 322

星越(ホシコシ)（佐渡・羽茂）　210
細江(ホソエ)（遠江・蓁原）　224
細江(ホソエ)（近江・坂田）　19　207
穂田(ホタ)（安房・平群）　220
堀津(發ト)（武蔵・足立）
　118　120　121　196　204　207
穂積(ホヅミ)（攝津・嶋下）　224
穂積里（播磨国）　259
穂門郷（豊後国）　259
穂浪(ホナミ)（穂波(フナミ)）（筑前・穂浪）　93
品治(ホムチ)（備後・郡名）（大和・葛
下）　42
堀江(ホリエ)（越前・坂井）　24

マ　行

望陁(マウタ)（上総・郡名）　44　54
望多(マウタ)（陸奥・曰理）　44　54　208
真壁(マカベ)（常陸・郡名）　246
真壁(マカベ)（駿河・有度）　137　176　203
真壁(マカベ)（備中・窪屋）　137　176
真上(マカミ)（攝津・嶋上）　201
望理(マガリ)（播磨・賀古）　44　212
望理里（播磨国）　258
真衣(マキノ)（真木野）（甲斐・巨麻）
　308
益田(マシダ)（飛驒・益田）　24　112　207
益頭(マシヅ)（駿河・郡名）（同・益頭）
　137　197　198
益田(マスダ)（近江・浅井）　78
益田(マスダ)（石見・美濃）　23
益田(マスダ)（益氣）（播磨・印南）　211
　148　212　234　238　244
沙田(マスダ)（安藝・郡名）　92
益原(マトスヨハタハラ)（備前・和氣）　212
待野(マチノ)（能登・鳳至）　24
松前(マツザキ)（佐渡・羽茂）　210
松嶋(マツシマ)（松島(マツシマ)）（阿波・板野）　215
松渕(マツフチ)（遠江・城飼）　203
松浦郡（肥前国）　259
松浦路(マツラヂ)　313　317
真野(マノ)（近江・滋賀）　207
真野(マノ)（陸奥・行方）　221
真張(マハリ)（上野・山田）　208
茨田(マムタ)（河内・郡名）　188　189
豆田(マメダ)（備前・上道）　212
満禄(マロ)（安房・朝夷）　204
満田(マン)（武蔵・荏原）　77　119　196
御浦(ミウラ)（相模・郡名）
　308
御浦(ミウラ)（相模・御浦）　204　308
三江(ミエ)（但馬・城埼）　115　309
み吉野(エシノ)　308
三方(ミ〔カ〕タ)（播磨・宍粟）　251
御方里・御形・三條（播磨国）　251
甕調(ミカツキ)（肥前・小城）　218
参河(ミカハ)（国名）　308
三河　307－309
三上(ミカム)（近江・野洲）　207　208
美甘(ミカモ)（美作・真嶋）　46　212
み熊野　308
美含(ミクミ)（但馬・郡名）　45　192
美含(ミクミ)（但馬・美含）　45
み越路　308　315　316
御坂(ミサカ)（武蔵・横見）　308
三坂(ミサカ)（筑前・穂浪）　308
御埼(ミサキ)（御﨑）（相模・御浦）
　204　310
三澤（出雲・仁多）　251
三澤郷・御澤・弍澤社（出雲
国）　251
三嶋(ミシマ)（三島(ミシマ)）（越後・郡名）（越
中・射水）（越後・三嶋）　309
三島(ミシマ)　307　308
御嶋　309
美簀（三須）（備中・窪屋）
　75　79　80　212　214
三次(ミスキ)（阿波・美馬）　215
三隅(ミスミ)（長門・大津）　213
三田(ミタ)（隠岐・知夫）　211　309
三田(ミタ)（安藝・高田）　160　213　215　309
三太(ミ)（三多）（越前・丹生）
　79　81　209　310
御板　81
美田(ミタ)（御田）（武蔵・荏原）
　75　204　309
三谿(ミタニ)（備後・郡名）　309
三谷(ミタニ)（讃岐・山田）　216　309
美談（出雲・出雲）　138　236
美談郷　本字三太三・三太三美
談・弥太弥社・弥陁弥社（出
雲国）　126　236
味知(ミチ)（加賀・石川）　221　310
陸奥(ミチノオク)（国名）　58　82　306
道口（常陸・多珂）　250
道前里（常陸国）　250
道田（常陸・行方）　150　237　246

道部（備後・奴可） 174
御津（参河・寶飫） 309
三津（阿波・三好） 223 309
御津郷 309
三城（筑前・下座） 57 65 218
箕月（常陸・久慈） 247 252
密筑里（常陸国） 247 252
水田（備中・英賀） 212
三処郷（出雲国） 259
緑野（上野・郡名） 191
三屋（出雲・飯石） 138 236
三屋郷 本字三刀矢・三刀矢三屋・御門屋社・三屋川（出雲国） 127 236
美嚢（播磨・郡名） 46
美嚢郡（播磨国） 258
水湊（佐渡・羽茂） 154 157 210
三縄（阿波・三好） 223
南海道 306
實成（備中・小田） 212
三潴（筑後・郡名） 324 325
三根（岑）（肥前・郡名） 7 92 143 151 238 310
三根郡（肥前国） 151 238
三根（肥前・神埼） 145 310
三根郷（肥前国） 259
三根（對馬・下縣） 145
美祢（岑）（長門・郡名） 92 143 310
美祢（長門・美祢） 145
三野（讃岐・郡名）（越中・礪波） 309
三野（播磨・餝磨） 252 309
美濃里（播磨国） 252
三野（阿波・三好） 223 309
三野 307 308
御野（備前・郡名） 309
御野（備前・御野） 212 309
美濃・御野國 309
民太（伊勢・壹志） 43 203
水内（信濃・郡名）（備中・下道） 61 64
蓑生（筑前・宗像） 217
箕曲（箕田）（伊勢・度會） 61 64 203 205
御原（筑後・郡名） 309
御原（安房・朝夷） 204 309
三原（淡路・郡名） 309 310
三原郡（淡路） 91
御原・三原 310
柞原（備後・御調） 213
三重里（播磨国） 259
美保（出雲・嶋根） 253
美保郷・美保社・三保社・美保濱・美保埼・三穂之埼（出雲国） 253 257 259
美馬（阿波・郡名） 68 153
三馬（加賀・石川） 69 221
美作（国名） 45 54 136
水守（常陸・筑波） 205
美耶（伊勢・員辨） 203 205
美養（参河・寶飫） 224
三宅（大和・城下） 201
三宅（河内・丹比） 201
三宅（伊勢・多氣） 220
三宅（筑前・那珂） 217
御宅（武蔵・橘樹） 204
三家（備前・兒島） 212
京都（豊前・郡名） 157
都（常陸・久慈） 235 248
宮處里 245
京田（遠江・引佐） 203
宮所（宮處）（肥前・神埼） 245 252
宮處郷（肥前国） 245 252
宮所（讃岐・山田） 216 245
三次（備後・郡名） 193
美吉（武蔵・秩父） 225
み吉野 308
弥理（安藝・安藝） 213
美和（美作・苫東） 222
神酒村 283
御井（筑後・郡名）（伊豫・宇麻） 309
御井（伊豫・桒村） 216 309
三尾（近江・髙嶋） 207 309 310
水尾 310
向國（長門・大津） 25 56 222 287
武義（美濃・郡名） 153
武庫（攝津・郡名） 153
武蔵（国名） 136
席内（席田）（筑前・宗像） 217
六部（丹波・天田） 174 175
宗像（筑前・郡名） 20 194
茨城郡・茨城之里（常陸国） 258

茨城里（常陸国） 258
味酒（伊豫・温泉） 18 216 217
馬田（筑前・下座） 68
馬野（上総・海上） 68 204
馬見（筑前・嘉麻） 68 218
驛里（驛家）（備中・小田） 155-157 212 214
驛家里（播磨国） 247
諸縣（日向・郡名） 21 25 194 195
村山（村上）（出羽・郡名） 21 25 191 192
武例（讃岐・三木） 216
牟婁（紀伊・郡名） 153
室津（長門・豊浦） 213
室津（土佐・安藝） 216
藻嶋驛家（常陸国） 258
米多郷（肥前国） 258
婦負（越中・郡名） 192
婦負 192
物集（山城・乙訓） 70 72 76 201
物理（備前・磐梨） 41 73 133 170 171 176 222 223
母土理部 42 171
物部（駿河・益頭） 61 62 165 166
物部（近江・栗本） 61 62 165 166 176 207
物部（淡路・津名）（土佐・香美） 62 165 166
物部（尾張・愛智）（下総・千葉）（美濃・多藝）（同・安八）（同・本巣）（下野・芳賀）（越後・頸城）（丹波・何鹿）（丹後・与謝）（備前・磐梨）（筑後・生葉）（肥前・三根）（日向・那珂）（壹岐・石田） 172 173
物部郷（肥前国） 259
桃生（陸奥・郡名） 61
桃井（上野・群馬） 60
百相（讃岐・香川） 216 217
桃井（上野・那波） 60
母理郷 本字文理・文理母理（出雲国） 255
諸岡（武蔵・久良） 204

ヤ行

屋裏郷 本字矢内・矢内屋裏（出雲国） 255
宅部（肥後・益城） 174
養耆（但馬・養父） 93 211
楊生（大和・添上） 201
八桒（佐渡・羽茂） 210
夜開（夜闢）（筑後・三潴） 148 218
夜開（夜闢）（豊後・海部）（肥後・山鹿）（同・菊池） 148
夜開（日向・那珂） 148
益氣（益田）（播磨・印南） 148 212 234 238 244
益氣里・宅・宅村（播磨国） 148 234 238 244
八社（八祐）（駿河・安倍） 204 206
益必（周防・吉敷） 42 45 50 213 215
八坂（山城・愛宕） 201
八嶋（八島）（大和・添上） 201
屋代（信濃・埴科） 146
屋代（陸奥・白河）（同・會津）（出羽・置賜）（同・飽海）（周防・大嶋） 146
屋代（出雲・能義） 146 237
屋代郷・社屋代（出雲国） 127 237
屋代（出雲・大原） 146 251
屋代郷 本字矢代・矢代屋代・矢代社・屋代社・屋代小川（出雲国） 251 256
安来郷（出雲国） 258
八田（駿河・益頭） 203
八田（上野・邑樂） 208
八田（加賀・江沼） 209
八田（備中・下道） 212
八部（八田部）（攝津・郡名） 132 164 188 189
八部（攝津・八部）（備中・賀夜） 132 164
八部（常陸・河内）（同・那珂）（同・久慈） 172 173
八代（甲斐・郡名） 57 189 190
八代（肥後・郡名） 57
八代（甲斐・八代） 57 63 204 206
矢集（駿河・駿河） 71 204
楊津（攝津・河邊） 18 219
養濃（養隈）（安藝・安藝） 93 213 214
八野（出雲・神門） 251
八野郷・矢野社（出雲国） 251

ワ行

少宅里（播磨国） 243 251
小山(ヲヤマ)（遠江・周智） 203 206
麻殖(ヲヱ)（阿波・郡名） 193

語彙索引

ア行

ア［足］・足(ア) 16 21 23 39
ア［吾］ 57 65
アイ［秋］ 17
アカ［明・赤］・赤(アカ) 15 16 18 20 22 25 27 229
アカシ［明］ 16
アガタ［縣］ 189
アカナ［茜］ 20 22 167 229
アカネ［茜］ 22 167 229
アキ［飽］・飽(アキ) 24 26 39
アク［飽］・飽(アク) 23 26 39 218
アク［明］ 25
アグ［挙］ 24
アケ［明］ 15 16
朝(アサ) 27
アザケル［嘲・呰］・アザムク［欺］・アザワラフ［嘲］ 168
アシ［足］・足(アシ) 16 21-23 39
アシギヌ［絁］ 77
アス［足］・足(アス) 22 23 39
アツ［厚］ 19
アヅマ［東］ 318
アヅマヂ［東路］ 301 302 318
アハ［淡］ 18
アヒ［会］・會(アヒ) 24 26 39
アフ［会・相］・會(アフ) 23 26 39 190 193
アマ［甘］ 18 20
アマ［天］ 20 318
アマヂ［天路］ 301 302 318
アミ［網］ 6 205 244
アラ［荒・麁］・荒(アラ) 18 25 27
アラシ［荒］ 299
アラシ［嵐］ 299
アラタマル［改］ 291
アリ［有・在］ 24
アリカ 306
アル［荒］ 25
アヲ［青・碧］ 19 21 190 210
イ［射］ 24
イカ［厳］ 291
イカ［生］・生(イカ) 25 26 39 287
イキ［生］・生(イキ) 24 26 39
イク［生］・生(イク) 23 26 39
イサ［石］ 16
イサゴ［砂・沙石］ 285
イシ［石］・石(イシ) 16 21-23 27 39 214
イス［石］ 16 22
イソ［石・礒］・石(イソ)・礒(イソ) 16 21-23 39 173
イタ［痛］・イタミ［痛］ 16
イチ［市］ 6 189 213 243
イヅ［出］・出(イヅ) 7 24 26 27 39 148
イヅチ［何方］ 296
イデ［出］・出(イデ) 24 26 39
イナ［稲］・稲(イナ) 20 27
イネ［稲］ 20
イハ［岩・石］・石(イハ) 20 27 214
イヘ［家］ 243 318
イヘヂ［家路］ 301 302 318
イホ［五百］ 229
イホチ［五百箇］ 23 167
イホツ［五百箇］ 23 167 229
イマキ［今来］ 279
イム［忌］ 23 123
イル［入］ 24
ウ［海］ 21 57 65 67
ウ［得］ 24
ウキ［浮］ 24
ウシロ［背］・背(ウシロ) 5 6 38
ウシロデ［後方］ 296 297
（ウ）チ［内］・内(ウチ) 6 21 23 39 61 62 193 243
ウチ［打］ 81 122
ウチヒサス［枕詞］ 298
ウチヒサツ［枕詞］ 298 299
ウツ［内］・内(ウツ) 21 23 39
ウハ［表］ 20
（ウ）へ［上・於・閇］ 59 64 65 67 173
ウマゴ［息］ 285
（ウ）ミ［海］ 61 62 65 190 210 243
ウミツヂ［海路］ 302
ウルヒ［湿］ 24
ウヱ・ヱ［殖］ 24
エ［江］・江(エ) 18 28 61
エシ［吉］ 239 277
オイ［老］・老(オイ) 18 24
オイ［置］ 18 25

オキ［置］ 24
オキ［起］ 15 16
オキ［奥・沖］ 22
オク［奥・沖］ 22 58 64
オコ［起］ 15 16
オヒ［負］ 192 244
オホ［多］ 27
オホ［大］・大オホ 27 189 193 213 243
オホチ［大路］ 301 303
オホミチ［大道］ 302 303
オモ［面］ 297
オモテ［面方］ 297
オリ［織］ 24 169

カ　行

カ［鹿］ 62
カ［処］ 82 306
ガ［連体］ 6 55 57 64 66
カイ［櫂］ 17
カイ［挂］ 17 25
カイ［粥］・粥カイ 17 18
笠カサ 28
カザ［風］ 20 215
カゼ［風］ 215 299
カタ［形］ 21
方カタ 28
カタシハ［堅磐］ 20
カタツブリ［蝸牛］ 299
カツ［勝］ 23 198
カッ［刈・苅］ 118
カヅラ［葛］ 72
カヅラキ［蘰］ 281
カナ［金］ 20 22 167 229
カヌチ［鍛冶］ 81 122
カネ［金］ 22 81 122 167
カハ［河・川］・川カハ・河カハ 6 28 29 65 67
カハヂ［川路］ 301 302 319
壁カベ 27 28
カミ［上］・上カミ 27 28 55 56 58 64–66 288
カミ［神］ 288
上カム 28
カム［神］・神カム 21 27
カラ［辛・鹹］ 18
カル［軽］ 19
キ［杵］ 61
キ［木］・木キ 15 16 21 23 28 39 62 161
キ［城］ 62 63
キサイチベ［私部］ 174
キル［着］ 280
ク［来］ 285
クイ［悔］ 18
クチ［口］・口クチ 27 28 305
クヌ［国］ 324
クヌイ［柞］ 18
クヌガ［陸］ 306 324
桒クハ 27
クハシメ［妙女］ 20
クビ［頸］ 21
クマ［前］ 59 64
クマデ［隈道］ 297
クモヂ［雲路］ 301 302
倉クラ 28 29
クリ［涅］ 16
クリ［栗］・栗クリ 21 23 28 39 191
クル［栗］・栗クル 21 23 39 191
クル［来］ 25 287
クロ［黒］ 16 19 21
クンガ・クガ［陸］ 324
コ［木］・木コ 15 16 21 23 39
コイ［漕］ 18 25
コシ［越］ 24
コス［越］ 210
コチ［此方］ 296
コチ［東風］ 298
コミチ・コウヂ・コムヂ［小道］ 303 323
コユ［越］ 210
コロク［子ろ来］ 288
コロク［烏鳴声］ 288
コロク［自来］・コロタツ［自立］・コロフハ［自伏］ 289

サ　行

サ［狭］ 18
サイ［埼］ 18
サカ［酒］ 15 16 20
サカ［咲］ 16
サカ［盛］ 16
坂サカ 28 29
サカシメ［賢女］ 20
サカリ［盛］ 16
サキ［咲］ 16 282
サキ［前］ 59 64
サキ［崎］・埼サキ 27 306 307

サケ[酒] 15 16
ササイ[雀] 18
サザキ・ササギ[鷦鷯・雀] 166
サム[寒] 19
シ[風] 298-300
シゲチ[繁路] 301 303
シゲミチ[繁路] 302 303
シタ[下] 59 64
シタツミチ[下道] 303
シトリ[倭文] 242
科(シナ) 27 28
シナト[風門] 299
シネ[稲] 20
シブ[渋] 19
塩(シホ) 27
シホヂ[潮路] 301 302
嶋(シマ) 28 29
シモ[下] 56 58 59 64-66
シラ[白] 277
シリ[後・尻] 59 64 305
シリヘ[後] 305
シロ[白] 19 277
城(シロ) 5 6
代(シロ) 27 28
スガ[菅] 20
スミ[住]・住(スミ) 24 26 39
スミカ 306
スム[住]・住(スム) 23 26 39
ソ[彼] 65
ソフ[添] 23
ソラヂ[空路] 301

タ　行

タ[田]・田(タ) 28 29 62 63
タカ[高]・高(タカ) 6 18 20 23 25 28 39 243
タカ[竹]・竹(タカ) 20 23 39
タク[卓] 25
タケ[高]・高(タケ) 6 21 23 39
タケ[竹]・竹(タケ) 21 23 39
タケ[健]・タケシ[武] 19
タケル[梟帥・魁帥・建] 166
タダ[直]・タダシ[直] 19
タダチ[直路] 301 302
タダチニ 302
タチ[立]・タテ[立] 24
タテ[楯] 21
玉(タマ) 27
タマデ[玉手] 39
タル[垂] 24
チ[路] 294-298 300 302-304 306 307 310 311 313 318-320 322 323
チ[風] 296 298 300
チ[方] 296 298 300
チ[助数詞] 23 167 229
市(チ) 6
チカ[近] 18 56 66
チヒサ[小] 18
チマタ[衢・街] 295 296 323
チワク[道別] 295 296
ツ[津]・津(ツ) 28 29 63
ツ[連体] 6 55-57 64-66 241 295 302
ツ[助数詞] 6 23 55 57 64-66 167 229
ツイ[築] 18 25
ツイヂ[築地] 71
ツカヒ[使] 170
ツカヘ[仕] 170
ツキ[月] 15 16 21
ツキ[尽] 15 16
ツキ[槻] 21
ツギ[継] 24
ツク[月] 15 16
ツク[尽] 15 16
ツク[築] 71 194
ツクユミ[月弓]・ツクヨミ[月夜見・月読] 323
ツヅル[綴] 72
ツバキ[椿] 161
ツムグ[紡] 299 300
ツムジ[飄]・ツムジ[旋毛]・ツムジカゼ[旋風] 299
テ[方] 296-298 300
テ[手] 297 298 323
テ[道] 297 298 300
テ[風] 298
ト[利] 19
ト[門]・門(ト) 27 299 323
ト[鳥]・鳥(ト) 16 21 23 39
ト[頭] 61 62
トグ[磨] 290
トシ[年] 290
トホ[遠] 19 56 66
トホシ[遠] 296
トホヂ[遠方] 296

トホリ[通]　24
トム[富]　23
トリ[鳥]・鳥(トリ)　16　21　23　39

ナ行

名(ナ)　28
ナ[連体]　6　55　57　64-67　299
ナカ[中]・中(ナカ)　28　56　66
ナガ[長・永]・長(ナガ)　7　18　25　28
ナガチ[長路]　297　301
ナガテ[長道]　297
ナガレ[流]　24
ナグ[投]　25
ナシ[成]　24
ナヅ[撫]　24
ナホ[直]　19
ナメ[行]　24
ナメ[嘗]　24
ナル[成]　24
ニシ[西風・西]　300
ニシキ[錦]　169
ニヒ[新]・新(ニヒ)　16　19　22　23　27　39　230
ニヒシ[新]　19
ニヒナヘ[新嘗]　22
ニフ[新]・新(ニフ)　16　22　23　27　39　230
ニフ[入]　62
ヌ[沼・渭]　62　67
額(ヌカ)　27
ヌキ[貫]　24
ヌマ[沼]　67
ヌリ[漆]　24
ネ[根]・根(ネ)　22　27　28　229
ネ[嶺]　306　307
野(ノ)　28　29
ノ[連体]　6　55　56　58-66　70　73　75　77　81　82　190　230　254

ハ行

羽(ハ)　28
ハイ[蓁]　18
ハイ[林]・林(ハイ)　18
ハガス・ハガツ[剝]　298　299
橋(ハシ)　27　28
ハセ[馳]・ハセヅカヒ[馳使]　170
ハセツク[馳着]　178
ハタ[機]　169
ハタ[端]・ハタテ[端方]　297
ハツ[治]　118
ハナス[離]　298　299
ハナツ[放]　298
ハフ[蔓]　23
ハヤ[速]　18
ハヤシ[早・速]　298
ハヤチ・ハヤテ[疾風]　298　323
原(ハラ)　27
ハリミチ[墾道]　304
ヒ[日]・日(ヒ)　27　300
ヒク[引]　281
ヒケ[引]　24
ヒタ[直]　320-322
ヒタオモテ[直面]・ヒタサヲ[直麻]・ヒタスラニ・ヒタツチ[直土]・ヒタブルニ　321
ヒタテリニ・ヒタヲ[直丘]　320　321
ヒト[一]　320
ヒムカシ[東]　300
ヒラ[枚]　20
ヒロ[広・弘]・廣(ヒロ)　19　27
フ[生]・生(フ)　28　61
フカ[深]・深(フカ)　18　25　27
フク[更]　25
フシ[伏]　24
フナ[船]・舩(フナ)　20　27
フル[古]・古(フル)　6　19　24　189
ヘ[邊]・邊(ヘ)　27　28　60　61　65
ヘ[方]　305
ベ[部]・部(ベ)　27　28　61　166　178
ホソ[細]　19
ホツ[堀]　118
ホリ[堀]　24

マ行

マ[目]　305
真(マ)　27
馬(マ)　27
マシ[益]・益(マシ)　24　26　39
マス[益]・益(マス)　23　26　39
マタ[俣・股]　295
マチ[待]　24
マナゴ[細砂]　285
マヘ[前]　305
ミ[三]・三(ミ)　27　57　65
ミ[居]　61　62
ミ[水]　148

ヤ行

ラ行

ワ行

事項索引

ア行

秋本吉徳 232 276
浅見徹 66 277
有坂(秀世) 12 14-16 23 65 167 229 324
イ音便 18 25 42 44 71 73 136 166 171 176 190 194 195 209 213 214 218 219 223 243
位置関係 28 64
一字地名 7 72 74 75 126 127 129 140 143 146-149 151-153 155 158 189-191 195 202 208 210 211 214 215 218-224 228 231 235 237 284
井手至 289
乾(善彦) 284-287
犬飼隆 116 178 227
岩波古語辞典 25 39 280 294-297 299 300 308 310 323 324
植垣(節也) 160 232 276 320 321
ウ音便 18 40 44 54 69 213 303
榎(英一) 185-187 227
遠藤(邦基) 141 276 279 281 288 290
大久保正 288
大野(晋) 277 288
岡田(希雄) 120-122
荻原千鶴 127 232
沖森(卓也) 159 160 232
乙類 15 16 19 22 161 279-282 285 287-290 324
尾山(慎) 40 47
折口信夫 161
音仮名 40 71 93 111-114 142 143 145 146 152 206 237 242 257
音訓混用 68 69 72 74-78 80-84 137 138 217 237 253 254 256 257 259 260
音便(→イ音便・ウ音便・促音便・撥音便) 17 72

カ 行

片仮名 91 93 110-112 116 186
角川古語大辞典 324
角川日本地名大辞典 160
亀井(孝) 279-282 288 290
川端(善明) 12 16 21 22 324
北川(和秀) 116 126 128 178 186 229
北原保雄 19
木村紀子 161
金田一春彦 159 323
金田一法則 300 323
工藤(力男) 68 78 80-83 120 159 160 192 206 219 228 229 236 237 239 277 278 286
訓仮名 66 93 111-114 116 206 241 242 254 278 286
訓字 6 7 51 92 142-144
建造物 28 29
後項末 6 8-10 14 15 17 18 51
甲類 15 16 19 22 130 161 242 279-282 285 287 288 290
郡千寿子 323
語幹 18-20 26-28 159 160 287 296 298 299
語基 12 14 18 19 27
国語学大辞典 47 50

サ 行

阪倉(篤義) 7 8 11 12 14 15 17 18 25 52 287 288
佐佐木(隆) 120 121
佐竹昭広 289
佐藤貴裕 160
佐藤信 232
三字地名 5 7 54 56 72 74 80 126 129 130 132 135 137 158 189 192-195 197-199 202 209 214 217 220 221 223 225 228 231 235 237 240
子音交替 20 111 165 166 190 205 213 215 217 225 230 244 298 306
敷島年治 277
時代別国語大辞典上代編 22 66 167 174 241 285 289 294 295 297 298 300 302 313 320-322 324
釈日本紀 142
借訓 6 286
終止形 19 20 23 25-27 39 123 178 193 194 198 218 286 287
(上代)特殊仮名遣 15 130 161 279 282 288 289 324
助数詞 6 15 23 52 55 57 64-66 167 190 218 229
新潮国語辞典 297
神道大系 176 321 322
新編(日本古典文学)全集 232 237 239-240 276 277 291 295 317 320
新明解古語辞典補注版 161
数詞 27 57 65
清音 220 313
正訓 6 286
清濁 6 66 111 116 166 241 242 285 291

接頭語　27 75 294 295 298 299 306–311 321 322
接頭辞　27
接尾語　296–299 300
接尾辞　15 17
前項末　6 8–10 14 15 17 51
促音(→促音便)　38 91 111 118–121 166 168 176 178 191–193 195–197 207 218 225
促音便　18 25 118 166 171 176 191 193 202
曽田文雄　276

タ行

濁音　61 70 78 111 116 214 217 313
竹内史郎　228
田中卓　321
地形　27–29 114 117 295 297 306–308 310 311 321 322
地名字音転用例　50 54 74 125 126 129 130 136 139 140 142 171 228 235 245 276
長音　140–142 159 189 190 195 210 214 218 219
土橋(寛)　300 304 317
鶴久　66 241

ナ行

中村啓信　232 292
二合仮名　40 42 44 47 51–53 69 71 72 76 77 129 130 190 191 193 195 202 210 216 217 222 231 235 239 244 245 257–259
二字化　5 7 54 56 58 59 68 69 72–75 77 82 83 92 125–127 129–140 142 143 145–158 160 165 189–192 195 197–199 202 208 210 211 214 215 218–224 228 231 235 237–240 245–248 250 255 259 260 276 284
西宮一民　66 161 241
日本国語大辞典(第二版)　158 166
(日本古典文学)大系　232 236 239–247 276 280 282 284 320 321 323

ハ行

橋本四郎　47 66 277
橋本(雅之)　128 244 276 278 282 284–287 292 321 322
撥音(→撥音便)　38 77 91 92 111 118–121 165–167 176 190 196 197 205 209 219 220 223 225 241 324
撥音便　18 25 57 81 119 122 155 166 176 189–191 194 197 205 207 210 226 303 306 324 325
服部四郎　292
濱田(敦)　120–122 168 177
林崎治恵　276
被覆形　14–17 20–23 25–27 52 53 65 167 178 191 194 215 229 230 241 277 287 296 305 306 324
廣岡義隆　128
母音交替　72 137 170 192 193 206 207 211 212 223 224 228 284 296–298 306

マ行

末音節　7 12 14–19 21 22 25
松本克己　292
萬葉仮名　91 186 231 258 280 285
萬葉集註釈(仙覚)　125 142 321
未然形　25 26 285 287
宮澤(俊雅)　185–187 227 228
命令形　285

ヤ行

矢嶋泉　232
安田尚道　292
山口(佳紀)　291 292 313
山﨑健司　242
読添え　6 55–58 60–62 64–67 70 73 75 77 81 82 254

ラ行

略音仮名　69–71 74 122 197
連体形　25 287
連用形　15 16 23–26 28 71 72 118 119 193 194 198 218 286 287 299
露出形　15–17 20–24 26 27 52 53 167 191 194 215 230 277 296

ワ行

和田明美　116 178 227
渡辺実　186 228

■著者紹介

蜂矢真郷（はちや　まさと）

（略歴）
一九四六年　岐阜県に生まれる
一九六九年　京都大学文学部卒業
一九七四年　同志社大学大学院文学研究科修士課程修了
一九七五年から　親和女子大学（現、神戸親和女子大学）専任講師、
同助教授、帝塚山学院大学助教授、
奈良女子大学助教授（文学部）、大阪大学助教授（文学部）、
同教授（同）、同教授（大学院文学研究科）を経て、
二〇一〇年から　中部大学教授（人文学部）、大阪大学名誉教授
一九九六年　博士（文学）
一九九八年　第十七回新村出賞受賞

（著書）
国語重複語の語構成論的研究（一九九八年　塙書房）
国語派生語の語構成論的研究（二〇一〇年　同）
古代語の謎を解く（二〇一〇年　大阪大学出版会）
古代語形容詞の研究（二〇一四年　清文堂出版）

研究叢書487

古代地名の国語学的研究

二〇一七年三月三一日初版第一刷発行（検印省略）

著者　蜂矢真郷
発行者　廣橋研三
印刷所　亜細亜印刷
製本所　渋谷文泉閣
発行所　有限会社　和泉書院

大阪市天王寺区上之宮町七－六
〒五四三－〇〇三七
電話　〇六－六七七一－一四六七
振替　〇〇九七〇－八－一五〇四三

本書の無断複製・転載・複写を禁じます

©HACHIYA Masato 2017 Printed in Japan

ISBN978-4-7576-0832-0 C3381